KB274332

Creating the Virtual Classroom

가상교실 만들기

-인터넷을 이용한 원격학습-

Creating the Virtual Classroom

가상교실 만들기

-인터넷을 이용한 원격학습-

리넷 R. 포터 지음/이성은 옮김

한울

원격학습은 새로운 분야가 아니지만 최근 들어 다시 주목을 받고 있다. 교육과 훈련 기술들이 새로이 등장하고 빠르게 진행되는 사회적인 변화로부터 비롯된 학습자들의 필요를 충족시키기 위한 또 다른 필요가 대두되면서 원격학습은 필수적인 것으로 인식되고 있다.

원격학습의 장점은 언제 어디서나 많은 사람들에게 교육을 제공할 수 있다는 점이다. 원격학습에 대한 새삼스런 관심으로 인해 교육에 대한 일반적인 개념과 일생을 통한 (교육의) 지속적인 중요성이 새롭게 정의되고 있는 것이다.

일관성을 유지하기 위해 *원격학습*(distance learning)이라는 단어를 원격교육이나 그밖의 다른 단어들을 대신하여 사용하였다. 많은 교육자들이 후자(원격교육)를 선호하지만, 나는 교육과 훈련 양 분야의 내용을 가리키기 위해 *원격학습*이라는 단어를 사용하였다.

이 책에서 *교육*이라는 단어는 초·중·고등학교 그리고 공립과 사립 단과대학 및 종합대학의 교육 프로그램, 평생교육, 비학점 강좌를 포함한다. 때로는 학위과정이나 자격증과정에서 제공하는 전통적인 강좌를 의미하거나 매우 실용적인 지식 또는 단순히 "알아두면 괜찮은" 지식을 의미하기도 하며, 응용 기반의 정보, 이론적인 지식을 의미하기도 한다.

훈련은 실질적인 응용분야를 전제로 하는 기술과 지식의 개발을 포함한다. 훈련은 전통적인 교육기관에 의해 제공될 수도 있지만 개인이나 기업을 대상으로 전문적인 주문교육사업을 하는 지역의 개인사업자나 회사 내의 훈련부서에 의해 제공될 수도 있다.

원격학습은 교육과 훈련 양 분야를 포함한다. 강좌의 유형에 따라 중점적으로 다루는 부분에 차이가 있을 뿐이다. 마지막으로 *학습자*라는 단어는 원격학습 강좌를 수강하는 모든 사람들을 일컫는다.

강좌를 수강하면서도 실제로는 아무것도 배우는 것이 없는 학습자들이 존재한다. 그렇지만 교육과 훈련에 대한 일생에 걸친 의미와 중요성을 강조한다는 의미에서 이 단어를 원격학습 강좌를 수강하는 사람을 지칭하기 위해 사용하기로 한다.

비록 학습자들을 위해 원격학습이 조심스럽게 다루어져야 한다는 것을 책의 곳곳에서 강조하고는 있지만, 원격학습의 소중한 면모들과 교육적인 변화에 대한 긍정적인 의미를 부각시키고자 노력하였다.

원격학습의 효율성은 디자인과 그 실행에 달려 있다고 해도 과언이 아니다. 이 책에서 효율적인 원격학습 강좌의 기획에 필요한 원칙와 제안들을 제공하였다.

이 책은 교육자, 훈련자, 직장인, 그리고 그들의 서비스를 제공받는 학습자들을 위해 쓰여졌다. 이 책은 원격학습에 대한 개요와 일반적으로 제공되는 프로그램의 유형들을 소개하고 있다. 온라인 원격학습 프로그램에 대해 자주 강조하고 있기 때문에 대부분의 예시를 월드와이드웹과 인터넷에서 인용하였다.

이 책은 다음의 장들로 이루어져 있다.

제1장 오늘날의 교육과 훈련에 있어서의 원격학습
제2장 원격학습의 유형
제3장 원격학습 프로그램을 위한 기금의 마련
제4장 후원을 받기 위한 제안서의 준비

제5장 원격학습에 적합한 강좌

제6장 원격학습의 도구로 사용되는 전자우편, 팩스우편, 음성우편

제7장 교육과 훈련을 위한 월드와이드웹

제8장 원격회의와 데스크탑 화상회의

제9장 원격학습 프로그램의 광고

제10장 원격학습을 통한 교육/훈련의 재고

제11장 국제적인 교육의 문제점

대부분의 장에서 원격학습 프로그램 및 강좌에 대한 설명과 당신의 강좌에도 적용될 수 있는 제안들을 수록하였다. 강좌나 프로그램을 설계하는 데에 도움이 되는 질문과 확인 목록들을 검토해보면 도움이 될 것이다. 그리고 온라인 및 인쇄 형태의 자원목록이 수록된 부록들도 원격학습 프로그램에 대해 더 많이 배우고 추가적인 자료들을 찾아보는 데에 도움이 될 것이다. 부록의 목록은 다음과 같다.

부록1 참고문헌

부록2 원격학습 뉴스그룹 및 우편주소목록

부록3 후원 및 후원 기회에 관한 온라인 자료

부록4 원격학습 관련 전자잡지(E-zine)

부록5 교육 웹 사이트

부록6 저작권·상표·특허·지적재산권 관련 웹 사이트

부록7 국제적인 원격학습

인터넷과 웹에 관한 자료들 — 많은 주소들과 사례들 — 은 다른 책에서와 마찬가지로, 책이 쓰여진 시기로부터 시간이 지남에 따라 삭제되거나 변경된다. 책이 출판되기 전까지 샘플들과 전자적인 정보들을 갱신하고자 노력하였다.

원격학습은 프로그램 창조자와 참여자 모두에게 도전의 의미를 갖는다. 원격학습은 훨씬 많은 사람들에게 지속적인 교육을 제공할 수 있는 잠재력을 보

유하고 있지만 동시에 학습자와 교육자/훈련자 간의 상호 소통을 구축하기 위
한 우리의 교육방법과 기술들에 대해 신중하게 평가할 것을 요구한다. 나는 여
러분이 이 책을 원격학습 강좌와 프로그램을 더 많이 더욱 효과적으로 개발하
기 위한 첫걸음으로 삼을 수 있기를 바란다.

　이 책을 준비하면서 수백개의 웹 사이트들을 찾아다녔다. 원격학습 교실을 방문하기도 하고, 컨퍼런스 회의장에 가보기도 했으며, 원격학습에 경험이 많은 교육자들과 훈련자들을 만나고, 원격회의를 관찰하거나, 여러 개의 뉴스그룹과 우편주소목록의 동료들과 함께 원격학습에 관해 토론을 거듭했다. 많은 사람들이 원격학습에 대한 관점을 제공했지만 이름을 밝히지는 않았다. 나는 그들을 웹 사이트와 전자우편을 통해 만났다. 그렇지만 원격학습 분야에서 일하고 있는 많은 사람들에게, 이 변화하는 주제(원격학습)에 대한 나의 시각을 확립할 수 있도록 도와준 데 대하여 진심으로 감사를 드린다. 덧붙여 초안에 대한 충고를 아끼지 않은 브랜디 로스와 책을 쓰는 동안 영감을 준 바트 포터에게 감사한다.

시골의 몇 학급 되지 않는 초등학교에서 어린이들이 선생님과 모니터를 보며 영상 정보를 통해 학습하고 있다. 원격지의 정보제공자와 더 자세한 내용에 대해 의견을 나누기도 하고 다른 나라의 도시와 시골의 어린이들과 같은 과제물을 만들어보기도 한다. 궁금한 것이 있으면 화면을 통해 필요한 내용을 질문할 수 있다. 알아야 될 내용이 있다면 원하는 만큼 자세히 공부할 수 있고 책이 필요하거나 음악이 듣고 싶다면 언제라도 필요한 내용을 꺼내 볼 수가 있다. 이것은 가까운 미래에 실현되어야 할 교육의 청사진, 그리고 그 한 단면이라고 할 수 있다. 마치 먼 훗날의 일인 양 소원해보이지만 이러한 기술을 구현하기 위해 반드시 고가의 장비가 필요한 것은 아니다. 문제는 시설이 아니라 이러한 교육시스템을 구현하고자 하는 노력과 방법이 부족한 것이 아닐까? 원격학습은 오랫동안 학습의 기회가 주어지지 않는 사람들에게 지식을 전달해 왔고 앞으로는 정보 전달 기술의 발달로 교육이 혜택받은 사람들만의 점유물이 아닌 누구라도 원하는 만큼 공부할 수 있는 교육평등시대가 올 것이다. 이제는 그 가능성만 바라볼 것이 아니라 새로운 변화를 이해하고 활용하는 방법을 익혀야 할 때이다. 아직까지 정보통신 기술이 완벽하게 구현되지 않았지만 계속하여 발전하고 있다. 그러나 교육은 기술만으로 완성되는 것이 아니다. 교육의 주체는 교육자이며 이들이 새로운 전환을 시도하지 않는다면 우리의 교육은 항상 그 자리에 머물러 있을 것이다.

요즘 TV 광고를 보면 커뮤니케이션 방식에 많은 변화가 일어나고 있다는 것을 쉽게 느낄 수 있다. 무선통신과 인터넷이 일반적인 정보 전달 방법이 되어가고 있다는 사실뿐만 아니라 광고를 자세히 들여다보면 텍스트가 중심이 되어 줄거리를 전달하는 방식보다 이미지의 연상작용을 이용하여 더 많은 내용을 무의식중에 심어주려 한다는 것을 알 수 있다. 영상 이미지는 단순한 텍스트에 비해 소리와 움직임, 그리고 섬세한 느낌까지 많은 정보를 전달한다. 이제는 다매체 시대이다. 한 가지 방식으로보다는 다양한 감각을 활용한 전달 방식이 훨씬 효과를 발휘한다.

전자적인 정보 전달 기술의 발전으로 언제 어디서나 상호 통신할 수 있게 되었다. 그렇다면 일방적인 의견에 그치는 정보와 상호 교류함으로써 내용이 풍부해지는 정보 중 어느 편이 각광을 받게 될 것인가? 당연히 후자일 것이다. 수많은 뉴스그룹에서는 다양한 의견들이 오가고 이 중에는 전문적인 지식을 교류하기 위한 그룹들도 있다. 편지나 전화를 통해서보다 훨씬 효율적으로 상호 대화할 수 있는 방법들이 일반화됨에 따라 이제 지식은 참여하는 사람에게 더 많은 기회를 제공한다.

또한 정보를 저장하는 기술들이 발전함에 따라 원할 때에는 언제라도 필요한 만큼의 지식을 얻을 수 있다. 정보를 일부의 소유 대상이 아니라 많은 사람들이 공유할 수 있는 것으로 인식하게 됨에 따라 원하는 사람에게 정보를 제공하는 사업이 일반화되고 있다. 정보의 공유가 촉진될수록 지식의 발전속도 또한 빨라질 것이다.

우리 주변의 작은 변화들이 새로운 시대를 예고하고 교육도 새로운 국면을 맞게 될 것이라는 인식을 촉구하고 있다.

이 책은 11개의 장과 부록으로 구성되어 있다.
제1장에서는 원격교육의 개념과 교육시스템을 구성하는 여러 요소들에 대

해 언급하고 있으며 원격학습의 이점과 앞으로의 발전 방향 및 가능성에 대해 고찰하고 있다. 특히 앞으로는 교육 도구의 다양화로 여러 가지 매체들을 사용하게 됨에 따라 교육의 기회가 훨씬 더 증가하게 되리라고 예상하고 있다. 인터넷 환경을 이용하려는 많은 교육 사업자들이 등장할 것이며 따라서 기존의 교육기관의 역할에도 변화가 있으리라는 것을 전제하고 교육에 대한 인식의 변화를 촉구하고 있다.

제2장에서는 원격학습이 교육자와 학습자 간의 상호 교류에 의해 이루어지며 다양한 통신방식과 각각의 장단점이 있음을 설명하고 있다. 원격학습의 방식은 우편을 이용한 것으로부터 위성을 이용한 것까지 다양한 범위에 걸쳐 있다.

제3장에서는 원격학습 프로그램을 개발하고 유지하며 장비를 구입하는 데에 필요한 기금을 마련하는 방법에 대해 자세히 설명하고 있다. 아직까지 국내의 기업이나 투자자들 사이에는 교육분야에 내한 관심이 일반화되어 있지 않기 때문에 원격학습을 제공하는 데에 드는 비용을 마련하는 일은 교육을 제공하려는 교육기관이나 사업자 또는 개인의 책임이다. 이 장을 통해서 원격학습 교육이 우리보다 발달해 있는 미국에서 다양한 방법으로 원격학습 기금을 마련하고 있는 사례를 알 수 있다.

제4장에서는 후원금을 받기 위해 제안서를 작성할 때 필요한 항목들을 세세히 열거하고 있다. 국내에는 교육사업에 대한 후견인 제도가 발달되어 있지 않기 때문에 실제로 응용할 수 있는 부분이 많지 않을 수도 있다. 그러나 좋은 원격학습 프로젝트를 설계하기 위해 짚어볼 수 있는 여러 가지 기준들을 제시하고 있다. 또한 원격학습을 후원받는 방법으로 프로그램의 제공뿐만 아니라 특정 분야에 대한 연구나 기업에 교육을 제공하는 것도 가능하다.

제5장에서는 원격학습에 적합한 주제를 비롯하여 강좌의 형태, 그리고 교육자/훈련자의 능력에 대한 기준을 제시하고 또한 학습 프로그램의 중요한 부분인 후속 평가에 대해 언급하고 있다.

제6장에서는 원격학습에서 교육자와 학습자가 상호 교류하는 데에 필요한 통신 도구마다의 특징을 열거하고 비교 기준을 제시한다. 이 중에서도 전자우편을 중심으로 다른 도구들과의 차이점을 분석하고 올바른 사용법을 알려준

다.

제7장에서는 오늘날의 교육과 훈련 분야에서 월드와이드웹이 어떻게 사용되고 있는가를 구체적인 사례들을 통해 설명하고 좋은 프로그램을 설계하기 위해 필요한 몇 가지 기준들을 알려주고 있다.

제8장에서는 원격학습의 중요한 도구로서 등장하고 있는 원격회의와 데스크탑 화상회의의 환경과 필요한 장비, 그리고 교육방법에 대해 설명하고 있다. 각 도구의 특징에 따라 적합한 원격학습의 유형이 있으며 학습자들과 상호작용하기 위한 환경을 조성하려면 다양한 노력이 필요함을 알려준다.

제9장에서는 원격학습 프로그램을 홍보하는 방법에 대해 몇 가지 사례들을 들어 설명한다. 교육 프로그램 못지않게 중요한 것이 많은 사람들에게 강좌에 대한 긍정적인 인상을 심어주는 것이며 홍보에 대한 거부감을 갖기보다는 적극적으로 프로그램의 장점을 알릴 수 있어야 한다는 것이다.

제10장에서는 원격학습을 통해 교육과 훈련 시스템의 효과를 향상시킬 수가 있으며 이때 고려해봐야 할 기준들을 제시하고 있다.

제11장에서는 국제적으로 원격학습을 제공하고자 할 때 참고해야 할 여러 가지 사항에 대해 설명한다. 저작권 및 문화적인 특성과 관련된 문제들을 거론하고 있다.

또한 국내의 원격학습 관련 웹 사이트의 주소를 부록으로 수록하였다. 원격학습 프로그램을 제공하거나 수강하려는 뚜렷한 목적을 갖고 있지 않더라도 되도록 많은 이들이 관심을 갖고 방문해보았으면 하는 바람에서 추가하였다.

진정한 의미의 교육은 저자인 포터 박사가 언급한 것처럼 평생을 통해 자기 자신을 발견해나가는 과정이며 삶을 풍요롭게 살아가는 데에 도움이 되는 지식과 경험을 얻기 위한 지속적인 과정이다. 교육은 단지 대학에 입학하기 위해서나 연구 실적을 쌓기 위해 어렵게 극복해야 하는 난관이 아니며, 남들보다 좋은 학벌을 갖기 위해 획득해야 하는 소유물이나 일부 지식층의 사람들만을 위한 권리가 아니다. 누구에게나 원한다면 언제라도 경제적인 능력과 관계없이 좋은 교육을 받을 수 있는 환경이 만들어져 개인의 잠재적인 능력을 개발할 수 있는 공평한 기회가 주어질 때 각자의 삶이 풍요로워질 뿐만 아니라 여러 가지 방면에 뛰어나고 균형잡힌 우수한 인재들을 배출할 수 있을 것이다.

앞으로는 더 많은 사람들이 인터넷을 이용하여 교육을 받을 수 있도록 여러 분야의 각 단계에 걸쳐 각종 원격학습 프로그램들이 제공될 것이다. 이 책을 읽는 사람들이 각종 원격학습 사이트를 방문해보고 관심을 기울인다면 그 중의 많은 프로그램들이 계속하여 좋은 방향으로 발전하는 데에 큰 도움이 될 것이다.

사제지간의 도리가 사라져가는 것은 진리를 발견해나가는 어렵고 힘든 과정이 갈수록 생략되고 입신양명의 목적만 남은 오늘날의 사회와 교육시스템에서 비롯되는 오류라고 생각한다. 사실 남들을 이롭게 한다는 참된 교육의 목적은 사라져버린 지 이미 오래이다. Copyleft 운동은 지식을 독점하지 말자는 취지에서 비롯되었다고 한다. 인터넷은 많은 사람들이 지식을 공유할 수 있는 환경을 제공한다. 아직까지 많지는 않지만 학교의 선생님들이 개인 홈페이지를 통해 자신의 지식을 전달하고자 노력을 하고 있는 모습을 볼 수 있다. 인터넷 환경을 이용하여 더 많은 사람들이 지식을 공유하고 함께 좋은 교육시스템으로 발전시켜나갈 수 있기를 진심으로 바라면서 어렵게 책을 내게 되었다. 좋은 책을 만들 수 있다면 오랫동안이라도 기다려줄 수 있다는 한울출판사의 담당자 여러분의 격려가 많은 도움이 되었으며 진심으로 감사를 드린다.

차례

저자 서문 | 5
감사의 말 | 9
역자 서문 | 11

1 오늘날의 교육과 훈련에 있어서의 원격학습 _______________ 25

1. 원격학습 프로그램들에는 어떤 구조적인 차이가 있는가?　27

2. 원격학습에는 어느 정도의 감독이 적절한가?　28

3. 원격학습에는 누가 참여하는가?　29

4. 원격학습 강좌나 프로그램의 판매자들　31
　교육기관 / 31
　교육기관과 사업자 간의 연합 또는 단독 사업자 / 32
　기업을 대상으로 사내(in-house) 정보를 전달하는 회사들
　(또는, 기업 내부의 부서들) / 34
　거래 고객과 개별 소비자에게 특화된 훈련 서비스를 제공하는 판매자 / 34
　원격학습을 연구하거나 서비스를 제공하는 정부(government)의 기관 / 35
　원격학습의 증진에 관심을 갖고 있는 후원자 / 35
　컨설턴트, 개인지도 교사, 정보 디자이너, 교사, 기타 사업자 / 36

5. 원격학습 강좌를 수강하는 학습자들　36
　성인 학습자 / 37
　어린이와 청소년 / 37
　교육 센터로부터 멀리 떨어진 곳에 거주하는 사람들 / 38
　수업이나 프로그램에 정기적으로 참석할 수 없는 사람들 / 39

6. 원격학습의 이점에는 어떠한 것들이 있는가?　39

개인별 진도에 기준을 두고 학습한다 / 40
편리한 장소에서 학습할 수 있다 / 41
가까운 지역에서는 제공되지 않는 강좌나 프로그램에 참여할 수 있다 / 42
프로그램을 제공하는 대학이나 기업 또는 기타 전문가 그룹이 있는
지역으로 갈 필요가 없다 / 42
학습자가 학습방식을 선택할 수 있다 / 43
다양한 기술들을 접해봄으로써 경험을 확대할 수 있다 / 44
학습자 스스로가 관리할 수 있다 / 44

7. 원격학습의 미래는 어떠할 것인가? 45
교육 도구의 변화 / 46
교육과 훈련에 대한 인식의 변화 / 47
기존 교육기관들의 역할 변화 / 48
기존 교육기관의 스스로에 대한 시각의 변화 / 50

요약 | 53

② 원격학습의 유형   55

1. 가상교실의 구축 56
학습자들을 위한 도구의 제공 / 57
학습에 대한 기대(期待)의 조성 / 57
교육자와 학습자들의 장(場)을 형성 / 58
실험과 응용을 위한 공간의 조성 / 59
수행(performance)에 대한 평가 / 60
안전한 환경의 제공 / 60

2. 원격교육 강좌의 유형 61

3. 통신학습 61
원격학습 강좌에 있어서 오디오테이프, 비디오테이프, 컴팩트디스크 및
기타 시청각적인 보조장치 / 64

4. 방송교육 65

5. 원격회의와 데스크탑 화상회의 67

6. 컴퓨터화된 교육 및 훈련 68

7. 인터넷과 월드와이드웹 71

8. 효과적인 원격학습 프로그램의 디자인 73

요약 | 77

3 원격학습 프로그램을 위한 기금의 마련 _______________ 79

1. 원격학습 프로그램 수업료 81

2. 학습자 수의 증가에 따른 문제 82

3. 강좌에 소요되는 비용의 절감 83

4. 단기 또는 장기적인 협력자의 확보 84

5. 후원에 의한 기금 조성 86
후원자의 모색 / 86
후원자에 관한 정보 / 87
성명주소록(directories) / 88
사보(社報) / 88
게시판과 안내책자 / 89
정부간행물과 사무소 / 89
후원자에 대한 온라인 정보 / 90

6. 후원자의 요구에 부합되는 방법의 모색 92

요약 | 94

4 후원을 받기 위한 제안서의 준비 _______________ 97

1. 제안서 작성 97

2. 신청공고와 수혜자 선택 기준 99

3. 일반적인 제안서의 내용 113
문제점이나 필요성에 대한 언급 및 개요 / 114
프로젝트의 목표 / 114
방법·물자·일정(작업계획) / 115
시설 및 장비 / 116
자격증명 / 116
평가 / 117
예산 / 118
추가적인 기금의 마련 / 122

4. 후원처의 요구사항 충족 122

5. 제안서 제출 123

6. 제안서 제출에 따른 후속 처리 126

요약 | 128

⑤ 원격학습에 적합한 강좌 _______________________ 131

1. 효과적인 원격학습 강좌의 기준 132
   원격학습의 진가를 인정하는 학습자 / 132
   대규모의 학습자들에게 적합한 강좌의 내용 / 133
   보여주기에 적합한 강좌의 내용 / 135
   교육자와 학습자 간의 적절한 상호작용 / 137
   기술적으로 적합한 정보 및 도구의 선택 / 138
   높은 수준의 보장 / 139

2. 교육자/훈련자 140
   신기술 습득 능력 / 140
   강의 전달 능력 / 141
   열성적인 강의 / 144
   융통성(유연성) / 145
   새로운 교재 및 교수법 개발에 소요되는 시간 / 146

3. 학습자를 위한 확인목록 147

4. 강의평가를 위한 확인목록 150

요약 | 155

⑥ 원격학습의 도구로 사용되는 전자우편, 팩스우편, 음성우편 __ 157

1. 네트워크와 전자우편 158

2. 강좌에서의 전자우편 통신 160
   학생들과의 개별적인 커뮤니케이션 / 163
   학생 그룹과의 커뮤니케이션 / 163
   강좌를 제공하는 단체나 기관과의 커뮤니케이션 / 164
   외부 자원과의 커뮤니케이션 / 164

3. 전자우편 강좌의 구축 166
   전자우편 사용 지침을 정한다 / 167
   전자우편을 읽고 응답하는 시간을 정해둔다 / 167

부재중임을 알린다 / 168
강좌 초기에 기술적 테스트를 실시한다 / 168
전자우편에 적합한 자료를 개발한다 / 168

4. 전자우편에 대한 기초지식 169

5. 전자우편 사용의 예 171

6. 게시판 173

7. 원격학습에서의 게시판의 활용 174

8. 우편주소목록 175

9. 원격학습에서의 우편주소목록의 활용 177

10. 뉴스그룹 178

11. 다수 사용자 영역/차원 181

12. 원격학습 강좌에서의 MUD의 활용 181

13. 원격학습 강좌에서의 팩스우편의 활용 182

14. 원격학습 강좌에서의 음성우편의 활용 183

15. 원격학습 강좌에서의 전자우편, 팩스우편, 음성우편에 대한 확인목록 184

요약 | 187

7 교육과 훈련을 위한 월드와이드웹 _________________________ 189

1. 웹을 이용한 교육활동 190

2. 정보의 분할 191

3. 웹을 이용한 강좌의 설계에 필요한 질문들 196
관리적 차원의 질문 / 197
설계 측면의 질문 / 202

4. 웹 사이트를 구성하는 정보의 유형 211

5. 강좌를 위한 홈페이지 설계하기 212

6. 사이트의 다른 페이지 설계하기 215

7. 시각적으로 효과적인 화면의 구성 216

8. 원격학습 사이트의 예 219

9. 웹 사이트 설계에 필요한 질문들 222

요약 | 228

8 원격회의와 데스크탑 화상회의 ___________________________ 229

1. 원격회의와 데스크탑 화상회의에 관련된 전문용어 해설 231

2. 원격회의와 데스크탑 화상회의에 필요한 기본 장비 235

3. 원격학습 강좌에서의 원격회의 236
   원격학습 서비스와 프로그램의 예 / 238
   대표적인 원격회의 시나리오 / 241

4. 원격회의는 언제 하는 것이 유리한가? 243

5. 원격학습 강좌에서의 데스크탑 화상회의 245

6. 데스크탑 화상회의의 이점 246

7. 원격회의와 화상회의의 추가적인 이점 247

요약 | 250

9 원격학습 프로그램의 광고 ___________________________ 251

1. 광고의 유형 252

2. 인쇄 광고 253

3. 방송 광고 255

4. 온라인 광고 256

5. 다른 형태의 판촉활동 260
   학회, 무역박람회, 취업박람회 및 오픈하우스 / 261
   전문적인 출판 / 262
   인터뷰, 보도자료, 기획 기사 / 263
   구전(口傳) / 264

6. 원격학습 프로그램의 마케팅 플랜 264
프로그램 평가 / 265
목표 설정 / 266
인원 및 장비 선정 / 267
목표 시청자 분석 / 267
틈새 시장 찾기 / 267
적절한 매체의 선택 / 268

7. 원격학습 프로그램의 광고기획 268

8. 마케팅과 광고에 대한 확인목록 270

요약 | 272

10 원격학습을 통한 교육/훈련의 재고 _______________ 273

1. 가상교실에서의 교육 및 훈련 275

2. 테크놀로지가 당신의 기관 혹은 회사의 비전에 얼마나 잘 부합하는가? 276

3. 테크놀로지가 교육과 훈련에 어떻게 관련되는가? 277

4. 테크놀로지를 이용하여 어떻게 더 효과적으로 가르칠 수 있는가? 279

5. 원격학습 강좌를 통해 학습자들의 욕구를 어떻게 충족시킬 것인가? 280

6. 당신의 기관에서는 어떻게 원격학습 프로그램을 지원할 것인가? 281

7. 효과적인 원격학습을 위한 원칙 282
교육자/훈련자는 변화를 이끌어내야 한다 / 283
교육자/훈련자는 테크놀로지의 지원을 받아야 한다 / 283
교육의 본질을 재고해야 한다 / 284
원격학습은 교육/훈련을 출판과 프리젠테이션으로 변경한다 / 285
원격학습은 교육을 선형적인 것으로부터 비선형적인 것으로 변화시킨다 / 287
학습자들은 더 이상 교육/훈련의 도구를 소유할 필요가 없다 / 288

8. 최신 정보의 유지 및 원격학습의 심화 289

9. 학습자를 위한 자료 291

10. 교육자/훈련자를 위한 자료 291

요약 | 293

11 국제적인 교육의 문제점 _______________ 295

1. 저작권과 정당한 사용 297

2. 저작권의 표시 298

3. 작품의 등록 299

4. 정당한 사용 299

5. 저작권 보호를 받는 정보의 인용 301

6. 국제적인 시청자를 위한 강좌 설계 303
강좌의 주제 / 303
정보의 조직 / 304
언어의 문제 / 304
정보 설계 / 306
개인과 기업의 기대 및 경험 / 307
매일의 강좌 운영에서 실질적으로 고려해야 할 사항 / 307

7. 개방대학 308

8. 관리 차원의 문제들 310

요약 | 312

부록 1 ┃ 참고문헌 313
부록 2 ┃ 원격학습 뉴스그룹 및 우편주소목록 320
부록 3 ┃ 후원 및 후원 기회에 관한 온라인 자료 323
부록 4 ┃ 원격학습 관련 전자잡지(E-zine) 326
부록 5 ┃ 교육 웹 사이트 328
부록 6 ┃ 저작권·상표·특허·지적재산권 관련 웹 사이트 334
부록 7 ┃ 국제적인 원격학습 337
부록 8 ┃ 국내 원격학습 339

용어목록 | 353
찾아보기 | 363

제1장

오늘날의 교육과 훈련에 있어서의 원격학습

원격학습은 새로운 개념이 아님에도 불구하고 최근 몇 년에 걸쳐 주요한 관심사로 부각되고 있다. 원격학습, 지도학습, 보조학습, 원격교육 등 그밖의 어떤 명칭으로 불려지든지 간에 원격학습에 대한 명확한 정의는 다음과 같다. 원격학습은 정보와 지식이 비롯되는 장소로부터의 물리적인 거리와 관계없이 학습자가 습득할 수 있는 지식과 경험을 포함하는 모든 교육(education) 및 훈련(training) 내용을 의미한다.

그러나 실제로 원격학습은 단순한 정의가 의미하는 이상의 훨씬 많은 내용들을 담고 있다. 원격학습을 구현하는 과정에서 첨단기술이나 최신형 교재가 사용되기도 하고 때로는 대화식(interactive) 교육방법들이 동원되기도 한다. 원격학습은 학업을 계속하거나 필요한 훈련을 받을 수 없는 상황에 처해 있는 학습자에게 연령층이나 능력에 상관없이 제공될 수도 있다. 원격학습을 하는 목적이 개인적인 관심에서 비롯되었거나 경력이나 실력의 향상 등 여하한 것이든지 간에 학습자들은 원격학습을 통해 평생교육의 중요성을 인식하게 된다. 물론 원격학습이 교육이나 훈련의 모든 문제점들을 치료하는 만병통치약이라고 할 수는 없으나 기업의 훈련 프로그램이나 대학 및 기타 교육기관들의 전통적인 교실환경에서 효율적으로 수용할 수 있는 인원수에 비해 훨씬 많은 사람들에게 교육과 훈련의 기회를 제공할 수가 있다. 광의에서의 원격학습은 또한 매우 개인적인 교육방식 또는 고도로 구조화된 교육방식을 제공할 수도 있다.

원격학습은 초중고 교육기관 및 주립·사립 대학이 새로운 학생시장을 개척하고 교육을 제공하는 데에 필요한 훌륭한 방법을 제공할 수가 있다. 과거에 잠재적인 '고객들'은 교육지로부터의 거리상의 문제나 고가의 교육비 때문에 전통적인(traditional) 강좌를 수강하려는 계획을 세울 수가 없었다. 그리고 교육에 대한 필요가 발생하지 않는 한 수강이 불가능한 주제영역에 대한 학습을 제외시키는 경우도 빈번했다. 그러나 원격학습을 제공할 수 있는 방법들이 다양해짐에 따라 교육자는 이러한 시장을 개척할 수 있게 되었으며 그 결과 교육기관과 학습자 모두가 혜택을 받게 된다.

기업에서도 원격학습은 사내의 훈련 장소나 본부로부터 멀리 떨어진 지역에 거주하는 직원들을 훈련시키기 위한 좋은 방법으로 인식되고 있다. 교육을 받기 위해 이동하는 데에 많은 비용이나 시간이 소요된다면 훈련에 제한이 가해질 수밖에 없다. 그러나 이제는 온라인 교육은 물론 원격회의(teleconferencing)나 데스크탑 화상회의(desktop videoconferencing)를 이용하여 세계 각지에 흩어져 있는 직원들에게 교육을 제공할 수 있다.

외부에 훈련을 의뢰하는 경우, 기업은 자문가를 고용하여 원격학습 교재를 개발하고 지식을 전달하기 위해 필요한 장비를 설치하거나 또는 대학과 같은 교육기관이나 전문적으로 주문형 훈련을 실시하는 사설기관에 직원들의 교육을 의뢰하고 비용을 지불할 수도 있다.

어떠한 그룹의 교육적인 요구에 대해서도 부응할 수 있도록 원격학습 프로그램을 디자인할 수가 있다. 원격학습에서 사용되는 기술, 강좌나 프로그램의 구조, 관리의 정도는 어떤 특정 그룹의 요구나 관심도에 따라 다양하게 조정될 수 있다. 물론, 판매자(vendor)는 어떤 특정한 교육 프로그램만을 집중적으로 개발할 수 있으며, 광범위한 주제와 기술, 그리고 교육/훈련 이론들을 반영하는 다양한 교육 프로그램들을 제작할 수도 있다. 원격학습 프로그램을 디자인할 수 있는 범위는 매우 넓다고 할 수 있지만 프로그램의 성공 여부는 강좌나 프로그램에 대한 시장의 요구에 얼마나 효과적으로 부응하느냐에 달려 있다.

1. 원격학습 프로그램들에는 어떤 구조적인 차이가 있는가?

어떤 원격학습 프로그램은 매우 구조화된 강좌를 제공함으로써 학습자들의 과제제출 마감일이나 학습진행 과정을 확인할 수 있도록 한다. 이러한 유형의 강좌들은 사업자(business)에 의해 제공될 수도 있고 대학에 의해 제공될 수도 있지만 강좌 일정을 준수한다. 대다수의 강좌들이 학위나 수료증으로 직결되는데 하나 이상의 강좌들을 수강하는 학습자는 프로그램을 끝마치기 위해 정해진 기일내에 지정된 수만큼의 과목들을 이수해야 한다. 정해진 기간 또는 1년에 단 한번밖에 개실되지 않는 강좌가 있을 수도 있으며 여러 개의 강좌들이 기초부터 고급까지 단계적으로 구성되어 하나의 그룹을 이루고 있을 수도 있다.

구조화된 원격학습 환경을 제공하는 판매자라면 원거리(long distance)에서도 완전한 학위 프로그램이나 수료 프로그램을 제공할 수 있을 것이다. 그렇지만 경우에 따라서는 학습자들로 하여금 판매자의 교육지(敎育地)를 방문하고 감독(監督)하에 강의와 시험에 참석하며 교육지에서 강좌를 수강할 것을 요구하거나 또는 교육기관이 학위 프로그램으로 인정되는 원격학습 강좌의 수를 제한할 수도 있다.

그밖의 다른 원격학습의 유형 중에는 학습자가 원해서 또는 직업상의 필요에 의해서 새로운 기술이나 주제영역을 학습하지만 언제까지 학습을 마쳐야 한다거나 학습성과에 대한 평가가 필요하거나 요구되지 않는 경우도 있다. 강좌들 중에는 학습자가 기술이나 내용에 대해 숙지하게 되는 시점에 이르면 능력평가시험을 치르도록 요구하는 것도 있다. 대다수의 개인 사업자들(예: 훈련교육기관)은 강좌에 대한 관심을 보이는 개인이나 그룹이 있다면 1년 내내 강좌들을 제공한다. 그리고 프로그램들 중에는 기업의 사내(in-house) 교육 목적에 맞게 설계되고 회사의 요구가 있을 때마다 제공되는 것들도 있다.

구조화의 정도가 낮은 프로그램 내에서도 각각의 강좌들은 구조적으로 설계되어야 한다. 각 단원이나 강좌 전체를 끝마치는 데에 시간적인 제한이 없는 경우에도 학습자가 각 단계별로 일련의 연습이나 활동을 완료할 수 있도록 해야 한다.

2. 원격학습에는 어느 정도의 감독이 적절한가?

어떤 강좌의 경우, 그 강좌에 필요한 교재를 제작하고 감독하는 교육자나 훈련자가 학습자들과의 활동에도 적극적으로 관여하는 것을 볼 수 있다. 그것은 아마도 그들이 원격학습 강좌를 진행하면서 학습자들과의 활동에도 참여하도록 특별히 고용되었거나, 또는 몇 개의 원격학습 강좌를 가르치는 외에 전통적인 면대면(face to face) 교실환경에서도 학습자들을 교육 또는 훈련시키는 일에 관여하고 있기 때문일 것이다. 고도로 구조화된 강좌일수록 학습진도를 평가하거나 학점을 부여하고 그밖의 다른 방식으로 학습자들의 학습목표 달성을 유도하는 등 교육자/훈련자와 학습자들 간의 직접적인 상호작용 빈도수가 훨씬 높다.

학위나 면허의 취득을 목표로 하는 강좌는 학점을 이수할 필요가 없는 경우에 비해 면밀한 감독이 따른다. 교육 프로그램을 판매하는 회사들의 대부분이 면허나 인가를 보유하고 있거나 우수한 교육을 제공한다고 평가되기 때문에, 자신들의 위상을 유지하기 위해 원격학습 강좌, 교육자/훈련자, 학습교재, 그리고 학습자들의 학습성과를 조심스럽게 모니터링하게 된다.

이외에도 다른 유형의 원격학습으로 강좌에 대한 모니터링 없이 학습자 자신이 학습과정을 진행하거나 기술이나 주제의 학습 완성도에 대한 평가에 전적으로 책임을 지는 경우가 있다. 이러한 유형의 원격학습은 학점을 이수할 필요가 없이 단지 기술이나 주제를 마스터하고자 하는 학습자에게 적합하다. 예를 들면, 새로운 소프트웨어 패키지 사용법을 학습하고자 하는 학습자는 온라인 튜토리얼을 이용하여 학습할 수가 있다. 학습자 스스로가 학습진도를 정하고 필요할 때에는 언제든지 학습자료를 보면서 정해진 순서에 구애받지 않고

(비록, 학습자료에는 단원의 바람직한 순서가 명시되어 있겠지만) 학습할 수 있다. 아무도 그들의 학습진도를 모니터링하지 않기 때문에 학습자들은 보통 모의실험을 통해 완성된 결과물을 실제로 적용해봄으로써 각자의 학습 완성도를 확인해야만 한다.

학습교재를 디자인한 교육자/훈련자와 그것을 사용하는 학습자들 간에 형식적인 상호교류가 전혀 또는 거의 없는 원격학습 강좌들은 주로 취미나 흥미 위주의 강좌에 해당된다. 훈련을 위한 강좌들은 비록 학습자가 직업적인 기술을 습득하여 현재의 고용상태를 유지하거나 고용기회를 얻으려는 데에 그 목적이 있다고 해도 역시 흥미 범주에 속한다고 볼 수 있다.

3. 원격학습에는 누가 참여하는가?

교재를 제작하고 배포하는 자와 학습자를 원격학습 참여자라고 할 수 있으며, 참여자들은 각기 다른 요구와 책임을 갖는다. 그러나 정보 공급자와 수요자 사이를 구분짓는 선이 이제는 점점 모호해지고 있다. 학습자들도 일단 주제 영역에 대한 전문성과 지식을 습득한 후에는 교육자/훈련자 또는 판매자가 될 수 있으며, 마찬가지로 교육자/훈련자와 판매자도 최신 기술 동향과 핵심 주제에 대한 지식을 유지하기 위해서는 지속적인 학습을 필요로 한다. 그들은 아마도 그들의 강좌를 수강하는 '고객들'로부터도 상당한 지식을 얻을 수 있을 것이다. 원격학습은 그 특성상 다양한 그룹의 학습자들과 교육자/훈련자들 간의 상호 교류를 촉진시키므로, 이상적으로는 그들간의 상호작용으로 인해 모두가 이득을 얻고 새로운 지식과 기술을 경험함으로써 발전하게 된다.

원격학습은 오늘날과 같이 급속히 변화하는 사회에 적합한 교육방식이다. 학습자들은 교육(주제영역에 대한 이해를 돕는 기초적인 또는 고난이도의 이론 및 사실들)과 훈련(주제영역에 대한 지식을 기반으로 하며 특정 업무와 관련된 활동들)에 대한 요구에 끊임없이 부응해야 하는 상황에 처해 있다. 사회의 기술적인 측면이 복잡해질수록 지식의 기반도 달라지기 때문에 소위 균형잡힌 교육 또한 지식기반의 확장에 따라 변화되기 때문이다. 그러므로 최첨단

기술·과학 분야에서 일하려는 사람들에게 기초적인 개념은 물론 최첨단 이론과 응용지식에 이르기까지 충분한 이해를 갖추는 것은 매우 중요한 일이라고 할 수 있다.

사회가 기술적으로 복잡해질수록 업무는 자동화되고 사람이 처리하는 일도 능률을 중시하게 됨에 따라 효율성은 훨씬 더 향상된다. 기업과 산업의 효율성이 향상되면 그 결과 사람이 수행해야 할 업무가 감소하고 따라서 업무의 규모 또한 축소되고 재조정된다.

가정의 경우, 가전제품의 성능이 향상되고 컴퓨터를 사용하여 집에서도 효율적으로 일(예를 들면, 청구서 지불, 피자 주문, 강의 수강, 직장업무)을 처리하는 것이 가능해지면서 일에 대한 개념은 물론 여가의 개념도 달라지게 된다. 업무 효율화를 목적으로 재택근무를 하게 되는 과정에서 다음의 두 가지 양상들이 나타난다. 즉, 집에서 일하는 것이 언제든지 가능하기 때문에 항시 일을 하게 되거나, 또는 직장에 직접 가서 일하는 것보다 훨씬 더 효율적으로 일을 처리할 수 있게 되어 여가를 위한 시간이 더 늘어나게 되는 것이다.

능률적인 업무 및 일상생활은 적절한 교육으로부터 비롯된 것이라고 할 수 있으나 지속적인 훈련에 대한 중요성을 간과하면 안된다. 살다보면 일하는 방법이나 규칙들을 이해하기 전에 왜 그 일을 해야 하는가에 대한 이론적인 설명이 필요할 때가 있다. 그것이 비디오녹화기 사용법이나 웹 페이지 디자인 또는 주식투자와 같이 때로는 개인적인 목적에 관련된 것일 수도 있고, 기술적인 능력이나 새로운 장비에 대한 사용능력을 키우는 것과 같이 전문적인 목적에 관련된 것일 수도 있다. 이들 모두가 성공적으로 삶을 영위하기 위해서는 매우 중요한 것들이다. 원격학습은 변화하는 세계 속에서 살아가는 다양한 배경과 연령층의 사람들에게 일상적인 또는 직업적인 삶을 생산적으로 영위하기 위해 필요한 교육과 훈련을 제공할 수 있는 방법들 중의 하나라고 할 수 있다.

원격학습 프로그램에는 어떠한 사람들이 참여해야 하는가?(또는, 참여하게 될 것인가?)라는 질문에 대한 대답은 '모든 사람들'이다. 물론 현실적으로 들리지 않을지도 모르지만 원격학습을 통해 더 많은 사람들에게 영향력을 행사할 수 있는 가능성은 교육·훈련·재교육에 대한 필요가 중요한 의미를 갖는 만큼 과거 어느 때보다도 훨씬 크다고 할 수 있다.

4. 원격학습 강좌나 프로그램의 판매자들

테크놀로지의 변화가 학습자(또는, 잠재적인 학습자)와 교육자/훈련자 모두에게 영향을 주고 있다. 너무나 많은 새로운 내용들이 등장하고 청중의 범위도 다양해지기 때문에 가르치고 훈련할 내용이 고갈되는 경우는 거의 없다. 인터넷 서비스의 확산과 이용 인구의 증가로 누구나 교육/훈련 프로그램을 제공하는 것이 가능해지고 있다. 그렇다고 해서 모든 사람들이 교육 프로그램의 판매자가 되어야 한다거나 광범위하게 흩어져 있는 전자적인(electronic) 청취자들에게 제공되는 정보의 수준이 보장된다는 의미는 아니며, 다만 교육·훈련 사업에 관련되어 있지 않았던 사람들이 앞으로 이러한 사업을 시작할 수 있다는 것을 의미한다.

많은 사람들, 즉 개인이나 회사 또는 기관은 서로 정보를 손쉽게 주고받을 수 있는 능력을 갖게 되었다. 하지만 그러한 능력과 원격학습이 동일하다고 볼 수는 없다. 진정한 교육은 잠재적인 학습자들이 필요로 하는 내용에 대해 연구하고, 원격학습 강좌의 유형과 다양한 주제영역에 적절한 기술을 확보하며, 강좌의 내용을 지속적으로 개정하고 정보를 전달하는 기술을 끊임없이 갱신하며 능력있는 교육자/훈련자를 고용하고 후원할 수 있는 능력을 필요로 한다(이 책 전반에 걸쳐, 원격학습 판매자란 진지하게 원격학습을 주도하면서 정확하고 효과적인 정보를 원격지에 있는 학습자들에게 전달하는 데에 헌신할 수 있는 주체를 말한다).

다양한 사업자와 교육기관이 판매자로서 서비스와 원격학습 기회를 제공한다. 즉, 전통적인 교육기관, 교육기관과 사업자의 연합 또는 단독의 사업자, 사내의 훈련 모임(in-house training groups) 또는 해당 부서, 거래 고객 및 개별 소비자에게 특정 훈련과정을 제공하는 사업자, 정부(government), 원격학습에 관심을 갖고 있는 후원자, 컨설턴트 등을 원격학습 제공자라고 할 수 있다.

교육기관

초·중·고등학교에서도 해당 구역의 학습자들에게 원격학습 프로그램을 제공할 수 있다. 가령 멀리 떨어진 원격지에 살고 있거나 또는 집에서 학습할 수밖에 없는 학생들에게 거리상의 제약을 극복하고 학교교육 프로그램을 전체적으로 이수할 수 있도록 원격학습 프로그램을 디자인할 수가 있을 것이다. 그러나 일반적으로 학생들에게 제공되는 대부분의 원격학습 프로그램들은 학교에서 제공되지 않는 몇 개의 강좌들로 한정되어 있다. 소속 학교에서 제공되지 않는 외국어 강좌나 창작 강좌를 수강하기 위해 다른 지역으로 직접 이동하는 것은 학생들에게 쉬운 일이 아니다. 원격학습은 그 학생들이 수강하고자 하는 강좌가 비록 전체 교육과정의 일부에 불과할지라도 이러한 학생들의 요구에 부응할 수가 있다.

교육기관에서는 원격학습을 통해 성인들을 위한 보충적인 또는 추가적인 교육을 제공할 수 있다. 예를 들면, 고등학교 졸업장에 해당되는 GED(General Equivalency Diploma) 과정을 이수하고자 하는 성인들의 경우가 이에 해당된다. GED 강좌 내용을 원격학습을 통해 전달함으로써 더 많은 대상자들이 프로그램에 참가하도록 할 수 있으며 그들에게 교육(그리고, 과정 이수 확인증)을 제공할 수가 있다.

각 종합대학과 단과대학에서는 국공립 또는 사립 여부에 관계없이 원격학습을 제공할 수 있다. 정규 교과과정을 제공할 수도 있으며, 원격회의나 온라인 토론과 같은 특별 행사를 주최할 수도 있다. 그리고 평생교육이나 성인교육 프로그램을 통해 비학점 강좌들을 개실할 수도 있다. 나아가 학점 이수가 가능한 강좌들을 제공할 수도 있으며 학위나 수료증이 수여되는 전체 교과과정을 제공할 수도 있다.

교육기관과 사업자 간의 연합 또는 단독 사업자

대부분의 경우 연합은 동일한 목적을 공유하거나 자원을 공동으로 사용하기 위하여 이루어진다. 예를 들면, 유사한 학위 프로그램을 제공하는 여러 개의 교육기관들이 교육자원을 공유하거나 협동체계를 구축함으로써 강좌를 제공할 수 있다. 연합은 서로간의 경쟁을 지양하고 상호 보완할 수 있는 강좌들을 제공한다. 교육시장의 경쟁은 날로 치열해지고 있는 데다가 많은 기관들이 프로그램을 합리화하고 같은 지역에서의 중복적인 서비스를 줄이며 비용을 절감하려고 노력하기 때문에 연합은 유사한 프로그램을 운영하는 사업자들에게 있어서 지속적으로 강좌를 제공하고 경쟁력을 유지하기 위한 방편이 될 수 있다. 경쟁자와의 대치관계가 아닌 동조관계로부터 모든 교육기관들은 오히려 운영상의 도움을 받을 수 있다.

그밖에 같은 주 내에 소재한다는 지역적 근사성 때문에 연합이 형성되는 경우가 있는데, 어느 기관이 어떠한 내용을 웹이나 원격회의를 통해 제공할 것인가를 사전에 정해둠으로써 학습자 확보 경쟁을 지양하고 각 기관마다 특색있는 전문 분야를 개발하고 원격학습 수준을 향상시키는 데에 총력을 기울일 수 있게 된다. 부언하자면, 교육기관간의 협력을 통해 시장에 대한 효과적인 역할 분담이 이루어지게 된다.

그렇지만 교육비용을 합리화하고 학습자들에게 유용한 강좌들을 제공하기 위해 협력해야 할 대상 중에 교육기관들만 있는 것은 아니다. 연합은 교육기관과 사업자 간에도 이루어질 수 있다. 가장 흔한 사례로 교육기관과 통신사업자 간의 협력관계를 들 수 있다. 통신사업자는 교육 내용을 전송하는 데에 필요한 기술을 제공하고 원격학습의 내용은 교육기관의 교육 전문가들이 제작한다. 즉, 통신사업자가 그 지역의 대학과 파트너가 되어 일련의 교육 방송물을 제작하는 경우를 생각해볼 수 있다. 통신사업자는 기술과 방송 분야의 전문성을 제공하고 교육자와 학습자는 효과적인 교재 및 교육법, 그리고 이를 방송을 통해 강의할 수 있는 강사를 제공한다. 이러한 연합들은 교육기관과 사업자 각각의 특성을 부각시킴으로써 통합적이고 효과적인 원격학습 프로그램의 제공에 기여할 수 있다.

사업자의 입장에서는 잠재 고객들을 포함한 학습자들의 수를 충분히 확보하게 됨으로써 새로운 시장에 참여할 수 있는 기회를 얻게 된다. 그리고 대학과 같이 특수한 교육기관의 동반자로서 지역과 사회에 교육 및 훈련을 제공하게 됨에 따라 교육사업에서 유리한 위치를 확보할 수 있게 된다. 대학의 연구기관들과도 밀접하게 일할 수 있게 되어 최첨단 지식을 접하고 과학 및 테크놀로지의 발전을 가까이서 지켜볼 수 있다는 실질적인 이득도 얻게 된다.

물론, 교육기관에도 이와 같은 연합관계가 도움이 될 수 있다. 사업자들로부

터 장비와 설치 및 관리에 필요한 기술 인력을 지원받을 수 있다면 교육기관
은 이를 학생들을 위한 새로운 기술 환경 자원으로 활용할 수가 있다. 그리고
응용프로그램과 산업에 종사하는 전문가들과의 협력관계를 통해 교육기관에
대한 인식을 제고함으로써 산학협동이 활발히 이루어지고 있는 교육기관에서
의 강좌와 학위를 원하는 학생들을 확보할 수 있게 된다.

기업을 대상으로 사내(in-house) 정보를 전달하는 회사들(또는, 기업 내부의 부서들)

회사에서는 훈련부서를 두어 원격학습을 비롯한 다양한 방법으로 사내에 정
보를 전달한다. 규모가 있는 기업이라면 별도의 전담기관을 두거나 자회사(子
會社)가 훈련을 담당하기도 한다.

사내 훈련 프로그램, 원격회의, 전화회의, 전자우편, 웹 기반 온라인 모의실
험과 튜토리얼을 포함한 각종 방법으로 회사 내의 원격학습 활동을 증진시킬
수가 있다. 이러한 프로그램들은 일정에 의해 제공되거나 계속적으로 제공될
수도 있기 때문에 고용인들로 하여금 그들의 업무상황에 가장 적당한 시간에
필요한 훈련을 받을 수 있도록 한다.

사내 훈련은 사옥(社屋) 내부에서 또는 세계 어느 곳에서든지 위성사무실
(satellite offices)이 위치한 곳이라면 실행이 가능하다. 이러한 유형의 훈련은 모
든 고용인들이 정해진 기간내에 어떠한 장소에서든 동일한 교육을 받을 수 있
도록 하거나 혹은 경우에 따라 한 장소에서 1회만 실시할 수도 있다.

거래 고객과 개별 소비자에게 특화된 훈련 서비스를 제공하는 판매자

개인이나 기업을 대상으로 교육 및 훈련에 필요한 자료와 서비스를 제공하
는 판매자들이 있다. 이런 경우에 판매자가 제공하는 교육은 대개 비학점 강좌
로서 경력 향상을 목적으로 하거나 흥미를 위주로 하는 강좌들이 대부분이다.
그들은 훈련을 사업의 주요 목적으로 삼기 때문에 고객 회사의 직원들을 위해
원격학습 강좌나 프로그램을 제작사양에 따라 제작해주기도 한다. 또한 각 개

인을 대상으로 하거나 일시적인 필요에 의해 모인 그룹을 대상으로 개별적인 프로그램을 제작해주기도 한다. 이러한 판매자들에 의해 제공되는 교육은 대체로 융통성이 있고 훨씬 다양한 주제들을 포괄적으로 다룬다.

원격학습을 연구하거나 서비스를 제공하는 정부(government)의 기관

정부의 기관들이나 부서들 중에는 자원부(Department of Energy)나 교육부(Department of Education)와 같이 원격학습에 대해 연구하고 평가하는 곳들이 있다. 그런 곳에서는 사설 또는 국공립 기관 소속의 전문가들과 공동으로 작업하여 특별 프로그램을 제작하거나 보급하는 것을 목적으로 한다. 즉, 연구비를 지원함으로써 원격학습에 대한 심층적인 연구를 추진하는 것이다. 그밖의 다른 정부기관들은 사업자들과 마찬가지로 정부의 고용인과 고객을 위한 원격학습을 내부적으로 제공하는 것을 목적으로 한다.

연방정부가 원격학습의 보급을 주도하고 장려하는 경우도 있지만, 주정부 또는 지방의 정부기관들이 유사한 프로그램이나 자체 제작된 원격학습 프로그램을 제공하는 경우도 있다. 예를 들면 인디애나 주에는 원격학습을 목적으로 주 소속의 국공립 학교들을 연결하는 네트워크가 구축되어 있다. 연방정부나 주정부 또는 지역별 정부기관들은 자금이나 연구기금, 세금혜택 등의 방법을 통해 원격학습에 대한 연구나 응용프로그램의 제작을 장려함으로써 활력소를 제공할 수 있다.

원격학습의 증진에 관심을 갖고 있는 후원자

후원자 또는 기금이나 다른 형태로 지원을 제공하는 사람들에 의해 다양한 방법으로 원격학습이 보급되기도 한다. 특정 형태의 프로그램이나 특수한 기술의 채용, 또는 특정 자료의 개발을 장려하기 위해 지원을 하는 경우도 있다. 그리고 연구 및 응용의 중요성을 강조하거나 새로운 교육 및 훈련 도구의 개발 또는 기술 개발을 장려할 수도 있다. 또한 더 많은 학습자들에게 원격학습을 제공할 수 있도록 자원을 제공하는 경우도 있다. 후원의 종류는 후원자에 따라 그리고 그들이 원격학습에 대해 갖고 있는 관심사에 따라 다양하다.

후원자들은 교육기관과 사업자의 협력을 요구하거나 개인들로 하여금 혁신적인 프로젝트를 개발하도록 장려하기도 한다. 앞서 언급한 바와 같이, 교육기관과 사업자 간의 연합관계를 구축해두는 것이 바람직한 이유로서, 후원자들은 교육기관과 사업자 간에 이미 협력관계가 구축되어 기술과 원리 및 자원을 공유하고 있는 경우를 선호하는 경향이 있다.

컨설턴트, 개인지도 교사, 정보 디자이너, 교사, 기타 사업자

개인 사업자는 규모를 갖춘 일반 판매자들이 제공하는 것과 유사한 형태의 원격학습을 자신이 직접 제공한다. 개인 사업자는 다양한 고객들을 상대로 그가 가지고 있는 정보와 서비스를 판매하며 특수한 전문 분야의 내용을 제공한다. 원격학습에 관여하는 대부분의 컨설턴트들은 상근(full-time) 서비스를 제공하지만 시간제(part-time)로 교재와 강좌를 제공하거나 사업자나 기관이 원하는 원격학습 프로그램을 제작하는 데에 자신들의 능력을 제공하기도 한다.

대부분의 컨설턴트들이 유료로 원격학습 강좌를 제공하는 데 비해 웹에서 무료로 강좌를 개설하는 개인들도 있다. 그중의 대부분은 흥미 위주의 강좌들로서 웹에 관한 내용이거나 웹을 위한 정보 디자인과 관련된 내용들이다. 예를 들면, 유명한 무료강좌(물론, 사이트의 글과 그림은 저작권이 설정되어 있으며 허가 없이는 복제할 수 없다)들 중에는 HTML(Hyper-Text Markup Language) 사용법을 설명하는 것도 있다. 만일 소프트웨어나 규모가 큰 프로그램을 제작했던 개인이 무료강좌를 개설한다면 좀더 상세하고 심화된 내용의 강좌와 자료나 제품에 대해서도 잠재 고객들의 관심을 불러일으킬 수 있을 것이다.

5. 원격학습 강좌를 수강하는 학습자들

원격학습 프로그램에 참여하는 학습자들의 교육에 대한 요구는 다양하다. 일회성 강좌나 원격회의에만 관심을 갖는 경우도 있고, 수료증이나 고등학교 졸업장을 받기 위해 장기적인 교육을 필요로 하거나 학위를 받을 수 있는 프로그램에 참여하려는 경우도 있다. 학습자들은 동시에 같은 프로그램에 참여하는 그룹의 일원이 될 수도 있고 자신에게 적합한 진도에 따라 각자 학습할 수도 있다. 원격학습을 이용하는 학습자들의 유형은 다음과 같이 다양하다.

성인 학습자

비정규(nontraditional) 학생으로 불려지기도 하는 성인 학습자는 전업(full-time) 학생이거나 시간제(part-time) 학생일 수도 있으며 고용이 해제된 상태 또는 불완전 고용상태에 있을 수도 있다. 그들은 주로 경제적인 가치가 높은 기술을 배우려고 한다. 개개인의 학습 정도와 계획은 매우 다양하며 삶이나 실무경험을 비롯하여 원격학습에 대한 기대 또한 다채롭다.

이러한 유형의 학습자들이 원하는 것은 현재의 업무능력을 향상시키기 위해 특화된 훈련일 수도 있으나 훨씬 더 일반적인 교육을 원하는 경우도 있다. 그들의 학습동기는 개인적인 관심에서부터 업무로 인한 압력에 이르기까지 넓은 범위에 걸쳐져 있다. 따라서 단일 프로그램이나 정보를 얻는 것뿐만 아니라 장기적인 교육에 대한 필요성에 관심이 있을 수도 있다.

성인 학습자들이 선호하는 학습방식은 다양하다. 강의나 토론과 같이 전통적인 교육방식이 그들의 학습에 도움이 되지 않는다고 생각하는 경우도 있다. 대다수가 실제적인 활동이나 자신이 주도하는 질의응답 방식을 선호하며, 임무 진행과정에 대한 관찰을 원하고, 문서의 양식으로서 글보다 그림을 선호한다. 특히 인터넷에서 제공되는 원격학습 관련 기술들 중에서 대화형(interactive) 방식은 성인 학습자들에게 인기를 끌 수 것이다. 원격학습은 강좌의 내용을 전달하기 위하여 다양한 매체들을 사용해야만 하기 때문에 성인 학습자들에게는 전통적인 교실학습이나 실험실에서의 훈련에 비해 선호도가 높다.

어린이와 청소년

나이 어린 학습자들 중에는 이런저런 이유들로 인해 주정부나 지역 교육기관에서 요구하는 교육상의 조건들을 충족시키지 못하는 경우가 있다. 그외에도 신체적인 제약 때문에 전통적인 교실에서 행해지는 교육 프로그램에 참여할 수가 없거나 교육기관이 없는 지리적으로 고립된 곳에서 살고 있는 경우도 있다. 정상적으로 학교에 다니고 있는 학생이라도 학교교육에서 부족한 부분을 보충하기 위하여 원격학습을 필요로 하기도 한다. 원격학습은 이와 같은 학습자들에게 필요한 교육을 제공할 수가 있다.

학생들에게 정규 강좌를 제공하여 집에서도 교실에서와 마찬가지로 정규 학습과정을 완전히 마치도록 할 수 있다. 즉, 학습자는 폐쇄회로 텔레비전 방송을 통해 강좌를 시청하고, 한 명의 교수자가 원거리상에서 동시에 여러 학급을 가르친다. 학습자가 거주하는 지역의 학교에서 추가적인 강좌를 제공할 여력이 없거나 강좌를 가르쳐야 할 교수자가 충분치 않은 경우에도 교실에서 이루어지는 것과 마찬가지의 교육을 받도록 할 수 있다.

특별 교육 프로그램이나 미취학 프로그램 또는 보충 강좌와 같은 내용도 어린이 학습자들을 위해 제공될 수 있다. 이러한 프로그램들은 필수적인 교육 프로그램의 일부일 수도 있으나 학습자들에게 추가적인 연습이나 정보를 제공함으로써 정규 프로그램 내에서 도움을 줄 수 있도록 하기 위해 추천된 것일 수도 있다.

교육 센터로부터 멀리 떨어진 곳에 거주하는 사람들

교육이나 훈련 프로그램의 혜택을 전혀 받을 수 없거나 정기적으로 제공받는 것이 어려운 지역에 거주하는 사람들에게 원격학습이 도움을 줄 수 있다. 해외의 정보를 필요로 하는 사람에게도 원격학습은 유용한 것으로 인식되는데, 인터넷을 통해 전달되는 정보는 공간적인 제약을 받지 않으며 정보화된 세계의 어느 곳에 있든지 간에 사람과 자원을 연결해줄 수 있다.

원격학습 프로그램은 훈련을 받기 위해 지정된 곳으로 가거나 모기업의 소재지로 여행할 시간이 없는 고용인들에게 훈련을 제공할 수 있다. 때로는 여행에 드는 비용을 감당하기가 어려운 회사나 지사(支社)도 있을 것이다. 원격학습은 회사의 고용인들이 어느 곳에 있든지 간에 언제 어디서나 그들을 훈련시킬 수 있도록 선택의 여지를 제공한다.

수업이나 프로그램에 정기적으로 참석할 수 없는 사람들

업무나 개인적인 일정으로 인해 대학에서와 같이 시간이 정해져 있는 수업
에 도저히 참석할 수가 없다면 각자의 편의에 따라 원격학습 강좌를 들을 수
가 있다. 일시적인 또는 영구적인 질병으로 인해 교육 프로그램에 참여할 수
없는 사람들도 집에서나 그밖의 다른 시설을 이용하여 교육을 받을 수 있다.
또한 능력의 차이로 인해 교실에서 다른 학습자들과 같은 진도로 학습할 수가
없는 사람들은 그들의 학습을 보조하기 위해 특별히 제작된 자료들을 이용하
여 학습 효과를 높일 수가 있다.
즉, 원격학습은 거의 모든 사람들을 위해 효과적인 교육 또는 훈련 방법을
제공할 수가 있다. 또한 정보와 경험의 공유가 촉진되기 때문에 교재를 제작하
는 사람과 그것을 사용하는 사람 모두가 상대방으로부터 지식을 습득할 수 있
게 된다. 원격학습을 현명하게 사용한다면 연령층·배경·능력·장소·시간에 구
애받지 않고 누구에게나 추가적인 교육의 기회를 제공할 수 있다.

6. 원격학습의 이점에는 어떠한 것들이 있는가?

지금까지 열거된 이점들이 원격학습에 참여하고자 하는 교육자나 훈련자 또
는 학습자에게 충분한 동기를 제공하지 못했다면 그밖의 다른 장점들을 들 수
있다. 배움에 대한 가장 큰 인식의 변화는 일생을 통해 수월하게 교육과 훈련
을 받을 수 있다는 사실로부터 비롯된다. 원격학습 프로그램은 다양한 매체와
기관들을 통해 비교적 적절한 비용으로 제공되며 편의에 따라 학습일정을 조
정할 수 있기 때문에 많은 다양한 학습자들의 요구를 수용할 수가 있다. 따라
서 평생교육의 실현이 점차로 가능해질 뿐 아니라 능동적으로 현대사회를 살
아가는 데에 반드시 필요한 조건으로 받아들여지고 있다. 원격학습으로 인하
여 많은 사람들이 평생교육을 실현할 수 있게 되며 또한 일생을 통해 교육에

관심을 갖게 된다.

예를 들어 이미 학위를 취득한 어떤 여성 사업가가 자신의 전문적인 능력을 향상시키기 위해 특정 주제에 대해 1년 동안 한두 개 정도의 강좌를 수강하려고 한다. 여기서 그녀에게 필요한 것은 학위의 취득이 아니라 자신의 전문적인 관심과 적성을 충족시켜줄 수 있는 수준 높은 강좌이다. 원격학습은 그녀의 일정에 지장을 주지 않고도 원하는 교육을 지속적으로 받을 수 있도록 한다.

반면에 학사학위를 받고 지난 두 해 동안 직업을 갖고 있던 어떤 젊은 전문가는 이제 자신의 경력을 향상시키기 위해 석사 학위를 받으려고 한다. 그는 2년 동안의 학위 프로그램에 등록을 하기 위해 직장을 그만두기를 원치 않으며 저녁과 주말에도 직장에서 일을 해야 하기 때문에 전통적인 학위 프로그램에 전적으로 참여할 수가 없다. 이와 같은 경우 그가 원격학습을 이용한다면 학위 프로그램을 이수할 수 있을 뿐만 아니라 주변 지역에 위치한 대학 이외에도 전세계 어느 곳이든 그곳에 있는 교육기관에서 공부할 수 있다.

자동차 수리센터의 고용인이 다른 업체와의 경쟁력을 갖추기 위해 최근에 컴퓨터화된 관리방식을 배워야 하는 상황이 발생했다. 고용주는 고용인으로 하여금 휴식시간과 일과후의 시간을 이용하여 단기 훈련 강좌를 수강함으로써 실제로 차를 수리하기 전에 필요한 최신 기술을 배우고 실습을 해볼 것을 권장할 것이다. 어떤 부부는 다른 예술가들과의 협동작업을 통해 취미활동을 하면서 그들과 서로의 지식 및 정보를 공유할 수 있는 방법을 찾고 있다. 그들은 업무로 인한 필요에 의해서나 경력을 향상시키기 위해서가 아니라 취미활동을 위해 배우고자 하는 것이다. 원격학습은 경력의 향상뿐만 아니라 취미를 목적으로 하는 요구에도 부응할 수가 있다.

원격학습에 참여하는 학습자들은 다음의 혜택 중 일부 또는 전부를 누릴 수가 있다. 즉, 자신에게 적절한 진도에 맞추어, 편리한 장소에서, 다양한 주제에 대해, 훨씬 다양한 교육기관과 교육자/훈련자로부터 독립적으로 배울 수 있다.

개인별 진도에 기준을 두고 학습한다

학습자는 일반적인 학기 또는 정해진 수업기간에 걸쳐 강좌를 수강할 수도 있으며 자신의 학습활동을 완결지을 수 있을 때까지 필요한 시간을 충분히 할애할 수도 있다. 학습자료를 수회에 걸쳐 반복적으로 학습할 수도 있지만 조속한 시일내에 학습을 끝마칠 수도 있는 것이다. 즉, 일과시간을 학습에 투자할 수 있는 경우도 있지만 일과 후나 휴식시간, 한밤중에, 또는 규칙적으로 짬을 내서 학습을 해야 할 경우도 있다. 미리 정해져 있는 학습계획(즉, 토론 1시간 또는 원격회의 15분과 같은)에 따라 진행할 수도 있지만 필요한 만큼 충분히 또는 적게, 또는 정보를 습득하고 기술이나 개념을 이해할 수 있는 데에 필요한 만큼 적당한 횟수에 걸쳐 참여하도록 경우에 따라 조정할 수 있다.

편리한 장소에서 학습할 수 있다

학습 자료나 경험을 제공하기 위해 사용되는 매체가 다양하기 때문에 편리한 장소에서 각자의 사정에 따라 원격학습을 할 수 있다. 예를 들면, 원격회의 방식을 사용하면 두 개 이상의 학습 장소들을 연결할 수가 있으며 학습상황을 녹화한 비디오테이프는 나중에 집에서 또는 직장에서도 볼 수가 있다. 그리고, 집에서나 직장에서 웹으로 제공되는 정보를 볼 수도 있으며 인터넷을 통해 전자우편을 주고받을 수 있고 게시판의 전달사항을 내려받을(download) 수도 있다. 케이블 텔레비전 방송은 폐쇄회로 또는 광역전송방식이 될 수도 있으며 집에서나 직장 또는 도서관이나 공항 터미널과 같은 공공장소에서도 시청할 수 있다. 한층 더 단순한 원격학습 기술로는 인쇄된 자료를 우편으로 발송함으로써 배달이 가능한 어느 곳에서나 학습이 가능하도록 하는 것도 있다.

원격학습을 전달하는 매체의 다양성으로 인해 강좌를 듣고자 하는 사람들은 어느 장소에서나 편리하게 학습에 참여할 수 있다는 것을 확신하게 된다. 원격학습을 구현하는 기술의 범위는 전세계의 누구에게나 제공될 수 있을 만큼 넓기 때문에 학습자는 어떠한 장소에서도 학습이 가능하다는 것을 알게 된다. 즉, 해변가에서 공부를 하고 싶어하는 학습자는 없겠지만, 불가능한 일은 아니라는 것이다.

가까운 지역에서는 제공되지 않는 강좌나 프로그램에 참여할 수 있다

같은 지역 내에서도 많은 종합대학이나 단과대학, 기업 또는 개인 컨설턴트들이 교육이나 훈련 프로그램들을 제공한다. 이러한 정보 제공자들은 특별한 전문 분야에 대해 프로그램을 제공하기도 하고 개론에 해당되는 일반적인 내용의 프로그램들을 제공하기도 한다.

대부분의 기관들이 틈새시장을 개발하려고 노력한 결과, 한 개 이상의 주제 영역 또는 다채로운 유형의 프로그램들을 제공하는데, 잘 알려져 있는 것들 중에는 작업요법(의학: 환자에게 가벼운 일을 시킴으로써 적당한 운동이나 정신적인 위안을 얻게 하여 회복을 촉진시키는 요법)에 대한 석사 학위 프로그램과 같은 것이 있다. 인근 지역의 범위 내에서 특정 분야에 대한 관심이나 학습에 대한 요구를 해결할 수 없다면 그 지역을 벗어나 다른 지역에서 제공하는 전문 프로그램들을 찾아보아야 한다. 원격학습의 도움으로 학습자들은 관심 분야의 특화된 프로그램들을 찾아내어 학습할 수가 있다.

프로그램을 제공하는 대학이나 기업 또는 기타 전문가 그룹이 있는 지역으로 갈 필요가 없다

일정 규율이나 전문성을 유지하면서도 전문적인 교육이나 훈련을 제공하는 것으로 널리 알려진 교육기관들이 있다. 원격학습으로 그와 같은 전문적인 프로그램을 수강하는 것이 가능하기 때문에 학습자는 전문적인 능력을 향상시킬 수 있을 뿐만 아니라 업무상 반드시 필요한 교육을 받을 수도 있다. 유명 대학의 강의를 듣기 위해서도 지역적으로 이동할 필요가 없다. 하버드대학의 강의를 들으려면 웹에서 제공되는 강좌를 통해 참여할 수가 있다. 물론, 하버드 캠퍼스의 학생이 되는 것과 동일하다고 할 수는 없으며 원격학습 강좌에 참여했다고 해서 하버드 대학으로부터 학위를 받는 것은 아니지만 학습자들은 학문적인 우수성을 인정받은 교육기관의 수준 높은 강의를 수강함으로써 교육적인 혜택을 누릴 수가 있다.

마찬가지로 기업이나 어떤 기관에 속해 있는 유명한 전문가와 함께 일해보고 싶어하는 학습자들도 있을 것이다. 이때 학습자가 그 전문가가 있는 곳으로 가는 것이 실질적인 방법이 아니라면 전문가가 원격학습을 통해 직접적으로 또는 그의 자료들을 공개한다면 더 많은 대중을 상대하는 것이 가능할 것이다.

학습자가 학습방식을 선택할 수 있다.

어떤 사람에게나 선호하는 학습방식이 있다. 학습자가 활동적인 경우도 있지만 수동적일 수도 있다. 원격학습의 장점은 부분적으로라도 모든 사람들이 각자 선호하는 방식으로 학습할 수 있도록 다양한 학습방법을 취할 수 있다는 것이다. 예를 들면, 어떤 학습자는 실습을 선호하며 실습을 통해 학습 효과가 향상된다. 이런 학습자는 온라인이나 CD(Compact Disc), 또는 상호작용에 의한 비디오 실험 형식의 과제를 선호하며 학습시간 이후에 각자 실험을 완성하는 것이 나을 것이다. 가상현실(virtual reality)은 그와 같은 학습자에게 효과적인 교육 경험을 제공할 수 있다.

어떤 사람들은 자신의 생각에 대해 동료들과 토론하고 정보를 정리하며 다른 사람들로부터 피드백을 얻는 방법을 통해 학습효과를 높일 수 있다. 토론그룹(discussion group: 같은 주제를 놓고 토론하는 그룹)과 뉴스그룹(news group: 인터넷에서 공통의 관심사를 가진 사람들이 모여 함께 토론하고 정보를 교환할 수 있는 게시판)은 아마도 자신의 생각에 대해 토론하고자 하는 학습자들이 가장 선호하는 방법일 것이다. 이러한 학습자들은 다른 사람들과 상호 토론이 가능한 원격회의나 대화식 방송 또는 전자우편의 사용을 선호할 것이다.

그러나 보수적인 학습자들은 강의를 들으면서 필기하는 방식을 선호한다. 그들은 책읽기를 선호하며 학습내용을 적용하기 전에 생각해볼 시간을 필요로 하고 강의나 노트, 인쇄물, 읽어야 할 과제를 부과하는 강사를 선호한다. 이러한 학습자들은 원격회의에 참석하는 것이나 인터넷에 게재된 내용을 읽거나 CD나 온라인상의 데이터베이스를 정독하는 것 그리고 과제물을 전송받아 프린트하는 방식을 선호한다.

그림으로 설명되는 방식을 선호하는 학습자에게는 비디오나 방송, 웹을 통해 다양하고 풍부한 자료들을 제공할 수 있다. 필름·애니메이션·음향효과·음악·해설·정지 또는 동화상·사진·그림·도표·3차원 가상현실 등은 그와 같은 학습자들에게 효과적인 학습방법이라고 할 수 있다.

각 학습자로부터 요구되는 상호작용의 정도에 따라 부합되는 유형의 강좌와 기술들이 있다. 어떤 매체의 경우에는 상호작용성이 훨씬 더 뚜렷하다. 주제 영역에 따라서도 학습자의 참여를 요구하는 정도가 다르다. 제대로 디자인된 원격학습 강좌는 학습자에게 다양한 선택의 범위를 제공함으로써 적절히 조화된 학습방식과 상호작용성을 통해 개별적인 학습능력을 강화할 수 있다.

다양한 기술들을 접해봄으로써 경험을 확대할 수 있다

학습자는 방송, 컴퓨터, CD플레이어, 비디오 녹화기 등 여러 가지의 학습기술들을 사용하게 됨에 따라 주제 영역에 대한 학습 이외에도 다양한 대화형 기술을 사용하는 방법을 익히게 된다. 따라서 급속하게 발전하는 매체 환경에 훨씬 잘 적응할 수 있게 되며 그들에게 자료와 학습경험을 전달하기 위해 사용되는 매체와 기술들에 대해서도 폭넓게 이해할 수 있게 된다. 학습자가 학습분야에 대한 지식과 경험 외에도 기술에 대한 부수적인 정보와 기술을 습득할 수 있다는 것은 원격학습의 큰 이점이라고 할 수 있다. 발전된 기술을 사용할수록 학습자는 단순히 그것을 사용하는 것만으로도 학습효과를 높일 수 있다. 이와 같이 기술로부터 비롯되는 이점은 특히 기술적인 작업에 대한 직원 훈련이 필요한 회사, 또는 학교에서 컴퓨터나 방송 관련 분야를 전공하는 학생들에게는 더욱 의미가 있다.

학습자 스스로가 관리할 수 있다.

가장 큰 이점들 중의 하나는 학습자가 자신의 학습을 관리할 수 있다는 것이다. 대부분의 학습자들은 필요조건이나 규율을 요구하는 교육기관, 또는 강의 이외에도 지도와 조언 및 상담을 해줄 수 있는 교육자를 원하고 필요로 한다. 그러나 학습자 스스로가 프로그램에 참여하고 과제를 완성하며 정보를 수집하고 기술을 계발해야 할 책임을 져야 한다.

학습자는 많은 자료들이 흥미롭고 자극적인 방식으로 제공될수록 학습에 몰두하고 스스로 학습을 하게 된다. 그리고 어디에서 정보를 얻을 것이며 무엇을 하고 무엇을 찾을 것인지에 대해 교육자가 말해주도록 하기보다 그들이 찾아낸 정보와 얼마나 많은 정보들을 얻을 수 있는지를 알아내어 교육자와 정보를 공유하려고 한다. 또한 원격학습에 참여하지 않더라도 스스로 교육과 훈련을 계속하려고 할 것이다.

원격학습에서 가장 부각되는 면모 중 하나는 교육자와 피교육자, 훈련자와 피훈련자 간에 형성되는 공유(sharing) 감각이다. 원격학습 환경에서 교육자와 훈련자는 조력자가 되며 교육자는 학습자로부터 배운다. 더 이상 교육은 소수만을 위한 특권이 아니며 소유하기 위한 그 무엇도 아니다. 교육은 지속적인 과정이며 그 과정을 통해 모든 사람들이 지식과 경험을 얻을 수 있게 하는 그 무엇이다.

7. 원격학습의 미래는 어떠할 것인가?

교육기관과 회사를 비롯하여 사업자와 교육기관의 연합에서도 지면 광고와 웹을 통해 원격학습 홍보에 열을 올리고 있다. 원격학습은 유치원에서 대학교에 이르기까지 모든 국공립·사립 교육기관으로부터 제공될 수가 있다. 그리고 단일 매체 또는 복합적인 매체들을 다양한 형식으로 제공함으로써 학습자 각자의 기호에 맞는 학습양식, 요구사항, 학습능력을 수용할 수 있다. 또한 기술적으로 접근이 가능한 곳이면 언제라도 장소 여하를 막론하고 적정한 비용으로 교육의 기회를 제공할 수가 있다. 원격학습은 사람들로 하여금 아이디어에 대해 토론하고 정보를 공유하며 매우 능률적이고 효과적인 방식으로 교육 및 훈련이 이루어질 수 있도록 한다.

원격학습의 미래는 창조적인 활용과 새로운 기술의 발전 및 적용 원칙에 달려 있다고 할 수 있다. 학습자들이 원격학습에 대해 그리고 자신의 지식과 기술을 훨씬 더 쉽고 편리하게 개발할 수 있는 잠재적인 가능성에 대해 잘 알게 될수록 새로운 교재와 전달매체(presentation media)에 대한 수요는 지속적으로 증가할 것이다.

교육 도구의 변화

도구가 다양해질수록 교육 및 훈련 방법에도 다양성이 요구된다. 물론 교육과 훈련이 전적으로 기술적인 도구의 확보와 그 사용에만 의존하는 것은 아니다. 교육자와 학습자의 일대일 토론이나 시범을 보여주는 방식은 매우 저급한 기술일지라도 정보를 공유하고 학습과 기술의 습득을 장려하는 데에 효과적일 수 있다. 그러나 사람들 사이에 의사소통하는 방법과 정보를 주고받는 방법이 다양해지면서 여러 가지 유형의 교재를 사용하여 교육·훈련 과정을 강화하고 사람들의 각기 다른 요구와 기호를 수용할 수 있게 되었다.

원격통신 도구들이 새로운 기술을 선도하고 있다. 학습자들은 어떤 유형의 도구가 사용된다는 이유만으로 주저 없이 그 원격학습 강좌를 선택할 것이다. 원격학습에 사용되는 응용 기술 중에는 호출기(pager)와 휴대전화(holster phones)가 있는데 언제 어디서나 교육자와 학습자 간의 질의응답 및 정보를 제공할 수 있기 때문에 유용하게 활용된다. 음성 메시지, 호출 메시지, 팩스우편은 시간과 장소에 관계없이 휴대용 통신기기, 자동차, 비행기 또는 가정의 컴퓨터 시스템에 직접 전달된다. 그리고 통신기기의 소형화는 의사 전달과 메모 기능을 향상시키고 있다.

기술의 추세에 따라 비디오 녹화기, PC(개인용 컴퓨터), 텔레비전, 전화, 그리고 팩스기와 같은 전자제품들이 가정의 컴퓨터 시스템으로 연결된다. 가정에서 업무를 보거나, 교육·훈련을 받고, 청구서를 지불하며, 영상전화로 통화하고, 그밖에도 업무나 취미활동에 모든 멀티미디어 정보를 사용하는 것이 일반화될 것이다. 전화와 팩스, 전자우편에 부여된 각기 다른 유형의 번호들이 한 개의 전자적인 번호로 통합되어 다양한 형태의 정보들이 그 번호의 주인에게로 전달된다. 원격통신 산업의 발전으로 새로운 도구들이 사용될 것이며 현재 사용되고 있는 전자통신 네트워크와 도구들은 모두 하나로 연결될 것이다. 비록 이런 통신수단이 저돌적이라는 인상을 줄 수도 있으나 일상적인 활동에서는 물론 교육과 훈련 분야에서도 더 많은 사람들이 함께 일할 수 있도록 도움을 줄 것이다. 그러나 이러한 도구들을 저렴한 비용에 많은 사람들이 사용할 수 있도록 보급하는 것은 또 하나의 도전이라고 할 수 있다.

교육과 훈련에 대한 인식의 변화

원격학습에서 이용하는 혁신적인 교육도구와 접근방식이 흥미롭기는 하지만 교재나 매체로 인해 원격학습 자체가 크게 달라지지는 않을 것이다. 가장 큰 변화는 고등교육기관에 대한 사람들의 관점이 달라지는 데에서 비롯된다.

원격학습은 K12(미국의 교육제도: 유치원에서 12학년에 이르는 교육시스템)의 전통적인 교육방식을 변화시킬 수 있다. 국공립·사립 학교의 교실에서는 입학생들의 수가 증가하여 정원이 넘쳐나고 있으며, 교육자와 교육 행정가들은 새로운 기술들을 도입하고 효율적으로 사용함으로써 가치를 높여야 한다는 압박을 받고 있다. 어떤 학교에서는 학생수에 비해 컴퓨터의 수량이 부족하다는 이유로 학생의 컴퓨터 사용시간을 일주일에 30분으로 제한하고 있다. 학교가 속해 있는 지역과 후원의 규모에 따라 교육 프로그램과 시설을 확장할 수 있을 만큼 여유가 있는 학교도 있을 것이다. 자금의 여유가 있다면 새로운 빌딩을 짓고 장비를 확충하며 교육자들을 더 고용할 수가 있다. 반면에 여유가 없다면 뒤떨어진 시설과 적은 수의 교육자만으로도 만족해야 할 것이다.

원격학습 프로그램으로 K12 교육체제의 모든 문제점들을 해결할 수는 없다. 그러나 원격학습은 선택의 기회를 제공한다. 만약 컴퓨터와 방송 네트워크를 통해 프로그램을 공유할 수 있다면 교육 대상 지역에 제공되는 강좌의 수를 늘릴 수 있다. 가정학습(in-home education) 프로그램을 제공함으로써 교실의 과밀화 현상을 해소할 수 있을 것이다. 물론, 가정이나 교실에 원격학습 기술을 보급하는 데에는 난관이 따르겠지만 원격학습은 국가적인 교육위기에 맞설 수 있는 방안 중의 하나라고 할 수 있다.

K12 교육제도 밖에서는 성인 학습자들을 대상으로 하는 사업자와 전통적인 교육기관 간의 경쟁이 심화될 것이다. 만일 기업이 고등학교를 갓 졸업한 젊은 이를 고용하면서 최고의 사내 교육 프로그램을 제공하고 필요한 지식과 기술을 모두 습득한 후에는 승진을 보장하겠다는 약속을 한다면 그 학습자가 굳이

기존의 대학에 다녀야 할 필요가 있을까? 만일 이미 직장에 다니고 있는 사람이 새로운 기술에 대한 교육을 필요로 할 때 인근 지역의 대학에 다니는 대신에 전세계의 다양한 교육기관들을 훑어본 다음 적절한 강좌를 택해 상업적인 판매자나 컨설턴트 또는 기업에서 제공하는 강좌를 수강하지 말아야 한다는 법은 없다. 교육형태의 다양성과 기회가 증가함에 따라 기존의 2년제 또는 4년제 대학에 등록을 하려는 학습자들의 수가 현저하게 줄어들 수도 있다.

학습자들이 교육과 훈련을 단기적인 과정으로서가 아니라 평생에 걸쳐 이루어지는 과정으로 이해하게 됨에 따라 배움에 대한 기대와 가치평가 또한 달라지게 된다. 적당한 비용에 여타 불편을 초래하지 않고도 부가적인 교육과 훈련이 제공되고 또한 이러한 사실이 당연시된다면 더 많은 학습자들이 지식이나 기술에 대한 직업적인 또는 개인적인 흥미로부터 비롯된 요구를 충족시키기 위해 지속적으로 노력할 것이다. 이런 학습방식에 즐거움을 느끼게 된다면 단지 직업적인 필요나 학위 때문이 아니더라도 더 많은 강좌들을 수강하고 교육이나 훈련 프로그램에 참가하게 될 것이다. 결과적으로 교육은 소유의 기준으로서가 아니라 가치 있는 행위로 인식될 것이다.

이론적으로, 원격학습은 더 많은 사람들에게 교육과 훈련의 기회를 제공할 수 있다. 기존의 교육(예를 들어 대학의 학위과정이나 자격증 수료과정)이나 훈련(회사의 직원들에게만 제공되는 전문적인 프로그램)과 달리 원격학습은 다양한 학습자들을 대상으로 교육을 제공한다. 대학교육이 필요한 사람들 중에는 등록금을 지불할 여유가 없기 때문에 교육의 혜택을 받지 못하는 사람들이 적지 않다. 고등학교 졸업장이나 이에 해당되는 교육 배경이 없는 사람들 또한 비용이 많이 드는 훈련이나 재훈련 프로그램을 제공하는 교육기관의 혜택을 받을 수가 없다. 이런 경우, 원격학습 프로그램을 이용하면 일반 대중을 상대로 교육을 제공할 수가 있다.

기존 교육기관들의 역할 변화

그렇다면 이런 모든 변화들로 인해 오늘날의 대학들은 어떤 입지에 서게 되는가? 대다수의 학습자들에게 '대학생활 경험'은 수업에 참여하는 중요한 목적

중의 하나이다. 다른 학습자들과 함께 공부하면서 전체 교육 환경의 일부가 되어 학문적인 지도자들과 같이 연구할 수 있는 기회는 그들에게 매우 소중한 경험이다. 교육기관들은 학생들이 교육 경험에 몰두할 수 있도록 협동과정, 현장실습, 근로학습 등 집중적인 프로그램들을 제공한다. 따라서, 모든 시간을 교육에 집중해야 할 경우라면 전통적인 교육을 통한 접근방식이 가장 좋은 방법이라고 할 수 있다.

오래 전부터 대학은 학습자에게 자신의 미래상에 대해서 뿐만 아니라 많은 가능성들에 대해 생각하고 상상할 수 있는 기회를 제공해왔다. 학계는 연구와 창의적인 아이디어의 개발에 앞장서왔으며 이에 따른 사회적인 기여와 그 가치를 과소평가해서는 안된다. 학계의 노력에 대한 지원은 장기적인 측면에서 사회에 이득을 가져다준다.

다양하고 균형잡힌 교육을 받고자 하는 학습자라면 전통적인 교육방식을 택할 가능성이 높다. 인문교육은 원격학습을 통해서 하는 것보다 기존의 교육기관에서 훨씬 수월하게 학습할 수가 있다. 사실상 학사학위나 석사학위를 받고자 하는 학습자에게 어느 정도의 캠퍼스 교육은 불가피한 것이기도 하다. 원격학습을 통해 학습하기 때문에 대부분의 시간을 캠퍼스 이외의 다른 장소에서 보내게 된다고 해도 최소한 어느 정도의 시간은 그들의 모(母)캠퍼스에서 보내게 된다. 학습자들은 초기에 등록을 할 때나 일부 필수과목을 듣거나 시험을 치르기 위해 캠퍼스를 방문하게 된다.

그럼에도 불구하고 전통적인 교육기관들은 변하고 있다. 즉, 대학은 현재 증가 일로에 있는 다른 부류의 교육 제공자나 판매자들과 경쟁을 해야 하는 입장에 서게 되는 것이다. 이러한 경향은 더 우수하고 혁신적인 교육을 제공하기 위한 사업자와 산업 그리고 학계간의 협동을 유발할 것이다. 또한 교육기관의 수준을 향상시키고 서비스의 불필요한 반복을 피하기 위해 중요한 자원을 공유하도록 유도할 것이다.

이러한 협동체제는 학계와 사업자의 동반자 관계 이상을 의미한다. 자원을 유지하기 위한 비용의 증가로 대부분의 교육기관들은 최신 기술과 최고의 시설을 지속적으로 제공할 수가 없다. 따라서 유사한 프로그램을 제공하는 교육기관들은 학습자 확보 경쟁을 지양하고 정보를 공유할 수 있는 방안을 마련하는 것이 현명한 해결방안이 될 것이다. 이러한 자원의 공유와 상호 보완적인 프로그램들은 같은 지역 내에 있는 소규모 교육기관과 사립학교와 대학에 유용하다.

원격학습은 학습 방법이나 시간에 있어서 융통성을 제공하기 때문에 학습자들은 평생교육에 흥미를 느끼게 된다. 우리의 사회는 시장이 변화하고 사회가 기술적으로 복잡해짐에 따라 시민들이 새로운 능력을 개발하기를 원한다. 사람들이 지속적인 교육이 필요하다는 것을 깨닫게 됨에 따라 그들은 새로운 그리고 효율적인 비용으로 지식과 기술을 제공하는 교육기관이나 사업자를 찾게 될 것이다.

기존 교육기관의 스스로에 대한 시각의 변화

학문에 종사하는 사람들이 미디어에 의해 빈번하게 '샌님'이라든가 현실세계에서 벌어지는 일들에 대해서는 무지, 고매한 이상주의자로 표현되는 것은 개인적으로 매우 유감스럽다. 또한 학문적인 환경에서 일하는 것이 사무실이나 산업현장에서 일하는 것과 많은 의미에서 다르다고는 해도 역시 일이라는 측면에서 공통점을 갖는다고 할 수 있다. 그러나, 교육에서 전공분야의 공부나 기술개발과 같은 부분을 제외하고 보더라도 교육 '사업'은 학생들을 출석시키고 목표달성 여부를 평가하고 수료증을 발부하는 조립라인에서와 같은 공정 이상의 의미를 포함한다.

관리자와 교육자는 현장(on site)에서 이루어지는 교육이나 가상교실(virtual classroom)에서의 교육에 대해서도 우수한 지식을 제공하고 적절한 학습환경을 만드는 일에 대한 임무와 책임의식을 가져야 한다. 실제적인 교육 의도가 전적으로 가상공간(cyber space) 속에서만 이루어지는 교육기관이 있을 수도 있다.

가상 교육기관(virtual institution)에 연계되어 있는 교육자가 다른 사업이나 교육기관에 속해 있거나 자신의 집이나 사무실에서 일하는 컨설턴트일 수 있다. 행정담당 업무가 작은 사무실 하나에서 모두 이루어지고 실제의 캠퍼스가 존재하지 않을 수도 있다. 원격학습 프로그램 판매자는 가상 캠퍼스가 있는 가상 대학, 즉 온라인(online) 대학 학습자들의 상상속에서만 존재할 수 있는 개념을 웹 사이트를 통해 심어준다. 때로는 학습자들이 캠퍼스 생활에 매력을 느낄 수 있도록 '가상 수영장'을 묘사하거나 다른 환상적인 장소들에 대한 설명을 곁들이기도 한다. 이러한 것들이 비록 표리부동한 유머에 불과할지라도 여기서 의미하는 바는 매우 의미심장하다. 즉, 가상대학을 통해 강좌를 수강하는 학습자들에게는 그들에게 필요한 교육을 받을 수만 있다면 그 교육기관이 어떻게 인식되는지가 문제 되지 않는다는 것이다.

전통적인 교육기관에 대한 인식으로부터 비롯되는 문제점들 중의 하나는 사업적인 관심사로부터 그들 자신을 분리시키고자 하는 관리자와 교육자들이 있다는 것이다. 그러나 관리자와 교육자에게는 그들이 보유하고 있는 제한된 자원을 어떻게 사용할 것인가를 결정해야 할 책임이 있다. 비용이 많이 들더라도 인쇄된 책들과 멀티미디어를 수용할 수 있도록 실제의 도서관 빌딩을 지어야 하는가? 또는 학습자들과 교육자들을 위한 네트워킹 시설을 확충하여 인쇄된 문서들 대신 온라인 도시관 자원을 이용하도록 기금을 사용할 것인가? 그리고 추가적인 사무실 공간과 보조 물품을 필요로 하는 신규 교수진을 고용하는 데에 우선적인 지원을 할 것인가? 아니면 시간제로 원격학습 강좌를 가르치면서 다른 직업을 갖고 있는 교수진을 위해서도 연구비를 지원할 것인가? 새로운 기술에 얼마나 투자를 할 것이며 어떠한 기술이 학습자와 교육기관의 요구에 가장 적합한가? 원격학습과 캠퍼스 교육 중 어디에 중점을 둘 것인가? 아니면 두 가지의 혼합 형태가 바람직한 것인가? 이러한 사업과 관련된 의사결정들을 신속하게 처리함으로써 교육기관의 미래를 설계하고 현재와 앞으로 다가올 교육적인 과제에 대처할 수 있어야 한다.

원격학습으로 인해 학습자들이 다양한 판매자들로부터 교육을 받을 수가 있는 기회가 많아지기 때문에 전통적인 교육기관들은 사업자와 교육기관은 물론 이전에는 우수한 교육 프로그램을 제공할 수 없었던 개인들과도 경쟁이 불가피하다는 사실을 인식해야 한다. 교육기관도 다른 사업에서와 마찬가지로 프로그램의 규모를 축소하고 교수진을 감원하며 비용을 절감하고 자원을 공유하기 위한 방법을 모색해야 할 것이다. 관리자와 교육자에게 이러한 사실은 위협적으로 느껴질 수 있으나 새로운 도전을 받아들여 교육기관을 평가하고 재조정하는 일은 궁극적으로는 바람직한 일이다. 사업적인 조건들을 고려하고 교육기관을 효율화하는 것이 비인격적으로 가르쳐야 한다거나 조립라인처럼 일괄적인 방식으로 가르쳐야 한다는 것은 아니다. 앞으로는 학습자가 판매자들의 교육 프로그램 대신에 대학에서 공부하는 편을 선택한다면 그 이유 중의 하나는 관리자와 교육자의 특색 있는 협력과정을 통해 만들어지는 그 대학만의 학풍이 느껴지는 분위기와 환경, 그리고 학문적인 특성 때문이라고 할 수 있을 것이다. 실제의 캠퍼스에서 이루어지는 교육이나 가상의 환경에서 이루어지는 교육에 대해서도 능률적이고 효과적인 교육 서비스를 제공하는 판매자가 되어야 한다는 인식과 동시에 자신의 교육기관만의 특색을 유지할 수 있어야 한다.

여기서 논란의 여지가 있는 일반적인 관행으로 교수 종신제가 있다. 교수 종신제는 교수의 학문적인 안전을 보장하고 자신의 의지에 따라 가르칠 수 있는 자유를 제공하지만 동시에 항상 가르쳐왔던 습관이나 낙후된 기술에 안주하게 만들기도 한다. 교수 종신제의 축소로 교육기관은 고용의 일부를 줄일 수 있지만 동시에 강좌를 가르칠 수 있는 교수들의 수도 또한 줄여야 하는 선택의 기로에 서게 된다.

교육사업은 교수에 대한 인식의 변화뿐만 아니라 전공에 대한 변화와도 관련이 있다. 사회가 변화하면서 지식 자체를 특정 학문이나 직업에 대한 가치기준으로 인정하는 경향이 줄어들고 있다. 지식은 확장되고 변화하며 모호하고 확정되어 있지 않다. 학습자는 물론 교육자도 일과 생활에 필요한 관련 지식들의 변화와 추세에 뒤지지 않으려는 노력을 게을리해서는 안되며 이를 위해 서로간에 필요한 정보들을 교환해야 한다. 최신 정보에 뒤지지 않기 위해 교육자는 자신의 지식과 기술을 갱신하고 학습자들과 함께 학습하며 그들로부터 배울 수 있어야 한다. 그리고 교육자는 강의를 구성하는 내용들을 준비하고 효과적인 학습에 필요한 기술들을 사용하는 데 있어서 관련 사업이나 산업계를 대표하는 사람들과도 관계 또한 공고히 구축할 필요가 있다.

요약

교육 및 훈련 분야에서 오늘날 우리가 직면하고 있는 문제점들에 대해 원격학습이 모든 해결방안들을 제시하지는 못한다. 오히려 어떠한 유형의 교육과 훈련이 필요하며 바람직한 것인가에 대하여 많은 의문들을 제기한다. 원격학습으로 인해 교육과 훈련에 대한 개인적인 관점뿐만 아니라 전체적인 인식 자체가 변화된다. 원격학습은 배움에 대한 전통적인 관념들에 대하여 여러 가지 선택의 여지를 제공한다. 그러나 무엇보다도 교육자와 학습자로서의 우리들의 호기심을 자극하고 풍요롭게 해줄 수 있는 잠재적인 가능성을 갖고 있다. 원격학습 프로그램마다 지식의 형태, 정보의 교환 방법, 평가의 유형, 참여 방법, 비용, 교육의 수준, 참여 방식 등은 각기 다르다. 그렇지만 원격학습은 새로운 시대의 주요한 교육 및 훈련 수단으로 자리매김할 것이다.

제2장

원격학습의 유형

원격학습은 우편 서신과 같이 단순한 방식에서부터 컴퓨터나 방송매체처럼 발달된 테크놀로지에 이르기까지 다양한 기술들을 사용한다. 원격학습에 사용되는 각각의 방식들은 나름대로 효과적이며 가상교실(virtual classroon) 구축에 도움이 되지만 다양한 학습자와 상황마다 적절하게 부합되는 방식이 있다.

원격학습은 새로운 개념이 아니지만 최근 들어 인터넷과 월드와이드웹(World Wide Web)이 등장하자 더욱 관심을 모으고 있다. 그렇지만 원격학습을 전달하기 위해 이용되는 방식에는 컴퓨터 이외에도 많은 것들이 있다. 컴퓨터에서 출력된 문서, 오디오테이프, 비디오테이프, 플로피디스켓, 컴팩트디스크, 방송, 전자우편 등이 있는데, 이들 중 한 가지만을 사용하거나 여러 가지 방식들을 병행하여 사용할 수 있다. 지금까지 원격학습의 역사는 인구의 증가와 다양한 기술의 보편화로 이루어졌지만, 앞으로는 어떻게 새로운 기술들을 가장 효과적으로 이용하며, 질적으로 향상된 교육을, 더 많은 학습자들에게, 적절한 비용으로 제공하느냐에 달려 있다.

원격학습 과정을 계획하기에 앞서, 사용하려고 하는 기술의 가용성 및 적용

범위에 대하여 잘 알고 있어야 한다. 정보를 주고받기 위해 한 가지의 방식만을 사용하는 경우는 거의 없으며, 대다수의 원격학습 프로그램에서 교육자와 학습자들 사이를 연결하기 위해 다양한 방식이 이용된다. 그러나 대부분, 주된 사용방식을 한 가지 정한 후 정보를 제공하며 부수적인 방식들은 수업에 필요한 자료를 첨부하거나 학습자들의 의사소통을 위한 수단으로 이용한다. 적절한 정보 전달방식의 선택 범위를 알고 있다면 원격학습 과정을 계획하는 데 있어 중요한 첫 발을 내디뎠다고 할 수 있다. 이제부터 원격학습의 일반적인 몇 가지 유형들에 대하여 알아보기로 한다.

1. 가상교실의 구축

가상교실은 실제의 교실 또는 훈련실과 — 적어도 중요한 부분들에 있어서는 — 많은 차이가 있어서는 안된다. 효과적으로 운영되는 실제의 교실은 다음과 같다.

- 학습자들이 도구(tool)를 필요로 할 때 제공할 수 있어야 한다. 모든 용구들을 교실에 비치해두는 것이 어려운 경우, 유능한 교육자라면 도구들을 쉽게 구할 수 있는 곳을 알려주어야 한다.
- 학습에 대한 기대 그리고 학습을 활성화시킬 수 있는 환경을 조성한다.
- 교육자와 학습자들이 정보를 나누고 아이디어를 교환하는 자리를 마련한다.
- 학습자들이 자유롭게 실험하고 지식을 검증하며 과제를 완성하고 토론 또는 독서한 내용들을 적용해볼 수 있도록 한다.
- 수행(遂行)평가 장치를 마련한다.
- 학습이 이루어질 수 있는 보호된 환경을 제공한다.

가상교실도 이와 다르지 않다. 가상교실을 구축하고자 하는 교육자는 강좌 및 학습자들에게 적합한 방식들을 모두 이용하여 위에 열거된 조건들을 만족하는 교육환경을 설계해야 한다.

학습자들을 위한 도구의 제공

가상교실은 수업에 필요한 도구들을 제공해야 하며, 교육자와 학습자들 간에 정보를 주고받을 수 있는 기능을 제공해야 한다. 예를 들어, 학습자들이 읽어야 할 자료가 있다면 그 자료는 웹 사이트를 통해 온라인으로 제공되어야 할 것이다. 만약 필요한 추가적인 자료를 수업이 이루어지고 있는 웹 사이트에서 온라인으로 학습자들에게 제공할 수 없다면, 그 정보가 저장되어 있는 다른 웹 사이트와의 링크를 설정해놓아야 할 것이다. 아니면, 우편으로 자료를 보내주거나 학습자들이 필요한 자료를 구입할 수 있는 서점의 목록을 제공해야 한다.

원격화상회의(teleconference)를 통해 원격학습이 이루어지는 경우, 원격화싱회의 도중에 참조되는 모든 자료들은 학습 시작 전에 원격지에서 수업에 참여하는 학습자들에게 배포되어 있어야 한다. 그리고 학습자들이 수업에 참여하고 있는 장소가 현지(現地, 즉 교육장소)인지 또는 원격지인지와 상관없이 모든 정보를 받아볼 수 있도록 필요한 기술들이 모든 원격화상회의 장소에 갖추어져 있어야 한다. 화면에 투사되는 자료, 도표, 온라인 문서, 프리젠테이션 내용 등이 화면에 잘 보이도록 하여 학습자들이 필기하고 질문을 하거나 미리 배포된 자료들을 참고할 수 있도록 한다.

원격학습 강좌를 제공하기 위해 교육자는 '교실'을 구성하는 도구들을 제공해야 할 것이다. 예를 들면, 모의학습(simulation)에 참여하거나 네트워크에 저장된 정보를 입수하려는 학습자들에게 소프트웨어나 접속비밀번호, 코드(예: 강좌 코드) 등이 제공되어야 한다.

학습에 대한 기대(期待)의 조성

원격학습 강좌는 직접대면(in-person) 수업이나 훈련에서와 마찬가지로 어려움이 따르거나 중요하게 여겨질 수도 있으며 또한 직접대면 수업에 못지않게 효율적으로 이루어질 수도 있다. 그러나 원격학습 교실이 직접대면 강좌와 같은 위치를 확보하려면 교육자와 학습자들 사이에 학습에 대한 기대와 강좌에 대한 진지한 인식이 선행되어야 한다. 여기서 진지한 인식이란 (단조롭거나 흥미가 없기 때문에 발생하는 문제가 아니라) 학습자들이 실제의 수업에서와 마찬가지로 과제를 완성하고 수업에 대한 책임을 져야 한다는 것을 의미한다. 교육자들도 실제의 수업에서와 같은 분량의 수업 준비를 해야 하며 학습자 개개인을 존중하고 관심을 보여야 한다.

강좌 목표의 설정, 의도와 계획의 설명, 충실한 교재의 준비, 그리고 강좌가 이루어지는 과정중에 교육자와 학습자들이 상호 대화할 수 있는 시점를 분명히 해두는 것 등은 학습에 대한 기대를 조성하기 위한 중요한 방법들이라고 할 수 있다.

교육자와 학습자들의 장(場)을 형성

강좌가 진행되는 동안 교육자와 학습자들은 서로를 거의 보지 못하거나 전혀 볼 수가 없으며, 단 한번도 상대방을 대면할 기회가 없을 수도 있다. 그렇지만 효과적인 학습장은 교육자와 학습자들이 나눔을 위한 공동체를 형성하는 장소이다. 전자우편을 주고받는 것이나 우편주소목록(mailing list)에 주소를 등록하는 것, 뉴스그룹 또는 MUD(Multiple User Domain) 활동에의 참여는 수업 참여자들 사이에 개인적인 연결고리를 형성할 수 있도록 한다. 원격화상회의나 데스크탑화상회의는 수업에 참여하는 사람들에게 서로 보고, 듣고, 말할 수 있는 기회를 제공함으로써 좀더 직접적인 대화를 할 수 있도록 한다. 한편, 웹 사이트를 친근하고 흥미롭게 디자인하고 각각의 정보가 이 사이트를 통해 링크되도록 함으로써 친밀한 분위기를 형성할 수 있다. 그리고, 교육자에게 바로 전자우편을 보낼 수 있도록 하는 mailto: 링크 기능(웹 사이트 화면의 아이콘을 클릭하면 바로 전자우편을 보낼 수 있도록 하는 기능)을 웹 사이트에 추가함으로써 학습하는 동안 질문하고, 의견을 제시하며, 요구사항을 전달하도록 장려할 수 있다.

한 가지 이상의 의사 교환방식을 사용할 수 있도록 가상교실을 설계한다면 교육자와 학습자들 간에 공동체 의식이 강화된다. 상호 교류할 수 있는 방법이 다양하고 프로그램의 뒤편에서 학습을 진행하고 있는 사람들과 친숙해진다면, 교육이나 훈련 과정은 더욱 직접적인 경험이 될 수 있다.

가상환경이 교육자와 학습자들이 함께 교실에 모여 학습하는 그 상황을 결코 대체할 수 없을지도 모른다. 그러나, 교육매체를 신중하게 선택하고 상호 교류하는 방법을 디자인함으로써 참여자들간의 거리를 훨씬 좁혀나갈 수가 있다.

실험과 응용을 위한 공간의 조성

교육은 주제 발표를 경청하거나 자료를 읽고 토론하는 것 이상으로 중요한 내용을 포함한다. 즉, 이론적인 배경 못지않게 응용적인 것도 중요하다. 학습이 효과적으로 이루어지고 있다면 배운 것을 응용할 수 있도록 학습자들에게 기회가 주어져야 한다. 일반적으로 학습이 이루어지는 유형을 살펴보면 학습자들이 워크숍을 하거나, 연구실에서 실험을 하거나 과제를 완성하는 과정을 설명하거나 그룹 프리젠테이션을 통해 그들의 아이디어를 제시하기도 한다.

가상교실도 실제의 교실에서와 유사한 형태의 훈련이나 상호 활동이 가능하도록 디자인되어야 한다. 예를 들면, 원격화상회의나 데스크탑화상회의를 이용하여 그룹이나 개인이 담화나 프리젠테이션을 할 수 있다. 온라인 모의학습은 만족스러운 선택을 하는 경우와 옳지 않은 행동 또는 선택을 하는 경우에 대해 각각 적절하게 디자인된 피드백을 줌으로써 참여자들이 활발하게 배운 내용을 표현하고 역할을 해볼 수 있도록 하며 또한 실험을 하거나 과제를 완성할 수도 있도록 한다. 예를 들면, 병원에서 환자들에 대한 자료를 데이터베이스(database)에 입력하는 방법에 대해 설명자료를 읽거나 입력하는 과정을 지켜본 후에는 학습자가 자료를 입력하고, 데이터베이스에 접근하며, 기록을 수정하는 연습을 해보도록 할 수 있다. 모의학습은 피드백을 필요로 하는데, 학습자들이 잘못된 형태의 자료를 입력하거나 항목을 제대로 기입하지 못하는 경우 메시지를 통해 자료의 올바른 형태와 입력과정에 대해 알려줄 수 있다. 가상교실에서는 참고자료를 제공하는 외에도 활동이 가능해야 한다. 또한 강좌에 적합한 지식과 기술이 모두 발달될 수 있도록 학습자들에게 도움을 주어야 한다.

수행(performance)에 대한 평가

모의학습을 통해 즉각적인 피드백을 주는 것 이외에도 학습자의 수행을 평가할 수 있는 다른 방법들이 강좌로부터 제공되어야 한다. 교실환경 속에서는 학습자들이 질문하면 답을 얻을 수 있으며, 연습이나 실제적인 시험을 치를 수 있고, 학습자들에 의한 반응의 정확도가 평가될 수 있는 사이트가 있거나, 아니면 적어도 학습자들이 어느 정도 잘하고 있는지에 대한 측정이 이루어져야 한다. 어떤 형태의 피드백은 매우 직접적인 방식으로 이루어지는데, 교육자가 학습자에게 전자우편을 보내거나 보내온 과제를 그에 대한 의견을 덧붙여 (전자우편의 첨부파일이나 우편 또는 팩스로) 돌려보낼 수도 있으며, 전화나 원격화상회의 또는 비디오화상회의를 통해 수행 결과에 대해 논의할 수도 있다. 그리고 장치화된(mechanized) 형태의 피드백이 있는데, 모의학습중에 '온라인 설명'이 화면상에 나타나 의견을 제시하도록 하거나 온라인 쪽지시험이 자동으로 채점되도록 할 수도 있다. 강좌를 디자인하는 데에 어떠한 평가방식이 사용되든지 간에 학습자들은 언제나 그들의 성과에 대한 객관적인 평가에 대해 알고 있어야 한다.

안전한 환경의 제공

학습자들은 심적인 부담이 느껴지지 않는 상태에서 자유로이 실험하고, 잘못된 추측이나 선택도 할 수가 있으며, 그들이 배운 지식을 자랑스럽게 펼쳐 보이거나, 다른 사람들과 상호 교류할 수 있어야 한다. 효과적인 교실이란 학습자들이 적절한 방식으로 자신을 자유롭게 표현하고, 배우기 위해 도전하며, 서로의 아이디어를 공유하고, 질문을 던질 수 있는 장소이다. 가상교실에서도 이와 같은 상호 교류와 배움을 목적으로 모험을 할 수 있는 안전한 환경을 마련해줄 수 있다. 그리고 교육자나 다른 학습자들에게 질문하고 자신들의 아이디어와 기술을 시험할 수 있는 기회가 당연히 주어져야 하는 것이다.

가상교실을 설계하는 데 있어서 교육자는 여러 가지 방법으로 '안전한' 분위기를 조성할 수 있다. 즉, 기술을 사용하는 데에 있어서 원칙들을 정해놓음으로써 자료에 접근할 수 있는 권리를 동등하게 부여할 수도 있으며 교육자와 다른 학습자들의 자료를 훼손하지 못하도록 할 수도 있다. 그리고 학습자들 상호간의 전자우편 교환과 관련하여 '격분 유발을 삼가(no flame)'도록 하는 규칙이나 네티켓(netiquette)에 대한 기준을 정해 준수하도록 하며, 원격회의나 데스크탑 화상회의시에는 발표 순번을 정해 시행하도록 한다. 교육자는 또한 교육자료들을 이용하여 학습자들에게 질문과 발표를 장려할 수 있다. 안전한 환경을 조성하는 데에는 참여자들 사이에 전문성을 구축하고 유지하면서 가상수업에 대한 참여자들 각각의 기여도를 중시하는 것도 포함된다.

2. 원격교육 강좌의 유형

가상교실을 설계하기 위해 단순한 기술을 사용할 수도 있으며 복잡한 기술을 사용할 수도 있다. 강좌나 주제 영역마다 가장 잘 부합되는 유형의 원격학습이 있으며, 어떤 교육기관이나 사업자는 한 가지 또는 몇 가지 정도의 기술만을 사용하여 강좌를 디자인하기도 한다. 원격학습 강좌를 개발하려는 계획을 세웠다면 여러 가지 유형들 중에서 선택할 수가 있다. 이제부터 원격학습 강좌의 일반적인 유형들을 소개하도록 한다.

3. 통신학습

현재, 교육과 기업훈련(corporate training) 분야에서 주목을 받고 있는 원격학습과 같은 정보 전달방식은 새로운 것이 아니다. 학습자가 편의에 따라 언제 어디서나 학습할 수 있도록 하는 통신강좌(correspondence courses)와 자율학습(independent studies)은 통신주문(mail-order)교육에 이용되어왔다.

초기의 통신강좌에서는 학습자들이 서신으로 학습자료를 요청하고 우편으로 보내주었다. 대개는 정해진 평가기간내에 과제물들이 수거되어야 했지만, 학습자들은 각자의 진도에 따라 교재, 소책자, 기타 자료들을 읽을 수가 있었다. 학습자들은 과제를 제출하고 시험도 치렀는데, 학습자들 스스로가 과제물을 완성하며 비양심적으로 주변의 도움을 받지 않도록 하기 위하여 감독관이 입회하는 장소에서 시험이 진행되기도 했다. 완성된 과제물(또는 시험지)은 그것이 발송된 교육기관으로 다시 보내지고, 채점된 후 다시 학습자에게 우편으로 보내짐으로써 하나의 과정이 완료되었다.

오늘날의 통신강좌에서는 이전에 학습자들이 주고받았던 인쇄된 문서들보다 훨씬 다양한 방식으로 자료들을 제공한다. 주제의 내용을 가장 적절하게 전달할 수 있는 자료의 유형에 따라 비디오테이프, 오디오테이프, 플로피디스켓, 컴팩트디스크, 문서 등이 포함된다. 그러나, 강좌의 '통신(correspondence)'에 관련된 부분은 거의 유사하게 남아 있다. 학습자들이 요청한 자료는 대개 우편으로 발송된다. 물론, 팩스나 전자우편을 이용하기도 하지만 아직은 우편제도가 이러한 원격학습 강좌에서는 비용 대비(對比) 효과가 크다.

이러한 유형의 원격학습 강좌의 성과는 학습자에게 달려 있다. 예를 들면, 첫번째 과제를 제대로 해내지 못한 학습자는 다시 지도를 받아야 하거나 다음번 과제를 받기 전에 별도의 시험을 치르게 될 수도 있다. 학습자는 혼자서 공부하기 때문에 어려운 개념을 파악하는 데 곤란을 겪을 수도 있고 다음 내용을 이해하기 위해 정말 핵심이 되는 작은 부분의 중요성을 간과할 수도 있는 것이다. 어떤 학습자들은 과제를 완성하는 데에 간헐적인 지도를 필요로 한다. 반면에 독립적이면서 주제를 더 많이 배우고 새로운 기술을 익히려는 진지한 관심에 의해 동기가 유발된 학습자들이 종종 원격학습 강좌에서 두각을 나타낸다. 그들은 일반적인 교실환경에서 강좌를 듣는 경우보다 빠르게 학습하며, 단기간에 훨씬 더 발전할 수가 있다.

고등학교나 대학교에서와 같이 학점 또는 직업적인 훈련을 목적으로 하지 않고 주제에 대한 관심으로부터 동기가 유발되어 수강하는, 학점과 관련이 없는 수업에서 학습자들은 이전 단계의 지식이나 기술을 연마하지 않고서도 간단하게 다음 단계의 과제로 옮겨갈 수가 있다. 그러나, 학습자들이 학습자료들을 빨리 훑어본다고 해서 교과(敎科)에 대한 이해가 제대로 이루어지는 것은 아니다. 즉, 학습자들 스스로가 교과내용을 이해하는 데에 대한 책임을 져야 한다.

학습자료를 이해하기 위해 노력하는 학습자라면 주제를 파악할 때까지 되풀이해서 읽거나 혼동되는 부분을 명확히 이해할 수 있도록 도움되는 내용들을 찾아볼 것이다. 또한 학습동기가 분명한 학습자라면 기능을 익히고 배운 것을 실제로 응용하기 위해 과제와 연습에 시간을 할당할 것이다. 일반 교실강좌와 가정학습(in-house training)을 포함해서 어느 유형의 학습에서와 마찬가지로 통신강좌의 효과는 항상 학습자들 각자가 관심을 기울이고 혼자서 학습할 수 있는 능력, 그리고 교육자료의 설계 여부에 달려 있다.

통신강좌는 학습자의 수행단계를 평가할 수 있다면 학위(또는 학점) 수여 교육기관이나 사업자에 의해서도 개설될 수 있다. 예를 들면, 고등학교 졸업장에 준하는 자격을 취득하려는 성인이 GED 시험을 준비하기 위해 통신상좌를 수강할 수 있다. 그밖에도 사설 교육기관이나 개인들에 의해 새로이 직업적인 능력을 개발하려는 사람들을 위한 통신 '강좌'가 운영되는 경우도 있으나 대개는 대학교, 전문대학교, 고등학교에 준하는 학점이 제공되지 않는다.

<그림 2.1>은 통신강좌를 전문으로 하는 학위 수여 교육기관의 홈페이지로서 기존의 원격학습 기술에 대한 새로운 보기를 제시한다.

학습자들은 여느 교육이나 연수 과정에서와 마찬가지로 원격학습 강좌를 통해 제공되는 교육의 수준과 분량을 확인해보아야 한다. 모든 대학들이 어떤 개인이 필요로 하는 종류의 학습 경험을 제공하지는 않는 것과 마찬가지로, 모든 원격학습 기관들이 학습자들이 원격학습 강좌를 통해 배우고자 하는 교육 원리와 교과, 원하는 만큼의 상호작용을 제공하지는 않는다. 통신강좌의 수준은 어떤 유형의 강좌에서와 마찬가지로 다양하다. 교육의 결과는 대체로 학습자 개인의 진취성과 혼자 힘으로 학습하는 능력에 달려 있다. 동기 유발이 강하고, 시간 여유가 있을 때 유연한 방식으로 학습하기를 원하는 학습자가 통신강좌에 가장 적합하다고 할 수 있다

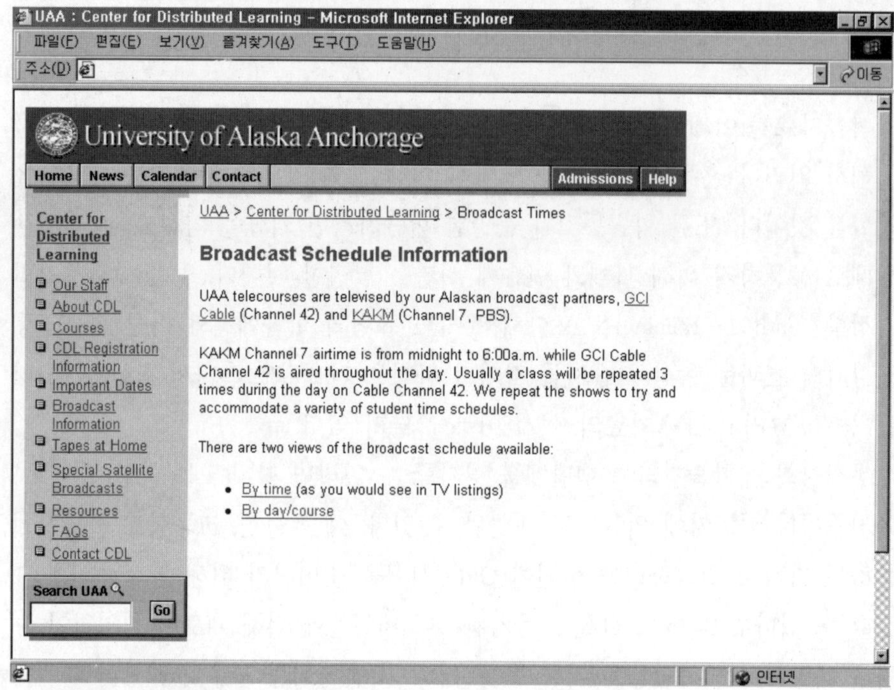

http://seaccd.sccd.ctc.edu/~corresp/corres.htm
ⓒ 1996~1998 Seattle Central Community College Correspondence Courses Program

원격학습 강좌에 있어서 오디오테이프, 비디오테이프, 컴팩트디스크 및 기타 시청각적인 보조장치

오디오카세트 녹음기를 비롯하여 비디오 녹화기 및 컴팩트디스크 플레이어가 가정과 사무실, 그리고 자동차에까지 일반적으로 보급되기 시작하자 통신강좌 공급자들이 이러한 매체들을 이용하기 시작했다. 많은 교육기관들이 인쇄된 자료 이외에도 교육 프로그램을 보충하기 위한 자료를 오디오나 비디오카세트 또는 컴팩트디스크에 기록하여 보내준다. 강의, 토론, 모의학습, 발표 또는 그밖의 교육 내용들을 테이프에 기록하여 보내주는 방식은 학습자들의 원격학습 참여도를 증가시킨다.

읽기보다 시각매체를 선호하는 학습자라면 특히 다양한 매체들을 사용하는 통신강좌로부터 혜택을 받을 수 있다. 그러나 학습자가 학습자료를 받아서 사용하고 강좌에 참여하며 평가를 위해 과제를 반송하고 자신의 수행에 대한 피드백을 받는 기본적인 방식은 동일하다.

그렇지만 시청각자료를 통해 강의, 발표, 모의학습을 하는 과정을 들을 수 있거나 또는 동시에 보면서 들을 수 있다면, 대부분의 경우 학습자들의 학습곡선은 향상된다. 이와 같은 자료들은 학습하는 과정에서 학습자들이 소외감을 덜 느끼도록 함으로써 훨씬 인격적인 느낌을 갖도록 한다. 학습자들은 교육자와 직접 대화를 나누지는 못하더라도 최소한 교육자의 강의를 듣거나 볼 수 있기 때문에 뉘앙스나 신체 언어(body language)로부터 추가적인 정보를 얻게 되고, 가상교실에 대한 어떤 느낌을 갖게 된다.

어떤 교과는 학습자들이 내용을 읽을 수 있을 뿐 아니라 볼 수 있을 때 학습효과가 있다. 단지 글과 그림만 보고 기계 수리과정을 이해하기는 어렵지만, 누군가가 과정을 보여주면서 진행 내용을 설명한다면 학습자들은 훨씬 쉽게 배울 수 있을 것이다.

읽기 자료들이 학습자들의 이해를 돕는 핵심적인 정보들을 제공하지만, 공개적으로 진행되는 실험수업이나 모의실험, 그밖에도 시각적으로 관련되는 학습방식들은 학습자들의 정보기억능력을 향상시킨다. 그리고 시각정보는 읽거나 정신적으로 '보는 것'만으로는 이해하기 어려운 개념들을 분명하게 파악할 수 있도록 해준다. 많은 사람들이 텔레비전 시청을 익숙하게 받아들이며, TV로부터 대부분의 일상 정보들을 얻기 때문에 특히 비디오카세트는 교육 도구로서 유용하다고 할 수 있다.

시청각 보조자료들은 여러 가지 유형의 원격학습에서 중요하게 다루어진다. 이런 유형의 자료들이 정보화시대의 통신강좌에서 사용됨에 따라 원격학습은 더욱 상업적으로 실용화된다.

4. 방송교육

통신강좌에서 어떤 매체를 사용했든지 간에 지난 30년 동안 통신강좌만이

유일한 원격학습 방식은 아니었다. 폐쇄회로 텔레비전 시스템은 수년간에 걸쳐, 녹화된 상태의 또는 생방송으로 진행되는 교육을 학교와 사무실 또는 학교 교육 시스템에 제공해왔다. 라디오나 텔레비전 공영방송국 또는 사설방송국에서도 예정된 시간에 교실에서 강좌를 시청할 수 있도록 정규 교육 프로그램들을 제공하고 있다. 프로그램이 광범위한 대상을 상대로 방송되는 경우 학점을 이수해야 하는 학습자는 강사로부터 피드백을 받기 위해 과제를 제출해야 한다. 만약 고도로 체계화된 방송강좌라면 대학의 정규강좌로 제공될 수가 있다. 알래스카대학의 앵커리지 원격강좌(telecourses)는 방송 프로그램의 한 예라고 할 수 있다 (<그림 2. 2>).

어린이 프로그램인 <세서미 스트리트(Sesame Street)>나 길잡이 프로그램인 <올드 하우스(The Old House)> 그리고 <후루걸 구르메(The Frugal Gourmet)>와 같은 것들도 물론 원격강좌로 간주될 수 있다. 그러나, 교육자료들이 방송

<그림 2. 2> 알래스카대학 앵커리지 웹 사이트

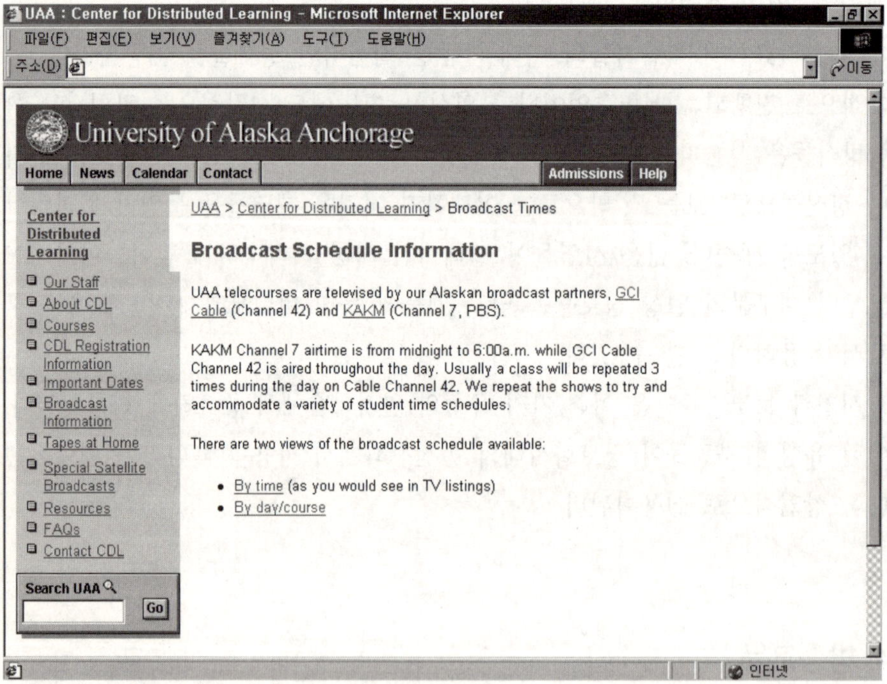

http://www.dist-ed.alaska.edu/broadcastinformation.html
ⓒ University of Alaska

되었다고 해도 학습자들이 배운 내용을 공식적으로 시험하거나 확인할 수가
없다. 따라서 이 책에서는 공공 방송 또는 비디오나 오디오카세트를 통해 가정
에서 이루어지는 것들을 제외한 공식적인 원격학습 프로그램에 대해서만 언급
하기로 한다.

5. 원격회의와 데스크탑 화상회의

　원격회의(teleconferences)는 업무상 필요한 통신이나 기관의 내부회의 또는 연
합회의에서와 마찬가지로 일반 교육에서도 중요하다. 많은 대학교와 고등학교
에서는 원격지의 교실들 사이를 연결하거나 교실과 기업 또는 단체를 연결하
기 위해 원격회의를 활용하고 있다. 그래서 교육자 한 명이 동시에 훨씬 많은
학습지들에게 영향력을 미칠 수 있으며, 모든 원격시의 참여자들은 마치 얼굴
을 맞대고 하는 것처럼 서로 보고 듣는 가운데 토론에 참여할 수 있다. 강의실
에 있는 카메라로 발표자료를 가까이 확대하여 보여주거나 슬라이드, 인쇄물,
사진 및 그밖의 시각적인 자료들을 TV 화면을 통해 자세히 보여줄 수도 있다.
　원격회의는 원격지의 텔레비전 화면을 통해 정보를 보여주어 참여자들이 전
송지의 상황을 파악할 수 있게 하고, 전송지는 물론 원격지의 사람들과도 상호
교류할 수 있도록 한다. 이와 같은 방송형태가 오늘날 가장 일반적으로 행해지
는 원격회의의 유형이라고 할 수 있다. 그러나 소프트웨어와 하드웨어가 발전
하여 데스크탑상에서도 회의(conferencing)가 가능해짐에 따라 경제성이 향상되
었을 뿐만 아니라 사용자 위주의 편리성을 제공할 수도 있게 되었다.
　데스크탑 화상회의(desktop videoconferences)는 개인용 컴퓨터에서 학습하는 참
여자들이 서로 보고 들을 수 있게 한다. 각 개인의 컴퓨터를 사용하기 때문에
컴퓨터마다 참여자의 모습을 보여주기 위한 카메라가 설치되어 있어야 한다.
그리고 화상회의에 사용되는 소프트웨어와 하드웨어에 따라 다르겠지만 참여
자들은 학습이 진행되는 동안 서로에게 전자우편을 보내거나 온라인 문서를
공유할 수도 있다.
　학습자들은 각자의 집이나 사무실에서 데스크탑 화상회의에 참여할 수 있으

므로 미리 정해진 장소로 갈 필요가 없기 때문에 편리하다. 데스크탑 화상회의의 수준은 사용되는 장비와 소프트웨어에 따라 다르며, 낮은 수준의 기술을 사용한다면 참여자들이 원하는 정도 또는 원격회의에 적합한 수준에 미치지 못한다. 그러나 원격회의에 드는 비용은 학습자들이나 교육기관, 또는 소규모 사업체가 부담할 수 있는 범위에서 벗어난다.

원격회의나 데스크탑 화상회의에서는 한 명 또는 여러 명으로 구성된 그룹들을 토론에 참여하도록 연결할 수 있으며 강의가 진행되는 것을 실시간(real time)에 볼 수 있다. 원격회의를 이용하면 각 원격지의 한 명 또는 여러 명이 모인 다수의 그룹들을 대상으로 동시 교육을 실시할 수 있으며, 화상회의를 이용하면 각 데스크탑상의 학습자들 사이를 연결할 수 있다(화상회의의 경우, 동시에 연결될 수 있는 참여자의 수는 제한되어 있다).

원격교육 강좌에서 원격회의나 데스크탑 화상회의를 이용하려면 계획적인 운영을 통해 참여자들이 정해진 시간과 장소에 모이도록 해야 한다. 강좌의 전 과정을 원격회의나 데스크탑 화상회의를 통해 진행할 수 있으나 원격회의나 데스크탑 화상회의를 주기적으로 제공하여 통신강좌나 다른 유형의 원격학습을 강화할 수도 있다.

원격회의나 데스크탑 화상회의를 이용하여 현장교육이나 독립학습을 이상적으로 제공할 수 있다. 학습자들이 혼자서 공부하고 과제물을 완성할 수도 있지만 주제에 대해 정기적으로 토론과 질문을 하고 발표를 보거나 그룹에 참여할 수 있다. 이렇게 함으로써 학습자들은 대부분의 강좌내용을 혼자서 각자에게 적합한 진도에 따라 학습하면서, 동시에 강좌에 참여하는 그룹의 일원이 될 수 있다.

<그림 2. 3>과 <그림 2. 4>는 원격회의를 통해 원격학습 강좌를 제공하는 캘거리대학의 홈페이지와 교육기관의 강좌목록의 예를 보여준다.

6. 컴퓨터화된 교육 및 훈련

원격학습은 수천킬로미터 떨어진 곳은 물론 가까운 거리에서도 가능하며,

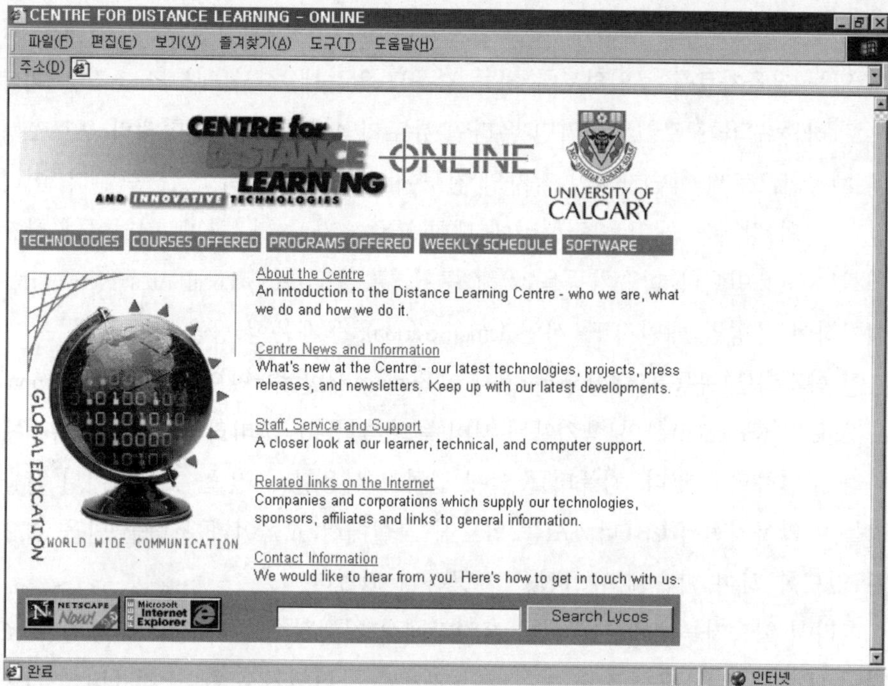

http://www.ucalgary.ca/UofC/departments/CDLIT/

© 2000 Center for Distance Learning, The University of Calgary

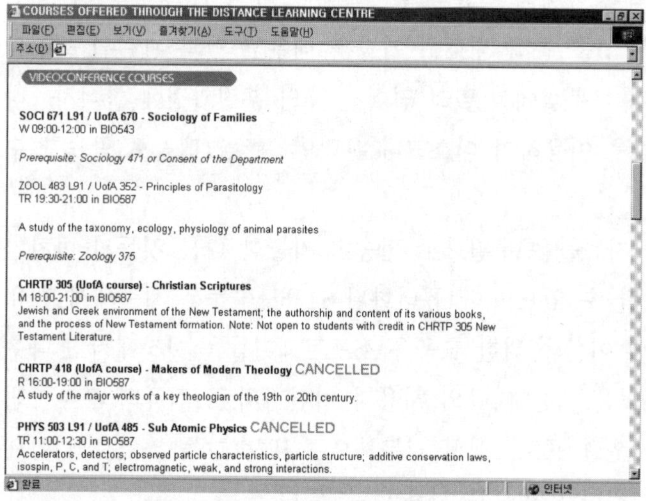

http://www.ucalgary.ca/UofC/departments/CDLIT/courses.htm
© 2000 Center for Distance Learning, The University of Calgary

교육지와 동일한 건물의 내부를 대상으로 하거나 전세계를 대상으로 이루어질 수도 있다. 통신학습 강좌에 따라 플로피디스켓이나 컴팩트디스크 형태로 되어 있는 교육자료를 구입하도록 하는 경우도 있는데, 회사 내부의 조직을 대상으로 하는 교육 프로그램이라면 온라인 튜토리얼이나 디스크 형태의 프로그램을 제공함으로써 학습자들이 각자의 진도에 따라 학습할 수 있도록 한다. 이러한 유형의 강좌는 개인용 컴퓨터에 대한 의존도가 높다. 한편, 기업이나 학교에서는 고용인이나 학습자들을 위해 근거리통신망(LAN; Local Area Network)을 설치하여 유형별 개인지도, 시연(demonstration), 문제은행 등을 제공한다.

컴퓨터기반훈련(CBT; Computer-Based Training)과 컴퓨터이용교육(CAI; Computer-Aided Instruction)은 교육기관과 기업들의 컴퓨터 장비의 도입증가 추세에 따라 보편화되고 있다. 컴퓨터를 쉽게 접하고 사용할 수 있는 고용인이나 학습자들이 많아지면서 CBT나 CAI는 반드시 교실에서 교육이나 훈련을 받을 필요가 없도록 하여 학습에 유연성을 제공하게 되었다.

따라서 학습자들에게 교실이나 훈련장에서 진행된 토론과 강의에 대한 보조적인 내용을 담은 디스크 또는 온라인 과제가 부여되기도 한다. 컴퓨터를 기반으로 한 실습활동, 상호작용형 과제(컴퓨터 프로그램에서 즉각적인 피드백을 제공할 수 있음)와 시청각 보조자료들은 학습자들로 하여금 각자의 진도에 맞게 공부할 수 있고 숙달될 때까지 필요한 연습을 반복할 수 있도록 한다. 기업의 고용인들은 CBT나 CAI를 통해 새로운 기술을 배우고 일과 관련된 최신의 지식을 습득할 수 있다. 사무실에서 멀리 떨어진 곳의 훈련과정에 참여하거나 사무실에서의 여가시간을 이용하여 디스크나 온라인 프로그램들로 학습할 수도 있다.

이상과 같은 형태의 자료들은 우편으로 전송이 가능한 다른 것들과 마찬가지로 통신강좌에 사용될 수 있으며, 컴퓨터화된 교육도구들은 시중에서도 유통이 가능하다(어린이와 어른을 위한 교육용 소프트웨어들을 시장에서도 다수 접할 수 있다). 학습자들은 다른 자료의 사용과 마찬가지로, 컴퓨터 프로그램을 체계화된 교육이나 훈련 프로그램의 일부분으로 또는 그들 스스로의 힘으로 학습을 향상시키기 위한 방법으로 사용할 수 있다.

7. 인터넷과 월드와이드웹

인터넷의 지속적인 대중화로 의해 원격학습에 새로운 의미가 부여되고 있다. 인터넷은 국제적인 통신망으로서 한 개의 컴퓨터가 다른 컴퓨터들과 연결(link)될 수 있도록 한다. 근거리통신망과 달리 인터넷은 원거리통신망(WAN; Wide Area Network)으로서 그 범위가 넓기 때문에 세계의 어떤 곳에 위치한 컴퓨터와도 연결될 수 있다. 한 개의 컴퓨터를 다른 컴퓨터들과 물리적으로 연결하려면 대부분의 경우 모뎀을 사용하여 전화선을 통해 정보를 주고받게 된다.

모뎀의 종류에는 내장형과 외장형이 있다. 내부 모뎀은 컴퓨터 본체에 설치하고, 전화선과 연결하려면 전화코드를 컴퓨터의 연결 홈에 꽂는다. 작은 상자처럼 생긴 외부 모뎀은 전화코드와 컴퓨터로부터의 코드를 중간에서 연결해주는 역할을 한다. 그러나 다른 기술들이 발전함에 따라, 전화선으로 사용자들을 연결하는 모뎀방식은 컴퓨터를 네트워크에 연결하는 방법 중 한 가지에 불과하다고 할 수 있다.

인터넷에 접속하기 위해 모뎀이나 기계장치만 필요한 것이 아니다. 컴퓨터 사용자가 서버(server)에 접속할 수 있어야 한다. 서버는 인터넷이나 다른 서비스로의 연결을 제어하는데, 여러 컴퓨터들의 그룹을 인터넷에 연결하고 인터넷의 정보를 필터링하여 다시 각 컴퓨터로 보내준다.

인터넷이나 월드와이드웹의 교육자료와 서비스를 이용하려면 인터넷서비스 제공자에게 유료(또는 무료)로 사용신청을 하면 된다. 그러면, 전자우편(e-mail)도 이용할 수 있게 되며 한 사람에게 또는 여러 사람들이 모인 그룹을 대상으로 메시지를 보낼 수 있다. 이런 방법을 통해 통신강좌의 통신 기능을 강화할 수 있다. 전자게시판(bulletin boards)과 우편주소목록을 이용하면 많은 정보를 접할 수 있으며 비슷한 성향을 가진 사람들끼리 모일 수 있다. 온라인 대화방(chat room)은 토론할 수 있는 환경을 제공한다. 주로 문자방식의 단순한 통신 기능만을 사용하지만 원격학습 프로그램을 발전시킬 수가 있다.

인터넷의 가장 흥미로운 부분은 멀티미디어와 하이퍼텍스트(hypertext) 기능일 것이다. 웹(web)에서도 여러 가지 형식의 정보들을 제공하는데, 그중에서 문자는 여전히 가장 대중적인 정보 전달방식이다. 그러나 음악, 목소리, 효과음과 같이 사운드를 사용하여 정보를 전달하기도 한다. 웹 그래픽은 기존의 사진, 그림, 만화, 차트, 도표나 다른 예술작품과 크게 다르지 않으며 애니메이션이나 비디오 클립과 같은 동영상이 추가되었다.

하이퍼텍스트 링크는 한 개의 정보로부터 이와 관련된 다른 정보로 옮겨갈 수 있게 하는 기능이다. 다른 정보와 연결되어 있는 부분을 밑줄친 단어, 문장, 아이콘, 기호 또는 사진으로 표시한다. 연결이 설정된 부분을 마우스로 클릭하여 선택하면, 수천킬로미터 떨어진 다른 컴퓨터에 저장되어 있는 연결된 정보가 화면에 나타난다. 하이퍼텍스트 링크는 같은 문서나 웹 사이트 또는 다른 사이트로부터 같은 주제 아래 연결되어 있는 정보들을 불러올 수 있다.

인터넷과 특히 웹에 있어서의 상호작용성 및 멀티미디어 기능 때문에 원격학습은 새로운 부류의 학습자, 교육자, 훈련자들에게 인기를 얻고 있다. 웹 사이트에 저장된 교육자료는 언제 어디서나 학습자들에게 제공될 수 있으며, 다른 어떠한 유형의 정보 전달방식보다도 인터넷은 정보를 공유할 수 있는 잠재력이 크다고 할 수 있다.

원격학습 강좌에서 인터넷을 이용하면 교육자와 다른 학습자들에게 전자우편으로 쉽게 연락할 수 있기 때문에 참여자들간에 인간적인 친화력이 형성된다. 대화방과 우편주소목록의 사용으로 여러 그룹들은 주제에 대해 토론하고 아이디어를 나눌 수가 있다. 과제는 우편이 아닌 전자적인 방식으로 주고받기 때문에 피드백의 속도도 빨라진다. 학습자들은 웹 사이트에 자료를 공개함으로써 같은 강좌의 학습자들과 정보를 나눌 수 있으며 새로운 정보가 있을 경우 웹 사이트를 통해 빨리 전달할 수 있다. 원격학습에서의 전자매체의 사용은 지금까지 경험으로 축적되어온 낡은 교육방식의 특징들(인간적인 유대관계에서 비롯된)을 오히려 필요불가결한 것으로서 부각시킨다..

아타바스카(Athabaska)대학의 홈페이지와 강좌 설명은 온라인 원격학습에 대한 또 다른 접근 방식을 보여준다. 그러나 이제는 워낙 많은 온라인 강좌들이 제공되고 있기 때문에 <그림 2. 5>와 <그림 2. 6>의 내용은 다양한 범위의 강좌들 중 일부에 불과하다.

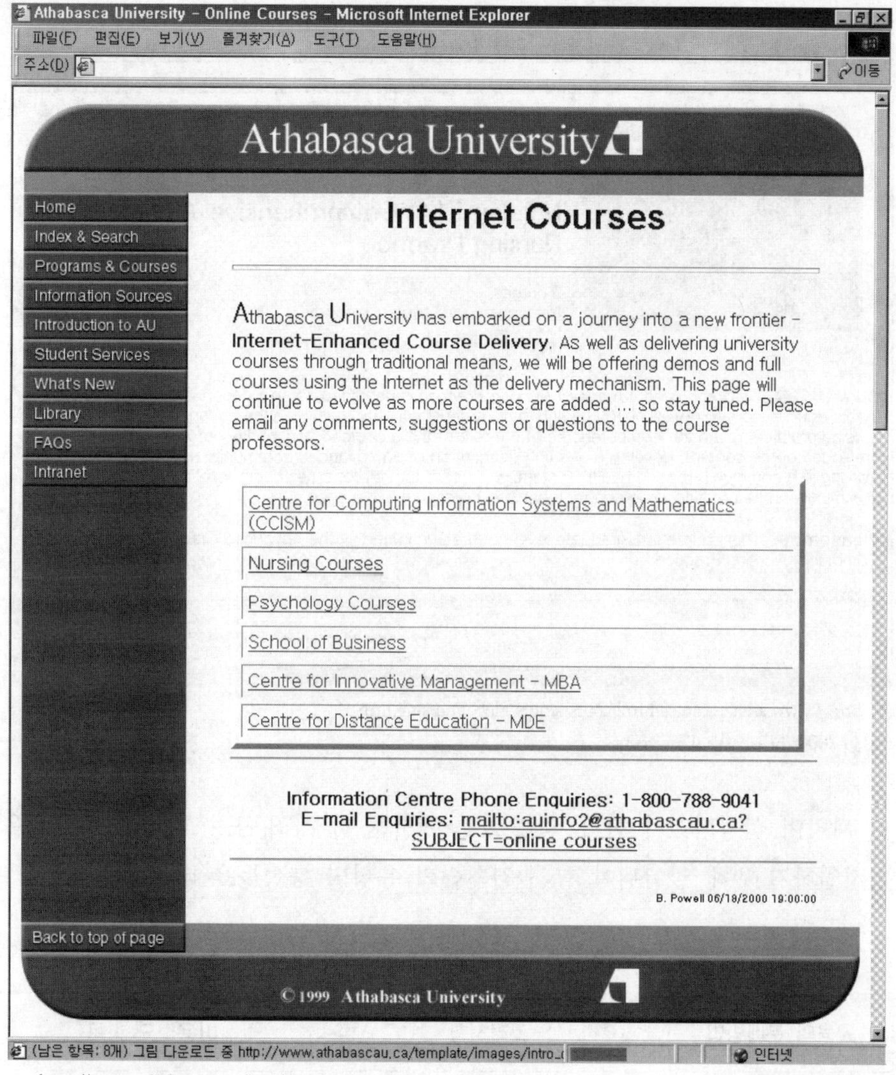

http://www.athabascau.ca/html/courses/online/htm
ⓒ 1999 Athabaska University

8. 효과적인 원격학습 프로그램의 디자인

가상교실을 디자인하려면 다음과 같은 점들을 고려해야 한다. 교육대상 즉,
학습자들의 필요, 강좌유형의 실용성, 선수 지식, 활용이 가능한 기술들에 대

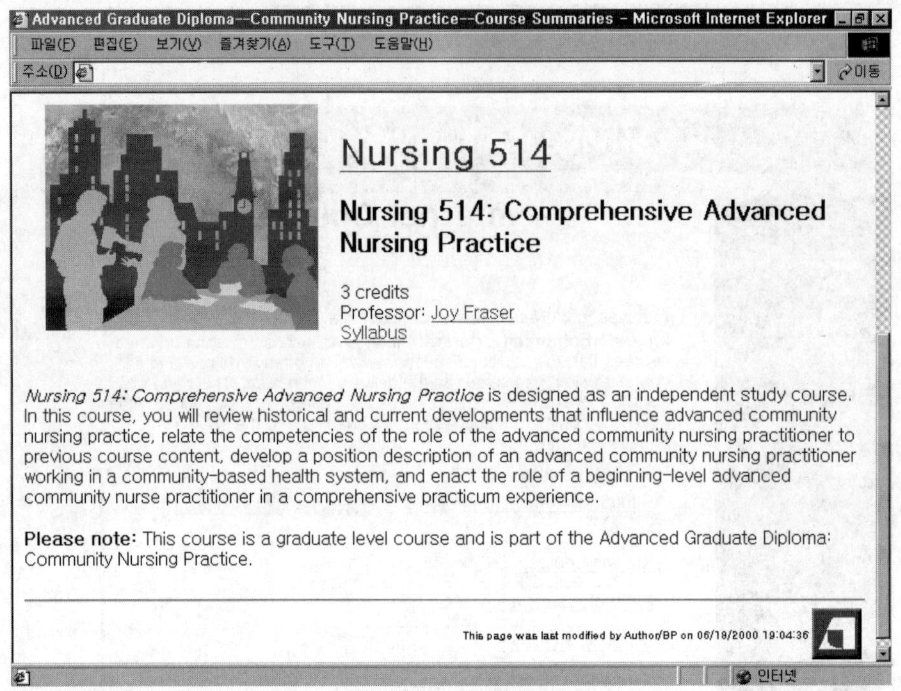

http://www.athabascau.ca/html/courses/nurs/global/nursing.htm
ⓒ 2000 Athabaska University

한 파악이 선행되어야 한다. <표 2. 1>에서는 한 강좌 또는 전체 프로그램을 디자인하기 위해 알아둬야 할 원격학습의 유형별 특성들을 비교했다.

<표 2. 1> 원격학습에 있어서의 선택사양

교육의 분배방법	고려사항	비용소요 항목
우편통신	낡은 교육 전달방식 *속도가 느린 전달방식 *인쇄물·비디오·오디오· 　디스크 자료 사용 *복사가 용이함 *교육자/학습자 간에 　상호작용 거의 없음	인쇄/재인쇄 *우편료

오디오테이프	청취가 가능한 교육에 제한됨 *신체적 결함 상태의 　학습자에게 부적당 *복사가 용이함 *교육자/학습자 상호작용 　거의 없음 *개인/그룹이 모두 사용	성우 *사운드 마스터링 *테이프 복사 *우편/배달료(필요한 　경우)
비디오테이프	복사가 용이함 *교육자/학습자 간에 　상호작용 거의 없음 *개인/그룹이 모두 사용 *다양한 감각 사용	성우 *녹화와 편집 *테이프 복사 *우편/배달료(필요한 　경우)
전자우편 통신	잠재적으로 빠른 전달방식 *사용이 가능한 학습자에 　한정 *첨부 파일/그림 이용 *한 명 또는 다수에게 　동시 전달 *교육자/학습자들 상호 교류 　의 증가	컴퓨터/전자우편 이용료
웹 사이트	잠재적으로 빠른 전달방식 *웹 사용이 가능한 학습자에 　한정 *한 명 또는 다수 학습자들이 　동시에 사용 *전자우편/mailto: 링크 *다양한 감각 사용 *용이한 자료의 갱신 *학습자 접속을 제어하는 　장치 필요 *교육자/학습자의 즉각적인 　상호 작용 거의 없음	컴퓨터/전자우편 이용료 *웹 브라우저 *사이트 개발/유지비 및 　사용료
케이블 텔레비전/ 폐쇄회로 프로그램	한 명 또는 다수 학습자들이 동시에 사용	성우 *스튜디오 사용료

	*방송 횟수와 시간에 제약 *녹화 후에도 사용 *다양한 감각 사용 *교육자/학습자 상호작용 거의 없음	*방영료
원격회의	한 명 또는 다수 학습자들이 동시에 사용(다수의 경우 유리) *회의 횟수와 장소에 제약 *녹화 후에도 사용 *다양한 감각 사용 *회의 횟수와 장소에 제약	원격회의 시설(모니터, 카메라, 광케이블 포함) *청취용 장비 및 교실
데스크탑 화상회의	한 명 또는 다수 학습자들이 동시에 사용(다수의 경우 유리) *회의 횟수와 장소에 제약 *다양한 감각 사용 *단방향/양방향 시청각(또는 오디오 전용) 통신	화상회의 시설 *멀티미디어 컴퓨터 *소프트웨어 *LAN/WAN에의 접속

요약

　원격학습은 학습 자료와 전달 매체가 제대로 조화되어야 효과를 발휘할 수 있으며, 이때에도 강좌의 유효성은 자료와 매체의 결합이 대상 학습자들의 요구에 어느 정도 잘 부합되는가에 달려 있다. 원격학습 프로그램은 면밀한 계획이 선행되어 이루어질수록 학생들의 요구를 만족하는 프로그램이 될 수 있다. 다음 장부터는 신중한 연구와 계획을 바탕으로 이루어지는 원격학습 강좌의 디자인에 대해 알아보도록 한다. 그러나, 특정 강좌를 계획하기에 앞서 강좌와 프로그램에 필요한 비용을 마련하는 방법을 먼저 살펴보도록 한다.

제3장

원격학습 프로그램을 위한 기금의 마련

원격학습 프로그램에는 적지 않은 예산이 소요되며 더욱이 장비를 거의 갖추지 못한 상태라면 이상적인 프로그램을 구성하는 데에 더욱 많은 비용이 필요하다. 원격학습은 소규모의 예산과 저급한 기술로도 실현이 가능하지만, 대부분의 교육 공급자들(교육기관, 회사, 개인 사업자)은 우편통신이나 오디오테이프를 사용하기보다는 원격회의, 화상회의, (컴퓨터 기반의) 온라인 정보시스템을 통해 원격교육 프로그램을 제공하려고 한다.

원격학습 강좌나 프로그램을 제공하려면 필요한 비용이 연별 예산에 반영되어야 한다. 첨단시설을 갖추려면 초기 비용이 더 많이 소요되겠지만 학습자들로 인한 수익이 생기기 전에 이미 강좌를 시작할 준비가 되어 있어야 한다. 일단 강좌나 프로그램이 가동되면 현재 기술의 유지, 새로운 자료의 개발, 강좌의 갱신, 강좌의 홍보에 드는 비용 또한 연별 예산에 포함되어야 한다. 따라서 원격학습을 제공하려는 기관의 관리직 및 행정직 직원들의 적극적인 지원이 있다면 일이 수월하게 진행될 수 있다.

원격학습 강좌를 개발하기 전에 다음 사항들에 대한 조사가 선행되어야 한다. 즉, 이용 가능한 기술의 유형, 강좌나 프로그램의 구성에 드는 초기 비용, 일정 강좌를 일정 기간 동안 일정 횟수로 제공하는 데에 드는 비용에 대한 사전 지식들을 갖추어야 한다. 그리고, 이상적인 프로그램을 제공하기 위해 드는 비용, '이상'을 '실질과 효과'로 전환하기 위한 방안, 추가적인 자금원에 대해 파악해두는 것도 원격학습 프로그램을 성공적으로 운영하기 위해 간과할 수 없는 요소들이다.

저가의 기술을 이용하려는 저예산 프로그램에도 신중한 예산 구성이 필요하며, 전송속도의 문제나 학습자 수의 증가로 인해 원격학습의 수준이 저하되는 일이 발생하지 않아야 한다. 기술에 드는 비용을 기준으로 원격학습의 유형을 결정할 수는 없으나 비용 대비 효과의 분석을 통해 원하는 강좌를 제공할 수 있을지의 여부를 판단해두는 것은 매우 유용하다. 대부분의 경우, 강좌에 가장 적합한 기술을 사용하여 학습자들의 요구에 부응하는 수준 높은 원격학습 프로그램을 제공하려면 소속 기관에서 제공하는 예산 이외에도 별도의 기금이 필요하다.

원격학습 프로그램 또는 단일 강좌만이라도 개설할 계획이 있다면, 자금원을 확보하고 신중하게 예산을 기획하는 데에 익숙해져야 한다. 원격학습 강좌를 위한 기금을 조성하는 일반적인 방법으로 다음과 같은 것들이 있다.

- 원격학습 프로그램 수업료
- 학습자 증원
- 강좌에 소요되는 비용 절감
- 단기 또는 장기적인 협력자의 확보
- 후원에 의한 기금 조성

기금을 마련하려면 한 가지 이상의 방법들을 고려해봐야 한다. 두 가지 이상의 방법을 병행하게 되더라도 그 방식은 프로그램의 개설 기간, 기술의 수준, 원격학습에 대한 관심도, 강좌의 수 및 유형에 따라 다르다.

1. 원격학습 프로그램 수업료

원격학습 기금의 바람직한 자원의 일부는 교육 서비스의 구매자, 즉 학습자들(또는 직원들의 교육/훈련 비용을 부담하는 고용주)로부터 나온다. 이 책에서 예시하는 원격학습 프로그램들의 대부분은 특정 주제에 대한 학습을 목적으로 비영리 재단에 의해 무료로 제공되는 것들이지만 대부분의 원격학습 강좌들은 수업료를 징수한다. 학습자들이 수업료를 지불하든 기업·협회·기관이 내부나 외부의 교육 공급자에게 교육비를 지불하든지 간에 누군가는 교육에 대한 비용을 지불하게 되어 있다.

교육에 대한 기본 수업료 외에도 원격학습 수강자들에게는 기술사용료를 부과할 수 있다. 기술사용에 대한 비용을 많이 받을 수는 없으나 캠퍼스 학습자들과 달리 원격 학습자들에게 소요되는 우편료나 추가적인 비용을 충당할 수 있을 뿐만 아니라 강좌의 설계와 제공에 드는 비용을 지출하는 데에 도움이 된다.

비용이 많이 드는 유형의 원격학습에 대해서는 특별 행사에 대한 추가 수업료를 부과할 수 있다. 즉, 원격회의에 참가하려는 원격지의 학습자들에게 각 그룹마다 1회에 해당되는 기술 사용료를 받을 수가 있다. 전문적인 학회나 기관이 국내에서 주기적으로 원격회의를 개최하여 전송지의 발표 내용을 원격지에서도 청취할 수 있도록 하려는 경우가 있다. 이런 경우, 개최지로부터 제공되는 원격회의 방송을 다운링크(downlink; 정보에 연결하여 전송받을 수 있도록 함)하여 어떤 장소에서든 그 강의를 청취하려는 사람들에게 1회에 해당되는 비용을 지불하도록 할 수 있다.

원격학습의 유형에 따라서는 학습자들 각자가 필요한 장비를 갖추도록 할 수가 있다. 비디오테이프의 사용을 전제로 하는 강좌라면 텔레비전이나 비디오 재생기를 갖추도록 하며, 컴퓨터를 사용하는 강좌라면 소프트웨어와 온라인 정보를 받을 수 있는 모뎀을 갖추도록 한다. 원격학습 강좌를 수강하는 모든 학습자들이 높은 비용과 특별 요금을 지불하는 대신 장비와 소프트웨어를 직접 구입하게 된다면 공급자도 그만큼의 비용을 줄일 수 있다.

그러나 대부분의 원격학습 프로그램은 학습자들로부터 서비스에 대해 받을 수 있는 공정한 금액보다 많은 예산을 필요로 한다. 첫 강좌가 시작되기 전에 드는 초기 비용은 프로그램이 개시되기 전에 집행되어야 하며, 학습자들의 수업료만으로는 기술을 갱신하는 데에 계속적으로 필요한 비용을 충당하기에도 부족할지 모른다.

2. 학습자 수의 증가에 따른 문제

전통적인 교실에서 효과적으로 수업을 하기 위해서는 교육자대 학습자 비율이 1대15를 초과해서는 안되며 워크숍이나 시연 중심의 강좌에서 그 비율은 1대10 미만이어야 한다. 이보다 더 높은 비율에서 수업이 진행되는 경우도 있겠지만 가장 효과적으로 수업을 하기 위해서는 교육자에 대한 학습자들의 수가 제한되어야 한다.

원격학습에서 교육자 한 명에 대한 학습자의 비율은 상승하며 경우에 따라서는 엄청난 비율에 이르기도 한다. 가상교실에서는 기반 기술의 유형에 따라 교육자 한 명이 많은 학습자들을 가르칠 수가 있다. 기업이나 교육기관이 원격학습을 선호하는 것도 사실은 이러한 이유 때문이다. 원격학습에서 적은 수의 교육자들로 하여금 많은 학습자들을 가르치도록 할 수는 있다고 해도 강좌당 수강인원에는 제한을 두어야 한다.

원격학습에 대한 수강료 체계를 만들 때 강좌에서 수용할 수 있는 가장 많은 인원수를 기준으로 한다. 신청자의 수가 최적의 수준을 초과하는 경우 수강을 원하는 학습자들을 돌려보내지 않기 위해서는 이차적인 계획을 세워두어야 한다. 즉, 교육자나 강사 한 명을 더 배치하여 분반을 하거나, 반복적인 행정업무(전자우편 답장 작성, 웹 사이트 갱신, 발송할 자료의 복사, 우편물 준비 등)를 조교가 처리하도록 하거나, 또는 추가적인 자료들을 만들어두거나, 자료에 대한 접근 권한을 설정하여 수업에 대한 관리를 강화할 수가 있다.

그리고 수강 인원을 확보하기 위한 홍보전략이 필요하다. 즉, 원격학습 시설 및 강좌를 지속적으로 홍보해야 한다(이러한 이유로 원격학습 강좌에 대한 홍보와 프로모션 비용이 연별 예산에 포함되어야 한다).

3. 강좌에 소요되는 비용의 절감

원격학습 프로그램의 기획에는 일정 기간 동안 제공되는 모든 강좌들의 수 그리고 같은 기술을 공유할 수 있는 강좌들에 대한 운영 계획이 반영되어야 한다. 그리고 장비구입 계획을 비롯하여 임대, 임차 또는 빌려서 사용할 수 있는 장비들에 대한 운용방침도 정해져야 한다. 최신 기술이 반드시 필요한가 혹은 겉모양만 그럴듯하고 강좌 내용이나 학습자들과의 교류에 도움이 되지 않는 주변장치를 구입하고 있지는 않은가 등 상세한 내용까지 파악되어야 한다. 현재 보유하고 있는 장비들과 강좌에 필요한 것이 무엇인가에 대해 충분히 분석해봄으로써 비용을 절감할 수 있는 부분과 추가적으로 투자해야 할 부분을 알 수 있다.

예를 들면, 한 개의 강좌에서 원격회의를 한 번 내지 두 번, 혹은 1년 중 몇 주나 한 달 정도 제공하기 위해 상비를 구입하는 섯은 비용 대비 효과가 낮다고 할 수 있다. 단지 몇 차례 정도만 원격회의를 제공할 계획이라면 장비를 임대, 임차 또는 대여하는 것이 효율적이다.

반면에 원격회의를 기반으로 하는 일련의 강좌들을 계획하고 있거나 학습자의 필요와 강좌의 유형에 가장 적합하다면 원격회의 기술에 대한 초기비용이나 유지비용을 지불하는 것이 적절하다고 할 수 있을 것이다.

그러나 굳이 첨단기술이 필요하지 않다면 기존의 기술을 이용함으로써 비용을 절감해야 한다. 인터넷 기능이 이미 구현되어 있는 상태에서 웹 사이트를 구축하는 경우를 예로 들 수 있다. 웹 사이트를 구축하려면 디자인 비용과 사이트를 유지하고 갱신하기 위한 비용이 필요하다. 추가적으로 온라인상에서 멀티미디어와 상호작용 기능을 구현하고 자료를 개발하려 한다면 더 많은 예산이 책정되어야 할 것이다. 그렇지만 이렇게 비용이 든다고 해도 새로운 기술을 도입하는 것보다는 적은 예산이 소요된다. 대부분의 원격학습 강좌에서 인터넷을 이용한다면(예를 들어 웹 사이트, 전자우편, 게시판, MUD) 효과적이고 동시에 비용 대비 효과가 우수한 강좌들을 여러 개 제공할 수가 있다. 핵심적인 정보들(예를 들어 문서자료, 견본, 모의실험)은 매번 갱신될 필요가 없다. 단, 홈페이지의 디자인은 자주 갱신되어야 할 것이다. 예산에는, 어느 만큼의 새로운 기술이 필요한가와 강좌들 사이에 그리고 매번 강좌가 제공될 때마다 재활용될 수 있는 정보에 대한 내용이 반영되어야 한다.

4. 단기 또는 장기적인 협력자의 확보

대부분의 교육 판매자들이 협력관계에 대한 필요를 느끼게 된다. 사업자간 연합과 대학은 원격학습 프로그램을 공동 개발하고 강좌와 서비스가 중복되는 것을 피하기 위해 단기 또는 장기적인 협력관계를 맺을 수 있다.

원격학습 강좌를 처음 시작하거나 특정 강좌를 제공하려면 단기적인 협력자를 찾아야 할 것이다. 단기적인 협력자는 1회분의 원격회의 또는 방송과 같은 특별 행사에 필요한 기술을 제공해 줄 수 있다. 후원금을 지원하는 특별 연구 프로젝트에 관심을 갖는 단기 협력자가 있을 수도 있다.

장기 협력자라면 새로운 기술에 공동 투자하고 함께 사용하기를 원할 것이다. 기업은 특정 강좌나 프로그램을 지속적으로 후원하고 그 대가로 교육자나 학습자들로부터 고용인들에게 필요한 교육적인 도움을 받을 수가 있다. 또한 전문 연구개발(R&D; Research & Development))기관인 대학에서 개발된 제품이나 이론을 우선적으로 제공받을 수 있을 것이다. 반면에 교육기관은 기업으로부터 업무 및 현장의 흐름을 파악할 수 있는 안목과 기술적인 도움을 비롯하여 장비와 후원금 등을 제공받음으로써 도움을 받는다.

협력자를 구하는 것은 자금문제를 해결하기 위한 가장 좋은 방법이다. 협력관계는 원격학습 프로그램을 촉진시키고 지역사회의 구성원들에게 강좌를 홍보하는 데에도 도움이 된다. 또한 상호 공조 기반을 강화하여 사업자나 교육기관들이 상대방의 특수성을 접목할 수 있도록 해준다. 또한 기금을 마련하고 원격학습 프로그램을 홍보하기 위해 노력하는 면모는 잠재적인 후원자들에게 후원금을 받을 만한 가치로 인식된다.

<그림 3. 1>은 원격학습 강좌에 들어가는 비용을 책정할 때 고려해야 되는 질문들을 제시한다. 아래의 내용들을 예산대조표로서 일부 참고하면 단일 또는 다수의 원격학습 강좌들을 비용에 비해 효율적으로 제공할 수 있는 방법을

강좌의 수업료 체계에 대한 문제
· 학습자가 현장학습에 대해 얼마의 수업료를 지불하는가?
· 원격학습 학습자 한 명을 위해서 자료를 지급하고 강좌를 관리하는 데 드는 비용은 얼마인가?
· 몇 명의 학습자가 기업에 소속되어 있으며, 몇 명의 학습자가 개인 자격으로 수강하는가?
· 강좌에 몇 개의 특별 강좌가 계획되어 있으며 얼마의 비용이 드는가?
· 강좌에 대한 적절한 비용은 얼마이며, 다른 제공자들과 비교하여 어떤 수준인가?

강좌별 가장 적절한 학습자 수를 결정하는 문제
· 강좌를 제공하기 위해 들어가는 비용의 총액은 얼마인가?
· 강좌와 관련하여 학습자 대 총비용의 비율과 교육자 대 훈련자의 비율은?
· 기술이 수용할 수 있는 총인원수와 기술적인 한계는 무엇인가?
· 각 학습자에게 요구되는 기술적인 사양은 무엇인가?(예: 소프트웨어와 하드웨어)
· 원격학습 강좌에 관심을 보이는 사람들이 얼마나 되는가?

각 강좌에 대한 비용 절감의 문제
· 강좌에서 그리고 강좌들 사이에서 교육자가 기술을 더 효과적으로 활용할 수 있는 방안은?
· 행정적인 비용은 절감될 수 있는가?
· 어떤 강좌들이 기술과 자원을 공유할 수 있는가?

원격학습 강좌를 위한 협력자의 문제
· 지역사회, 지역, 기업 내에서 그리고 회사, 산업, 학교로부터의 잠재적인 협력자는 누구인가?
· 잠재적인 협력자에게 무엇을 제공할 수 있으며, 이러한 자원은 누가 제공할 것인가?
· 과거에 원격학습 프로그램과 관련하여 협력한 적이 있는 잠재적인 협력자가 있는가?
· 현재의 협력자를 어떻게 구분지을 수 있는가?(단기적인 또는 장기적인)

찾을 수가 있다. 문제점들을 검토하고 현재 진행하고 있는 기금조성 방법보다 나은 방안이 있다면 원격학습 촉진을 위한 부분적인 기금을 별도로 마련하기 위해 후원을 받을 수 있는 방도를 찾아보면 될 것이다.

5. 후원에 의한 기금 조성

후원은 원격학습 프로그램에 필요한 부분적인 기금을 마련할 수 있는 긍정적인 가능성들을 제시한다. 여러 명의 후원자들로부터 프로그램에 대한 부분별 지원을 받는 것도 원격학습 프로젝트의 비용을 마련하기 위한 효과적인 방법이다. 후원자들은 다른 후원의 방도를 모색해보았는가 그리고 확정되지 않았더라도 어떤 협력을 위한 제안들이 산업계, 지역사업, 국책사업, 개인 투자자, 대학의 대표자들과 논의되었는가를 알고 싶어한다.

후원자들은 정해진 범위 내에서 프로젝트를 후원하려고 한다. 그들이 제공하는 기초 자금이나 현재의 지원이 다른 기금이 조성될 때까지 프로그램을 지속시키는 데에 도움이 될 것인가를 알려고 한다. 후원자가 아무리 매력적이고 도움을 아끼지 않더라도 언젠가는 프로젝트의 기금을 마련할 수 있는 다른 자원을 찾아야 한다.

좋은 원격학습은 퍼즐을 구성하는 조각들처럼 적절한 기술과 잘 만들어진 교육 및 훈련 자원 그리고 관심있는 청중을 구성하는 다양한 학습자 그룹들이 모여야만 이루어질 수 있다. 시장의 지속적인 성장과 변화에 맞춰 프로그램을 지원하고 유지하기 위해서는 원격학습 벤처를 위한 파트너를 필요로 한다.

후원자의 모색

많은 후원자들이 원격학습을 제공하려는 판매자와 연합에 자원을 지원하고 있다. 이제 가장 잠재력이 큰 후원자를 비롯하여 프로그램의 각 부분별 후원자나 후속 기금을 제공할 후원자를 찾아야 할 단계이다. 후원을 위한 제안서를 작성하려면 우선 요구에 부합되는 후원자를 찾아야 하며 다음에는 프로젝트가 그들의 필요에도 부응한다는 것을 인식시킬 방법을 생각해야 한다.

다수의 후원자들에게 동일한 제안서를 동시에 제출하는 것은 (윤리적으로도 합당치 않으며) 용인될 수 없으나 프로젝트에 대한 부분별 후원을 각기 다른 후원자들로부터 받는 것이라면 같은 내용의 제안서를 제출해도 된다. 예를 들면, 후원자별로 장비를 지원하거나 혁신적인 기술에 투자할 수도 있으며 특정 분야에 대한 강좌를 개발하기 위한 자원을 후원할 수도 있다.

후원은 정기적으로 이루어지지만 요청, 응낙, 검토, 수혜자 선택의 절차는 1년 내내 진행된다. 후원이 시작되는 신규 회기는 회계연도가 시작되는 7월 1일이 될 수도 있고 연력의 시작과 일치하는 1월 1일이 될 수도 있으며 후원자에 따라 각기 다르다. 그리고 몇 달 간격으로 단기적인 회기를 운영하기도 하지만 수혜자 심사에 1, 2년이 소요되는 후원자도 있다.

단계별로 프로젝트를 지원하는 경우도 있는데, 1단계에서 연구와 기획을 지원하고 (자동적으로 지원이 약속되는 것은 아니지만) 기획된 프로젝트에 대한 지원은 2단계에서 할 수 있다. 2단계 프로젝트를 진행하는 데에는 별도의 후원 절차와 제안서 그리고 1, 2년 정도의 기간이 소요되는 수도 있다.

기간에 대한 제한 없이 지원하는 후원자도 있다. 이런 경우 후원자의 필요와 선호하는 조건에 부합되는 프로젝트가 지원된다. 후원을 제공하는 회기 동안 관심을 끌 만한 프로젝드가 없다면 후원이 취소될 수 있나. 그러나 관심과 선호도에 부합되는 좋은 프로젝트들이 여럿 있어서 다섯 개의 제안서가 제출되었다면 한 회기 내에 모두 지원을 받을 수도 있다.

프로그램을 유지하려면 항상 후원자를 찾기 위한 노력을 기울여야 한다. 기금 조성에 대한 책임을 지고 있는 경우라면 정기적으로 새로운 후원자를 물색하고 기존 후원자의 근황을 파악해야 할 것이며 연구기금 조성을 위한 절차를 마련하고 후원 신청서를 작성하며 후속 지원을 확보할 수 있도록 노력해야 한다. 기금을 조성하는 업무에 모든 일과시간을 투자해야 될 수도 있다. 잠재적인 후원 가능성에 대한 모든 정보를 확보하고 관련있는 온라인 정보나 인쇄된 내용을 검토해야 됨은 물론 후원 담당기관의 담당자를 만나야 하는 경우도 있다.

후원자에 관한 정보

어디서부터 후원자를 찾을 것인가? 여러 인쇄물로부터 최근의 신청공고, 수혜 프로젝트, 향후 후원 프로그램에 대한 정보를 수집할 수 있다. 적어도 매주마다 후원 관련 정보들의 출처를 점검해야 한다. 그런 자료들의 일부 출처로는 다음과 같은 것들이 있다.

- 성명주소록(directories)
- 사보(社報)
- 게시판과 안내책자
- 정부의 인쇄물과 사무실

이와 같은 자료들은 지역 도서관에서 찾아볼 수 있다. 연방등록부(Federal Register)와 같은 책자는 도서관에서 볼 수 있으나 구독을 신청할 수도 있다. 이런 자료들은 선택 여부에 따라 저렴하고 편리하게 볼 수 있는 것들도 있지만 그렇지 않은 경우도 있다. 정기적인 자료조사에 드는 비용에 따라 정기구독의 여부를 결정토록 한다. 인쇄된 자료들은 가장 최근에 출판된 내용이어야 한다.

성명주소록(directories)

여러 성명주소록에는 후원자들에 대한 설명이 기재되어 있는데, 어떤 성명주소록은 과학, 예술, 인문과학 등 각기 다른 주제 영역별 후원 기회에 대한 정보를 제공한다. 다양한 주제 영역에 걸쳐 원격학습 프로그램을 제공하려고 한다면 거기에 해당되는 디렉토리들을 모두 찾아보아야 한다.

각 출판사마다 특징있는 형태로 디렉토리를 만들지만 대부분이 후원자의 성명, 주소, 전화번호, 팩스번호, 전자우편주소, 웹 사이트 위치에 대한 다음과 같은 자세한 정보들을 제공한다. 즉, 웹 사이트 위치, 설립 일자, 재무(財務), 지원유형(예: 돈, 장비), 선호하는 프로젝트, 후원 규모, 후원의 수, 제한이나 규제, 신청 안내, 담당자, 신청과 수여에 필요한 기간 등이다.

사보(社報)

대내외적으로 발간되는 사보에 후원 신청 안내와 수여 공고가 게재된다. 재단(財團)과 기업, 그리고 기업과 대학의 연구개발부, 전문가 연합 그리고 개인들조차도 다양한 주기(주간, 연 5회, 월간, 계간)로 사보를 발행한다. 이들 중에는 앞으로의 프로젝트에 대한 논제를 개제하거나 후원 신청서 작성시 유의할 문제점들을 알려주기도 한다. 전문분야별 협회, 대학 연구사무실, 정부, 비영리 기관에 연락을 하면 관심 분야의 사보를 받아보거나 우편주소록에 기재되도록 할 수 있다.

그밖에도 안내서가 필요하다면 도서관의 정기구독물 코너를 잘 살펴보는 것도 좋은 생각이다. 관련이 없는 분야에 대해서도 최근의 간행물들을 읽어봄으로써 다른 전문기관과 사업자들이 무엇을 하고 있으며 후원을 하고 있는지 알 수 있도록 해준다.

게시판과 안내책자

게시판은 소책자나 사보와 마찬가지인 것처럼 보인다. 게시판의 정보는 사보의 것과 흡사하지만 대개는 간략한 내용과 후원 신청 안내와 수여 공고에 대해 최근에 갱신된 안내 정도만 게재한다.

새로운 후원 프로그램을 홍보하거나 일련의 상호 관련된 후원을 제공하려는 정부 관계 후원자인 경우에는 특히 프로그램을 홍보하고 제안서 준비를 돕기 위한 정보들을 제공한다. 게시판에서는 '흔히 하는 질문들(FAQ; Frequently Asked Questions)'에 대한 답변을 제공함으로써 잠재적인 제안서 작성자들이 제안서를 제출하는 과정을 이해하고 제안서가 승인된 후에도 정해진 사양에 따라 프로젝트를 완료할 수 있도록 돕는다.

정부간행물과 사무소

모든 정부기관과 부서에는 게시판, 안내소책자, 안내지, 소식지, 신청서, 후원을 받기 위해 준수해야 할 규약 등이 비치되어 있다. 연방등록부와 같이 정기적으로 발행되어 후원을 받을 수 있는 기회와 후원 절차의 변경을 알려주는 정부간행물이나 온라인 정보에 대해 알아보아야 한다. 후원 기회에 관한 한 모든 가능한 정보들을 알고 있는지 확인하고 후원자에게 추가적인 인쇄물에 대한 요청 전화와 편지 또는 팩스를 보내도록 한다.

후원자에 대한 온라인 정보

전문 학회지나 사보에 게재되는 안내문에 비해 전자 게시판의 내용이 훨씬 더 자주 갱신된다. 인터넷과 웹을 사용하여 정보를 검색하면 회사, 정부기관, 비영리 기관을 소개하는 페이지에서 각각의 후원 안내 내용을 찾을 수 있다. 온라인 데이터베이스를 검색해보면 연방정부나 지역 기관의 정부 문서나 국영 또는 사설 후원자들이 게재하는 신청 안내 내용을 찾을 수 있다.

GrantsNet(<그림 3. 2>)과 같은 데이터베이스는 후원, 후원자, 수혜자에 대한 정보를 전문적으로 다룬다. 그밖의 다른 온라인 정보원 중 '후원 자료서(Funding Sourcebook)'는 정부, 공공, 사설 자원과 연결되어 있다. 후원 또는 교육/훈련

<그림 3. 2> Department of Health and Human Services(GrantsNet)

http://waisgate.hhs.gov/progorg/grantsnet/
ⓒ 2000 Department of Health and Human Services

분야 데이터베이스를 찾게 되면 브라우저의 책갈피에 표시를 해두어야 한다. 최근의 후원 정보에 정통하고 데이터베이스를 검색하는 것은 잠재적인 수혜자로서 지속적으로 해야 할 업무이다.

인쇄와 온라인 미디어 두 가지 모두를 활용하여 정보를 제공하는 후원자들이 많아졌다. 웹은 최근의 정보를 얻을 수 있는 매우 중요한 매체로 사설 및 공공기관의 후원자들은 웹 사이트를 운영한다. 사이트에는 잠재적인 수혜자들에게 자선단체, 공공기금, 특별후원에 대한 정보를 알려주기 위한 링크가 제공된다.

후원 정보가 인쇄물과 함께 컴퓨터를 통해서도 제공되고 있다면 두 가지 형태의 정보를 모두 입수해야 한다. 후원자들은 '흔히 하는 질문들(FAQ)', 문의 안내(mailto: 링크 포함), 후원 계획 등 웹 사이트의 기능과 내용들을 항상 관리한다. 최근에 후원을 받은 프로젝트의 내역과 후원 대상이 된 프로젝트의 제안

<그림 3.3> The Distance Learning Funding Sourcebook

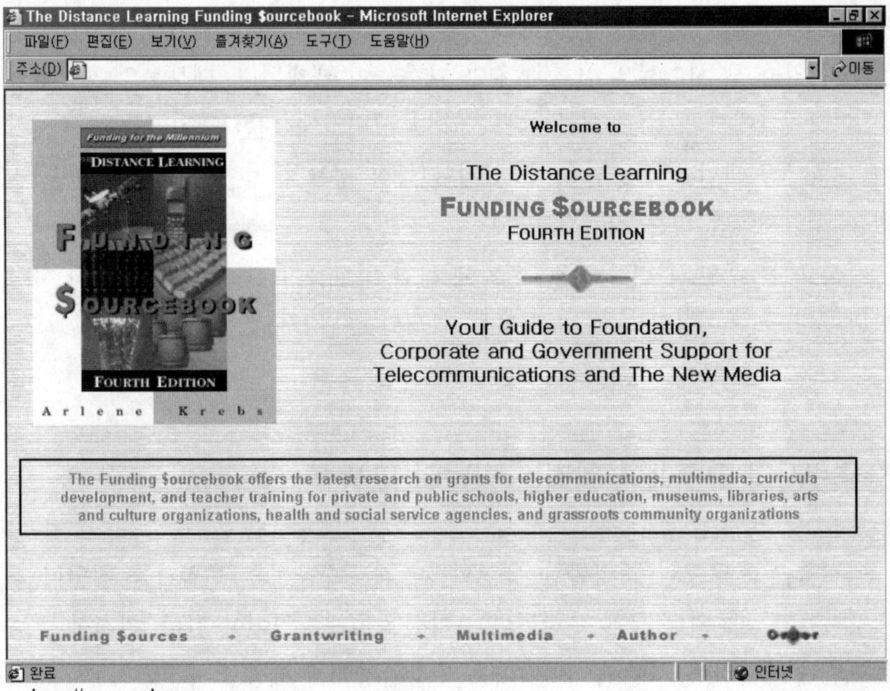

http://www.technograsts.com
ⓒ 2000 technogrants

서를 사례로 제공하기도 한다.

전형적으로 정부기관은 인쇄와 온라인 형태로 정보를 제공한다. 예를 들면, 연방등록부는 매주마다 수차례씩 발행되며 온라인으로도 제공된다. 온라인상의 내용은 인쇄된 것과 동일하나 주요 정보들은 링크되어 있기 때문에 자료조사의 중요한 목적인 공고문이나 기관을 찾기가 수월하다.

기본적인 참고자료들 이외에도 야후, 알타비스타, 익사이트, 마젤란, 인포식, 그밖의 다른 웹 검색엔진들을 이용하면 연방등록부에 있는 것과 같은 정보들을 검색할 수가 있다. 매주 새로운 후원자들과 관련 웹 사이트들이 웹에 추가되고 있다. 그리고 후원 상황을 비롯하여 절차나 서식의 변경에 관한 정보는 인쇄물보다 온라인상에서 훨씬 더 빠르게 전달된다. 새로운 정보를 입수하려면 적어도 1주일 주기로 웹을 검색해야 한다.

그밖에 다른 인터넷 서비스 업체들도 우편주소목록, 전자사보, 전자잡지(e-zine)의 위치 정보와 같은 최신 정보들을 제공한다. 우편주소목록에 등록되어 있는 회원들에게 온라인 간행물과 구독방법에 대해 문의해볼 수도 있을 것이다. 전자게시판에는 제안서 제출 마감일, 신규 후원을 받을 수 있는 기회, 후원 정보가 있는 웹 사이트의 목록과 같은 내용들이 게재된다. 대부분의 정보원들은 인터넷상에서 무료로 제공된다. 그러나 서비스에 대한 정기구독을 통해서만 대형 문서파일을 전송받을 수 있거나 특정 정보를 전송받기 위해 전송 권한을 구입해야만 하는 경우도 있다.

부록3에는 후원, 관련 문서, 후원자에 관한 정보들이 실려 있으며, 관련 사이트와 링크들을 이용해 온라인 정보를 검색의 출발점으로 삼을 수 있다.

6. 후원자의 요구에 부합되는 방법의 모색

원격학습 프로그램에 적합한 유형의 기금을 제공해줄 후원자를 찾았다면, 프로젝트가 그들의 요구에 부합된다는 확신을 줄 수 있어야 한다. 원격학습 프로그램과 관련하여, 다음과 같은 내용을 후원자에게 제공할 수 있다. 즉, 프로젝트에 대한 우선권의 부여, 후원자의 지원 및 제휴 내용을 (특히, 웹 사이트에) 직접 홍보하거나 프로젝트를 다른 교육자/훈련자에게 시범 프로그램으로 공개하는 것에 대한 허가, 후원 프로젝트를 통해 개발되는 기술사용권, 자료, 자원과 같은 것들이다.

프로젝트를 후원하여 얻게 되는 유형·무형의 혜택에 대한 단기적 또는 장기적인 요구들은 다양하다. 단기 프로젝트는 제품이나 서비스에 대한 후원자의 긴급한 요구에 부응할 수 있으며 후원자의 조직 또는 특정 프로젝트를 공식화하는 데에 도움을 줄 수 있다. 장기 프로젝트는 문제 해결을 위해 지속적으로 연구와 시도를 거듭해야 하거나 무형의 요구가(프로젝트 수행중에 개발된 기술 등이) 가시화될 때까지 수년에 걸친 연구를 제공하기도 한다. 원격학습 프로젝트가 단기·장기적인 요구에 모두 부합된다고 해도 대부분의 후원자들은 각기 다른 유형의 요구를 하거나 프로젝트마다 별도의 제안서를 작성하여 제출토록 요구할 것이다.

후원을 받기 위한 제안서를 작성하기 전에 이런 유형의 요구에 직질이 내응하려면 후원자에 대해 가능한 한 많은 정보를 갖고 있어야 한다. 그리고 다른 후원의 가능성에 대해서도 알고 있어야 현재의 원격학습 프로젝트를 유지하고 추가적인 프로젝트들을 계획할 수가 있다. 후원의 추세에 대한 인식, 후원 절차에 대한 이해, 잠재적인 후원자들과의 접촉은 제안서 작성을 위한 첫걸음이다. 이런 일들은 원격학습 프로그램을 유지하려는 지속적인 노력의 일부라고 할 수 있다.

요약

교육 판매자는 학습자들과 정보를 주고받는 데에 드는 비용은 물론 잠재적인 학습자들이 정보를 접할 수 있도록 하는 데에 드는 비용까지 예산에 반영해야 한다. 프로그램에 사용되는 기술을 갱신하는 데에도 예산을 책정해야 하며, 그리고 판매자는 강좌가 진행되는 동안에는 물론, 개설 전이나 후에도 학생들이 사용할 교재를 개발하고 갱신하기 위해 교육자과 훈련자에 대한 고용 상태를 유지해야 한다.

판매자는 프로그램을 유지해야 할 뿐만 아니라 학습자들의 현재와 미래의 요구에 부합하는 프로그램으로 발전시키기 위해 계속 노력해야 한다. 강좌와 프로그램의 발전을 도모해야 하며 이에 대한 홍보도 해야 한다. 학습자들의 등록, 수강료 징수, 수업에 대한 안내 업무 등 행정적인 업무들도 수행되어야 한다. 학습자들이 교육/훈련 프로그램에 지불하는 수강료가 이상 열거한 업무들을 처리하는 비용을 지불하기 위해 사용되지만 서비스에 필요한 모든 금액을 충당하지는 못한다.

물론 원격학습을 제공하는 회사나 기관에서도 자체적으로 내부 투자를 집행한다. 그러나 원격학습 프로그램을 성공적으로 유지하려면 지속적으로 예산이 뒷받침되어야 한다. 만약 원격학습 프로그램이 인기를 얻게 되면 학습자들의 증가하는 요구를 만족시키기 위한 비용이 발생하며 이것도 또한 예산에 반영되어야 한다.

이런저런 이유들로 인해 판매자들이나 원격학습 강좌를 제공하려는 사람들이 외부의 지원을 모색해야 할 필요가 생긴다. 원격회의나 원격학습 강좌와 같은 특별 행사에 참여하려는 학습자들에게 참가비를 부과하거나 학습자들의 수를 늘리거나 강좌에 들어가는 비용을 절감하거나 비용을 분담할 단기·장기적인 협력자를 모색하는 것들은 모두 원격학습에 드는 비용을 충당하기 위한 좋은 방법들이다. 그러나 원격학습 프로그램을 지원하기 위한 가장 일반적인 방법은 후원을 받는 것이다. 연방정부가 장비, 자금, 그밖의 자원들을 후원하기는 하지만 다른 후원자들로부터도 자원을 지원받을 수가 있다. 개인 사업자, 공공기관, 일반 개인들조차도 후원을 하기도 한다. 원격학습 프로그램을 지원하려면 이런 모든 가능성들을 검토해보아야 한다. 궁극적으로 학습자들을 확보하고 프로그램의 수준을 높이기 위해서는 후원을 받아야 할 공산이 크다고 할 수 있다.

후원을 받기 위한 제안서의 준비

후원 신청을 위해 제안서를 준비하는 과정은 단순하게 서류나 전자문서를 작성하는 이상으로 많은 내용들이 관련된다. 제안서를 작성하는 과정은 3장의 내용과 같은 맥락에서 기획과정을 마무리짓는 단계라고 할 수 있다. 가장 먼저 후원처에 대한 자세한 정보가 있어야 하고 후원처에서 원하는 것이 무엇인가를 파악해야 한다. 그리고 후원처의 요구를 충족시키는 원격학습 프로그램을 설계할 방안을 찾아야 한다. 제안서를 작성하기 전에 원격학습 프로그램의 명확한 목표가 있어야 하고 제작과 평가 계획도 마련해야 하며 후원처에 대해서는 물론 제안서의 제출과 심사절차에 대해서도 충분히 알고 있어야 한다.

1. 제안서 작성

일반적으로 후원 신청서 양식을 작성하여(간혹 여러 부를 작성하도록 요구하는 경우도 있다) 제안서와 함께 제출한다. 그러나 때로는 온라인 양식을 작성하거나 나중에 정식으로 제출할 문서에 포함될 내용의 요약본인 예비 전자 제안서를 제출하기도 한다. 후원처에 따라서는 전자문서로 미리 만들어져 있는 후원 제안서의 작성만을 요구하는 경우도 있다. 이런 경우 제안서가 검토대상으로 선택된다면 추가적인 내용을 제출하거나 정식 제안서를 제출하라는 요구가 있을 것이다. 후원처에서 게재하는 신청공고를 항상 확인하여 온라인 문서를 요구하는지 아니면 정식 문서를 요구하는지, 어디에서 신청양식을 배포하는지, 어떻게 작성해야 되는지에 대해 알고 있어야 한다.

만약에 후원처의 요구조건에 부합되지 않는 제안서를 제출했다면 반려될 것이다. 그렇지만 신청공고와 후원처가 요구하는 사항들을 면밀히 살펴보면 어느 정도의 내용을 제안서에 포함시켜야 하는지와 어떠한 형식으로 구성해야 하는지를 파악할 수 있다.

제안서를 작성하기 전에 우선 후원처에서 원하는 것이 무엇이며 계획중인 프로젝트가 그 요구에 적합한가를 분석해봐야 한다. 요구하는 내용들의 대부분은 신청공고를 통해 직접적으로 제시되어 있으며 수용 가능한 프로젝트에 대해서 그리고 제안서에 적용되는 기준들에 대해서도 명시되어 있다. 간접적으로는 공고문의 문체를 비롯하여 후원처에서 요구하는 바를 설명하기 위해 사용되는 핵심 용어들에서도 제안서를 작성하는 데에 어떠한 내용과 문체 및 용어들을 사용하는 것이 적절한가를 파악해볼 수 있다.

그밖에도 프로젝트를 통해 해결되어야 하는 문제들은 무엇이며 요구사항들을 만족시킬 수 있을 것인가, 그리고 프로젝트를 통해 해결할 수 있는 범위가 얼마나 제한적인가 혹은 광범위한가에 대해서도 분명히 알아야 한다. 제안하려는 원격학습 프로젝트가 전적으로 혹은 그 일부분만이라도 후원처의 요구와 후원 프로젝트에 대한 선호도에 부합되는가를 정확히 파악하는 것은 제안서를 준비하는 데에 있어 매우 중요하다고 할 수 있다.

만일 원격학습에 필요한 장비를 확보하는 것이 유일한 목적이라면 그 장비가 어떻게 문제를 해결할 수 있는가에 주안점을 두고 제안서를 작성해야 할 것이다. 제안하는 프로젝트가 다른 프로젝트에 비해 중요도가 높고 시기도 적절하며 장비가 교육적인 문제들을 해결하기 위해 필요하다는 것을 후원처에서 납득할 수 있도록 해야 한다. 만약 특정 강좌의 교재를 개발하기 위해 후원을 요청하는 것이라면 강좌의 내용이 요구기준에 부합되며 관련 문제들을 해결할 수 있다는 데에 초점을 맞추어 제안서를 작성해야 될 것이다.

제안서를 작성할 때 전자문서나 인쇄문서이든지 간에 제안하는 원격학습 프로젝트가 우수할 뿐만 아니라 특정 요구에 부합되며 문제를 해결하여 교육 및 훈련을 발전시킬 수 있다는 것을 증명해야 한다. 프로젝트를 완성할 수 있을 뿐만 아니라 변화를 일으킬 수 있다는 것을 제안서의 문체 및 어조 그리고 내용을 통해 보여주어야 한다. 즉, 후원처에서 지향하는 프로젝트의 방향에 대해 인지하고 있으며 그들의 도움으로 원격학습의 수준과 활용 빈도수 그리고 교육 및 훈련의 다양성을 향상시킬 수 있다는 것을 제시할 수 있어야 한다.

2. 신청공고와 수혜자 선택 기준

일단 신청공고를 살펴보고 후원처에 대해 파악한 후에는 후원을 받을 만한 프로젝트의 유형을 분석한다. 공고를 보면 후원하려는 프로젝트와 수혜자에게 무엇을 요구하고 기대하는가가 잘 나타나 있다. 후원 절차에 대해서도 신청 마감일자를 비롯하여 신청양식, 후원 및 후원처에 관한 보조 자료를 요청할 수 있는 주소, 그리고 담당자에 대해 일일이 열거되어 있다. 후원을 신청하기 위해 거쳐야 되는 과정과 절차에 대해서도 잘 설명되어 있다. 제안서 초안을 작성하기 전에 반드시 신청공고를 유심히 읽어보고 후원처에서 요구하는 서비스나 결과물의 유형에 부합되는 프로젝트를 구성할 수 있어야 한다. 신청공고를 자세히 살펴보면 후원처의 요구에 부합되는 제안서를 작성하기 위해 필요한 실질적인 사항들 이외에도 제안서에서 기대되는 문체나 용어에 대해서도 적지 않은 단서들을 발견할 수 있다. 예를 들어, 고도로 기술적인 용어들이 나열되어 있는 신청공고는 신청자가 동일 수준의 전문 용어를 잘 알고 있으며 제안서에 그런 내용들을 정확하게 설명할 것을 요구하고 있다는 것을 알 수 있다. 그렇다고 해서 전문적인 용어들로 제안서를 가득 채워야 한다는 것이 아니라 기술적인 용어들을 이해할 수 있는 사람들을 대상으로 제안서를 작성해야 하며 그러한 용어들을 이미 잘 알고 있다는 사실을 증명해야 한다는 것이다.

신청공고의 내용을 구성하는 용어들은 후원처의 관심사를 잘 표현해주는 것이기도 하다. 반복되거나 강조된 용어들은 후원처의 최우선 관심사를 반영한다. 공고를 주의깊게 살펴보면 제안서의 중심이 될 핵심 용어들을 결정할 수가 있게 된다.

신청공고는 온라인과 인쇄책자로 출판된다. 대다수의 재단, 기업, 비영리협회에서는 인쇄책자들을 배포하고 인쇄된 제안서를 접수하지만 후원공고를 게시하기 위한 주요 수단은 인터넷이다. 연방등록부(Federal Register)와 후원처의

<그림 4. 1> 벨사우스 재단: 후원 신청 방법

벨사우스 재단

후원 신청 방법

공개(公開)후원에 관하여
본 재단의 공개후원을 신청하기 위한 첫 단계로 지침서를 자세히 검토한 후 귀하가 속해 있는 단체의 활동이 재단에서 관심 분야로 규정하고 있는 특정 기준에 합당한가를 판단하시기 바랍니다. 해당되는 부분이 있다면, 제안서의 내용 구성에 관해 재단의 직원과 상의하시기 바랍니다. 제안서는 다섯 페이지 이내로 간략하게 작성하시기 바랍니다. 자세한 설명이 필요하면 연락을 드리겠습니다. 특정 내용에 부합되는 제안서에 대해서는 일일이 답변을 드리고 있으나 일반적인 기금 신청에 대해서는 연락을 드리지 않습니다.

모든 제안서에는 다음 내용들이 포함되어야 합니다.
목적: 프로젝트, 활동내역, 일정, 단기 및 장기적 목표에 대해 간결하게 설명하시오.
배경: 후원은 어떠한 중요성을 갖습니까? 어떠한 혁신적인 내용들이 포함되어 있습니까? 성공을 보장할 만한 과거의 경험이나 연구경력에는 어떠한 것들이 있습니까?
학습 주안점: 초중등 학생들에게 개선되고 더욱 활동적인 학습을 제공할 수 있습니까? 설명하십시오.
결과: 어떠한 결과를 예상하십니까? 결과를 어떻게 평가할 것입니까? 진행과정을 측정할 수 있는 기준에는 어떠한 것들이 있습니까? 그밖에 예상되는 결과는 무엇입니까?
장래: 재단의 후원이 종료된 이후에는 어떻게 프로그램 활동을 유지할 계획입니까? 지식의 분배 및 반응 그리고 다른 혁신적인 시도들과 관련된 계획을 갖고 있습니까?

---

http://www.bellsouthcorp.com/bsf/grantguide/open.htm

ⓒ 1998 벨사우스 재단

범주: 제안하는 내용 중에 벨사우스 재단의 관심 분야와 최우선적인 관건 및 전략을 언급한 부분이 있습니까?

비용: 프로젝트의 총비용은 얼마입니까? 이중 얼마를 재단에 요청하실 것입니까? 그밖의 다른 기금을 받은 적이 있거나 계획하고 있는 것이 있습니까?(제안서와 함께 첨부해주십시오)

첨부할 내용:

　　　벨사우스의 제안서 표지 (후면에 별첨)
　　　세금 면제 증빙서류
　　　단체의 연혁 및 담당자에 대한 간략한 설명

원본과 함께 사본 한 부를 제출하시오. 비디오테이프, 오디오테이프, 사진, 작품이나 부피가 있는 자료들을 보내지 마십시오. 프로젝트에 대한 내부적인 설명을 뒷받침할 수 있는 안내책자가 있는 경우 첨부하여도 좋습니다.

공개후원 마감일
모든 제안서는 2월 1일(1996년의 경우 3월 1일)이나 9월 1일까지 제출되어야 각각 상반기 또는 하반기의 검토 대상이 됩니다. 결과는 4월과 11월에 각각 통보합니다.

---

http://www.bellsouthcorp.com/bsf/grantguide/open.htm
ⓒ 1998 벨사우스 재단

인쇄된 목록은 온라인 및 인쇄된 형태 모두 동일한 내용을 제공한다. <그림 4. 1>은 벨사우스(BellSouth) 재단에서 게재한 신청공고의 첫 부분을 보여준다.

첫 단락은 공개후원 신청 과정을 순서대로 설명하고 있다. "제안서의 내용 구성에 대해서는 재단의 직원과 상의하시기 바랍니다"와 같은 문구로부터 일단 제안하려는 프로젝트에 대한 확신이 있다면 재단의 직원과 상의해보아야 한다는 것을 알 수 있다. 제안서의 분량에 대해서도 다섯 장 이내라고 언급이 되어 있으며 "간략하게 작성하시기 바랍니다"라고 적혀 있다. 여기서 강조된 것은 분절 없이 명확하고 분명하게 목적을 서술해야 한다는 것을 의미한다. 그리고 다섯 장 이내의 분량이 제안서의 기준에 맞는다는 것을 의미한다.

목적, 배경, 학습 주안점, 결과, 장래(장래의 기금마련 계획) 부분은 제안서에 반드시 포함되어야 하는 개별적인 질문들을 담고 있다. 주제별 윤곽을 살펴보면 제안서를 구성하는 데에 필요한 내용들을 정리할 수 있을 것이다. <그림 4.

제안서 제출 요청(RFP; Request for Proposal)에 대한 응답 및 초청 후원

만일 귀하의 단체가 선택되어 제안서를 제출하고 벨사우스 재단의 프로그램에 참가하도록 초청이 결정되면 연락을 드리겠습니다. 그리고 해당 프로그램 제안서의 제출과 마감일에 대해서도 설명을 드리도록 하겠습니다.

일반적인 선택기준

본 재단에서 후원할 수 있는 이상으로 많은 제안서들이 접수되고 있습니다. 검토 대상으로 선정되려면 이 전 장에서 언급된 기준들 중 한 가지 이상에 해당되어야 합니다. 가장 우선적인 검토 대상은 다음과 같습니다.

- 앨라배마, 플로리다, 조지아, 켄터키, 루이지애나, 미시시피, 노스캐롤라이나, 사우스캐롤라이나, 테네시 주에 파급효과가 있다.
- 교육적인 효과에 주안점을 둔다.
- 다양한 인종, 소수민족, 어려운 상황에 처해 있는 학생들을 포함하여 다수의 대상에게 긍정적인 영향을 미친다.
- 협동 파트너십이 구축되어 있다.
- 학습과 고용기회 및 현장이 연계된다.
- 기술이 프로그램의 주안점은 아니지만 새로운 관계를 촉진하기 위해 기술을 사용한다.
- 지속적인 후원의 확보가 가능하다는 것을 보이고, 다른 혁신적인 노력들과 연계가 있다.
- 배움을 널리 전달하고 성공적인 학습결과를 증명한다.
- 측정 가능한 결과를 창출한다.

http://www.bellsouthcorp.com/bsf/grantguide/criteria.htm
ⓒ 1998 벨사우스 재단

2>는 범주 및 비용 외에도 제안서에 포함되어야 하는 그밖의 내용들을 보여주고 있다. 예를 들어 반드시 마감일을 준수해야 한다. 아무리 우수한 프로젝트의 제안서를 훌륭하게 작성했다고 해도 마감일 이후에 전달된 제안서는 검토대상이 될 수 없다. 마감일을 반드시 준수해야 한다는 사항이 대문자로 분명

<그림 4. 4> 벨사우스 후원 안내 및 제한조항

제한조항
벨사우스 재단은 아래의 조건에 해당되는 경우에 후원을 하지 않습니다.
• 자본이나 빌딩을 마련하기 위한 캠페인
• 기부기금 및 캠페인
• 일반 운영경비
• 교육제품 개발
• 장비 마련 (대규모 프로그램의 일부 또는 불가피한 경우는 예외)
• 장학금·자금지원·장학기금
• 단일 기준에 준하는 교과목으로서 학교 개혁 방침과 무관한 경우
• 개인적인 학습·연구·여행비
• 자선만찬·기금마련 행사
• 중심 부분이 재활용되는 프로그램
• 동남부의 9개 주와 관련이 없는 프로그램
• 인종·신념·출신국가를 이유로 차별하는 단체

제안서 검토 절차
모든 제안서는 프로그램 관리자에 의해 검토됩니다. 제안서가 적당치 않다고 판단되면
조기 과정에서 누락되었음을 알려드립니다. 제안서에 가능성이 있다고 판단되면 모든
직원들이 집중적으로 검토하게 됩니다. 경우에 따라 추가적인 검토가 필요하다고 판단
되는 제안서는 다음 후원 회기로 이월됩니다. 검토기간 중에는 제안서의 진행과정에 대
한 문의를 삼가시기 바랍니다. 추가적인 내용이 필요한 경우 연락을 드리겠습니다.

http://www.bellsouthcorp.com/bsf/grantguide/criteria.htm
ⓒ 1998 벨사우스 재단

하게 명시돼 있는 것을 볼 수 있다. 마감일은 재단의 후원신청 제안서 검토기
간을 명시함으로써 제안서를 언제까지 제출해야 한다는 것을 알려주고 있다.
　공개후원에 대한 일반적인 안내는 첫 부분에 적혀 있는 바와 같다. 그리고
다른 기준들이 적용되는 제안서제출요청(RFP; Request For Proposal) 및 초청후원
에 대해서는 <그림 4. 3>에 설명되어 있다. 제안서를 제출하려면 선택기준에
에 게시되어 있는 각 항목과 내용이 일치해야 한다. 항목의 조건들을 준수하고
유사한 용어들을 사용하여 프로젝트를 설명하는 것이 좋다.
　대개의 경우 후원하려는 프로젝트와 제안서의 유형 및 수량에 대한 제한조
건들을 제시한다. <그림 4. 4>에서는 프로젝트와 후원금의 사용에 대한 제한

공개후원 및 기타 문의는 다음의 주소로 하시기 바랍니다.

프로그램 관리자
벨사우스 재단
1155 피치트리가, N.E. #7H08
애틀랜타, 조지아 30309-3610
전화번호 404-249-2396
팩스번호 404-249-5696

인터넷으로 제출을 희망하는 경우:
온라인 양식을 이용하십시오.
별도의 의문사항이 있으시면 전자우편으로 후원 관리자에게 문의하시기 바랍니다.

http://www.bellsouthcorp.com/bsf/grantguide/open.htm
ⓒ 1998 벨사우스 재단

조건들을 명시하고 있다. 만약 여기에 해당된다면 다른 후원처를 찾아보는 것이 나을 것이다.

제안서 검토기준에 대한 내용은 신청공고에 자세하게 적혀 있다. 언제 프로그램 관리자를 만나야 하는가를 비롯하여 누가 제안서 심사를 하고 선택을 하며 프로그램이 선택된다면 언제 어떻게 연락을 취할 것인가에 대한 것들이다.

<그림 4. 5>는 마무리 단계에서 추가적인 내용과 제안서를 제출할 때 참고할 수 있는 실질적인 안내문이다. 재단은 인쇄 또는 전자 형태의 제안서를 접수하며 온라인 양식은 웹 사이트에서 제공되지만, 여기에는 자료를 우편으로 보낼 때 필요한 우편주소가 적혀 있다.

후원처에서 안내조항이나 제안서 양식을 온라인으로 제공하는 이유는 신청공고를 본 다음 어떤 기준에 근거하여 프로젝트와 제안서를 구성해야 된다는 것을 제시하기 위한 것이다. <그림 4. 6>에 있는 온라인 후원지침서의 목차를 보면 어떠한 내용이 웹 사이트에서 제공되는가를 알 수 있다. 제안서를 제출하기 전에 알고 있어야 할 후원처 및 재단에서 제시하는 최우선 조건 및 관련된 사항과 온라인 문서양식도 웹 사이트에서 제공된다.

<그림 4. 6> 벨사우스 후원 안내 및 목차

벨사우스 재단 후원 안내
1996~2000

목차

지침-안내
재단에 대하여
가치
원칙
목적
후원에 대한 이해
운영 및 활동
관심사
후원신청 방법
신청양식
선택기준

http://www.bellsouthcorp.com/bsf/grantguide/open.htm
© 1998 벨사우스 재단

다른 후원처인 인텔리넷(intelenet) 위원회는 자체에 대한 충분한 설명과 후원 기회 및 특정 후원 프로그램에 대해 명확하게 설명하고 있다. 그 홈페이지(<그림 4. 7>)에는 인텔리넷이 후원하는 프로그램을 비롯하여 위원회 및 제공하는 서비스들로의 링크(왼편의 띠모양의 아이콘들)가 설정되어 있다. 이와 관련되어 있는 다른 사이트에는 이번 후원 회기에 대한 안내, 위원회, 프로그램, 후원에 관되어 있는 다른 사이트에는 이번 후원 회기에 대한 안내, 위원회, 프로그램, 후원에 관련된 정보들이 제공되고 있다. <그림 4. 8>은 인디애나 주의 학교 관리자들을 대상으로 온라인 비망록을 게재하여 프로그램에 대한 소개와 새로 추가된 내용을 소개하고 있다.

인텔리넷위원회의 웹 사이트에서 제공되는 대부분의 문서정보는 파일로 전송받을 수 있도록 되어 있기 때문에 후원을 신청하고자 하는 관리자들간에 공유가 가능하다. 온라인 문서의 내용은 인쇄되어 있는 신청공고 및 지원 지침서

http://www.bellsouthcorp.com/bsf/grantguide/docs/application.html

ⓒ 2000 인텔리넷위원회

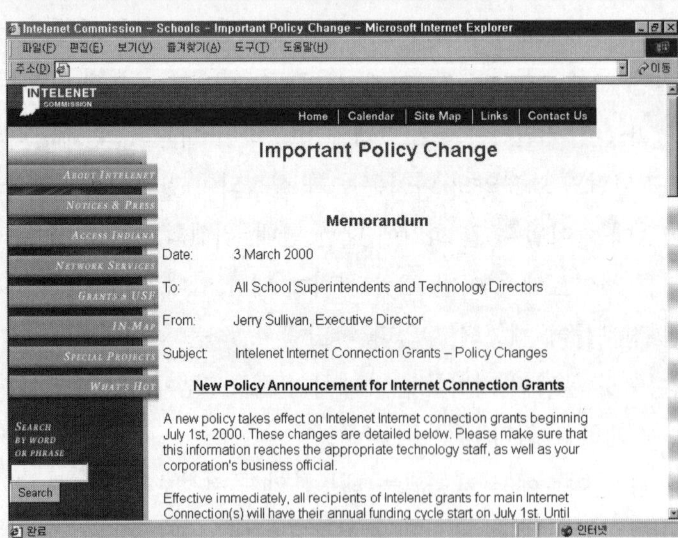

http://www.bellsouthcorp.com/bsf/grantguide/docs/application.html

ⓒ 인텔리넷위원회 2000

인텔리넷위원회

인디애나주의 학교사단법인을 위한 네트워크 구축 후원 프로그램(2차)

1.0 목적과 기금

본 인텔리넷위원회의 후원 프로그램은 "인디애나주 정보망 구축의 시발점" 프로젝트의 일부로서 인디애나의 공립학교사단법인들을 인터넷 정보네트워크에 연결하는 데에 필요한 동기와 경제적인 도움을 제공하기 위해 발족되었습니다.

1차 후원은 인디애나주에 소재한 294개의 공립학교들 중 192개의 학교들을 대상으로 이루어졌습니다(65% 참여). 현재 294개의 학교들 중에서 약 270개의 학교가 지원을 받았습니다(92% 참여).

인텔리넷위원회는 비영리 재단으로서 세금혜택 수혜 기관들을 대상으로 정보기술의 사용을 촉진하고 조달을 지원하는 것을 목적으로 하고 있습니다. 인텔리넷 위원회는 K-12 학교들간 인터넷망 구축을 위해 인디애나 기술기금으로부터 연 300만 달러를 받아 '95년부터 '97년에 걸쳐 2년마다 예신을 책정하고 집행하였으며 이에 필요한 모든 책임을 위임받았습니다. 이에 따라 판매자와 모든 학교들 간의 서비스 구축 및 관리 업무를 관장하며 지원자들이 주문하는 서비스를 제공하고 판매자들과 네트워크 디자인에 관한 세부사항에 대한 상담 역할도 맡고 있습니다. 본 후원기금은 연말결산심사를 받으며 예산기금으로 간주됩니다.

2.0 자격

모든 k-12 공립학교사단법인(납세기관)으로서 1차 후원에 신청하지 않을 경우

3.0 선택·요구사항·조건

3.1 선정된 전송서비스 제공자(PTP)

승인된 지원자는 "인디애나주 정보망구축" 프로젝트가 전송서비스제공사업자로 선정한 AT&T(American Telephone and Telegraph Company)와 AADN(Ameritech Advanced Data Network of Indiana, Inc.) 중 한 개의 사업자로부터 인터넷 연결 서비스를 받을 수 있습니다. 인텔리넷위원회만이 PTP와의 경비 관련 거래를 주관할 수 있습니다.

3.2 올바른 사용을 위한 정책(AUP)

학교사단법인은 교육부서가 발행하는 현재의 지침서와 일치하고 지역 학교위원회가 승인한 AUP를 교육부서에 제출하여야 합니다. 인텔리넷위원회는 법인이 교육부서에 제출한 파일을 근거로 후원지원서의 효력을 인정합니다.

3.3 사용자 승인을 위한 동의서

인텔리넷의 사용자 승인 동의서를 받은 즉시 작성하여 가능한 한 조속한 시일내에 인

텔리넷위원회로 보내야 합니다.

3.4 기본 패키지 및 비용 관련 의무

A) 기본 패키지-56K, 전액 비용을 지원 (초기 구성용): 인텔리넷위원회가 주도하여 신청 학교에 56K 통신망을 설치합니다. 위원회가 주문 및 일체의 과정을 전담하고 PTP에게 신청자(학교재단법인) 명의로 비용을 지불한 후 명세서를 정기적으로 발송해드립니다. 기본 패키지는 1년 동안 유효합니다.

B) 확장 패키지-T1, 비용의 절반 부담: 인텔리넷위원회가 주선하여 신청자의 학교에 T1 급(또는 복수 56K 케이블) 통신망을 설치합니다. 위원회가 주문 일체의 과정을 전담하고 신청자 명의로 PTP에게 지불한 비용 명세서를 정기적으로 발송해드리며, 후원 기금이 지불된 후에도 남아 있는 잔금을 청구할 것입니다. 학교사단법인은 후원기금과 일대 일로 비용을 부담하여야 합니다. 일반적으로 T1에 드는 경비는 1년에 1천7백 달러입니다. 지역 학교가 부담하는 비용은 대략 8천 5백 달러입니다. (후원 기금을 신청한 후에 인텔리넷위원회로 지급) 인텔리넷위원회는 본 서비스를 위해 일반서비스기금(UDF)을 사용하게 됩니다. 이 정책은 2000년도 1월부터 유효한 후원기금 재편성에 따라 변경될 수 있습니다. 신규 정책에 관한 내용을 필요하시면 여기를 클릭하십시오.

4.0 후원 신청 및 절차

인텔리넷위원회는 전 회기의 기금이 집행된 바로 직후부터 지원자를 모집하며 위원회에 접수된 지원서를 즉시 검토합니다. 지원자는 첨부된 지원양식을 작성하여 원본을 다음의 주소로 보내주시기 바랍니다.

인텔리넷 위원회
인터넷 후원 프로그램
101 W오하이오 거리, 800호실
인디애나폴리스, 인디애나 46204-1974

인텔리넷위원회는 모든 학교사단법인들이 장기적인 기술발전계획을 세울 때 본 후원 프로젝트로부터 제공되는 기회를 충분히 기술자원으로 사용토록 장려하고 있습니다.

지원신청서를 전송받으시려면 이곳을 클릭하시기 바랍니다: 지원신청양식

지원신청양식 파일을 열거나 전송시 문제가 발생하면 아래의 연락처로 전화를 주시기 바랍니다.
317-233-9900

http://www.bellsouthcorp.com/bsf/grantguide/docs/application.html
ⓒ 2000 인텔리넷위원회

의 내용과 거의 동일하다. <그림 4. 9>는 후원 프로그램, 후원 목적, 자격요건, 프로젝트의 기술규격, 위원회 문서의 세부사항, 후원처의 지원유형, 후원기금의 적합한 용도(용도에 대한 조건이 전제되지 않는 후원의 경우)에 대한 설명을 하고 있다. 뒷부분은 제출 절차에 대한 설명이다. 이 웹 사이트의 아래 부분에 있는 일련의 링크들은 온라인 양식, 지침서, 기타 기관에 대한 정보를 제공하기 위한 것이다.

전송망서비스 신청용 온라인 양식은 후원 신청서류의 일부로서 프린터로 직접 전송받을 수 있게 되어 있다(<그림 4. 10>). 위원회의 웹 사이트는 추가적

<그림 4. 10> 인텔리넷 전송서비스 지원양식

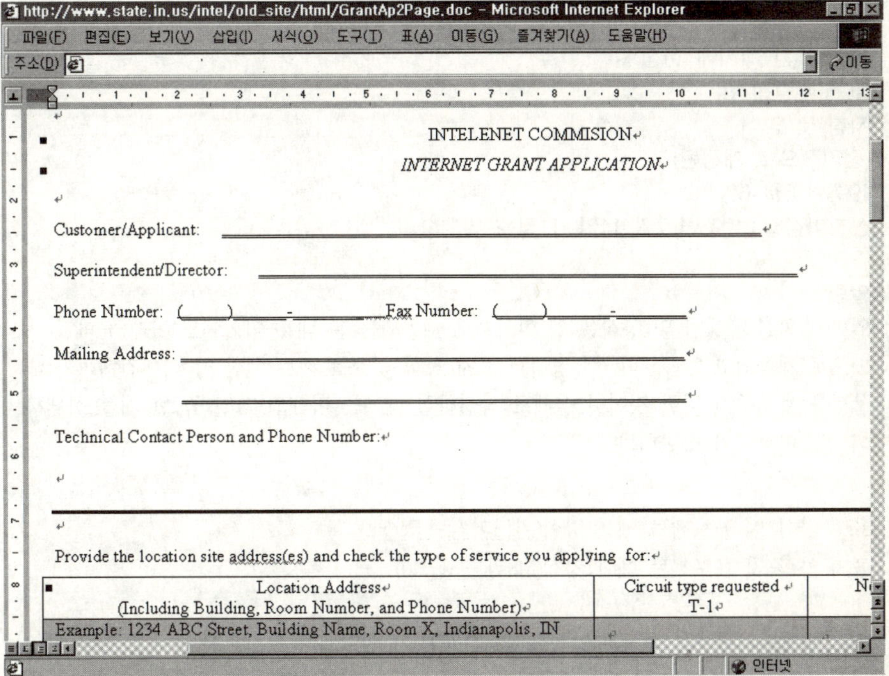

http://www.state.in.us/intel/index.html
ⓒ 2000 인텔리넷위원회

인 정보와 연결되어 있는 링크는 물론 제안서 작성자가 필요로 하는 모든 내용들을 제공하고 있다. 학교의 관리자들이 인쇄된 상태에서 작성하는 문서를 편하게 여기는 경우가 있기 때문에 양식들을 전송받아 프린트하고 타이프쳐서

완성할 수 있도록 되어 있음은 물론 파일을 공유하기도 쉽게 되어 있다.

그밖에도 위스콘신 첨단통신재단과 교육기술위원회(WATF/ETB)에서 제공하는 후원 프로그램이 있다. <그림 4. 11>은 후원처의 지침서 내용을 보여준다. 내용의 앞부분에는 후원 주기에 대해 언급함으로써 잠재적인 제안서 작성자가 마감일을 확인하고 미리 제안서에 대한 계획을 세울 수 있도록 되어 있다. 지원서 양식은 가장 일반적으로 사용되는 두 가지의 문서작성 프로그램 중의 한 개로 전송받을 수 있도록 되어 있는데 학교에는 최근에 출시된 소프트웨어가 없을지도 모른다는 사실을 후원처가 미리 고려했다는 사실을 알 수 있다. 즉,

<그림 4. 11> 위스콘신 첨단통신 재단과 교육기술 위원회

위스콘신 첨단통신재단(WATF) 및 교육기술위원회(ETB)
1996 후원 회기에 한정
일반 후원신청
지침 및 양식
(정기적으로 개정됨)
1996년 5월 6일
신청마감일 : 1996년 7월 14일, 11월 29일

알림:
일반 후원신청 지침 및 양식은 웹 형식으로 제공되는 본 내용 이외에도 아래의 파일 포맷으로 제공되고 있습니다. 웹 형식의 표지 양식 및 프로젝트 예산 양식은 전체적인 내용만을 보여주기 위한 것이며 실제로 작성하실 때에는 아래의 파일 중 한 개를 선택하여 전송받으시기 바랍니다.

표지 양식 및 프로젝트 예산 양식(워드퍼펙트 ver5.1)
표지 양식 및 프로젝트 예산 양식(MS워드 ver2.0)

WATF/ETB 후원신청 지침과 양식은 WATF/ETB가 위임하여 위스콘신 공보용 웹 사이트에서 공공 서비스의 일환으로 제공하는 것입니다. WATF/ETB의 후원 절차 및 프로그램에 대해서는 다음의 담당자에게 연락을 하시기 바랍니다: 토드 M. 펜스크, 총관리자, 위스콘신 첨단통신재단 및 교육기술위원회. WATF 1차 후원 수혜자는 WATF 기사란을 참고하시기 바랍니다.
1996년 5월 6일자 게재, 1996년 11월 29일 이후 무효.

목차

- <u>후원 프로그램 개요</u>
- <u>신청자격</u>
- <u>우선 신청자격 심사</u>
- <u>적격 프로젝트</u>
- <u>신청자 현금후원 및 전형적인 기부 가능</u>
- <u>신청절차</u>
- <u>신청서 표지 양식</u>
- <u>기금후원 제한 조항</u>
- <u>후원신청 마감일</u>
- <u>위스콘신 공공법</u>
- <u>오류, 오해 또는 누락된 내용</u>

평가기준

1. <u>신청자(단체) 개요</u>
- 문제 및 기회에 대한 정의
- 프로젝트의 의의 및 목표
- 프로젝트의 디자인
2. <u>지원자 자격요건</u>
  - 프로젝트 관리
  - 프로젝트 평가
3. <u>협력자와 지역사회의 지지기반</u>
  - 이상적인 모범을 제시할 수 있는 가능성
4. <u>신청자의 재정자원/프로젝트 예산</u>
  - <u>부합되는 후원 유형에 따른 요구사항</u>
  - <u>신청 취소</u>
  - <u>검토 및 선택 절차</u>
  - <u>추가적인 후원에 대한 책임의 면제</u>
  - <u>요청 절차</u>
  - <u>기술 지원</u>
  - <u>추가적인 안내 및 연락처</u>
  - <u>표지 양식(참고용)</u>
  - <u>프로젝트 예산 양식(참고용)</u>

http://www.watf.state.wi.us/Grants/Grant_Guidelines.html(Grant Guidelines Forms 2000.pdf)
ⓒ 2000 위스콘신 첨단통신재단 및 교육기술위원회

전송된 지침서와 양식의 파일형식은 이전에 출시된 문서작성기에서도 읽을 수 있도록 소프트웨어의 초기 버전으로 저장되어 있다.

웹 사이트의 목차를 보면 후원 절차에 대한 설명을 비롯하여 제안하려는 단체에 요구하는 사항과 책임을 설명하는 내용으로 링크되어 있다는 것을 알 수 있다. 그밖에도 링크들은 제안서를 작성하는 데에 필요한 예제 문서, 기술지원, 추가적인 정보들로 연결되어 있다. <그림 4. 12>는 양식 중의 일부인 겉표지이다. 웹 사이트에서 예제 문서를 온라인으로 볼 수 있게 해두었더라도 작성할 문서를 문서작성기로 전송받도록 되어 있다. 잠재적인 제안서 작성자가 웹 사이트를 탐색하는 동안에 양식을 볼 수가 있더라도 제안서를 작성하려면 파일을 전송받아야만 한다.

후원처마다 웹을 통해 정보를 전달하는 방식은 달라도 후원신청 제안서를 작성하는 데에 필요한 정보와 충분한 자료들을 제공한다. 신청공고를 읽을 기회가 많을수록 각 후원처의 용어, 표현방식, 요구조건에 익숙해지게 될 것이다. 처음에 검토 대상에서 누락되지 않기 위해 반드시 준수해야 될 사항들에 대해 읽어보고 후원처에 대하여 이해할 수 있으며 그리고 우선적으로 지원되는 분

<그림 4. 12> 위스콘신 첨단통신 재단과 교육기술위원회의 표지양식

알림:
여기 있는 표지 양식 및 프로젝트 예산 양식은 참고용으로서 전체적인 지면배분 방식을 보여주기 위한 것입니다. 후원을 신청하시려면 아래의 표지 양식 및 프로젝트 예산 양식 파일을 전송받으시기 바랍니다. 인쇄된 양식을 원하시면 토드 M. 펜스크에게 연락하시기 바랍니다.
표지 양식 및 프로젝트 예산 양식(워드퍼펙트 ver5.1)
표지 양식 및 프로젝트 예산 양식(MS워드 ver2.0)

표지 양식
일자:_______________________

____
단체의 법정 상호   전화번호   팩스번호

http://www.watf.state.wi.us/Grants/Grant_Guidelines.html(Grant Guidelines Forms 2000.pdf)
ⓒ 위스콘신 첨단통신재단 및 교육기술위원회 2000

야와 중요시되는 프로젝트를 가리키는 용어의 뉘앙스를 파악할 수 있다면 제안서를 작성하는 데에 필요한 기본을 갖추었다고 할 수 있다.

3. 일반적인 제안서의 내용

신청양식에는 후원처의 요구사항 그리고 그 요구와 기대에 부합하는 제안서를 작성하기 위한 방법들이 설명되어 있다. 후원처는 신청자가 무엇을 하고자 하는가에 항상 관심을 갖고 있다. 후원 신청서를 작성할 때에는 언제 어디서 어떻게 누구에 의해 프로젝트가 완료될 것이라는 내용을 비롯하여 업무의 세부적인 사항을 정확하게 설명해야 한다. 측정이 가능한 목표와 기준점을 설정하여 프로젝트가 관리되고 있는 상황과 함께 부문별 업무가 완료될 때마다 또는 상호 동의하에 주기별로 평가를 실시하고 결과를 후원처 알린다. 신청자가 프로젝트를 계획대로 진행할 수 있으며 주어진 예산과 시간내에 완료할 것이라는 확신을 심어주어야 한다.

후원처의 지침에 따라 작성하는 제안서 이외에도 다음과 같은 내용들을 함께 제출해야 되는 경우도 있다. 여기서 언급되는 후원기관들은 각기 다르지만 대체로 다음과 같은 내용들을 사전에 준비해야 하다. 즉, 문제점과 필요성, 프로젝트의 개요와 중요성의 설명(예를 들면, 다른 프로젝트들에 비해 제안하는 프로젝트가 현재 시점에서 더 중요한 이유는 무엇인가?), 프로젝트의 목표, 각 목표에 대한 달성 방법, 목표달성을 위해 필요한 물자, 일정표, 프로젝트 완성에 필요한 시설 및 장비 또는 이미 구비되어 있는 장비(경쟁하는 신청자가 갖추지 못한 종류의 장비가 될 수도 있다), 프로젝트 실무진 명단과 이력, 프로젝트의 평가 방법, 예산 등이다.

이밖에도 첨부해야 할 내용의 문서들이 더 있을 수도 있다. 예를 들어, 프로젝트와 관련되어 있는 핵심 인물의 이력서를 첨부해야 하거나 프로젝트 개발 방법에 대한 사전 연구조사자료를 제출하거나 단체의 재정 상태를 증명하는 서류를 제출해야 되는 경우도 있다.

문제점이나 필요성에 대한 언급 및 개요

여기서는 문제점이나 필요성에 대해 언급하고, 제안하는 프로젝트가 어떻게 그에 대한 단기적인 또는 장기적인 요구를 충족시킬 수 있을 것인가에 대한 방안을 제시해야 한다. 후원 신청공고에서 중요시하는 핵심적인 개념들을 중심으로 의견을 개진함으로써 후원처의 요구 및 개선되어야 하는 상황에 대해 충분히 인식하고 있음을 전달하도록 한다.

설득력 있고 명확하게 전달해야 한다. 현재의 상황을 올바로 파악하고 있으며 제안하는 프로젝트에 의해 개선될 것이라는 사실을 반드시 확신시킬 수 있어야 한다. 프로젝트가 실질적인 것이든(예를 들어 의무교육의 이행이 불가능한 벽지 거주 학생들에게 특화된 교육을 제공하기 위한 연구) 또는 이론적인 것이든(예를 들어 신규 초등학교 교사들을 대상으로 매달 실시되는 원격학습에 대한 교육적인 효과의 연구) 간에, 현재 심각한 문제점이나 개선의 여지가 있음을 지적하고 제안하는 프로젝트가 발전적인 의도를 바탕으로 체계적인 구성 및 효과적인 비용으로 문제점들을 해결할 수 있음을 제안해야 한다.

본 내용 중의 일부로서 아니면 별도로, 문제점과 필요성에 대한 인식을 바탕으로 프로젝트에 대한 논리적인 근거를 작성하여 제출할 수도 있다. 대부분의 원격학습 프로젝트들에는 좋은 의미들이 담겨있지만 그중 일부만이 후원을 받을 수가 있다. 따라서 시기적인 제약을 받지 않는 경쟁 프로젝트들에 비해 제안하려는 프로젝트에게는 그 실행 시기가 매우 중요하며 최우선적으로 검토되어야 한다는 확신을 줄 수 있도록 해야 한다.

프로젝트의 목표

설득력 있는 목표들을 제시하여 프로젝트의 중요성을 부각시킨다. 목표는 수행 대상과 방법이 명확하고 측정 가능한 것들이어야 한다. 대개는 프로젝트로 인한 수혜자의 수, 기존 프로그램에서 개선되어야 할 부분, 프로젝트의 적합성 여부에 대해 언급한다. 목표를 확실하고 정확하게 기술함으로써 제안 프로젝트가 후원 기준에 합당하고 제안하려는 목표를 완수할 수 있음을 전달해야 한다.

후원처는 신청자가 설정해놓은 목표를 보고 어떻게 프로젝트에 대한 책임을 수행할 것인지에 대해 파악할 수 있다. 예를 들어, 4개월 동안 50명의 학습자들이 웹기반의 강좌를 수강하도록 한다는 내용을 제출한다면 그것은 곧 달성할 목표를 설정하는 것이다. 이런 방법으로 신청자와 후원처는 성과를 측정하기 위한 기준들을 결정할 수 있다.

방법·물자·일정(작업계획)

방법·물자·일정에 관한 내용은 후원처에서 원하는 제안서 형식에 따라 별도의 문서로 작성할 수도 있고 또는 일의 세부적인 계획 속에 포함될 수도 있다. 문서의 형식이 어떻게 정해지든지 간에 후원처가 지원해야 할 원격학습 프로젝트의 청사진을 명확하게 제시해야 한다. 후원처에서는 세부적인 접근방법, 관련 작업, 작업에 사용되는 물자, 소요 시간에 대해 알고자 한다. 최종적인 윤곽으로 프로젝트에 대한 도면을 제공함으로써, 언제 프로젝트가 시작되고 종료되며 어떤 작업들이 순차적으로 또는 동시에 완성되고 작업을 끝마치려면 무엇이 필요하고 언제쯤 완료될 것인지 알 수 있도록 한다. 신청자의 업무 성과는 이 도면을 기준으로 측정된다.

각기 다른 여러 개의 작업들이 진행됨으로써 하나의 궁극적인 목표가 달성되기 때문에, 어떻게 목표에 도달할 것이라는 방법에 대한 설명이 있어야 한다. 각각의 작업들은 목표를 달성하는 과정에서 단계별로 부담 없이 완성할 수 있는 소규모의 작업들로 정의되어야 한다. 그렇게 함으로써 시작부터 종료 단계에 이르는 프로젝트의 논리적인 구조를 제시할 수 있다. 명쾌하고 상세하게 방법을 제시하고 불분명하거나 누락된 단계가 없다면, 신청자가 프로젝트를 올바로 분석하고 있으며 완성하기 위해 필요한 것들에 대해서도 잘 인지하고 있다는 것을 알게 될 것이다. 수행방법에 대해 정확하게 기술(記述)함으로써 신청자가 프로젝트 매니저로서의 역할을 잘 수행하고 있으며 제안하려는 프로젝트가 현실화될 수 있다는 신뢰감을 얻을 수 있도록 한다.

시설이나 장비 외에도 특수한 물자를 사용할 계획이 있다면 각 단계와 관련되는 물자 및 자원에 대해서도 설명해야 한다. 이와 같이 프로젝트 전반에 걸쳐 필요한 자원들을 보유하고 있다거나 적절하게 활용하는 방법을 충분히 인식하고 있다는 사실을 알림으로써 후원자의 신뢰를 얻을 수 있다.

프로젝트의 각 작업마다 시작과 종료 시기를 정하고 계획표나 일정표를 작성한다. 프로젝트의 착수 및 종료 일자가 정해지면 각 작업에 소요되는 시간을 측정할 수 있다. 그리고 관련 작업들을 연계하여 동시에 진행할 수 있게 된다면 작업공정의 논리성뿐만 아니라 비용 대비 효율성도 향상시킬 수 있을 것이다. 일정표는 어떤 작업이 더 오래 걸리며 언제 진행되는지를 파악하는 데에크게 도움이 될 것이다.

시설 및 장비

시설에는 건물 이외의 다른 것들이 필요치 않을 수도 있으나 반면에 특수한요구사항들이 수반될 경우도 있다. 즉, 방송 녹화를 위한 방음장치, 특수 케이블이나 전선의 설치와 같은 것들이 필요할 수도 있다. 혹은 작업을 완성하는데에 특수 장비가 요구될 수도 있다. 시설 및 장비 부분에서는 프로젝트를 완성하기 위해 필요한 모든 것들을 열거해야 한다.

프로젝트를 완성하는 데에 필요한 시설들을 갖추고 있다거나 사용할 수 있다면 세부내역에 대해 설명한다. 만일 제안서 작성자가 속해 있는 단체가 시설이나 장비를 공동으로 사용하는 연합과 연결되어 있다면 이런 관계를 이용하여 다른 경쟁 신청자들이 갖고 있지 않은 시설과 기술을 사용할 수 있다는 것을 알린다. 그러나 만일 제안서의 목적이 시설이나 장비를 확보하기 위한 것이라면 각각의 목표들을 달성하는 데에 시설이나 장비들이 필요하다는 사실을증명할 수 있도록 근거를 제시해야 된다.

자격증명

실무자들에 대한 자격증명을 제출해야 하는 경우도 있고 그렇지 않을 수도있다. 만약 특별한 요구가 없다면, 각각의 작업을 담당하는 인력과 프로젝트의 각기 다른 부분을 책임지게 될 인력에 관한 내용을 프로젝트의 방법 부분에서 간단하게 설명하는 것이 좋을 것이다.

기술 관련 제안서인 경우에는 대개 프로젝트의 한 분야 또는 여러 작업들을 담당하게 될 핵심 인력들의 명단을 첨부한다. 그리고 제안하려는 프로젝트와 유사한 업무 경험을 갖고 있는 관련 분야의 전문가나 숙련된 전문가를 포함하여 필요한 인력들이 갖추어져 있다는 확신을 심어줄 수 있도록 한다. 만약 외부의 고문이나 계약관계에 있는 인력과 일을 하게 될 경우에도 그들에 대한 이력과 프로젝트에서 담당하는 업무에 대해 명확한 설명을 첨부해야 한다.

후원처에서는 제안서에 설명되어 있는 내용들을 확인할 수 있는 증빙 서류를 원한다. 때로는 이력서나 증명서의 사본을 요구하기도 한다. 어느 정도의 내용이 요구되든지 간에 후원처에서 요청하는 바대로 따라야 한다.

평가

후원처에서는 자신의 대표자가 후원 신청자, 외부 감사 또는 고문과 함께 프로젝트를 평가할 수 있기를 바란다. 프로젝트에 따라서는 최종 보고서나 시연만을 요구하는 경우도 있다. 그러나 어떤 프로젝트는 다자간의 공유를 목적으로 개발된 신기술과 혁신적인 프로그램 여부를 기준으로 평가되기도 하는데, 이런 경우의 최종 평가는 시연, 발표, 책자 등을 통해 새로운 정보와 자원을 공유할 수 있는 상태를 증명함으로써 이루어질 수도 있다. 후원처에 따라서는 기준점이 되는 시기마다 일련의 감사와 진행보고서를 통해 프로젝트 수행과정을 확인하기도 한다. 그렇다고 해도 신청자가 재정적인 책임과 마감일을 준수할 수만 있다면 그 프로젝트는 성공한 것이나 마찬가지라고 할 수도 있을 것이다.

어떤 경우에는 매월 또는 매분기마다 정기적으로 평가서를 제출커나 아니면 주요업무가 완료될 때마다 업무계획서나 방법에 명시돼 있는 대로 준수할 것을 요구하기도 한다. 신청공고와 제안서 형식에 대한 지침서를 읽어보고 제안서를 검토할 후원처가 가장 선호하는 평가방식에 따르도록 한다.

예산

비용과 예산 부분에서는 후원 기금에 대한 집행 내역을 설명하도록 한다. 제안서에서 이미 제시한 내용대로 정해진 물자·시설·장비·인력을 이용하여 기일내에 개발을 완료할 수 있다는 것을 증명해야 된다. 또한 비용이 정확하게 책정되었으며 프로젝트에서 발생하는 요구사항에 대해서도 명확하게 인식하고 있다는 확신을 주어야 한다.

총액에 대한 일괄적인 예산이 요구되는 경우도 있지만 가장 일반적으로는 품목별로 책정된 예산을 제출한다. 품목별 예산에는 각 품목과 함께 비용이 명시되어야 한다. 예를 들어 품목 중에 여행경비가 포함되어 있다면 여행경비에 대한 총액은 물론 누가 언제 어디로 어떻게 여행을 하는지에 대한 세부 항목들이 모두 명시되어야 한다. 예를 들어, 여행 관련 품목 중에 자동차에 관한 항목이 있다면, 이동한 거리를 1마일당 일정 액수로 곱한 비용을 한 줄에 기입한다. 숙박, 봉사료, 식사, 일당, 그밖에도 다른 여행비용이 발생했다면 비행기나 기차 요금과 같은 것들도 모두 상세히 구분하여 개별적으로 열거해야 한다. 큰 비용을 차지하는 항목의 경우에도 세부 항목별로 일일이 구분하여 열거한다. 품목별로 예산을 작성할 때에는 프로젝트와 관련된 모든 비용들에 대해 설명을 제시하고 있다는 것을 후원처가 알 수 있도록 한다.

후원기금의 종류에 따라 프로젝트의 일부만 후원을 받는 경우에도 전체 프로젝트에서 차지하는 기여도와 지원 비중을 가늠해보기 위해 후원처에서 모든 예산 내용을 요구하는 경우도 있다. 물론 후원처에서 지원하는 부분에만 한정된 목록을 원하는 경우도 있다.

부분적으로 프로젝트를 지원하는 경우에도 같은 프로젝트를 지원하는 다른 후원처나 사업자, 그리고 후원신청을 접수하고 있는 후원처들에 대한 목록을 제시해야 될 경우도 있다. 때로는 앞으로 지원을 제공해줄 후원처에 대해 별도의 항목에 추가하여 설명을 하도록 후원처에서 요구하기도 한다.

특정 비용만을 설명하거나 총액만을 제출하도록 요구하더라도 일반적으로 프로젝트와 관련된 모든 직간접 비용들을 열거한다. 직접 비용은 인력·물자·장비와 관련되어 드는 비용이다. 간접 비용은 일단 후원을 받은 후에 그것을 관리하기 위해 드는 비용이다. 예를 들어, 후원기금의 최소 10퍼센트에 해당되는 액수를 기금을 관리하기 위한 목적으로 요구하는 대학도 있다. 프로젝트에 필요한 예산을 기획할 때에는 직접 비용과 간접 비용 모두를 고려해야 한다.

예산을 책정할 수가 없다면 다른 후원처를 물색하거나 지원 없이 프로젝트를 개발해야 할 것이다. 제안서를 통해 제시하는 예산은 지원기금을 확정하기 위한 기준이 된다. 일단 후원이 결정된 후에는 증액을 할 수 없다. 따라서 예산을 너무 낮게 책정하면 후원을 받는다고 해도 프로젝트를 완성할 수 없을 것이다. 예산이 너무 높게 책정된 경우에도 후원처가 적게 책정된 유사 프로젝트를 후원하려고 하거나 불필요한 예산을 삭감하도록 요구할 것이다. 비용 부분은 정확하게 작성해야 되지만 동시에 재정적인 책임과 우수한 관리능력을 증명할 수 있어야 한다.

품목별 예산은 여행, 전화비용, 소모품, 장비임대, 우편요금 등 제안서에서 비용이 발생하는 모든 항목들을 열거하도록 한다. 직접 비용에 해당되는 항목으로는(즉, 서비스나 소모품 구입용도) 다음과 같은 것들이 있다.

- 행정업무: 복사비용·인터넷 연결비용 등
- 소모품: 종이·디스켓·비디오테이프·소프트웨어 등
- 시설: 구입·전세·임대·공공요금(가스, 수도, 전화, 전기 등)
- 요금(고문(顧問) 또는 계약자 지불, 빌딩사용권, 면허, 저작권사용료)
- 여행(숙박, 식사, 마일당 운임, 항공요금, 기차요금, 주차비)

WATF/ETB(위스콘신 첨단통신재단과 교육기술위원회)의 온라인 프로젝트 예산양식(<그림 4. 13>)은 전송받아 작성하기에 적절한 공식적인 경비(經費) 기입양식의 한 예를 보여준다. 양식을 보면 우선 지원이 확정된 기금과 현재 진행중인 기금을 구분하여 기입할 것을 요구하고 있다. 몇몇 항목들의 경우에는(예: 개인 재단, 기업) 반드시 조목별로 구분할 것을 요구하고 있다. 그 다음에 소구분되어 있는 부분을 보면 기관의 수입과 기타 항목들을 조목별로 구분하도록 되어 있다. 프로젝트의 예상경비목록을 작성하기 전에 우선 기금의 출처와 수입원에 대한 내용을 기입하도록 되어 있다. 그리고 각각의 경비를 설명하기 위해 열거하는 항목들(오디오회의, 하드웨어와 소프트웨어, 자문(諮問)비용, 보험, 인터넷설치, 직원 훈련 및 개발, 소모품 등)이 걸쳐 있는 범위는 매우 넓다. '기타' 범주에서는 추가적으로 발생하는 비용에 대한 항목별 목록을 요구하고 있다. 대부분의 후원처에서는 이 정도의 분량 혹은 그 이상의 예산 계획을 요구하며 후원의 규모는 이와 같은 경비기입양식을 통해 제공된 정보에 의해 결정된다. 후원처에서 조목별 예산을 요구하지 않더라도 준비해 두는 것이 좋으며 그렇게 하는 것이 각각의 수입원과 지출범위를 초과하는 부분에 대해서도 정확하게 파악해볼 수 있기 때문에 도움이 된다.

후원처에서는 지원하는 만큼의 충분한 결과를 예상할 수 있는지 확인할 수

<그림 4. 13> 위스콘신 첨단통신 재단과 교육기술위원회 프로젝트 예산 양식

프로젝트 예산 양식

프로젝트 예산 기간:　　　부터　　까지

후원처:	후원완료	후원중	비고

1. 후원-계약-기부:
　연방/주 정부
　시/지역 정부
　개인 재단(항목별)
　기업(항목별)
　개인
2. 노동 수입(행사, 출판, 제품에만 해당)
3. 회원비 수입
4. 사용자 요금
5. 기부(항목별)
6. 운영예산, 현금, 과세
7. 기타(항목별)
8. 총 후원금

프로젝트 경비	WATF/ETB의 지원금액	신청자의 현금 지불액
	신청자의 보유 물품	통신서비스 제공자의 기부 물품

1. 오디오회의
　하드웨어/소프트웨어
2. 케이블/전선(광(fiber), 구리(copper), 동축(coaxial))

3. 자문/전문가 비용

4. 보험

5. 교육용 자료

6. 인터넷 연결

7. 노동비

8. 지역/광역 네트워크
   하드웨어/소프트웨어

9. 지역/광역 네트워크 주변기기

10. 유지보수 및 수리 서비스

11. 홍보 및 통신

12. 회원비 납입금

13. 개인 컴퓨터 하드웨어/소프트웨어

14. 개인 컴퓨터 주변기기

15. 인쇄/복사

16. 우편/속달 배달

17. 전세

18. 인테리어 (음향, 가구, 조명)

19. 직원 훈련 및 개발

20. 소모품

21. 통신네트워크 사용

22. 전화/팩스 (인근지역/장거리) 서비스

23. 여행

24. 화상회의 하드웨어/소프트웨어

25. 기타(항목별)

26. 총경비

http://www.watf.state.wi.us/
ⓒ 2000 위스콘신 첨단통신재단 및 교육기술위원회

있기를 바란다. 따라서 비용효과를 간략히 분석해 프로젝트가 비용 대비 효과 면에서 효율적이며 전체적으로 이득이 된다는 것을 제시해야 할 필요가 있다.

제안서는 후원 회기 중에 한번밖에는 제출할 수가 없다. 제안서의 각각의 항목들은 명확하고 정확하게 기술되어야 한다. 특히 경비와 예산 부분은 두말할 나위도 없이 중요하다. 제안서를 제출하기 전에 정확을 기하기 위하여 도표들을 점검하고 총액을 확인하도록 한다. 만약에 계산상의 착오가 발견된다면 후원처에서는 제안서에서 실수가 발생할 수 있는 만큼 후원금 관리에도 부주의할 것이라고 추측하게 될 것이다. 후원처에서는 예산기획과정을 포함하여 제안서를 제출하는 모든 과정에 대한 지원자의 관리능력을 기준으로 프로젝트 관리 수준을 예측하게 된다.

추가적인 기금의 마련

초기 후원금을 지원받은 이후에도 계속적으로 프로젝트를 진행하여 본격적인 사업을 시작하려면 추가적인 후원이 필요한 경우가 있다. 만일 프로젝트가 성공적으로 완료되었다면(예를 들어, 웹 사이트와 컴퓨터상에서의 강좌에 사용할 수 있는 자료를 개발했다면) 온라인 강좌들을 유지하고 확장하는 데에 추가적인 후원이 필요하지 않을 수도 있다..

그러나 프로젝트를 주관하는 기관 내에서나 다른 기관들과의 연합으로부터도 도움을 받을 수 있는 범위를 벗어나 무한정 지원을 필요로 하는 프로젝트들도 있다. 만일 프로젝트의 운용을 위해 필요한 추가적인 기금을 요청하려면 현재 검토중에 있는 프로젝트나, 지원을 약속해준 후원처들에 대한 내용을 포함해야 한다. 가능하다면 후원처에서는 지원금을 모두 사용한 이후에도 프로젝트가 계속 건재할 것인지 그리고 후원처의 도움으로 이루어진 좋은 결과가 지속될 것인지에 대해 알고자 한다.

만약 앞으로도 기금을 받기로 계획되어 있다면, 그 출처에 대해서 예산 부분에 기술할 수도 있지만(<그림 4. 13>) 후원처가 별도의 부분에 상세한 설명을 첨부하도록 요구하는 경우도 있다. 어떤 경우든 후원처가 요구하는 형식에 따라 제안서를 작성하도록 한다.

4. 후원처의 요구사항 충족

후원처마다 요구하는 제안서의 분량과 유형은 모두 다르지만 이상 열거된 내용들은 원격학습에 관한 한 일반적인 제안서의 형식을 따른 것이다. 알려진 바와 같이, 문서양식이나 요구사항들 중에는 아직까지 종이에 인쇄된 형태로 서만 존재하는 경우도 있다. 후원처에 따라 온라인 양식을 선호하기도 하지만 아직은 인쇄문서와 소프트웨어에서 작성된 문서 모두를 접수하는 경우가 많다. 온라인 형식이 길이도 짧고 직접적이며 간략하지만 결국은 거의 동일한 내용의 두 가지 형식(인쇄와 온라인)으로 제공된다. 인쇄 형식의 경우에는 목표·방법·인력 등에 대해 훨씬 자세하게 설명을 할 수가 있다.

만약 후원이나 제안서에 관해서 의문사항이 있다면 후원처에 연락을 취해야 한다. 마감일이나 제출 전이라면 또는 연락하는 것이 금지되어 있는 기간이 아니라면 후원처에서는 제안서와 특정 사항들에 대해 상담해줄 것이다. 신청공고에서 알 수 있는 바와 같이 후원처는 질문을 장려하고 제안서를 준비하는 데에 필요한 자원들을 연결해주려고 노력한다.

5. 제안서 제출

후원처는 마감일과 특기사항에 대해 엄격하다. 마감일을 준수하지 못하거나 지시사항에 따르지 못한다면 후원을 받을 수가 없을 뿐만 아니라 검토 대상에서도 누락된다. 제안서를 제출하기 전에 후원처의 요구에 따라 완전한 정보를 제공하고 있는지 특기사항을 보고 다시 한번 더 확인하도록 한다. 제안서를 다시 읽어보고 문제, 용어, 마침표는 맞게 표기되었는지 정확한지 일관성이 있는지 확인해야 한다. 복사본의 수량을 확인하고 첨부된 자료들의 순서도 제대로 되어 있는지 확인해야 한다. 최종 확인은 후원처의 특기사항들을 제대로 준수하고 있는지에 대해서도 확인할 수 있는 마지막 기회이다.

온라인 제안서를 제출하거나 온라인 양식을 작성하는 경우의 이점은 즉각적으로 제출할 수 있기 때문에 우편으로 발송하거나 다수의 사본을 만들어야 할 필요가 없다는 것이다. 예를 들면, <그림 4. 14>의 제안서 예제는 온라인 문서 형식으로 디자인된 것이다. 전자적으로 제출해야 되기 때문에 기입할 수 있는 정보의 분량이 제한되지만 예제문서가 주어지는 경우 이전에 후원받은 제안서 작성자의 계획을 보고 참고할 수 있다(특히, 실제로는 예산에 대한 정확한 액

<그림 4. 14> 온라인 제안서 양식의 내용

지원일 : 1996년 8월 1일
기관/학교명 : ABC 학교연합시스템
거리명 : 1234 메인가(街)
도시 : 애니시(市)
주/우편번호 : SC 12345-6789
관리자 : 조안 도 박사
담당자 : 없음
전화번호 : 555-555-5555
팩스번호 : 555-555-0000
전자우편 : jdoe@abc.css.edu

귀하의 기관에서는 세금혜택을 받고 있습니까? 네
귀하의 기관 이사회에서는 연령, 인종, 종교, 성별, 출신국가로 차별할 수 없다는 정책
을 인정하십니까?　　네
귀하의 기관에 대해 설명하시오.
ABC 학교연합시스템은 SC주(州)의 그레이터애니시(市)에 소재하는 15개의 초중등 학교
들로 이루어져 있습니다. 본 학교시스템은 2만 여 명의 학생들을 가르치고 있으며 주와
국가의 모든 교육기준들을 준수합니다.

귀하의 후원 내역
후원요청 금액 : $XX,XXX.XX
총 프로젝트 예산 : $XX,XXX.XX
총 기관 예산(올해) : $XX,XXX.XX
본 프로젝트와 관련하여 지원금을 받았거나 지원을 요청중인 후원처가 있다면 명단을
적어주십시오:
SC주 애니시의 교육개선회사로부터 $X,XXX.XX을 지원받았으며 추가적으로는 XYZ
연방기관에 후속 지원을 요청하였습니다. 후원은 ___을 목적으로 하며 벨사우스에 제
출한 제안서와 중첩되는 부분은 없습니다.
프로젝트의 기간은 어느 정도입니까? 1997년 9월 1일부터 1998년 6월1일까지

귀하의 프로젝트
프로젝트 명:　　　　업무 모의실험용 데이터베이스 구축
프로젝트의 목적을 기술하시오:
업무 모의실험 데이터베이스는 초중등 학교의 학생들을 대상으로 과학 및 기술 분야의
직업 50여 개에 대한 학습 기회를 제공하기 위한 프로젝트입니다. 그러한 직업은 수습
과정에서 훨씬 발전된 단계에 이르기까지 폭넓은 기술과 교육적인 배경을 요구합니다.

학생들은 데이터베이스를 이용하여 각 직업별 평균임금, 교육요건, 일반적인 업무에 대해 알 수 있습니다. 직업별 설명은 상호대화식 모의실험을 통해 이루어지는데 학생들은 직장의 근무자들을 따라다니며 업무에 참여하는 것과 같은 경험을 하게 됩니다. 업무별 모의실험을 마치고 관련 자료들을 읽어본 다음에 학생들은 관심있는 부분에 관한 목록을 작성하게 됩니다. 이때에 작성된 관심목록은 디스켓으로 전송되거나 프린트되기 때문에 학생들이 취업 준비과정에서 필요할 때 자신의 관심분야, 기술, 지식에 관한 기록들을 추적해볼 수가 있습니다.

본 데이터베이스는 학교와 주변 지역의 선생님, 관리자, 직업상담관, 실무자간의 협력관계를 통해 만들어지고 관리됩니다. 학생들의 데이터베이스 사용 기록을 관리하여 데이터베이스의 사용이 학교의 직업 관련 자료에 대한 사용빈도수를 증가시키는 데에 기여하는지에 대한 분기별 보고서를 작성할 계획입니다. 또한 데이터베이스를 이용하는 학생들의 수를 추적하여 어떤 직업의 어느 부분에 대해 관심도가 가장 높으며 그밖의 다른 직업능력 활동을 개발하기 위해 활용될 수 있는지에 대한 방법을 모색할 것입니다.

본 데이터베이스는 학생들의 컴퓨터 사용량을 증가시키는 데에 기여할 것입니다. 데이터베이스는 웹 사이드를 통해 구동되기 때문에 이떠한 컴퓨터에서도 시용이 기능합니다. 그렇지만 정보에 대한 접근 권한을 부여하기 때문에 현재로서는 학교에 등록된 학생들만이 데이터베이스를 이용할 수 있습니다.

내용은 관련 자료와 모의실험 링크를 비롯하여 문서, 그림, 도표, 목록표, 만화 등 여러 가지 형식으로 구성되기 때문에 다양한 학습자들의 요구에 부응할 수 있습니다. 모의실험은 상호대화식 학습을 구현하기 위해 하이퍼텍스트 링크, 애니메이션, 동영상으로 진행됩니다. 학습자들은 각자 선택한 직장 내의 인물을 대신하여 일반 업무를 수행하고 질문을 하거나 답변을 할 수도 있습니다.

학교에 가서 수업을 할 수가 없기 때문에 집에서 공부를 해야 하거나 가정교사가 필요한 학습자들은 웹 사이트를 통해 이와 같은 학습에 참여할 수가 있습니다. 학습능력에 차이가 있는 학생들도 사용하기에 편리한 방식을 통해 정보를 접할 수가 있습니다.

결론적으로 데이터베이스는 이 지역의 학교시스템에 속해 있는 학생들에게 직업교육에 대한 학습을 제공하는 프로그램입니다. 학생들은 쉽게 정보를 접할 수가 있게 되어 직업에 대해 학습을 할 수 있습니다. 언제라도 데이터베이스에 접근하여 필요한 부분에 대한 실험을 해 볼 수도 있습니다. 모의실험으로 직업에 대해 배운 다음에는 그 직업이 각자에게 적합한지 알아보기 위해 관심 목록을 작성하여 관리하게 됩니다. 이와 같은 이해력 프로그램은 빠르게 변화하는 직업들의 다양한 면모에 대해 배울 수 있는 기회를 우리 주(州)의 모든 학생들에게 동일하게 제공하여 적성에 맞는 직업을 준비할 수 있도록 할 것입니다.

수가 기입되어 있다).

6. 제안서 제출에 따른 후속 처리

기금이나 지원을 받게 되면 후원금을 받아서 프로젝트를 진행하고 평가하는 과정에 이르기까지 후원처에서 지시하는 대로 따라야 한다. 그리고 후원처와의 정기적인 만남을 통해 최근 소식과 진행 보고서를 제출하고 모든 요구사항들을 준수하고 있다는 확신을 주어야 한다.

만일 후원이나 지원을 거부당했다면 후원처에 문의하여 그 원인을 알아두도록 한다. 때로는 한 개만을 선택하는 것이 곤란할 정도로 훌륭한 제안서들이 많이 접수되는 경우도 있기 때문에 다음에 후원을 받게 될 수도 있고 혹은 다시 한번 더 제안서를 제출하라는 요구가 있을 수도 있다. 만일 후원처에서 항목들 중 한 가지에 대해 의문을 제시하거나 지침서를 준수하지 않았다는 것을 문제삼는다면, 어떻게 해서 기준 사항들을 만족시킬 수 있으며 제안서를 개선할 수 있는지에 대하여 의논해볼 수 있다.

부분적인 후원만을 받도록 결정되는 경우도 있다. 이때에는 어떠한 이유로 전체적인 후원을 받지 못하게 되었는지 그 원인을 후원처에 알아보아야 한다. 경우에 따라서는 후원처가 한 개의 프로젝트를 후원하는 것보다 여러 개의 프로젝트들에 대해 모두 부분적인 후원만을 제공하기로 결정했을 수도 있다.

후원처의 통보를 받고 후속조치를 취하는 것은 긍정적인 업무관계를 유지하기 위해서도 필요하지만 현재 또는 미래에도 후원을 받을 수 있는 기회가 있는지를 확인하고 제안서의 작성 절차와 개선 방법을 터득하는 데에도 도움이 된다. 항상 자신이 작성한 제안서에 대한 후속조치를 밟아야 하며 이는 다음 제안서를 성공으로 이끌기 위해서도 반드시 필요하다.

후원처에 따라 웹 사이트나 인쇄문서를 통해 청원 절차를 게재하기도 있다. 훌륭한 프로젝트들을 모두 다 지원할 수가 없기 때문에 처음에 탈락된 제안서들을 대상으로 부분적으로라도 반드시 후원을 받아야 하는 이유를 설명할 수 있는 기회를 제공한다. 이런 기회는 제안서를 개선하고 제출된 문서의 누락된 정보를 보충하거나 다음 회기에 새로운 제안서를 제출할 수 있도록 돕기 위한 것이다.

첫번째 시도에서 제안서가 선택되지 않더라도 항상 후원처에 관심을 갖고 있어야 한다. 프로젝트를 계속해서 준비하고 있다는 것을 알리고 다음번 제안서를 작성하기 위해 도움이 되는 정보들을 받도록 한다. 따라서 후원처와도 서로에 대해 잘 파악할 수 있게 될 것이다. 제안서를 작성하는 과정에서 철저하게 준비를 하고 의문사항이 있다면(적어도 문의가 허락된 기간 동안에는) 후원 대행사에 문의해봐야 한다. 제안서가 성공적이지 못하더라고 포기하지 말아야 한다. 공식적인 신청과정이나 비공식적인 후속과정을 통해서도 후원처와 계속적인 관계를 유지하는 것은 후원 절차에서 중요한 역할을 차지한다.

요약

원격학습 프로젝트를 지원하려면 지속적으로 제안서를 작성해야 된다. 그리고 다양한 방법을 통해 지원을 받을 수 있도록 가능한 한 세부적으로 프로젝트의 내용을 분석할 수 있어야 한다. 후원처에 따라 기술 관련 제안서를 원하는 경우도 있고 장비의 구입이나 설치 또는 네트워크 설치만을 지원하려는 경우도 있다. 때에 따라서는 교육이나 훈련 프로그램의 초기 단계를 지원할 수도 있으며 교과과정 개발이나 새로운 강좌와 프로그램을 구축하는 것만을 지원하기도 한다. 원격학습 프로그램을 개발하고 지원을 받으려면 다양한 후원처들의 도움을 필요로 하기 때문에 제안서 작성은 항상 진행중이어야 한다. 즉, 프로젝트에 관해 무엇이 필요하고 무엇을 제공할 수 있는가를 파악하기 위해서는 프로그램에서 요구되는 것과 제공할 수 있는 장점에 대해 계속적으로 연구하면서 항상 새로운 후원과 후원처를 모색해야 한다.

제안서 작성과정은 정확성과 세심함을 필요로 한다. 가장 좋은 제안서는 담당자는 누구인가, 후원처에서 원하는 원한는 것은 무엇인가, 어떤 특별한 내용을 제시할 것인가 어떻게 프로젝트를 관리할 것인가를 파악하기 위한 지속적인 준비작업의 결과라고 할 수 있다. 제안서를 작성하는 데에는 시간이 걸리기 때문에 충분한 여유를 갖고 작업을 해야 한다.

원격학습 프로젝트에 대한 지원을 시작하면서 후원처마다 여러 차례에 걸쳐 제안서를 제출하게 된다. 따라서 제안서를 작성하는 절차에 대해 더 많이 파악할 수 있게 되겠지만 절대로 만족해서는 안된다. 제안서는 매번 특징있고 특정 후원처의 필요에 부합하는 것이어야 한다.

처음에 몇 차례는 모든 요구된 내용들을 제시하고 있는가에 대해 훨씬 더 자주 후원처에 확인해보도록 한다. 대부분의 후원처에서는 지침서를 제공하거나 제안할 수 있는 내용을 게재하거나 참고할 수 있을 만한 예시를 제공한다.

부록3은 제안서를 준비하는 방법과 후원 및 후원처를 찾아볼 수 있도록 온라인 정보들을 제공한다. 더 많은 웹 사이트들이 매주 추가되고 있기 때문에 목록이 완벽할 수는 없지만 온라인에서 제안서를 작성하기 위해 필요한 정보를 찾을 수 있도록 출발점을 제공할 수 있을 것이다. 후원처에 연락하여 이미

후원을 받았던 제안서를 보내줄 수 있는지 문의해볼 수도 있다. 후원처에 따라
서는 그러한 제안서들을 공개하여 다음 회기의 제안서를 준비하는 작성자들에
게 도움을 주기도 한다.

제5장

원격학습에 적합한 강좌

　다양한 강좌들 중에서도 특히 원격학습에 적합한 강좌가 있다. 교육자들 중에도 원격강좌에서 정보를 전달하는 데에 뛰어난 사람들이 있고, 배우는 사람들 중에도 원격학습에 적응을 더 잘하는 사람이 있다. 물론 원격학습보다 일대일 또는 얼굴을 맞대고 하는 면대면 강좌가 더 효율적인 경우도 있다. 그러나 교육자와 학습자들 중에는 그런 방식의 교육을 받기가 어려운 사람들이 있게 마련이다. 적절한 교육 및 훈련 방식은 그 수업을 진행하는 사람과 수업을 받는 사람 간의 조건과 관심사에 부합하는 것이어야 한다. 각 강좌가 원격학습 환경에 적합한가는 신중하게 평가되어야 한다.

　원격학습은 지리적으로 여러 장소에 흩어져 있는 사람들에게, 각자의 편리한 시간에 적절한 진도에 따라 학습할 수 있도록 양질의 교육 및 훈련을 제공할 수 있는 아주 좋은 방법을 제공할 수가 있다. 그러나 원격학습은 강의내용, 프리젠테이션 방법, 제공된 정보, 그리고 상황을 잘 소화할 수 있도록 모든 학습여건들이 제대로 조화되었을 때에만 효과를 발휘한다. 원격학습에 적합한 강좌란 다음의 기준들을 충족시키는 것들이라고 할 수 있다.

1. 효과적인 원격학습 강좌의 기준

어떤 강좌라도 원격학습 방식으로 강의할 수 있으나, 원격학습 환경에서 모든 강좌들을 잘 가르칠 수 있는 것은 아니다. 각 강좌가 원격학습에 적합한지에 대해서는 개별적인 연구가 필요하며, 그후에야 비로소 프로그램 제작에 착수할 수가 있다.

원격학습 프로그램에 포함시킬 수 있을 만한 강좌가 후보로 선정되면, 우선 어떤 종류의 원격학습이 적합한가를 분석해보아야 한다. 그리고 강좌에 적합한 교육자를 선정하고 학습자들에게 내용을 전달하기 위해 필요한 기술을 결정하며 효과적인 교재를 개발하기 위해 필요한 자원들을 공급하게 된다.

하나의 강좌를 개발하고 개설하는 데에 성공했다고 해서 모든 일이 끝난 것은 아니다. 원격학습 강좌는 강의의 내용, 학습자들의 필요와 기대, 그리고 전달하는 기술들이 계속 변화하기 때문에 똑같은 방식으로 두 번 이상 제공되는 경우가 거의 없다. 변화의 반복되는 모양을 보면, 그 강좌의 강점과 약점에 대한 평가로부터 내용·방법·기술에 대한 개선으로 이어지는데 결과적으로 원격학습 강좌의 가능성을 극대화시킨다.

강좌가 원격학습에 적합한가를 결정할 때 확인해야 되는 부분들은 다음과 같다. 즉, 원격학습의 진가를 인정하는 수용자들이 있는가, 강좌내용이 다양한 학습자들에게 효과가 있는가, 내용을 이해하기 위해 반드시 자료를 볼 수 있어야만 하는가, 그리고 교육자와 학습자 간에 필요한 상호작용(interation)의 정도와 방법, 강좌에 필요한 기술의 유무, 그리고 양질의 교육 및 훈련을 어떻게 보장할 것인가 등이다.

원격학습의 진가를 인정하는 학습자

원격학습은, 일반적인 방법을 통해서는 강좌를 수강할 수가 없지만 원격학습으로부터 이득을 얻을 수 있는 즉, 기존 교육체제의 혜택을 받지 못하는 학습자들에게 훨씬 효과적이다. 강요에 의해 원격학습 강좌를 수강해야만 한다면 적절한 학습이 이루어지지 않을 것이다. 그렇기 때문에 강좌의 수강을 원하고, 그로 인한 혜택에 대해 알고 있으며, 다른 방법으로는 원격학습에서와 같이 필요한 때에 동일한 비용으로 편리한 장소에서 강좌를 수강할 수가 없는, 따라서 원격학습의 중요성을 높이 평가하는 학습자들이 갖는 의미는 매우 중요하다.

만약 당신이 원격학습 강좌를 디자인한다면, 학습자들에 대해 다음과 같이 질문해보아야 할 것이다.

- 누가 강좌를 수강하고자 하는가? 혹은 수강해야만 하는가?
- 다른 장소에서도 강좌를 수강할 수 있는가?
- 언제 강좌를 수강할 수 있는가?
- 강좌에서 제공할 수 있는 것들 중에 유사 강좌에서 제공되지 않는 것은 무엇인가?
- 강좌와 그 목표를 학습자들에게 어떻게 홍보할 것인가?
- 유사 강좌와 비교해볼 때 동일한 효과가 있는가? 아니면 훨씬 효과적인가?

이런 질문들을 던져보는 것은 목표 학습자들에 대한 분석(즉, 강의설계, 디자인, 마케팅에 이르기까지 효과적인 것들은 무엇인가)뿐만 아니라 경쟁상대를 분석하는 데에도 도움이 된다. 목표 학습자들에 대한 분석은 선점하고자 하는 교육 및 훈련 분야의 틈새시장을 파악하고 유사한 원격학습 프로그램에서 제공하는 강좌나 프로그램과의 차이점을 인식할 수 있도록 해준다. 또한 각 질문에 대한 답변을 분석함으로써 장단점들을 발견하고 어떻게 원격학습에 접근할 것인가를 정확하게 인식할 수 있다.

대규모의 학습자들에게 적합한 강좌의 내용

모든 강좌들이 대형 강의를 기준으로 디자인되는 것은 아니다. 한 명만을 가르치는 강좌가 있을 수도 있고 수백명에 이르는 사람들을 동시에 가르치는 강좌가 있을 수도 있다. 예를 들어, 기술(skill)은 개인적인 지도를 통해 가장 효과적으로 발전시킬 수 있다. 발전시켜야 할 기술이 홈페이지 제작법이든 혹은 개

구리 해부를 하는 것이든 그 분야를 정복하기 위한 지식과 기술적인 기초를 향상시키려면 그 기술을 열심히 연습하고 그에 대한 피드백을 받을 수 있어야 한다. 다른 사람이 그 과제를 해나가는 것을 보는 것 또한 배움의 일부이기는 하지만 어떤 시점에 이르면 반드시 각자가 직접 실행해보고 기술이 향상될 수 있도록 피드백을 받은 다음 반복적으로 연습해야 한다. 일군(一群)의 사람들에게 어떤 과제를 하도록 하거나 대규모 강의를 통해 기술이 정복되기를 기대하는 것은 그다지 생산적이라고 할 수 없다.

그러나 무엇을 언제 어떻게 그리고 왜 그렇게 해야 하는지에 대한 기본적인 내용을 단체 강좌의 주제로 삼을 수는 있다. 하나의 주제에 관한 내용은 하이퍼미디어 웹 사이트, 녹화 또는 생방송, 데스크탑 화상회의을 통해 강의, 토의, 시연, 모의실험 등의 방식으로 제공될 수 있다. 한 사람 또는 다른 곳에 흩어져 있는 여러 사람도 동시에 그 주제에 대해 배울 수 있다.

실습이나 연습은 학습자가 자신의 기술을 향상시키고 작업을 정확하고 안전하게 수행하기 위해서 필요하다. 여러 사람들이 함께 모여서 해야 하는 작업도 있지만 대부분의 작업들은 개별적인 노력을 필요로 한다. 각자가 기본적인 정보를 바탕으로 자신이 갖고 있는 지식을 기술에 응용하고 그 성과에 대한 피드백을 받아야 한다.

온라인 연습 프로그램은 학습자가 각자의 진도에 따라 학습할 수 있도록 한다. 프로그램 속에는 학습자들의 질문에 대한 답변을 비롯하여 온라인 퀴즈, 팝업 형식의 도움말 섹션, 그리고 모의실험 도중의 잘못된 선택에 대한 자동 정정(訂正)에 이르기까지 다양한 피드백 장치들을 넣을 수가 있다. 따라서 많은 사람들이 동시에 여러 곳에서 동일한 프로그램에 접속하더라도 각 개개인은 각기 다른 선택을 하고 각자의 진도에 따라 진행을 할 수 있기 때문에 결과적으로 개인적인 학습이 이루어지게 된다. 연습 프로그램과 실습 위주의 학습은 웹 사이트, 디스켓, 또는 인쇄된 교재를 통해 제공된다.

강좌내용을 개발할 때에는 특정 부분 또는 전체적인 강좌가 지식 기반의 확장을 위한, 암기가 주목적인 사실들에 근거를 두어야 하는가 아니면 학습자들의 기술 향상과 작업 완수에 중점을 두어야 하는가를 결정해야 한다. 그리고 얼마나 다양한 학습자들이 교재를 동시에 사용할 수 있도록 할 것인가에 대해서도 결정을 해야 한다. 예를 들면, 이 교재는 어른들을 위한 것인가? 혹은 모든 연령층에 적당한가? 이 교재는 주제에 대해 많은 사전 지식과 경험이 있어야 하는가? 아니면 아주 일반적인 주제를 다루기 때문에 사전 지식이나 특별한 기술이 필요치 않은가? 학습자층이 어느 정도로 다양한가를 알 수 있다면 전체 강좌나 그 강좌의 일부분이 어떤 종류의 원격학습에 적합한가를 결정할 수가 있다.

원격강좌내용을 분석할 때 다음과 같은 사항들을 고려해야 한다.

- 강좌의 내용이 암기를 위한 사실들 또는 주요 정보들에 얼마나 기반을 두고 있는가?
- 강좌의 내용이 기술을 실습하고, 작업을 참관하고, 정확한 절차를 보여주고, 그 과정에서 배운 것을 응용하는 활동에 얼마나 기반을 두고 있는가?
- 학습자가 혼자서 정보를 수집하고 작업을 완수해야 하는가?
- 학습자들이 그룹으로 정보를 수집하고 작업을 완수해야 하는가?
- 토의나 프리젠테이션과 같은 그룹활동은 언제 하는가?
- 개별적인 교재 읽기와 모의실험은 언제 하는가?
- 각 강좌 유형에 맞는 다양한 실기활동이 계획되어 있는가?
- 이 강좌의 중점적인 교수법은 어떤 것인가?

이러한 사항들을 검토해보면 어느 강좌에 대해서든지 학습자들의 수행활동, 데이터베이스의 활용, 개인·그룹간 상호작용, 재활용이 가능한 주제영역이나 급격히 변화하는 주제에 얼마나 의존할 것인가를 명확하게 파악할 수가 있다.

보여주기에 적합한 강좌의 내용

어떤 강좌에는 반드시 실제로 보여줘야 하는 내용들이 포함되어 있다. 어떻게 비행기를 조종하는가에 대한 설명을 청취하는 것과 어떻게 조종사가 될 것인가는 전혀 별개의 문제이다. 원격학습은 모의실험을 통해 학습자가 그 주제내용을 경험할 수 있는 가상환경(virtual environment)을 제공한다. VRML(Virtual

Reality Modeling Language) 혹은 자바 애플릿(Java applets)을 사용함으로써 더욱 가상현실적이고 다차원적인 환경이 웹에서 상용화되고 있다. 컴퓨터 환경에서의 웹이나 플로피디스켓 또는 CD에 담겨져 있는 간단한 모의실험도 학습자들이 정보를 보고 듣고 또한 그 정보와 교류하는 데 도움이 된다. 즉, 음향효과, 애니메이션, 비디오, 오디오 등의 컴퓨터 기술은 학습효과를 증진시킨다.

시연이나 특별 행사에 대한 프리젠테이션도 눈으로 볼 수 있어야 한다. 예를 들면 허리케인의 눈이나 미 상원 의사당에서와 같이 어떤 장소에서의 방송은 그 주제에 대한 내부자의 시각을 보여준다. 위성을 통한 양방향 정보전송과 원격회의 ─ 물론, 데스크탑 화상회의를 포함하여 ─ 는 어떤 행사의 진행상황을 실시간으로 보여줄 수 있다. 녹화된 것일지라도 시각적으로 보여주는 것이 단순하게 기술하는 것보다 학습에 도움이 된다.

강좌의 주제가 구술, 강의, 인쇄물을 통한 토론, 설명, 묘사 외에도 시각적 표현을 종종 요구한다면 적합한 종류의 다른 시청각교재를 원격학습 프로그램에 포함시켜야 할 것이다. 교재의 대부분이 시청되어야 한다면 생방송이나 녹화방송이 가능한 교육기술을 택해야 한다.

원격회의, 데스크탑 화상회의, 웹에 기반을 둔 멀티미디어는 학습자들이 보고 듣고 실제로 참여할 수 있을 때 효과적이다. 효과적인 원격학습 강좌는 시각매체를 포함하며 학습자들, 교육자, 그리고 정보들간의 상호작용을 요구한다. 원격학습 강좌를 계획할 때에는 강의를 어떻게 더 시각화하고 참여를 유도할 수 있는가를 예상해보아야 한다. 다음과 같은 질문들을 해보도록 한다.

- 관찰할 수 있는 내용으로 무엇을 보여줄 것인가?
- 시연은 언제 필요한가?
- 강의 도중에 학습자들과 직접적으로 토의해야 할 내용은 무엇인가?
- 핵심적인 주제를 보여주려면 어떤 그래픽이 적절한가?
- 학습자들은 언제 서로를 만나야 하는가?
- 학습자와 교육자는 언제 만나야 하는가?
- 어떻게 하면 강좌에 더 많은 상호작용을 포함할 수 있는가?
- 어떻게 하면 시각정보를 더 강좌에 포함시킬 수 있는가?

영상물의 수량과 종류, 그 영상물과 상호작용하는 방식을 결정해야만 강의 내용의 틀을 정하고 정보를 제공하는 데에 가장 적합한 장비를 선택할 수 있게 된다.

교육자와 학습자 간의 적절한 상호작용

원격학습 수업을 처음으로 시작하기 전에 수업시간 외에도 교육자와 학습자 간에 필요한 상호작용의 정도와 형식을 정해야 한다. 지식의 축척을 위해 정보를 제공하는 통신강좌들은 — 예를 들면 문학이나 역사 강좌 — 매일 상호 교류할 필요가 없다. 그러나 작문 강좌와 같이 기술 향상을 목적으로 하는 강좌라면 더욱 많은 피드백과 상호작용을 필요로 한다. 특히 학습자가 과제물을 해야 할 경우라면 더욱 그러할 것이다.

강좌를 기획할 때 교육자와 학습자가 함께 학습하는 수업 외의 시간이 어느 정도가 될 것인가를 예측해본다. 그리고 상호작용이 언제 어떻게 이루어져야 하는가를 결정한다. 상호작용의 기준을 확립하려면 다음과 같은 사항들을 고려해본다.

- 학습자와 교육자/훈련자가 토론, 질문, 강의를 하려면 얼마나 자주 만나야 하는가?
- 학습자들이 학습활동을 어느 정도까지 스스로 해낼 수 있는가?
- 학습활동은 어느 정도까지 교육자/훈련자의 지도에 의존하는가?
- 학습자와 교육자는 언제 만나야 하는가?
- 학습자들이 언제 교육자/훈련자와의 개별적인 대화를 원하는가?
- 매주 어느 정도의 대화를 하게 되는가?
- 강좌에서 어느 정도의 대화를 하게 되는가?
- 교육자/훈련자가 학습자들을 얼마나 용이하게 접근할 수 있는가?
- 면대면 대화가 얼마나 자주 필요한가? 혹은 바람직한가?
- 교육자/훈련자와의 대화를 위해 학습자들은 어떤 절차를 밟아야 하는가? (적절한 방법은 무엇인가?)

• 교육자/훈련자는 얼마나 빨리 학습자들에게 응답해야 하는가?
• 여러 곳에 흩어져 있는 참가자들은 어떤 방식으로 교류하는 것이 적합한
  가?
• 이 강좌에 적절한 상호작용 방식은 무엇인가?
• 이 강좌에서 사용하는 기술에 적합한 상호작용 방식은 무엇인가?

기술적으로 적합한 정보 및 도구의 선택

강좌를 제공하려는 기관은 바람직한 방식으로 원격학습을 전달하는 데에 필
요한 적정 기술을 강좌 개설 전까지 갖출 수 있어야 한다. 경우에 따라서는 장
비를 구입, 임대, 전세, 공유할 수 있다. 모든 원격학습 제공자들이 온갖 형태
의 교수방법들을 모두 제공할 수 있거나 기술을 제대로 갱신하고, 시스템을 관
리하면서, 모든 종류의 학습 프로그램들을 대체적으로 동일하게 효과적인 방
식으로 운용할 수는 없다. 즉, 어느 정도의 특화가 필요하다고 할 수 있다.
  만약 당신이 원격학습 제공자로서 강좌들을 기획하고 있다면 다음과 같은
질문들을 해보아야 한다.

• 개설하려는 강좌에 가장 적합한 원격학습의 유형(예를 들어 위성통신, 비
  디오테이프 녹화 및 발송, 전자우편, 웹 사이트)은 무엇인가?
• 현재 제공하고 있는 강좌에 가장 적합한 원격학습 기술은 무엇인가? 또는
  앞으로 제공할 강좌에 가장 적합한 기술은?
• 어떤 종류의 원격학습 기술이 여러 경쟁자들 중에서 우리를 돋보이게 해줄
  것인가?
• 단일 강좌를 제공하기 위해 현재 필요한 장비의 유형은? 또는 여러 강좌들
  을 제공하려면?
• 앞으로 6개월, 1년, 3년 이내에 어떻게 기술적인 필요가 변할 것인가?
• 기술적인 필요의 변화에 적응하려면 얼마나 빨리 장비를 갱신할 수 있는
  가?
• 한 강좌를 개설하는 데에 얼마의 비용이 드는가?

• 그 비용을 어떻게 충당할 것인가?(예를 들어, 강의료, 기부금, 다른 사업자들과의 협력, 기업체의 보조를 통해서)
• 후속 강좌를 마련할 때 이 기술들을 어떻게 확대할 것인가?
• 본 기관과 더 많은 학습자들의 이익을 위해 어떻게 다른 교육기관, 조직 혹은 기업체와 협력할 것인가?

가장 훌륭한 강의를 목표 학습자들에게 전달하기 위해서는 장비와 기술의 도움이 필요하다. 위에 열거한 질문들에 대한 해답을 찾아봄으로써 원격학습 프로그램에 가장 적절한 장비와 기술의 종류를 확실하게 알 수 있을 것이다. 그리고 원격학습을 실현하기 위해서 전문성, 기금, 장비를 공유할 수 있는 협력자가 몇 명이나 되는가에 대해서도 생각해보아야 한다.

높은 수준의 보장

원격학습과 관련하여 우려되는 문제들 중의 하나는 원격학습의 품질을 보장할 수 있을 것인가 하는 문제이다. 개인 혹은 공공기관에서 제공하는 비학점 강좌, 정규 강좌, 학위취득 강좌에 대한 선택의 폭이 넓기 때문에 소비자들은 어느 강좌가 그들에게 가치가 있으며 어떻게 다른 강좌와 비교해야 하는가에 대해서도 알 수가 없다. 원격학습 강좌를 개설하게 된다면 다른 교육자와 그 강좌를 수강했던 사람들로부터 평가를 받도록 한다. 평가 결과는 강좌내용의 수준을 높이고 원격학습 교수방법을 개선하며 강의의 품질을 높이기 위한 참고자료가 된다.

강좌의 결과를 널리 알리고 강좌에 대한 학습자들의 경험담을 광고하는 것은 소비자의 관심을 촉진하는 데에도 도움이 된다. 그리고 잠재적인 학습자들을 대상으로 현재 진행중인 평가과정을 홍보할 수도 있다. 강좌를 홍보할 때에는 사람들의 관심을 끌 수 있을 만한 독창적인 내용이 있어야 한다. 특히 웹에서 강좌를 개설하고 광고도 병행하는 경우라면 더군다나 그렇다고 할 수 있다. 웹 사용자들은 최첨단의 화려하고 이용하기 쉬운 독창적인 디자인을 선호하므로 강좌 안내 사이트는 보기에 좋으면서도 전자매체에 적절하게 디자인되어야 하고 물론 교육적이어야 한다.

학습자의 입장에서 보면, 만약 원격학습 강좌를 수강하려고 하는 데 필요한 강좌를 개설하는 곳이 많다면 그 강좌를 제공하는 기관이나 회사가 어떤 평가를 받았는지 확인해보아야 한다. 교육기관은 통상, 교육협회의 인가를 받는다. 그러므로 수강하고자 하는 강좌를 제공하는 기관이 인가를 받은 곳인지 확인해본다. 그리고 우편주소목록, 뉴스그룹, 전자게시판에 해당 기관이나 강좌에 대한 좋은 경험담이 게재되어 있는지 살펴본다. 여러 개의 원격학습 강좌들 중에서 선택의 여지가 있다면 반드시 두루 살펴보아야 한다. 즉, 강좌를 선택하기 전에 반드시 사전 조사가 선행되어야 한다.

2. 교육자/훈련자

기술적인 요인들이 중요하다고는 해도 원격학습 강좌의 성공을 좌우하는 것은 강의 그 자체이다. 강좌내용과 준비에 흠잡을 데가 없고 정보를 주고받는 방법이 기술적으로 구현되어 있으며 편리하다고 해도 그 강좌를 진행하는 사람이 원격학습을 불편하게 여기거나 적응할 수가 없다면 그 강좌는 성공할 수 없을 것이다.

원격학습을 성공적으로 수행하기 위해 교육자들은 어떤 자질을 갖추어야 하는가? 네 가지의 조건들을 들 수 있다. 새로운 기술을 배울 수 있는 능력, 강의 전달 능력, 융통성, 새로운 교재 및 교수법 개발에 필요한 시간이 그것들이라고 할 수 있다.

신기술 습득 능력

원격학습에는 많은 도구들이 필요하며 응용 프로그램의 기술 또한 하위 기술로부터 고급 기술에 이르기까지 다양하다. 기술과 그 용도는 계속 발전하며 업계와 학계가 기술을 응용함에 따라 더 효과적인 방식의 교육에 대한 학습자와 교육자의 기대도 높아진다. 따라서 교육자들은 새 도구들을 사용하는 방법을 배우고 그 도구들을 다양한 방식으로 통합할 수 있으며 강의 전략과 교재를 도구를 통해 응용하려는 각오가 되어 있어야 한다.

교육자들이 컴퓨터, 방송, 공학, 전자에 대한 모든 지식을 갖추어야 할 필요는 없다. 또한 기술자가 될 필요도 없다. 그러나 어떻게 정보를 보내고 받는지에 대한 기초지식은 알고 있어야 강좌에 필요한 효과적인 교재를 개발할 수가 있다. 그밖에도 도구들에 대한 통합적인 사용 방법에 대한 기초적인 이해가 있어야 장비에 문제가 생겼을 때 어떻게 해야 하고 누구를 불러야 하는가에 대해서도 알 수 있다.

교육자에게 필요한 것은 새로운 도구의 사용으로부터 비롯되는 희열과 재미를 즐기는 것이다. 새로운 것을 배운다는 기쁨과 자신이 하는 일의 변화에 대한 기대감(훌륭한 교육자들이 반드시 지녀야 할 두 가지의 덕목)이야말로 기술적인 측면에 의해 원격학습 강좌가 향상된다는 것을 이해하기 위해 필요한 전부라고 할 수도 있다.

강의 전달 능력

원격학습을 구현하는 기술이 모두 교육자를 출현시키거나 학습자들이 볼 수 있도록 하는 것은 아니다. 그래도 대부분의 강좌에서는 교습이나 수업을 비디오나 오디오로 녹화 또는 녹음하고 방송을 하는 경우도 있으며 그밖의 다른 방식으로라도 전달하거나 보관한다. 기술은 교육자로 하여금 자신을 드러내고 학습자들을 위해 연출할 것을 요구한다. 때로는 학습자들로 가득 찬 강의실에서 수업을 하는 동시에 위성이나 컴퓨터를 통해 원격지의 유사한 강의실을 연결하여 강의를 전달하기도 한다. 이런 방식을 이용함으로써 일방적인 혹은 쌍방간의 시청각 커뮤니케이션이 가능해진다.

교육자가 강좌를 성공적으로 이끌어가려면 단지 강의나 토론만을 해서는 안된다. 즉, 교육자는 텔레비전 화면을 통해서만 볼 수 있거나 전화선을 통해서만 들을 수 있는 학습자들과도 상호대화를 해야 한다. 교육자와 학습자들이 이와 같이 테크놀로지를 통해서만 서로를 인식할 수 있다고 하더라도, 어떤 수업시간 중에 잠재적으로는 수백명이 될 수도 있는 학습자들에게 반응하며 모든 학습자들이 보고, 듣고, 참여할 수 있도록 함으로써 모든 참여자들 사이에 공동체 의식을 형성하는 것은 교육자에게 달려 있다. 교육자/훈련자가 양방향 음성 및 화상 커뮤니케이션 링크를 통해 정보를 전달하는 경우, 프리젠테이션 방식의 효과를 증진시키려면 몇 가지 기술들을 사용할 줄 알아야 한다. 만일 당신이 교육자나 훈련자이고 당신의 프리젠테이션이 방송된다면 다음의 사항들을 연습해야 한다.

학습자/카메라와의 시선 접촉을 유지해야 한다.

한 명의 학습자를 상대로 강의하는 경우라면 같은 방에서나 수천마일 떨어진 곳에서도 학습자를 정면으로 바라본다. 그룹을 상대로 강의를 하는 경우라면 카메라를 정면으로 바라보거나 같은 방에 있는 사람들의 얼굴을 훑어보면서 진행한다. 카메라를 통해서이기는 하지만 항상 한 사람 또는 다수의 사람들과의 시선 접촉을 유지해야 한다. 사람들이나 카메라를 향해 절대로 등을 돌리지 않도록 한다. 강의를 하거나 토론을 주도할 때 당신의 모습이 반드시 보이도록 한다.

카메라의 위치를 확인한다

강의를 진행하는 동안에 당신의 움직임이 눈에 쉽게 띄도록 항상 모습을 보여주고 화면상에 충분히 크게 나오도록 해야 하며 이때 카메라는 중요한 역할을 한다.. 학습자들의 특별한 요구가 있을 때를 대비하여 강의실 내에서나 강의가 전송되고 있는 동안에 당신의 모습이 보이고 목소리를 들을 수 있도록 해야 한다. 시연이나 실험과 마찬가지로 어떠한 손짓이나 얼굴 표정도 모두 분명하게 인식할 수 있어야 한다.

분명한 발음으로 천천히, 대화하는 속도로 말을 한다. 원격학습 시스템에서 음성 전달이 지연되는 경우가 있지만 일정한 속도로 천천히 진행하는 강의는 쉽게 알아들을 수가 있다.

오디오를 확인한다

당신의 말이 잘 들리는지 확인해보아야 한다. 항상 잘 들리도록 마이크 사용법을 연습하고 마이크가 설치된 곳 근처를 걸어다녀 본다. 원격회의용 강의실에 설치되어 있는 대부분의 마이크들은 일정 거리 내의 소리를 잡아내어 증폭시키도록 만들어져 있다. 내용을 전달하거나 질문에 답할 때에는 당신의 목소리가 분명히 들리도록 해야 하지만 민감한 마이크 근처에서 실수로 사람들의 주의를 흩트리는 말이나 소리를 내지 않도록 주의한다. 학습자들에게 내용을 전달할 때에는 대화하듯이 자연스럽게 마이크를 통해서도 잘 들을 수 있도록 깨끗하고 적당한 크기로 말한다.

동시에 학습자가 하는 말도 방안에서나 네트워크상에서 잘 들을 수 있어야 한다. 만약 학습자의 책상이나 작업대에 마이크가 장착되어 있지 않다면 당신이 의견이나 질문을 반복해서 말함으로써 원격지의 학습자들이 교육지에서 말하고 있는 내용을 이해할 수 있도록 해야 하며, 학습자들도 의견을 제시할 수 있도록 마이크를 준비해두도록 한다.

당신의 모습이 화면에 보이지 않는 동안에 컴퓨터의 화면, 보조 자료, 영상을 보여주게 된다면 보여지는 내용과 구술 설명이 일치하도록 해야 한다. 즉, 보여주는 내용을 읽고, 설명하고, 명확하게 전달할 수 있어야 한다. 만일 당신 말을 직접 들을 수 없는 학습자들을 상대로 강의를 해야 한다면, 화면상에서 보이는 내용이 지금 설명되고 있는 내용과 동일하다는 것을 알 수 있도록 해야 한다.

폐쇄식 캡션을 사용하여 학습자들을 주로 가르치는 경우라면 모든 원격지의 사이트에서 캡션을 사용할 수 있도록 해야 한다. 원격회의의 일환으로 캡션 서비스를 제공하는 원격학습 제공자(예: 겔로드 대학(Gallaudet University))도 있다.

카메라나 컴퓨터 화면에 적합한 교재를 개발한다

카메라는 대규모의 원격회의실용이든지 데스크탑 화상회의용 PC에 설치되어 있는 것이든지 간에 프리젠테이션에 사용되는 모든 시각자료들을 모니터의 크기로 확대할 수 있어야 한다. 화면상에 두 개 내지 네 개의 원격지들을 동시에 보여주는 원격회의 시스템에서 자료들을 보여주어야 하는 경우, 당신의 사이트는 전체 화면 크기의 절반이나 4분의 1을 차지하며 시각자료들은 너무 작게 축소될 것이다. 모든 학습자들이 화면의 자료를 볼 수 있도록 화면의 상태

를 단일화면 모드로 전환하여 다른 사이트들의 모습이 보이지 않게 되는 경우
에는 언제 그리고 왜 화면의 상태를 전환하는 것이며 자료 설명을 마친 후에
는 다시 상호대화할 수 있는 상태로 돌아갈 것인지에 대해서도 설명을 해야
한다.

만일 배포 자료나 페이지 분량이 많은 내용에 대해 설명을 해야 한다면 프
리젠테이션 전에 학습자들에게 복사물을 전달해야 한다. 그렇게 해야만 학습
자들이 당신이 언급하거나 강조하는 내용과 친숙해지게 된다. 학습자들에게는
축소 복사된 인쇄물이나 복잡한 도표를 따라가는 것이 오히려 같은 자료를 화
면상에서 보는 것보다 수월하다. 만약 나중에 다른 학습자들에게 배포할 목적
으로 프리젠테이션을 녹화 또는 녹취한다면, 테이프만으로 강의를 수강하는
그 학습자들이 당신이 언급하는 자료를 명확하게 구분할 수 있으며 복사된 자
료를 함께 받을 수 있도록 해야 한다.

송출하기 전에 모든 교재들이 방송중에 제대로 보이는지 시험 방송을 해본
다. 예를 들어 칠판이나 화이트보드에 판서한 내용은 조명 때문에 잘 안 보일
수도 있으며 다른 배경 때문에 뚜렷이 구분되지 않을 수도 있다. 액정화면상의
내용과 오버헤드가 잘 보이는지 대해서도 확인해보아야 한다.

열성적인 강의

지루한 프리젠테이션은 결코 바람직한 것이 못되지만 화상회의, 녹화 프로
그램, 기타 원격학습 방송에서의 단조로운 만연체 프리젠테이션은 훨씬 심각
한 문제이다. 최신 기술을 사용한다고 해서 자동적으로 최고 수준의 프리젠테
이션을 할 수 있는 것은 아니다. 학습자들의 요구에 부응할 수 있기 위해서는
강의연출이 잘되었는지를 모니터링해야 한다.

강의를 유연하게 진행하려면 학습자들과, 일방적이지 않은 대화를 나누고
사전에 프리젠테이션을 연습하는 등 강의에 대한 열성을 유지해야 한다. 강좌
에서 사용할 교재와 주제 구성에 대해서도 편하게 느낄 수 있어야 한다.

사전에 준비를 해두면 자연스럽게 여유를 보일 수 있으며 학습자들의 질문
과 의견에도 편안하게 반응할 수 있다. 또한 당신의 개성이 부각됨에 따라 같

은 방에서 수업을 받는 학습자들 그리고 다른 장소에서나 다른 시간대에 당신
의 프리젠테이션을 보게 될 학습자들과도 연대감이 생기게 된다.

녹화된 프리젠테이션을 포함하여 방송매체를 사용하는 교육자에게는 강의
연출능력이 요구된다. 그러나 음성녹음, 단방향 음성전송, 음성우편(voice mail)
에서도 동일한 능력이 요구된다. 학습자들이 당신을 볼 수 없고 듣기만 할 때
에도 교육자 목소리의 발성, 억양, 변화, 명확성, 속도, 톤을 통해 내용뿐 아니
라 강의연출 능력이 전달된다. 말로만 내용을 전달할 때에는 좀 더 자세하게,
편안한 목소리로 설명을 할 수 있어야 한다.

목소리 연습을 하고 녹음된 테이프를 반복해서 청취한다면, 오디오에만 의
존하는 원격학습에 더욱 적합한 목소리로 다듬을 수 있다. 청각 또는 시청각
자료들처럼 테이프에 녹화된 강의는 반복적으로 사용된다는 점을 명심해야 한
다. 좋은 강의는 여러 번 볼 만한 가치가 있지만 귀에 거슬리고 피곤하고 시끄
럽고 또는 속삭이는 듯한 사운드 트랙은 여러 번은 고사하고 한 번 듣기에도
힘들다. 당신의 강의가 여러 번 들을 만한 가치가 있는 것이 되도록 최선을 다
해야 한다.

전자우편을 통해서도 외향적이고 친근하면서 전문가다운 교수능력을 연출
할 수 있다. 학습자들이 강좌의 주요 통신수단으로 당신이 작성하는, 때로는
비공식적인, 메시지에만 의존하는 경우 단어선택, 맞춤법, 주요 아이디어의 구
성, 메시지의 빈도수를 통해 당신의 개성을 전달할 수 있어야 한다. 과제물에
대한 피드백이나 평가에 대해서는 물론이고 편지나 메모를 포함한 학습자들과
의 다른 모든 통신수단에 대해서도 마찬가지이다.

융통성(유연성)

좋은 원격학습 교육자와 훈련자라면 융통성을 갖추어야 한다. 때로는 원하
는 대로 테크놀로지가 작동되지 않는 경우도 있고, 학기중에나 그 강좌를 다시
개설하기 바로 전에라도 기술적인 수용능력이 변화할지도 모른다는 사실을 인
식하고 있어야 한다.

이와 같은 상황에서의 융통성이란 곧 자신감을 의미한다. 교육자는 강의주

제를 올바르게 파악하고, 테크놀로지를 편하게 대할 수 있으며, 또한 다양한 학습자들의 필요나 변화하는 상황에 따라 교습계획, 교재, 강좌 관련 활동을 변경할 줄 알아야 한다. 교재도 수시로 갱신해야 하고 강좌에서 사용하는 자원들의 응용성과 유용성도 점검해야 한다. 더군다나 내용, 위치, 존재의 여부가 거의 매일같이 급변하는 웹 사이트에서 작업하는 교육자와 훈련자에게는 더욱 철저한 점검이 요구된다.

융통성은 즉각적인 대응과 동일한 의미를 갖는다. 점차 많은 원격학습 강좌들이 제공됨에 따라 경쟁이 점점 치열해지고 있다. 교육자와 훈련자는 항상 교재를 갱신하고 주제 영역의 흐름과 변화를 탐구해야 한다. 내용을 전달하는 데에 있어서도 좀더 몰입할 수 있고 흥미로운 방법들을 개발해야 하며 학습자들의 참여도를 높일 수 있도록 해야 한다. 프리젠테이션 기술을 연습하고 개선함으로써 가능한 한 최고의 강의를 제공할 수 있어야 한다. 테크놀로지에 대한 학습자들의 기대와 수요의 충족은 원격으로 정보를 전달할 때 사용하는 새롭고 복합적인 도구들을 활용하여 새로운 교재와 형식을 개발함으로써 이루어진다.

새로운 교재 및 교수법 개발에 소요되는 시간

원격학습 프로그램의 성공 여부는 교육자/훈련자의 정보송수신 테크놀로지를 사용할 수 있는 능력을 비롯하여, 강좌내용에는 물론 원격학습 유형에도 적합한 교재를 개발할 수 있는 능력, 그리고 모든 학습자들의 필요와 학습성향이 충족될 수 있도록 교육/훈련 방법들을 실험해볼 수 있는 그들의 능력에 달려 있다. 각 원격학습 강좌의 후속 수업을 개발, 시연, 갱신, 평가, 변경하는 데에는 상당한 시간이 필요하다. 그러나 불행하게도 관리자나 행정가 중에는 효과적인 원격학습 강좌를 개발하기 위해 필요한 시간을 포함하여 여러 자원들에 대한 필요를 이해하고 제공해야 한다는 인식이 부족한 경우가 있다. 때에 따라서는 강좌를 지속적으로 개발해야 한다는 필요성을 옹호하고 설명하는 일이 교육자나 훈련자의 몫이 될 수도 있다.

초기에 원격학습 교재를 기획 및 개발하고 학습자들과 교육자/훈련자 사이의 정보교환 체제를 구축하는 데에는 많은 노력이 동원된다. 그러나 교재와 교수방법을 개선하기 위한 후속 평가 및 기획을 지속적으로 추진하는 것도 원격학습 강좌나 프로그램의 성공에 필수적이다.

반드시 각 강좌별 평가가 이루어져야 한다. 강좌의 내용, 교재, 프리젠테이션 방법, 형식을 평가해야 한다. 교육자와 훈련자의 교수법과 프리젠테이션 효율성도 평가해야 하고, 비용, 자원의 유용성, 원격학습의 유형, 학습자들이 갖춰야 할 테크놀로지, 프로그램의 기술적 측면에 대해서도 평가를 해야 한다. 매번 강좌를 개설할 때마다 교육자/훈련자, 학습자, 그리고 프로그램을 제공하는 기관에 소요되는 비용 및 이득 분석을 포함한 효율성의 문제는 반드시 고려해야 할 사항이다.

원격학습 강좌를 제공할 수 있다는 것만으로 충분한 것은 아니다. 강좌는 모든 참여자들에게 유익해야 한다. 즉, 같은 수의 학습자들을 기준으로 볼 때, X명의 학습자 내 한 명의 교육자/훈련사 유형이 여러 명의 교육사/훈련자 유형에 비해 훨씬 더 효율적이라는 이유를 제시할 수 있어야 한다.

3. 학습자를 위한 확인목록

원격학습이 과연 학습자의 지식과 기술을 향상시키기 위한 좋은 방법인지 어떻게 알 수 있는가? 어떤 사람은 혼자일 때보다 여러 사람들과 함께 공부하는 환경에서 학습효과가 향상되며, 어떤 사람은 혼자서 학습하는 것보다 교육자와 함께 학습하는 것을 선호한다. 원격학습은 학습자들에게 많은 이점을 제공하지만, 교육 및 훈련적인 필요에 대한 만병통치약이 될 수는 없다. 원격학습이 대체적으로 당신에게 적합한 대안인지 결정하기 위해 다음과 같은 질문들을 해보도록 한다.

왜 원격학습 강좌를 수강하려고 하는가?

강좌 한 개를 반드시 수강해야 하는데 그 강좌를 제공하는 기관이 당신(학습자)의 소속회사라면, 그 강좌에 대한 선택의 여지가 별로 없다. 그러나 고용안정이라는 이유 외에도 그 강좌에서 얻고자 하는 것이 무엇인가를 알아야 한다.

만일 개인적인 이유로 인해 강좌를 듣는 경우라면, 왜 이 특정 강좌를 수강해야 하며 단기적·장기적으로 무엇을 얻을 수 있는가에 대한 확신이 있어야 한다. 소일거리로 강좌를 수강하는 것은 충분한 이유가 될 수 없다. 강좌를 만족스럽게 이수하기 위해서는 분명한 동기가 수반되어야 한다.

학습을 유발하는 동기는 무엇인가?

강좌로부터 얻고자 하는 것이 무엇이며 강의가 완료된 후에 얻게 될 이득이 무엇인가를 분명히 알고 있기 때문에 자발적인 동기부여가 가능하다면, 당신은 좋은 원격학습 후보자라고 할 수 있다. 가장 성공적인 원격학습 학습자는 스스로 동기를 부여하고 배우기 위해 노력하며 적극적으로 수업에 참여한다.

만일에 공부를 하고, 자료를 수집하고, 과제를 완성하고, 토론에 참여하는 데에 동기를 부여하기 위해서 무엇인가의 도움을 필요로 한다면, 원격학습 강좌가 당신에게 도움이 되기는 하겠지만 강좌로부터 요구되는 작업들을 해내려면 계속적으로 도움을 구해야 할 것이다.

친구나 동료와 함께 강의를 수강한다면 지원 네트워크를 구성할 수 있을 것이다. 전자우편이라는 제한된 통신수단을 이용함으로써 강좌를 수강하는 다른 사람들과 의견을 교환하는 방법도 생각해 볼 수 있다. 다른 사람들이 당신을 지원하고 당신에게 의존한다는 것을 인식할 수 있다면 최선을 다해야 한다는 동기가 부여된 것이라고 할 수 있다.

일을 미리 해두는 편인가? 아니면 종종 미루는가?

원격학습의 장점 중 하나는 학습자들이 각자의 진도에 따라 학습할 수 있다는 것이다. 대부분의 강좌들은 일반적으로 학습 틀을 제시하기 때문에 각자의 계획이나 개인적 필요에 따라 학습진도를 조절할 수 있다. 그러나 강의에서 요구하는 과제를 완성하지 못할 정도로 일을 미루는 타입이라면 그 강좌를 끝까지 수강할 수 있도록 당신에게 동기를 부여해줄 수 있는 지원 네트워크를 개발하도록 해야 한다.

원격학습 강좌들 중에는 훨씬 구조적으로 설계되어 있는 것들이 있다. 그런 강좌들은 특정 시간에 화상회의에 참여할 것을 요구하며, 자료가 주어지거나 과제물을 제출하는 데에 할당되는 시간이 짧을지도 모른다. 학습자의 진도와 계획에 따라서는 구조적인 강좌가 더 적합할 수도 있다. 일단은 강좌로부터 요구되는 것들을 충족시키는 데에 어느 정도의 융통성이 주어지는가를 교육 제공자에게 문의해보아야 한다.

현재 얼마나 많은 다른 일들에 연루되어 있는가?

원격학습 강좌에는 시간과 노력이 요구되고 대부분의 작업을 학습자가 혼자서 해내야 한다. 단지 취미로 비학점 강좌를 수강하는 경우라면 가끔씩 100%의 노력을 기울이지 않더라도 별로 신경이 쓰이지 않을 것이다. 그렇지만 만일 지속적인 교육의 일환으로서 또는 새로운 경력을 쌓기 위해 어떤 주제를 정복하려고 한다면 그 강좌를 수강하기 위해 필요한 만큼의 충분한 시간을 스스로에게 허용해야 하며 만족할 수 있을 만큼의 공부를 마칠 수 있어야 한다. 강좌를 수강하기 전에 실제 강의실에서 강의를 들을 때와 같은 정도로 시간을 투자할 수 있어야 한다.

다른 환경에서 혹은 다른 시간에도 그 강좌를 수강할 수 있는가?

원격학습은 당신에게 주어진 유일한 선택인가? 전통적인 현장 강좌를 통해 학습능력을 훨씬 더 향상시킬 수 있거나 학습에 투자할 수 있는 시간이 충분하다면 원격학습 강좌 선택을 유보하는 것이 현명할 지도 모른다.

그러나 만일 당신이 매우 독립적이고 스스로 동기를 부여할 수 있면 개인적인 필요에 따라 강좌를 조절하는 것이 가능하기 때문에, 전통적인 강좌에서와 마찬가지로 혹은 더 나아가원격학습 강좌를 통해서 훨씬 더 성공적으로 학습할 수 있다.

가상환경에서 얼마나 학습을 잘할 수 있는가?

전자우편이나 음성우편으로 대표되는 얼굴 없는 대상들이나 컴퓨터나 텔레비전 화면상의 이미지보다는 실제의 사람들과 함께 있는 것을 선호하는 학습자에게 공간적인 고립은 문제로 여겨질 수 있을 것이다. 그렇지만 원격학습은 지리적으로 격리되어 있는 학습자들을 한 강좌에서 함께 모을 수 있는 능력이 있다. 많은 강좌들이 교육자/훈련자와 학습자들 사이의 교류를, 제한하기보다는, 촉진하기 위해 디자인되어 있다.

실제의 강의실에 앉아 있다는 것이 다른 학생들이나 교육자와 마주 보며 말을 할 수 있다는 것 이상을 의미하는 것이 아닌 것과 마찬가지로, 원격학습이 동료들이나 교육자의 도움이 없는, 독학만을 의미하는 것은 아니다. 개인적인 관심과 대인 커뮤니케이션에 대한 필요에 따라 다른 사람들과의 커뮤니케이션을 극대화 또는 최소화시킬 수 있는 적절한 형태의 원격학습 강좌를 선택할 수 있다.

4. 강의평가를 위한 확인목록

만약 당신이 어떤 원격학습 강좌를 수강하려는 성인 학습자라면 그 프로그램이 당신의 필요를 충족시킬 수 있을지에 대해 신중히 검토해보아야 한다. 교육자와의 교류 정도, 과제물, 원격학습을 통한 강좌들의 수와 유형, 비용, 강의 수준에 대해서도 조사해보아야 한다.

많은 학습자들이 단지 기능을 숙련하고 흥미를 추구하거나 새로운 취미를 개발하려고 원격학습 강좌를 수강한다. 만일 당신이 그 정도의 참여도만을 필요로 한다면 강좌에 대한 선택의 폭이 넓어진다. 온라인 강좌들 중에는 학점과 무관하거나 명목상의 강의료만으로 제공되는 것들이 있다. 이런 강좌들은 학점을 받기 위해 수강하는 강좌가 아니라 단지 사람들이 배울 수 있도록 도움을 주기 위한 것들이다.

따라서 매우 구조적으로 설계된 강좌를 수강하더라도 당신이 해야 할 작업의 양과 그것을 평가하는 방식에 가해지는 제한사항들이 적을 수도 있다. 다른 학습자들에 비해 적합한 강좌를 찾을 수 있는 기회도 많을 것이다. 다양한 사설학원, 개인, 학교, 회사 및 비영리 단체들이 이와 같은 강의들을 제공하고 있다.

반면에 당신이 정식 학위프로그램에 관심을 갖고 있다면, 학위과정을 시작하기 전에 더욱 많은 것들에 대해 알아봐야 한다. 예를 들면 원격학습을 통해 필수과목들을 모두 수강할 수 있는가, 아니면 그중에 몇 과목이나 실제 강의실에서 수강하는가를 알아보아야 한다.

원격학습으로 학위과정을 마칠 수 있더라도 언젠가는 캠퍼스를 방문해야 하는 경우가 발생한다. 교육기관들 중에는 캠퍼스에서 시험을 치르도록 하거나 감독하에 시험을 치를 수 있도록 장소를 마련하는 경우도 있다. 물론 오리엔테이션에 참가하거나 직접 상담을 해야 하는 경우도 있다. 덧붙여, 상호 학점인정 프로그램을 운영하는 여러 교육기관에서 강의를 수강함으로써 학위를 받을 수도 있으며, 혹은 원격학습 강좌로 학위과정을 시작하더라도 과정을 마치기 전이라면 실제 캠퍼스에서 듣는 과정으로 바꿀 수도 있다.

점점 많은 교육기관들이 원격학습 프로그램을 개발함에 따라 필요에 맞는 학위프로그램들을 더 많이 제공될 것이다. 그러나 특정 프로그램을 시작하기 전에 우선 구체적인 요구사항들과 원격학습을 통해 얼마만큼의 교육을 받을 수 있는지에 대해 점검해보아야 한다.

현재나 미래의 직업 때문에 특정 훈련 혹은 추가적인 학업을 계속하고자 하는 피고용인이라면 원격학습 강좌나 세미나를 주기적으로 수강할 필요가 있다. 교육기관에서 적절한 강좌를 제공하는 경우도 있지만 다른 개인사업자들도 괜찮은 훈련자료나 활동들을 제공하고 있다. 사내 훈련 프로그램에서 피고용자들을 위해 화상회의와 온라인 훈련을 제공하는 일이 점점 더 많아지고 있다. 학위인정 프로그램이나 세미나를 통해 피고용인들이, 예를 들면, 공인회계사 시험과 같은 것을 준비하는 데에 도움을 받는 것은 매우 흔한 경우이다.

어린 학생들도 원격학습 과정을 통해 교육과정의 상당 부분을 마칠 수 있다. 예를 들어 속진(accelerated)강좌는 어린 학생들과 청소년들이 학교에서 수강할 수 없는 강좌를 택할 수 있는 기회를 제공하는데 외국어, 음악, 대학 수준의 강좌들이 이런 경우에 해당된다. 추가적인 강좌들을 수강함으로써 학습자들은 나중에 학위프로그램에서 인정하는 대학 수준의 학점을 취득할 수도 있고, 일반적인 교육 또는 자기 발전을 위한 지식과 기술을 습득할 수도 있을 것이다.

주제 영역을 정복하는 데에 어려움을 겪고 있는 학습자들도 원격학습 프로그램들을 통해 추가적인 개인지도나 도움을 받을 수 있다. 학습자들은 자신의 수준과 진도에 맞게 공부함으로써, 전통적인 교실에서의 강의나 다른 학습자들의 진도에 맞춰야 한다면 이해하기 어려운 것들도 차차 학습할 수가 있다.

나름대로의 이유로 인해 집에서 수업에 참가해야 하는 어린이들과 청소년들은 교육의 수준을 향상시키거나 지역 교육위원회나 국가가 부과한 교육의무를 이행하기 위해 원격학습 과정을 이용할 수 있다. 이와 같은 학생들은 여러 종류의 원격학습 강좌에 참여함으로써 전통적인 교실에서 제공하는 프로그램의 유형과 동등하거나 잘 균형잡힌 프로그램을 만들어갈 수도 있다.

만일 당신이, 어떤 연령대에 속하든지 간에 개인적인 흥미나 직업적인 필요에 의해 동기가 부여된 학습자라면 현재 고려중인 원격학습 프로그램이나 강좌를 평가하기 위해 <그림 5. 1>의 질문들을 참고할 수 있다. 만일 당신이 교육자나 훈련자로서 앞으로 개설하려는 또는 개발하려고 하는 강좌의 유형에 적합한지를 알아보기 위해서도 이 확인목록을 사용할 수 있다.

당신이 교육자나 훈련자 혹은 학습자이든지 간에 이 확인목록은 현재 당신

<그림 5. 1> 원격학습 강좌의 평가를 위한 확인목록

강의내용
•어떤 강의내용을 다룰 것인가?
•정보는 어떤 방식으로 제공되는가?
•강의는 얼마나 오랫동안 계속되는가?
•학습자가 학업을 다 마치려면 얼마나 걸리는가?
•어떤 종류의 평가를 하는가?
•어떤 종류의 강좌(예를 들면 학점, 비학점, 학위취득 과정, 자격증취득 과정)인가?
•강좌의 학점은 어느 정도로 교환이 가능한가?
•교육자/훈련자는 어떠한 사람들인가?
•교육자/훈련자가 어떤 자격을 갖추었는가?
•이 강좌는 실제의 교실강의와 어떻게 비교되는가?
•학습자들간에는 어떻게 교류하는가?
•학습자들은 교육자/훈련자와 어떻게 교류하는가?
•학습자들은 교육자/훈련자 간에는 얼마나 자주 교류하는가?
•강좌에서 요구되는 사항들은 무엇인가?
•어떤 유형의 원격학습과 관련되는가?
•원격학습 활동만으로 마칠 수 있는 강좌는 얼마나 되는가?

• 다른 사람들은 이 강좌를 어떻게 평가하는가?
• 이 강좌는 학습자들의 요구(예를 들어 자격증취득, 학위이수, 개인적 흥미, 기술 숙련 등)를 어떻게 수용하는가?
• 이와 같은 유형의 상호대화 방식과 교수방법이 내가 선호하는 학습방식과 잘 맞는가?

학위프로그램
• 원격학습을 통해 얼마나 많은 강의를 수강할 수 있는가?
• 실제의 교실에서 얼마나 많은 강의를 수강해야 하는가?
• 행정적인 절차(예를 들면 등록, 수업료 납부, 시간표 작성, 상담)는 어떻게 해야 하는가?
• 언제까지 프로그램을 끝마쳐야 하는가?
• 학위를 마치기 위해 어떤 것들이 필요한가?
• 다른 원격학습 학위프로그램과 어떻게 비교할 수 있는가?
• 학교의 실제 학위프로그램과 어떻게 비교할 수 있는가?
• 이 교육기관은 어떤 자격을 갖추고 있는가?
• 이 프로그램과 관련된 원격학습의 유형은?
• 교육자는 어떤 사람인가?
• 교육자는 어떤 자격을 갖추었는가?
• 다른 사람들은 이 프로그램을 어떻게 평가하는가?
• 한 번에 몇 개까지 강좌를 들을 수 있는가?
• 언제 강좌가 개설되는가?
• 강좌가 항시 개설되지 않는다면 대신에 어떤 강좌를 수강해야 하는가?
• 얼마나 자주 교재가 갱신되는가?

일정
• 강좌가 언제까지 제공되는가?
• 교재가 언제까지 제공되는가?
• 작업을 마치기 위해 주어지는 시간은 얼마로 제한되어 있는가?
• 강좌가 끝난 후 어떤 종류의 후속 활동이 있는가?
• 얼마나 빨리 강좌를 끝마칠 수 있는가?
• 얼마나 자주 강좌가 개설되는가?
• 이 강좌는 얼마나 융통성(예를 들면, 특정 날짜와 시간에만 제공되는 화상회의 수업에 반드시 참가해야 하는가, 24시간 온라인 교재에 접근이 가능한가)이 있는가?

비용
• 한 강좌 또는 세미나에 드는 비용은 얼마인가?

• 전체 프로그램의 비용은 얼마인가?• 교재비는 얼마인가?
• 강의료는 얼마인가?
• 비용구조는 어떻게 결정되는가(예를 들어, 학습자 한 명당 정해진 금액을 받는가,
  또는 한 장소에서 여럿이 수강할 경우 할인이 되는가)?

기술적 고려사항
• 학습자들은 어떤 장비를 갖추거나 사용해야 하는가?
• 소프트웨어를 비롯해서, 학습자들이 갖추거나 사용해야 하는 교재는 어떤 것들인가?
• 어느 장소에서 강의를 수강할 수 있는가?
• 학습자들은 어떻게 정보자원에 접속할 수 있는가?
• 학습자들은 어떻게 강좌에 참여해야 하는가?
• 강의교재에 어떻게 접근할 수 있는가?
• 학습자와 교육자를 한데 묶는 것은 누구의 책임인가?
• 어떤 유형의 원격학습 환경을 사용하는가?
• 학습자들의 특별한 요구를 충족시키기 위해 어떤 식으로 강좌를 구성할 것인가(예를
  들면, 방송에서의 수화 제공, 화상회의 도중의 이동성, 자료의 인쇄된 크기)?

이 고려하고 있는 또는 제공되고 있는 강좌의 유형과 당신의 필요가 일치하는
지를 확인할 수 있도록 해준다. 교육자나 훈련자도 교육기관이나 회사가 갖고
있는 원격학습에 대한 인식과, 그들이 성공적인 원격학습 강좌 개발에 필요하
다고 생각하는 것들이 일치하는지 확인해보도록 한다.

요약

　매우 다양한 학습자들을 위해 교재를 개발하고, 그 내용을 다양한 방식으로 프리젠테이션하며, 다양한 시간대에 다양한 방식으로 제공되는 프로그램을 개발할 수 있다는 가능성들이 원격학습을 흥미롭게 만든다. 가장 중요한 것은 특정 학습자들의 교육/훈련에 대한 필요를 충족시킬 수 있는 정보를 어떻게 가장 잘 전달할 수 있는가를 결정하고, 그 요구를 충족시킬 수 있도록 강좌를 디자인하는 것이다.

제6장

원격학습의 도구로 사용되는 전자우편, 팩스우편, 음성우편

원활한 의사소통이 이루어지도록 하기 위해 사용되는 원격학습 도구로는 전자우편, 팩스우편, 음성우편을 포함하여 여러 가지가 있다. 그와 같은 도구들을 원격학습 정보를 전달하기 위한 일차적인 방식으로서 사용할 수도 있으나 다른 교육방식들을 보조하는 도구로서 사용하는 것이 더 적합하다. 원격학습에서 전자적으로 메시지를 전달하는 도구는 항상 중요한 기능을 담당하며 전자우편, 팩스우편, 음성우편의 사용은 좀더 개인을 향한 직접적인 교육환경이 조성될 수 있도록 한다. 그리고 상호간에 언제든지 의견을 교환할 수 있도록 하며 다른 원격학습 테크놀로지(예: 웹의 자료, 방송)로는 계속적으로 지원할 수가 없는 일대일 대화 기능을 항상 제공한다.

전자우편(e-mail)은 가장 간단한 형식으로 구성되어 있지만 무엇보다도 효과적인 커뮤니케이션 도구 중의 하나로서 여기서 논의되는 세 가지 방식들 중 유일하게 전반적인 커뮤니케이션 기반을 원격학습 강좌에 제공할 수가 있다. 전자우편으로도 일반우편을 이용하는 통신교육에서와 마찬가지로, 강좌에 등록되어 있는 개인들에게 자료와 안내문을 전달할 수 있다. 그러나 전자우편을 이용하면 일반우편에 비해 의사 전달이 빨리 이루어지고 한번에 여러 사람들을 연결하는 링크가 제공된다는 장점이 있다. 이 두 가지 요소들로 인해 통신교육에서 전자우편은 일반우편보다 바람직한 방식으로 간주된다.

팩스우편(faxmail)은 전자우편과 팩스통신의 장점들을 통합한 새로운 형태의 도구이다. 아직까지는 일반적으로 사용되지 않지만 일부 대학(예: 피닉스대학)에서는 팩스우편을 원격학습 테크놀로지로서 사용하고 있다. 앞으로는 팩스우편이라는 통신매체를 중심으로 강좌들을 설계할 수가 있을 것이다.

음성우편(voice mail)은 일부 원격 강좌에서 주요 정보교류 수단으로까지 사용되었으나, 음성우편의 메시지를 이용하여 통신하는 방법은 물론 전화통화조차도 원격학습 운영의 복잡성을 고려할 때 이상적인 방법이라고 할 수 없다. 그러나, 훨씬 더 개인적인 대화가 가능하기 때문에 훌륭한 보조수단으로 이용할 수가 있다. 전자우편 메시지로 아무리 상세하게 내용을 작성할 수 있으며 자료를 첨부하는 것이 가능하다고 해도 음성우편을 이용하면 교육자와 학습자 간에 직접적인 통화가 가능하다. 따라서, 음성우편 메시지로는 전자우편이나 팩스우편과 달리 구어의 뉘앙스를 좀더 명확하게 전달할 수가 있다.

이상의 세 가지 도구들은 다른 유형의 원격학습 방식들을 보완할 수 있으며, 교육자/훈련자는 한 가지 이상의 도구들을 원격학습 프로그램에서 사용할 수 있는 방법을 고려해야 한다.

1. 네트워크와 전자우편

전자우편을 이용하면 인트라넷을 통해 조직의 구성원들을 연결하거나 인터넷을 통해 외부로 메시지를 보낼 수가 있다. 전자우편은, 기업의 모든 직원들 또는 대학의 모든 학생들을 연결하는 네트워크 즉, LAN(근거리 통신망; Local Area Network)을 통해 전달된다. 마을과 같이 한 지역의 사용자들에게 한정된 네트워크도 LAN으로 간주되며 그 지역 내의 학습자들은 LAN을 통해 지역 교육기관이나 회사에서 제공하는 원격학습 강좌에 참여할 수가 있다.

인트라넷은 회사나 교육기관에서 내부적인 사용을 목적으로 구축하는 네트워크이다. 인트라넷을 구축함으로써 내부 조직들간의 통신이 원활해지고 원격학습 강좌에 대한 개설공고와 같은 내용도 충분히 전달할 수가 있다. 대부분의 회사들이 사내 통신을 활성화하기 위해 직원들의 컴퓨터를 모두 통신망에 연결하여 인트라넷을 구축하고 있다. 인트라넷은 다양한 용도로 활용되며 사내 훈련도 그중의 한 가지 예라고 할 수 있다. 우선 인트라넷을 이용하면 모든 직원들에게 훈련 기회를 홍보하는 전자우편을 보내거나 강좌를 수강하는 직원들에게 개별적으로 메시지를 보낼 수가 있다. 전자우편에 기반을 둔 사내 강좌는 업무를 하는 중간에 휴식시간마다 전자우편을 보내거나 응답함으로써 학습할 수 있으며 회사에서 요구하는 훈련요건을 효율적으로 충족시킬 수도 있다. 직원들은 훈련교습을 받기 위해 자리를 비울 필요가 없으며 훈련을 받을 때마다 며칠씩 교육지로 여행을 떠날 필요도 없다. 인트라넷은 교육자나 학습자들 모두에게 효율적으로 사내 교육을 제공하며, 관리자에게는 비용에 비해 훨씬 더 능률적인 교육방식을 제공한다.

인터넷은 가장 대중적인 네트워크이며 가장 광범위한 WAN(광역 통신망; Wide Area Network)으로서, 인터넷에 연결되어 있는 누구와도 통신이 가능하기 때문에 LAN의 한계를 넘어선다. 인터넷을 통해 전달되는 전자우편은 한 명의 사용자로부터 다른 사용자에게 직접 전달되는 것도 있지만 우편주소목록이나 게시판을 통해 전달되는 것도 있다. 많은 웹 사이트에는 회사나 개인의 전자우편주소로의 하이퍼텍스트 링크가 설정되어 있으며, 이와 같은 'mailto: 링크'나 하이퍼텍스트 링크를 이용하면 웹 사이트를 방문하는 도중에도 전자우편을 보낼 수가 있다. 인터넷에서의 전자우편은 학습자, 교육자 / 훈련자, 강좌를 개설하는 교육기관이나 회사들간의 주요 통신수단이며 원격학습 프로그램을 강화한다.

전자우편은 텍스트나 그림을 첨부할 수 있는 기능을 제공하며 화상회의의 보조적인 수단으로 이용될 수도 있지만 가장 단순한 텍스트의 형태만으로도 충분히 교육적인 효과를 제공한다. 전자우편은 한 개인으로부터 다른 개인 또는 그룹의 구성원들에게 동시적으로 전달되므로 사용자들의 네트워크가 형성되어 각자의 생각을 토론하고 정보를 공유하며 자료를 평가하는 것을 충분히 가능하게 한다.

2. 강좌에서의 전자우편 통신

일부 교육자들은 강좌 관련 정보를 전달하는 일차적인 수단으로서 전자우편에 의존하기도 한다. 그리고 정보를 전달하기 위한 유일한 방법으로서 전자우편을 중심으로 원격학습 강좌를 설계하는 것도 가능하다. 그러나 대개의 경우 전자우편은 다른 유형의 원격학습에 대한 보조적인 역할을 담당한다. 간단한 방식인 전자우편 메시지와 더불어 우편주소목록, 토론그룹, MUD(Multi User Domain, 또는 Dimension)로 알려져 있는 다수 사용자 영역(차원)도 교육적인 보조도구로 활용되고 있다.

전자우편을 데스크탑 화상회의와 연결해서 사용하기도 한다. 화상회의나 MUD가 진행되는 동안에 정보를 입력하면 그룹의 참여자들이 동시에 보고 응답하게 되는데 이러한 방식의 전자우편은 여러 사람들간에 대화를 가능하게 한다. 그러나 전자우편은 편지, 메모, 음성우편과 마찬가지로 훨씬 개인적이고 즉각적이며 사적인 형태의 커뮤니케이션을 가능하게 한다는 이유 때문에 가장 많이 활용된다.

교육자/훈련자는 다른 전자적인 원격학습 기술들에 비해 전자우편을 훨씬 더 유효적절하게 사용할 수 있다. 대부분의 컴퓨터 사용자들에게도 전자우편은 다른 전자적인 방식의 원격학습 도구들에 비해 익숙하고 저렴하며 또한 널리 보급되어 있다. 이와 같은 이유들로 인해 전자우편은 일반 교육에서는 물론 특히 원격학습에서 점점 더 보편화되고 있는 추세이다.

전자우편은 전통적인 교실수업과 사내훈련 프로그램에서도 점점 더 중요한 위치를 확보해가고 있다. 물론 아직까지 그외의 다른 교육방법들은 매우 전통적이며 교육자/훈련자는 전통적인 실험실, 교실, 회의실에서 직접적으로 교육내용을 전달한다. 전통적인 교실학습에서도 학습자들이 웹 기반의 정보, 멀티미디어 프리젠테이션, 학습훈련과 같은 전자매체를 사용하지만 대개는 주로 책, 논문, 문서와 같이 종이에 기록된 전통적인 자료들을 사용하여 공부한다.

그러나 전자우편의 사용으로 인해 교육자와 학습자 간 상호작용의 차원이 달라진다. 전자우편은 전통적인 교실 밖에서도 '대화'할 수 있는 충분한 기회를 제공하기 때문에 언제 어디에서나 교육이 실현될 수 있도록 한다. 또한 언제든지 전송이 가능하므로 오전 9시부터 오후 5시까지의 근무시간에 맞춰 일할 필요가 없는 교육자와 학습자들에게 이상적인 대화방법을 제공한다.

세미나와 훈련학습에서 배운 내용을 집중적으로 공부하려면 직장인들은 귀가하고 난 다음 몇 시간 후에나 혹은 업무중이라면 휴식시간이 되어서야 시간을 할애할 수 있을 것이며, 과제를 완성해야 하거나 내용을 확실히 파악해야할 필요를 느낄 때까지 배운 내용들을 모두 이해했다고 생각하고 있을지도 모른다. 그리고 마침내 복습할 시간이 생겨서 책상 앞에 앉아 배운 내용에 대해 생각하다보면 다른 사람들과 공유하고 싶은 아이디어가 떠오르거나 주제를 심도있게 공부하기 위해 질문할 필요가 생길 수도 있다. 만일 교육자와 학습자가 언제라도 직접 만나는 것이 가능하며 다음주의 수업시간까지 기다릴 수 없는 상황이라면 바로 다음날 교육자를 찾아갈 것이다. 그러나 전자우편을 이용하면 교육자를 직접 만날 수 없을 경우에도 학습자와 교육자의 대화가 필요한 순간을 포착할 수가 있다.

따라서 교육자는 새벽 3시에도 학습자들이 보내는 메시지들을 받게 되거나, 하루중 생각이 떠오를 때마다 보내오는 여러 개의 메시지들을 받게 되기도 한다. 그렇지만 교육자는 늦은 밤, 이른 아침, 잠시 쉬는 동안에 또는 편지 확인 시간을 정해서 메시지들을 자세히 읽어본 후 개인에게나 그룹에게 우선순위에 따라 답장을 보내면 된다. 학습자가 전화를 걸거나, 직접 방문을 하거나, 강의 중에나 전후에 교육자와 토론을 벌이는 것이 교육자에게는 정보를 전달하거나 개별적인 주의를 기울이기 위한 좋은 방법이 될 수가 없다. 이때 교육자가 전자우편을 이용한다면 학습자들의 요구에 따라 필요한 만큼의 시간을 할애하는 것이 가능해진다. 그러나 반면에 교육자가 자신의 편의만을 고려하게 될 수도 있기 때문에 장단점이 있다고 할 수 있다.

전자우편에는 작성과 답장을 한번에 처리할 수 있고 언제라도 전송할 수 있어서 편리하다는 장점 이외에도 다른 좋은 면들이 있다. 전자우편은 학습자들 사이에 활발한 커뮤니케이션이 이루어지도록 한다. 예를 들어, 질문하고, 설명을 요청하며, 추가적인 도움을 받고, 진행보고서를 제출할 수 있도록 고무하는 측면이 있다. 그룹 환경에서 부끄러움을 많이 타는 사람들은 질문하기를 꺼리며, 다른 학습자들이나 강좌의 주제로 인해 두려움을 느끼기도 한다. 그러나 전자우편을 이용하면 직접 말했을 때 바보처럼 보일지도 모른다고 학습자가 생각하는 만큼 '바보스럽게' 보이지 않는다.

전자우편은 즉시 전송되며 간략하고 직접적인 메시지를 사용하기 때문에 학습자들은 대화의 필요성을 느낄 때마다 자주 메시지를 보낼 수 있다. 마찬가지 이유에서 교육자들도 더 자주 전자우편을 사용하게 된다. 별도의 지도나 교정이 필요한 학습자를 선별하여 가르치는 것을 원하지 않는 교육자는 전자우편을 사용함으로써 그 학습자에게 더 많은 시간을 할애할 수 있으며 충분한 지도를 해줄 수가 있다. 따라서, 어떤 학습자가 도움을 원한다거나 필요로 한다는 사실이 그룹의 다른 참여자들에게 드러날 염려가 없기 때문에 학습자들은 더욱 많은 도움을 요청할 수 있게 된다.

전자우편은 학습자들간의 그리고 학습자와 교육자 간의 상호대화를 더욱 촉진시킨다. 보통 강좌를 통해 진행되는 토론은 1회의 학습에 할당된 과제의 분량과 시간에 의해 제한된다. 그러나 전자우편을 사용함으로써 토론시간을 연장시킬 수가 있다. 즉, 참가자들은 장외(off-line)로 토론을 진행하면서 서로에게 필요한 만큼의 메시지를 보내 직접적으로 의견을 개진할 수가 있다.

전자우편은 훨씬 더 공식적인 내용을 전달하는 데에도 유용한 방법이다. 그룹 또는 개인에게도, 예를 들어, 퀴즈나 평가 계획과 같은 내용을 쉽게 전달할 수가 있다. 그리고 과제설명, 강좌일정, 도서목록, 수업목표, 공고와 같은 기본적인 정보들을 학습자들에게 전달하고, 과제물, 초고문서, 진행보고서와 같은 학습자들이 작성한 제출물들을 통신망을 통해 교육자에게 전달할 수가 있다. 각 개인은 전달된 내용을 저장하여 나중에 참고하거나 디스켓이나 프린터에 전송받아 읽은 후에 삭제할 수도 있다.

원격학습의 주요 통신수단으로 사용되는 전자우편은 정보를 전송하거나 공유하기 위한 유일한 방법으로 간주될 만큼 효용성이 뛰어나다고 할 수 있다. 다음의 내용과 같이 교육자들은 전자우편을 원격학습 강좌의 기반으로서 활용한다.

학생들과의 개별적인 커뮤니케이션

교육자가 학습자의 질문과 생각에 대한 의견을 전자우편을 통해 개별적으로 전달한다면 그들의 대화내용이 다른 학습자들에게 드러날 염려가 없다. 이와 같은 방법은 학습자의 수행평가 또는 보충교습과 같은 개인적인 통신에 적합하다.

전자우편을 자주 이용하면 교육자와 학습자들 간에 개인적인 유대가 형성되고 더 많은 대화를 할 수 있게 된다. 전자우편을 편안하게 받아들이는 학습자들은 대개 개인적인 정보와 알리고 싶지 않은 내용을 털어놓을 수 있다는 사실에 대해 흡족하게 생각한다. 또한 교실에서나 교육을 받는 동안에는 질문하기가 불편했던 것들을 물어볼 수 있고, 수업중에나 쉬는 시간 또는 수업 후에 시간이 부족하여 토론할 수 없었던 것에 대해 상세한 의견을 발표하고 생각을 공유할 수 있게 된다.

대부분의 전자우편 시스템은 언제 메시지를 보내고 받았으며 저장되었는지와 수신자의 답장이 발송되었는지를 자동으로 기록한다. 저장되어 있는 메시지를 참고하거나 답장을 보냈는가를 확인하는 것은 매우 쉬운 일이다. 따라서 교육자는 전자우편을 이용하여 학습자에게 할애한 시간과 메시지 및 답장의 내용을 일일이 확인할 수 있다. 이와 같이 확인할 수 있는 방법은 관리자로 하여금 교육자와 학습자의 상호작용에 관한 기록을 쉽게 모을 수 있도록 하고, 전자우편을 다른 통신기술을 대신하여 또는 동시에 사용하는 것이 얼마나 효과적인가를 인식할 수 있도록 한다.

학생 그룹과의 커뮤니케이션

그룹 메시지는 과제와 주요 자료 및 공고의 내용을 공유하기 위한 효율적인 방법을 제공한다. 전자우편 메시지를 보낼 때 긴 텍스트나 그래픽을 첨부할 수 있기 때문에 학습자들은 한번에 자료를 받고 저장하며 읽을 수 있다. 그리고 동시에 많은 사람들에게 메시지를 보낼 수 있기 때문에 종이 자원도 절약할 수가 있다. 예를 들어, 강좌의 개요를 전자우편으로 전송받은 학습자는 컴퓨터

상에서 자료를 사용하거나 저장할 수 있으므로 종이에 프린트하는 것은 사용
자의 필요에 달려 있다.

강좌를 제공하는 단체나 기관과의 커뮤니케이션

학습자는 강좌를 수강하기 전에 전자우편으로 강좌등록과 수강료 납부를 할
수 있을 뿐만 아니라 강좌안내, 시간표, 주관 교육기관에 대한 설명을 듣는 등
행정상 필요한 절차를 마칠 수가 있다. 앞으로 개설될 강좌와 행사 그리고 변
경사항에 대한 안내 메시지들도 전자우편을 통해 전달되며, 이는 전자우편을
행정적으로 이용하는 일반적인 경우라고 할 수 있다.

외부 자원과의 커뮤니케이션

전자우편으로 특정 분야의 전공자나 업계의 전문가와 메시지를 주고받을 수
도 있지만 토론그룹, 뉴스그룹, 우편주소목록 등을 통해 일반 대중에게 어떤
내용을 전달하는 것도 가능하다. 개인들에게 또는 목록을 통해 다수에게 배포
된 전자우편을 검색해보면 수강중인 강좌의 자료나 내용을 보충할 만한 정보
를 수집할 수 있는 경우도 있다.

전자우편 메시지에만 전적으로 의존하여 학습이 이루어지는 경우는 거의 없
으나 전자우편은 학습자들간에 정기적으로 연락할 수 있는 방법을 제공한다.
전자우편에 기반을 둔 강좌에 대한 전형적인 시나리오는 다음과 같다.

강좌를 제공하려는 교육기관이나 단체는 개설할 강좌의 내용을 알리고 관심
을 모으기 위해 인쇄매체를 비롯하여 우편주소목록과 게시판을 통해 기관의
웹 사이트에 있는 전자저널의 공고 내용을 홍보한다. 잠재적인 학습자가 강좌
에 대해 알게 되고 다음과 같은 여러 가지 방법으로 등록이 진행된다. 학습자
는 직접 등록을 하거나 우편을 이용할 수도 있으며 전자문서로 등록과 수강료
납부를 처리할 수도 있다. 등록과 모든 행정 절차는 학습자가 강좌를 시작하기
전에 완료된다.

만일 대학에서와 같이 학기나 쿼터제로 운영되는 정규 강좌라면 학기의 시

작과 끝이 확실하게 결정되어 있다. 강좌에 따라서 한 학기 동안 과제를 완성하기 위해 주어진 시간을 최대한 융통성 있게 활용할 수 있는 경우도 있지만, 현장 수업에서와 같이 고도로 체계화된 학습활동에 참여하도록 요구할 수도 있다.

만일 강좌가 학점과 무관하거나 사설학원 등의 교육기관으로부터 제공되는 것이라면, (최소한의 시간 제약 — 즉 1년 이내의 기간 — 을 준수하는 범위 내에서) 대부분의 경우 학습자는 원하는 만큼의 시간을 할애하여 강좌를 이수할 수가 있다. 사내 교육 프로그램은 정해진 기일내에 회사에서 요구하는 인력을 키워내야 하기 때문에 훨씬 체계적으로 설계된다.

교육자나 훈련자는 전자우편을 어떻게 강좌에 활용할 것인지에 대한 지침을 정해두어야 한다. 강좌와 관련된 공고, 과제, 그리고 학습 개요 및 목표와 같은 핵심적인 자료들은 정해진 일자에 각 학습자에게 직접 전송되어야 할 것이다. 과제물에 대한 의견이나 시험 결과와 같은 평가는 주밀경에 학습자에게 진달되도록 한다. 학습자료를 전송받고 학습하는 도중에 학습자들은 교육자 또는 다른 학생들에게 메시지을 보내서 자료에 관한 토론이나 질문을 하고 의견을 듣는다.

강좌가 끝난 후에도 교육자와 훈련자와의 연장학습이 가능하다. 일부 교육기관들은 강좌가 종료된 이후에도 전자우편 서비스를 1년 동안 제공하여 학습자들의 질문과 관심을 수용하거나 계속 연락을 취할 수 있도록 한다.

이와 같은 유형의 강좌는 매우 의욕적이며 독립적으로 학습할 수 있는 학습자에게 가장 적합하다. 그러나 전자우편으로 매우 개인적인 대화를 할 수 있다고 해도 — 사실은 종이에 작성하는 메시지가 더 많은 내용을 전달하는 데에 적합하다 — 여전히 일방적 대화가 이루어진다. 학습자는 메시지를 보내고 답장이 올 때까지 기다려야 하며, 답장을 바로 받는다고 해도 행동과 목소리 그리고 억양과 같이 내용을 전달하는 데에 도움이 되는 정보가 없는 진공상태의 답신에 불과하다. 이에 대한 답장을 다시 보내어 새로운 정보를 추가하거나 요구하더라도 역시 마찬가지로 메시지에 대한 일방적인 의견의 전달이라고 할 수 있다.

전자우편의 편리성에도 불구하고 학습자들이 강의실이나 훈련장소에서와 같은 면대면 대화를 원하는 경우가 때때로 있다. 전자우편을 작성하다 보면 의도와 달리 메시지를 제대로 구성하지 못해서 무의미하고 건조하며 지루한 데다가 화가 난 것처럼 보이는 메시지를 보내게 되는 경우가 있다. 답장을 급히 작성했다거나 다시 읽어보지 않았을 경우 문장의 구조나 단어의 선택, 문법 등을 통해 의도하는 바를 정확하게 전달하지 못할 수도 있다. 전자우편의 효율성은 문장력에 의해 좌우된다고 할 수 있다. 그렇지만 전자우편은 일반우편을 매개로 하는 통신강좌에 비해 훨씬 효율적으로 학습할 수 있도록 하며, 교육자와 학습자 간의 상호작용도 활발하게 이루어지도록 한다.

3. 전자우편 강좌의 구축

원격학습 참여가 전자우편에 전적으로 또는 부분적으로만 의존하게 되더라도 강좌를 설계할 때 최우선적으로 할 일은 모든 참여자들에게 전자우편의 사용이 가능한지를 확인하는 것이다. 서로간에 대화를 원활히 할 수 있도록 전화나 팩스번호를 주고받는 것과 마찬가지로 교육자와 학습자는 전자우편주소를 교환한다. 여러 개의 전자우편주소들을 갖고 있다면 강좌와 관련하여 메시지를 주고받을 주소를 명시해야 한다. 자주 확인하지 않는 우편함에 메시지를 보낸다든지 우편주소목록으로부터 매일 수백통씩의 메일을 받는 우편함에 메시지를 보내는 것은 의미없는 일이기 때문이다. 강좌에 참여하는 학습자들의 전자우편주소 디렉토리를 만들고 리스트를 나누어주는 것은 전자우편 메시지를 활용하도록 장려하기 위해 매우 중요한 일이다.

인터넷상에서 직접 만나본 적이 없는 사람과 대화를 하려면 우선 인터넷 주소를 알아야 한다. 미국에서 전자우편주소를 갖고 있는 사람들에 대한 정보를 가장 쉽게 찾을 수 있는 곳은 웹의 인터넷 화이트 페이지(Internet White Pages)이며, 찾으려는 사람의 이름을 입력하여 정보를 얻을 수 있다(인터넷 화이트 페이지의 현재 주소는 다음과 같다; http://www.whitepages.com/). 브라우저의 유형이나 혹은 화이트 페이지 검색에서 사용자가 입력하는 조건에 따라 개인의 이름, 주소, 전화번호, 전자우편주소 등을 찾을 수가 있다.

그밖에도 개인, 기업, 단체의 웹 페이지를 방문해서 개인이나 기업의 전자우편주소를 찾아낼 수가 있다. 대개의 웹 페이지에는 mailto: 링크가 설정되어 있어서 바로 전자우편을 보낼 수 있도록 할 뿐만 아니라 링크가 하이라이트될 때 전자우편주소를 보여주기도 한다. 다음은 전자우편을 더 효율적으로 강좌에 이용하기 위한 방법들이다.

전자우편 사용 지침을 정한다

학습자은 언제 전자우편을 보내는 것이 적절한가에 대해서뿐만 아니라 교육자가 전자매체를 어떻게 학습에 이용하고자 하는지를 알고 있어야 한다. 교육자는 언제 그룹을 위한 안내문을 게시할 것이며 각 개인에게 전달할 것인지에 대한 일정을 미리 계획해두는 것이 바람직하다. 이와 같이 함으로써 자료가 언제 제공될 것인지를 예상할 수 있도록 하고, 강좌의 체계도 세울 수가 있다. 학습자들에게 과제와 관련하여 얼마나 자주 응답을 해야 하고 강좌와 관련하여 어떻게 전자우편을 이용해야 하는지에 대해 설명한다. 전자우편 메시지를 적절하게 작성하기 위한 방법이나 사용의 예를 제공한다.

전자우편을 읽고 응답하는 시간을 정해둔다

전자우편으로 작업하는 시간에 제한을 두지 않으면 다른 일들을 끝낼 수가 없다고 불평하는 교육자들도 있게 마련이다. 일과가 끝난 후에 한 시간 정도를 할애하여 답장을 보내고 새로운 정보들을 게시하는 것도 좋은 방법이다. 아니면 몇 개 되지 않는 답장들을 작성하는 데에 너무 많은 시간을 허비하게 된다.

교육자가 주기적으로 우편물을 확인하는 시간을 학습자가 알고 있는 것이 바람직하다. 만일 학습자가 새벽 4시에 보낸 메시지의 답장을 아침 8시까지 필요로 하는 경우, 교육자가 이른 아침에 우편물을 확인하는지의 여부를 미리 알고 있다면 도움이 될 것이다. 아니면 교육자가 여유가 있을 때마다 혹은 매이틀마다 확인을 하는지를 미리 알고 있어야 한다.

그리고 교육자가 있는 지역의 표준 시간대를 학습자들에게 알려주도록 한다. 강좌가 전국적 또는 국제적으로 제공되는 경우 학습자들이 각기 다른 표준 시간대에 분포되어 있다면 각별히 주의를 기울여야 할 문제이다. 전자우편으로 작업하는 시간이 정기적으로 정해져 있다면 학습자들이 교육자의 지리적인 위치에 대해 알고 있도록 한다. 전자우편을 보내고 받는 시간이 정해져 있지 않다고 해도 학습자들은 즉시 답장을 받고 싶어한다. 교육자가 우편물을 확인하는 시간을 알고 있다면 학습자들은 그들의 메시지가 전달이 되었는지 그리고 언제 답신을 받게 될 것인지에 대하여 노심초사하지 않아도 될 것이다.

부재중임을 알린다

하루 이상 우편물을 확인할 수 없는 경우에는 학습자들에게 알리도록 한다. 그러지 않으면 학습자들은 자신이 보낸 우편물이 도착했는지 또는 답신이 중간에 사라졌는지에 대해 궁금해할 것이다. 또한 부재중임과 우편 시스템을 사용할 수 없는 시간을 알림으로써 다시 접속했을 때 수백통의 백업 메시지들을 읽는 수고를 하지 않아도 될 것이다.

강좌 초기에 기술적 테스트를 실시한다

강좌가 기술적으로 문제없이 진행될 것이라고 추측하기 전에 테스트를 실시하여 모든 학습자가 유용한 형태의 정보를 주고받을 수 있는지 확인한다.

전자우편에 적합한 자료를 개발한다

여러 단락으로 이루어진 긴 문서는 전자우편 메시지로서 부적당하다. 그와 같은 문서를 첨부파일로 전송할 수는 있겠지만 학습자도 교육자와 마찬가지로 짧은 시간내에 읽을 수 있는 간단하고 직접적인 메시지를 선호한다는 사실을 명심해야 한다. 긴 문장이나 단락들로 이루어진, 스크롤이 필요한 장문의 문서는 별로 바람직하지 않다.

그림을 고를 때에도 주의를 기울여야 한다. 전자우편 소프트웨어와 시스템에 필요한 하드웨어를 제공하거나 지정해주지 않았다면, 학습자가 그림 데이터를 읽을 수 있을지 확인해보아야 한다. 그리고 많은 기억용량을 필요로 하는 복잡한 그림보다는 단순한 것이 바람직하다.

전자우편이 상호작용을 촉진하고 더 많은 대화가 이루어지도록 하지만 한 번에 너무 많은 메시지를 보내서 학습자를 혼란스럽게 하는 일은 피해야 한다. 각 메시지는 분명하게 표시를 하여 강좌와 관련된 것임을 학습자들이 알아볼 수 있도록 하고 메시지의 전달 일시와 주제에 따라 우선 순위를 정해 분류할 수 있도록 한다.

4. 전자우편에 대한 기초지식

전자우편을 효율적인 교육도구로서 사용하려면 교육자나 학습자들 모두 현명하고 정중한 이용법을 알아야 할 필요가 있다. 전자우편을 주고받는 것이 대개는 좋은 경험이지만 간단한 문법과 예절을 지키지 않는다면 무의미하고 매우 고통스러운 일이 될 수도 있다.

1. 간략하게 작성한다. 장문보다 단문의 메시지가 읽거나 답장을 작성하기에 수월하다.
2. 요점을 전달한다. 내용을 작성하기 전에 설명하거나 질문해야 할 내용을 머릿속에 정리해두어야 한다. 메시지의 목적을 명확하게 서술하고 직접적인 문체를 사용한다.
3. 정중한 태도로 작성한다. 간결성이 통명스러움과 동등한 의미를 띨 수 없으며 정중한 문구는 얼마든지 있다. 정보를 요구하되 왜 필요하며 어떻게 사용될 것인가를 설명한다. 누군가의 메시지에 대한 답장을 작성하는 경우에는 이를 명시해야 한다. 정보를 요청하는 경우에는 상대에게 감사함을 표시하도록 한다.
4. 일관성있고 문법적으로 올바르게 서술한다. 전자우편은 편지, 메모 또는 문서보다 덜 형식적이지만 표준 문법을 사용해야 한다. 완전한 문장으로

서술하고 구두점을 옳게 표시한다. 메시지의 처음부터 중간과 끝 부분에 걸쳐 논리적으로 구성하고 의도가 잘 표현되도록 한다. 명확하고 정확한 단어를 사용한다. 철자법을 확인한다.

5. 애교를 피한다. 기본적인 서명, 머리말, 꼬리말을 작성하는 경우 전문성이 엿보이도록 한다. 귀여운 그림이나 인용구를 사용하지 않도록 한다. 웃는 얼굴, 찡그린 얼굴과 같은 그림은 가족과 친구에게 보내는 개인적인 메시지에서만 사용하도록 한다.

6. 메시지의 수신처를 확인한다. 우편주소목록이나 뉴스그룹으로 메시지를 전송할 때에는 그룹의 모두에게 메시지가 전달될 수 있도록 주소를 정확하게 표기한다. 한 명의 개인에게 전자우편을 보내는 경우에는 반드시 주소를 확인해야 한다. 회송이나 답장 기능을 사용하는 경우에는 버튼을 누르기 전에 메시지를 받게 될 개인이나 그룹이 옳게 표기되어 있는지 다시 한 번 주소를 살펴보도록 한다. 메시지를 발송하기 전에 수신처를 확인함으로써 가끔씩 발생하는 부주의로 인한 혼란이나 당황스런 상황을 피할 수가 있다.

7. 수신자에게 발신처의 주소를 알려준다. 구체적이고 확인이 용이한 제목을 적는다. 답장을 받을 주소 또는 발신자를 알아볼 수 있는 내용을 적어넣음으로써 수신자가 발신자와 답장을 보낼 곳을 단번에 알 수 있도록 한다.

8. 답장을 작성하는 데에 필요한 시간적 여유를 둔다. 전자우편을 사용하면 즉시 답장을 보낼 수가 있지만 서버에 문제가 생겼을 수도 있고 수신자가 다른 곳으로 가 있는 동안 몇 시간 또는 며칠 동안 우편함를 확인하지 못할 수도 있으며 답장을 보내기 전에 연구나 생각이 요구되는 경우도 있다. 답장이 올 때까지 기다려야 할 시간을 고려하여 적절한 여유를 두고 메시지를 보낸다. 최대한 기다려서 며칠 안에 답신이 없다면 메시지를 다시 보낸다.

9. 동시에 여러 사람들에게 메시지를 보내려면 그룹의 통신규약(protocol)을 알아야 한다. 즉, 뉴스그룹이나 토론그룹, 우편주소목록으로 수신되는 메시지들을 지켜보거나(lurking) 조용히 읽어보는 것은 그 그룹이 어떻게 운영되고 있으며, 어떤 묵계하에, 어떻게 메시지들을 구성하며 반응하는가에 대해

알게 된다면 문제가 되지 않는다. 그룹에 익숙해진 다음에는 활발히 참여할 수 있도록 한다. 그룹에게 첫 메시지를 띄우기 전에 그룹의 운영방식을 익히는 것 외에도 리스트 서버의 공고 내용을 모두 읽어보는 것이 좋다. 그룹의 통신규약을 미리 알고 있다면 그룹 멤버들로 인해 기분 상하게 되는 일은 피할 수 있을 것이다.

10. 메시지의 의도와 긴급함 등을 표시한다. 구체적인 제목과 정확한 단어를 선택해야 하며, 작성과 검토 및 수정에 주의를 기울인다면 의도하는 바를 정확하게 전달할 수 있다. 수신자는 인쇄된 메시지를 읽을 때 작성자를 볼 수가 없기 때문에 메시지의 문맥을 미루어 짐작하게 된다. 분위기, 어조, 의미를 적절히 표현함으로써 메시지가 잘못 이해되지 않도록 주의한다.

5. 전자우편 사용의 예

특히 K-12에 해당되는 학생들은 전자우편을 즐겨 사용하며, 선생님들은 전자우편 펜팔을 통해 어린 학생들이 다른 나라와 국내의 다른 지역에 대해서 배울 수 있도록 도움을 줄 수 있다. 전자우편을 사용하면 작문 실력과 컴퓨터 사용능력이 동시에 향상된다. 또한 선생님들로부터 직업정보를 얻는 데에 전자우편을 사용함으로써 노학 연계를 강화할 수도 있다. 이밖에도 다른 많은 방법들을 통해 전자우편은 매우 효율적으로 교육 네트워크를 형성하며 서신교환의 도구로 활용된다.

<그림 6. 1>은 K-12 학생들을 위한 교육 네트워크의 한 예를 보여주고 있다. '전자우편 교환교실(ePail Classroom Exchange)'은 어린 학생들을 세계의 다른 학교의 학생들과 연결시켜준다. 학생들은 본교의 정보를 타교 학생들과 교환할 수 있으며 새로운 학교들이 네트워크에 참여할수록 데이터베이스가 증가한다.

고등교육이나 성인을 대상으로 하는 훈련강좌도 전자우편을 기반으로 구축할 수가 있다. 그 한 예가 '가상예술학교(sessions.edu)'에서 제공되는 온라인 예술 강좌이다(<그림 6. 2>). 강좌를 소개하는 웹 사이트의 한 부분을 보면 학습

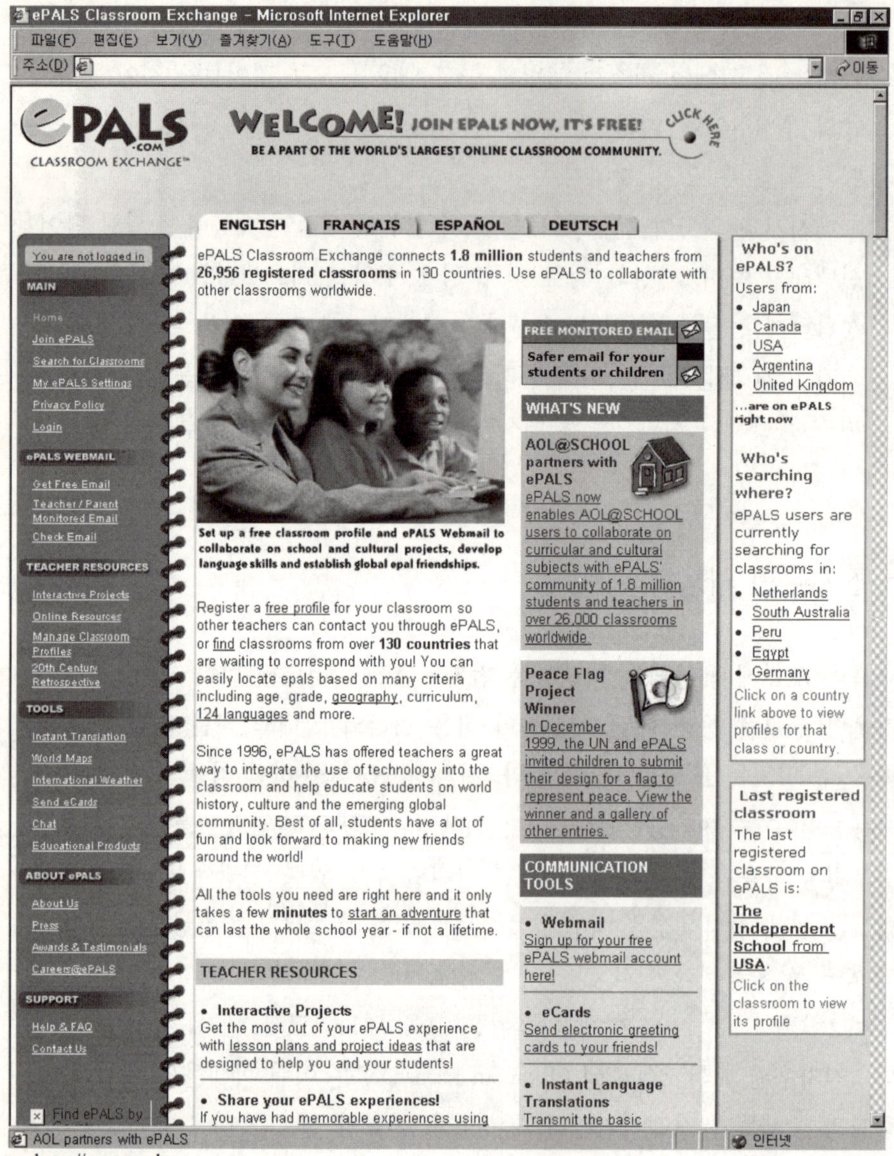

http://www.epals.com

ⓒ 2000 ePAL Classroom Exchange

자에게 그림이나 텍스트 정보를 보내거나 받을 때, 또는 지도교수와 대화할 때 어떻게 전자우편이 이용되는지를 알 수가 있다. 전 강좌가 가상공간에서 이루어지며 주요 의사소통 수단은 전자우편이다. 학습자들은 자료를 사용하기 위

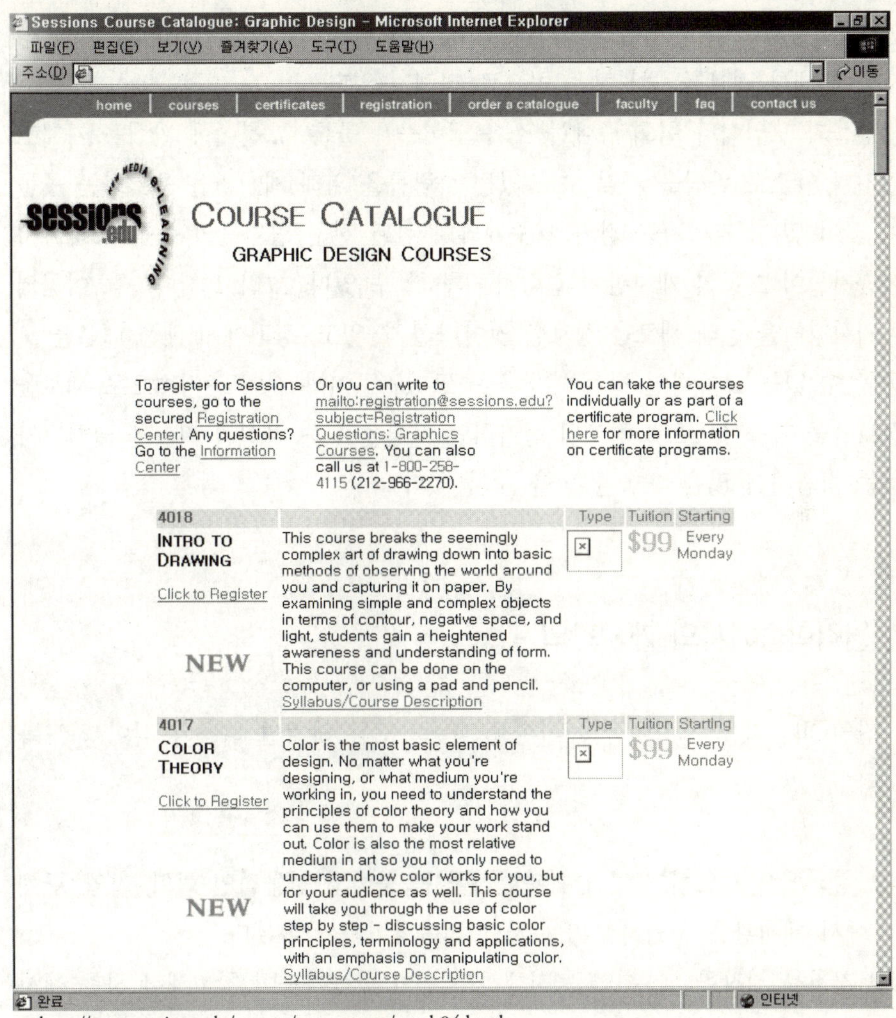

http://www.sessions.edu/courses/new_cataog/graph04.html
ⓒ sessions.edu, Inc. 2000

해 소프트웨어를 전송받을 수 있으나 강좌에서 필요한 모든 자료들은 컴퓨터 상에서 사용할 수 있도록 제공된다.

6. 게시판

게시판(bulletin board)은 그 자체만으로 원격학습 강좌의 내용을 전달하기에

적당치 않으나 보조적인 자료들을 제공할 수 있다. 대학이나 단체의 게시판은
안내문, 강좌변경, 개설강좌, 등록마감일, 등록절차, 학사일정, 그밖의 다른 행
사들에 대한 정보를 게시하는 곳으로 정해져 있다.

전문가 모임이나 협회 중에는 소속 멤버들은 물론 그 분야에 관심을 가지고
있거나 앞으로 관심을 가질 수도 있는 사람들을 위해 게시판을 운영하는 곳들
이 많이 있다. 교육자는 강좌의 주제와 관련된 전문 협회들의 목록을 찾아서
학습자들이 그곳의 게시판에 접속하도록 할 수 있다. 그리고 학습자는 이곳의
공지사항들을 통해 새로운 정보를 찾아나설 수 있고, 강좌에서 배운 내용을 보
충할 수 있는 교육적인 경험을 쌓을 수도 있다. 이와 같이 추가적으로 새로운
정보들을 학습함으로써 정보의 전자적인 자원을 통해 자신의 지식을 넓히고자
하는 학습자는 많은 도움을 받을 수가 있다.

7. 원격학습에서의 게시판의 활용

만일 학습자들로 하여금 게시판을 활용하도록 하려면 다음과 같이 하도록
한다.

1. 강좌에서 가르치고 있거나 관련이 있는 분야의 전문적인 협회, 기업, 단체
   에서 게시판을 운영하고 있는지와 접속방법을 알아본다.
2. 강좌를 시작할 때, 수업을 진행하는 동안 학습자들이 참고해야 하는 게시
   판에 접속하는 방법을 알려준다.
3. 게시판에 접속하는 데 필요한 기술적인 내용 이외에도, 메시지를 게시하
   고 이용하는 것에 대한 통신규약을 설명한다.
4. 학습자들이 게시판의 내용을 학습활동의 일부로서 활용해야 하는지 아니
   면 단순히 추천만 하는 것인지를 명시해주어야 한다.

그리고 교육자는 다음과 같은 방법으로 게시판을 이용(운용)할 수가 있다.

1. 공지사항을 전달할 수 있는 게시판과 사용방법에 대해 소속 교육기관이나 단체에 문의한다. 만일 전문적인 협회에 소속되어 있는 교육자라면 행정부서나 회원관리부서에 문의하여 소속 그룹의 게시판을 이용할 수 있는 방법을 알아보도록 한다. 교육기관이나 회사의 관리자가 사용을 승인하면 도움을 받아 직접 학습자를 위한 게시판 운영을 시작해야 할 것이다. 그리고 교육기관이나 회사 내에 원격학습 게시판을 구축하여 모든 사람에게 강좌를 홍보하고 교육이나 훈련 계획을 게시할 수도 있다.

2. 공지 문건이 다른 내용들과 차별화될 수 있도록 작성한다. 이목을 집중시키는 제목이나 문구를 사용한다. 간결하게 설명하되 잠재적인 학습자가 관심을 갖고 등록을 하는 데에 필요한 모든 정보를 제공한다. 학습자들의 호의적인 관심을 유발하고 추가적인 정보를 검색해 보도록 하기 위해 그림, 색채, 하이퍼텍스트 링크를 사용한다.

3. 공고의 내용을 자주 생신하도록 한나. 사이트를 방문할 때마다 항상 같은 내용의 오래된 공지사항이나 정보가 그대로 있다면 지루함을 느끼게 된다. 잠재적인 학습자들이 원격학습에 대해 더 알아보고 싶어하도록 정성들여 안내문을 만든다. 그리고 오래된 정보는 삭제하도록 한다.

8. 우편주소목록

우편주소목록(mailing list)은 게시판과 마찬가지로 원격학습의 부피가 큰 정보들을 전달하기에 적당하지는 않으나 보조적인 정보를 전달하기에는 좋은 도구이다. 우편주소목록은 토론그룹을 위한 포럼(forum)을 제공한다. 누구나 한개 이상의 우편주소목록에 가입할 수 있으며, 가입자는 원하는 만큼 자주 메시지를 게시할 수 있다. 우편주소목록은 거의 어떤 관심 분야에서든지 찾아볼 수 있다. 예를 들어 <표 6. 1>은 우편주소목록이 얼마나 다양한가를 보여준다.

우편주소목록을 신청하려면 가입하려는 목록에 나와 있는 주소를 보고 리스트서브(listserv)에 메시지를 보내야 한다. 대부분의 경우 지시사항이 제공되지만 신규 가입자는 일반적으로 전자우편의 To난에 리스트서브의 주소를 입력하고

<표 6. 1> 대표적인 우편주소목록

주요 메뉴목록에는 다음과 같은 범주들이 있다	각 범주에는 여러 개의 뉴스그룹들이 있다. 예를 들어 misc.* 리스트에는 아래의 대표적인 항목들을 포함해서 수백 개의 뉴스그룹들이 있다.
alt.*	misc.activism.*
bionet."	misc.answers
bit.*	misc.books.technical
biz.*	misc.business.*
comp.*	misc.consumers.*
courts.*	misc.creativity
general.*	misc.education.*
k12.*	misc.entrepreneurs.*
misc.*	misc.fitness.*
news.*	misc.forsale.*
rec.*	misc.handicap
sci.*	misc.headlines.*
soc.*	misc.health.*
talk.*	

Subject난은 비워둔다. 그리고 메시지의 본문에 다음과 같이 입력한다.

subscribe [신청자의 전자우편주소]

여기 그 예가 있다.

subscribe lporter@bgnet.bgsu.edu

리스트서브로부터 신청 접수와 승인이 완료되면 24시간내에 우편주소목록에 관한 정보를 받아볼 수 있다. 거기에는 메시지를 게시하는 방법, 개인이나 리스트에 답장하는 방법, 통신규약을 비롯하여 신청 해지, 리스트에서 주소를 제거하는 방법에 대한 안내가 제공된다. 때때로 리스트서브는 리스트에 대한 FAQ를 보내주는데 신규 사용자들는 이를 저장해두고 참고하도록 한다. 초기 메시지는 최소한 저장하거나 간단하게 프린트해둔다.

활동중인 우편주소목록으로부터 수백통씩은 아니더라도 매일같이 수십통의 메시지가 전송되기 때문에 가입자는 금세 많은 메시지가 쌓일 수 있다는 것을 명심해야 한다. 우편함을 자주 확인하지 않거나 여러 개의 우편주소목록에 가입되어 있다면 하루나 이틀 만에도 전자우편함이 넘쳐나게 된다. 우편주소목록은 매우 활발히 전개되기 때문에 토론하고, 질문하고, 충고하고, 경험을 공유할 수 있으며 단순하게는 공통 관심사를 갖고 있는 사람들과의 동호회를 구성하기 위한 좋은 수단이 된다. 이렇게 하여 학습자는 국제적인 네트워크를 단 시간에 구축할 수 있고 온라인 동료들에게 지침과 도움을 일을 수 있다. 우편주소목록은 지도(指導) 관계를 형성하기 위한 훌륭한 방법이다.

9. 원격학습에서의 우편주소목록의 활용

업무와 관련된 주제를 다루는 우편주소목록의 가입자들은 대체로 (취미나 흥미 중심의 우편주소목록과 달리) 직업적인 의견을 교환하려는 전문가들이기 때문에 우편주소목록의 통신규약을 엄격히 준수하도록 해야 한다. 우편주소목록의 동료 혹은 잠재적인 동료나 상사에게 보내는 메시지는 취미 관련 우편주소목록에서보다 면밀히 검토되기 때문에, 현실적인 측면을 고려할 때, 신중하게 작성해야 하며 리스트에 게재된 내용에 대한 의견을 발표할 때에도 주의를 기울여야 된다.

많은 전문가들이 그들의 일과 밀접하게 관련된 주제의 토론을 이어나가기 때문에, 만일 리스트가 주제와 관련이 없거나 미숙한 메시지들로 엉망이 된다면 문제를 삼을 수도 있다. 그들은 리스트의 통신규약을 지키지 않는 신참자 (newbies)들이 게재한 메시지들을 읽을 시간도 없지만 답할 시간은 더욱 없다.

그러므로 교육자/훈련자는 학습자가 리스트에 메시지를 게재하기 전에, 리스트가 매우 사적이든 전문적이든 간에, 각 우편주소목록의 목적과 통신규약을 이해하도록 해야 한다.

우편주소목록에서의 토론을 통해 강좌에 대한 보조적인 효과를 얻으려면 다음과 같이 하도록 한다.

1. 강좌의 내용과 관련 있는 우편주소목록의 주소들을 찾는다.
2. 학습자들을 가입시키고자 하는 리스트에 신청한 후 관찰해본다. 리스트에서 다루는 주제 및 구성원들과 친숙해지도록 한다.
3. 리스트서브의 초기 공지문을 전송받아 가입을 희망하는 학습자들에게 나누어준다.
4. 학습자가 전자우편 메시지를 제대로 작성할 수 있는지 확인한다.
5. 학습자가 참여를 원할 것 같은 리스트와 참여해야만 하는 리스트들의 주소들을 알려준다.
6. 우편주소목록에서 발췌한 정보들을 학습자들이 강좌에서 어떻게 활용하게 되는지에 대해 설명한다.
7. 리스트에 메시지를 보내서 강좌를 수강하는 학습자들이 어떻게 리스트를 활용하게 될 것인지를 설명한다. 리스트의 멤버들에게 신참자들을 환영해주도록 요청한다.

10. 뉴스그룹

뉴스그룹(newsgroup)은 우편주소목록과 마찬가지로 토론그룹(discussion group)이라고 불려지기도 한다. 토론그룹은 내부적으로만 토론이 이루어지기를 원하는 학습자들의 그룹에서와 같이 LAN의 범위 내에서도 구성할 수가 있다. 이와 같은 그룹에서는 다수의 참여자들이 토론에 참여할 수 있도록 특정 시간을 정한다. 반면에 뉴스그룹과 우편주소목록은 인터넷에 접속할 수 있는 사람이라면 누구나 토론에 참여하여 진행중인 토론에 의견을 개진하고 뉴스를 제공하며 새로운 토론의 실마리를 제공할 수 있는 공개토론 장소이다.

뉴스그룹도 우편주소목록과 마찬가지로 관심 분야별로 열거되어 있다. 만일 강좌의 내용상 여행을 다녀올 일이 있다면 외부의 사람들에게 일반적인 질문들을 게시함으로써 특정 지역으로의 여행에 대해 많은 것을 알아낼 수가 있다. 메시지는 보통 주제별로 분류되기 때문에 먼저 보냈던 메시지와 이에 대한 답장을 쉽게 찾을 수 있다.

각 메시지의 제목은 처음에 게시된 주제의 제목 바로 아래에 위치한 하이퍼텍스트 링크의 메뉴목록에 열거된다. 특정 토론이 진행되는 것을 따라가보려고 할 때에도 단계적으로 연결된 메시지들간에 링크가 설정되어 있기 때문에 다음 링크를 찾아 순차적으로 넘어가면 된다. 중간의 메시지에 흥미가 없으면 건너뛸 수 있다. 메시지들은 어떤 순서로도 읽을 수 있으며, 사용자가 원한다면 모든 메시지들이 열거되도록 하거나 일부만 또는 아무것도 보이지 않도록 할 수도 있다. <그림 6. 3>과 <그림 6. 4>는 위에서 설명한 원본 메시지와 그 답장의 한 예이다.

대부분의 브라우저에는 최근의 모든 뉴스그룹들의 목록을 볼 수 있도록 하는 버튼, 메뉴항목, 하이퍼텍스트 링크가 있다. 사용자는 이와 같은 일반적인 목록으로부터 좀더 특정한 주제를 다루는 목록으로 링크의 층을 옮겨가며 이동할 수 있다. 예를 들어 "rec.*"라고 표시되어 있는 뉴스그룹의 목록에는 스카이다이빙, 비디오 감상, 자전거 타기, 여행 등 다양한 주제들이 담겨 있는 레크리에이션 관련 뉴스그룹들의 목록들이 포함되어 있다. 여행이라는 주제를 참조하는 하이퍼텍스트 링크를 클릭하면 해당 뉴스그룹의 최근 게시물들을 볼 수가 있다. 이전의 게시물들은 다른 하이퍼텍스트 링크를 통해서 볼 수 있도록 되어 있다. 그리고 특정 게시물을 클릭하면 자세한 내용을 불러오는데 이를 프린트하거나 파일로 저장할 수 있으며 답장을 보낼 수도 있다. 게시된 메시지에 대한 의견을 보내고 싶은 사용자는 즉시 답장을 보낼 수 있으며 그 답장은 계속되는 토론의 다음 번 메시지로 등록된다. 뉴스그룹은 토론 거리가 다 마를 때까지 대개 하루나 이틀에 걸쳐 토론을 계속한다.

뉴스그룹은 특정한 주제에 대한 의견을 개진하고 피드백을 받을 수 있는 좋은 방법이다. 따라서 강좌의 학습자들로부터 비롯된 시각을 다양하게 확장하

<그림 6.3> 정보를 요청하는 전자우편의 예

주제: 원격학습 강좌가 필요함
날짜: 1996년 10월 20일 일요일 04:33:35-0700
발신: brfraser@xxxx.com
단체: XXXX Corporation
뉴스그룹: misc.education.adult

저는 물리학을 강의하는 원격학습 강좌를 찾고 있습니다. 저는 경영학과 일반과학 학사 과정을 마쳤기 때문에 학사나 석사 과정의 강좌에 관심이 있습니다. 학점 이수가 가능한 강좌를 인터넷으로 수강하고 싶습니다.
이와 같은 조건에 맞는 강좌가 개설되는지를 아시는 분이 계신가요?

<그림 6.4> 정보 요청에 대한 뉴스그룹 답장의 예

주제: Re: 원격학습 강좌가 필요함
날짜: 1996년 10월 20일 06:40:50-0700
발신: sjbecket@XXXXX.XXX.edu
단체: XXXXX 대학
뉴스그룹: misc.education.adult
XXXXX 대학에서 원격학습 프로그램을 통해 다양한 물리학 입문 과정을 제공하고 있습니다. 다음 학기에 제가 가르칠 강좌는 웹 사이트를 통해 제공됩니다. 더 알고 싶은 것이 있으면, 인터넷 주소 http://www.xxxxx.edu/disted/physics로 방문하십시오. 강좌에 대해 문의하려면 저에게 직접 우편을 보내도 좋습니다.

고자 하는 교육자와 학습자에게 유용하다. 그러나 개인적인 전자우편 메시지나 토론그룹 및 우편주소목록의 게시물들과 마찬가지로 뉴스그룹의 정보도 유용하고, 통찰력 있고, 정중하고, 정확할 수 있는 만큼이나 부정확하고, 오해의 여지가 있으며, 부적절할 수 있다.

즉, 뉴스그룹에서 모은 정보들은 다른 출처로부터의 정보와 마찬가지로 면밀히 검토되어야 한다. 누군가가 답장을 게시해주었다고 해서 그 정보가 다른 출처로부터의 정보보다 더 유용하거나 정확하다고 할 수는 없다. 그러나 뉴스그룹에서는 수많은 의견들을 제시하고, 열띤 주제들로 인해 며칠에 걸친 끝없는 토론들이 전개된다. 이렇게 비롯된 의견들은 강좌에서 이용할 수 있는 훌륭한 정보의 원천이 될 수 있다.

11. 다수 사용자 영역/차원

다수 사용자 차원(Multiple User Dimension)이라고도 알려져 있는 다수 사용자 영역(Multiple User Domain)은 다수의 참여자들간에 실시간 대화를 가능하게 한다. 아직도 많은 사람들이 MUD를 롤 플레이를 하거나 정교한 게임환경을 만들기 위한 장소로 알고 있지만 MUD의 교육적인 용도는 확장되어가고 있다. 예를 들어 MUD는 업무와 관련된 상황에서 사용자가 인물을 선택해 역할을 수행할 수 있도록 한다. MUD는 주제에 대해 참여자들과 의견을 교환할 수 있는 공간을 형성하기도 한다.

MUD에는 텍스트의 입력만으로 대화가 이루어지는 매우 간단한 것도 있다. 그러나 하이퍼미디어 응용 프로그램의 수준이 향상됨에 따라 상대방과 말로 대화할 수 있는 것들도 있다. 최근의 기술은 사용자가 얼굴 모습 등의 이미지를 스캔하여 화면 안에서 움직이는 몸체에 부착할 수 있도록 한다. 이 가상 인간은 가상 카페, 도서관 혹은 다른 공간에서 다른 가상 인간들과 상호작용하도록 조종이 가능하다. 기술이 점점 더 정교해지고 보편화됨에 따라 MUD를 이용하여 좀더 공식적인 협동작업, 모의실험, 시범, 롤 플레이 등이 가능한 가상 공간이 형성될 것이다.

12. 원격학습 강좌에서의 MUD의 활용

학습자들을 위해 MUD를 이용하려면 다음과 같은 것들을 시도해보도록 한다.

1. 그룹 모임이 가능한 시간을 정한다. 학습자들이 각기 다른 표준시간대에

흩어져 있거나 접속시간이 제한되어 있다면 여러 번의 모임 시간을 정해놓는다.

2. MUD의 사용규칙을 정해서 모든 사람에게 공평한 기회가 돌아가도록 한다. 롤 플레이를 개발한다면 역할을 선택하고 시나리오에 따라 연기하는 것에 대한 규칙을 정한다. 적극적인 참여자가 롤 플레이를 독점하지 않도록 하며, 모든 사람들이 참여하고 있는지를 계속 지켜본다.

3. MUD를 사용하기 훨씬 전부터 널리 알린다. 언제 MUD를 사용할 수 있으며, 어떻게 사이트에 접속하고 무엇을 해야 하는지 모든 학습자들이 알도록 한다.

4. 강좌에서 MUD를 어떻게 활용할 것이며, 강좌의 일부과정으로서 학습자들이 참여하여 쌓은 정보와 경험이 어떻게 이용되어야 하는가를 설명한다. MUD를 사용하기 전에 과제, 주의사항, 강좌의 개요를 통해 MUD가 어떻게 활용되어야 하는지에 대해 설명한다. 웹 사이트에서도 정보를 제공하고 있다면 FAQ 기능을 설정하도록 한다.

5. MUD 환경을 구축하고 사용현황을 관찰한다. 모든 잠재적인 사용자들이 실시간에 온라인상에서 상호작용을 할 수 있다면 MUD를 통해 더 많은 교육 기회를 제공할 수 있을 것이다. 가상 공간에서 상호작용이 이루어지기 때문에 학습자들이 접할 수 있는 모의실험이나 기술훈련의 유형은 '가상의 공간상에서는' 무한하다.

13. 원격학습 강좌에서의 팩스우편의 활용

전자우편, 팩스, 음성우편과 유사한 중간 형태의 기술이 팩스우편(faxmail)이다. 팩스와 음성으로 이루어지는 이 우편 시스템은 교육자/훈련자와 학습자가 언제라도 메시지를 주고받을 수 있도록 한다. 팩스우편 즉, '팩스로 보내는 음성우편'은 전자주소로 전송되고 수신자는 팩스기나 팩스 모뎀을 사용해 정보를 받아볼 수 있다. 이 시스템은 전자우편을 확인할 수 있는 컴퓨터가 없더라도 정보를 주고받을 수 있도록 한다. 학습자가 강좌에 대한 정보를 받기 위해서 할 일은 팩스기를 찾는 일뿐이다.

전자우편에 너무 긴 문서를 첨부하기가 곤란할 때가 있다. 팩스우편을 이용하면 전자우편 메시지에 첨부하기 어려운 긴 문서나 그림이 많은 문서들을 얼마든지 보낼 수 있다.

이런 유형의 커뮤니케이션은 피닉스 대학의 원격학습센터에서와 같이 교육자/훈련자와 학습자 간에 정보를 전달하는 주요 수단으로 사용될 수 있다. 전자우편이나 음성우편을 비롯하여 팩스우편은 다른 유형의 커뮤니케이션을 보완하는 방법으로 이용되기도 한다.

14. 원격학습 강좌에서의 음성우편의 활용

음성우편(voice mail)을 사용하면 말의 모든 뉘앙스의 전달과 인간적인 접촉이 가능하며, 교육자/훈련자와 학습자는 강좌를 사이에 두고 있는 상대방에 대해 좀더 알 수 있게 된다. 대부분의 전화시스템은 언제라도 음성 메시지를 녹음할 수 있도록 되어 있기 때문에 전화기만 있다면 교육자/훈련자와 학습자는 언제 어디에서든 통화가 가능하다. 팩스우편과 마찬가지로 언제라도 메시지를 확인할 수 있으며 컴퓨터가 필요없다. 이러한 장점 때문에 전자우편을 이용할 수 없는 학습자에게 훨씬 유용하다.

그렇지만, 분명히 단점도 있다. 메시지의 길이가 3분 이내로 제한되기 때문에 완전한 메시지를 남기는 데 시간이 충분하다고 할 수 없다. 만일 음성우편 메시지를 기술적으로 잘 남겨놓을 수만 있다면 음성우편도 효과적인 의사소통 수단이 될 것이다. 그러나 빙빙 둘러 말하거나 요점이 없거나 산만한 언어습관을 갖고 있다면 메시지를 이해하기가 어려울 것이다.

음성우편을 최대한 활용하려면 메시지를 남길 때 다음과 같은 사항을 주의한다.

1. 할 말을 기억한다. 전화를 걸기 전에 요점이나 질문을 적어두도록 한다. 정보를 요청하거나 질문을 하려면 원하는 것이 무엇인지를 구체적으로 설

명한다. 상대방이 요청한 정보를 남기려면 내용을 미리 적어둠으로써 명확
하고 쉽게 적절한 정보를 전달할 수 있도록 한다.

2. 자신의 신분을 밝힌다. 이름, 전화번호 등을 남겨놓음으로써 당신이 어디
에 소속된 누구인지를 금방 알 수 있도록 한다.

3. 메시지를 간결하게 남긴다. 전달하려는 사항들이 여러 개가 있다면 한 번
이상 메시지를 남기도록 한다. 그렇게 할 때에는 각 메시지의 목적과 요점
을 설명한다. 직접적인 태도로 정확하게 메시지를 말한다. 하나의 메시지에
포함되는 정보의 양을 제한해서 말을 서두르지 않도록 한다.

4. 녹음이 될 만큼 분명하고 크게 말한다. 명확하게 발음한다. 보통의 음색으
로 말하되 대화하는 억양으로 말한다. 기분좋게 말한다.

5. 최대한 이틀 후에도 요청한 답신이 없다면(메시지의 긴급한 정도에 따라
서) 다시 메시지를 남긴다.

음성우편 메시지를 들을 때는 다음과 같이 한다.

1. 메시지를 남긴 사람의 이름, 전화번호, 메시지의 목적을 적는다.

2. 메시지를 끝까지 듣는다.

3. 메시지를 저장한다.

4. 다시 들어보고 정보를 확인하며 녹음자의 기분을 전달하는 목소리를 주의
깊게 듣는다.

5. 모든 메시지를 들은 후에 답신을 한다.

6. 강좌를 진행하는 중에 주고받는 모든 메시지들을 녹음한 사람별로 기록해
둔다.

15. 원격학습 강좌에서의 전자우편, 팩스우편, 음성우편에 대한 확인목록

전자우편은 일반 우편을 사용하는 통신강좌와 마찬가지로 강좌의 내용을 전

달하기 위한 일차적인 방식으로 사용될 수 있다. 그러나 전자우편, 팩스우편, 음성우편은 그밖의 다른 기술을 사용하는 원격학습의 보완적인 수단으로서도 중요한 의미를 갖는다. 이러한 방식들을 강좌에 가장 효과적으로 사용하려면 다음의 사항들을 확인해보아야 한다.

- 전자우편의 사용을 의무사항으로 할 것인가, 또는 권장사항으로 할 것인가?
- 팩스우편의 사용을 의무사항으로 할 것인가, 또는 권장사항으로 할 것인가?
- 음성우편의 사용을 의무사항으로 할 것인가, 또는 권장사항으로 할 것인가?
- 세 가지 방식을 동등하게 사용할 것인가, 한 가지 방식을 주로 사용할 것인가?
- 전자우편을 사용하기 위해 학습자가 기술적으로 알아야 할 사항은 무엇인가?
- 팩스우편을 사용하기 위해 학습자가 기술적으로 알아야 할 사항은 무엇인가?
- 어떻게 하면 강좌의 체계를 단순화함으로써 전자우편이나 팩스우편만으로도 전송이 가능한 텍스트와 단순한 그림만 사용하여 대부분의 정보를 전달할 수 있는가?
- 전자우편, 팩스우편, 음성우편이 다른 종류의 교육방식(예를 들면 일반우편을 이용한 자료 전달, 화상회의, 정보를 저장하기 위한 웹의 사용 등)을 어떻게 보완할 수 있는가?
- 학습자에게 얼마나 자주 정보를 보낼 것인가?
- 얼마나 빨리 피드백을 제공할 것인가?
- 얼마나 자주 피드백을 제공할 것인가?
- 학습자로 하여금 얼마나 자주 전자우편, 팩스우편, 음성우편을 통해 답신을 보내게 할 것인가?
- 보통의 전자우편 외에 어떤 종류의 전자적인 커뮤니케이션 방법을 사용할 것인가?(예를 들면 우편주소목록)
- 보통의 전자우편 외에 어떤 종류의 전자적인 커뮤니케이션 방법을 권장할 것인가?
- 학습자가 전자우편, 팩스우편, 음성우편을 사용할 수 있게 하려면 어느 정도의 설명이 필요한가?
- 학습자는 전자우편, 팩스우편, 음성우편 메시지에 대한 통신규약을 얼마나

잘 알고 있는가?

• 전자우편, 팩스우편, 음성우편을 통해 강좌를 하는 데 어떤 지침을 설정할
것인가?

요약

전자우편, 팩스우편, 음성우편은 단순한 형태의 도구들로서 다른 온라인 원격학습 방식들에 비해 기술적으로 훨씬 뒤떨어지지만 단독 혹은 복합적인 형태로 사용한다면 자료를 보내거나 학습자와 상호 교류하는 데에 큰 효과를 발휘한다. 다른 전자적인 형태의 정보에 대한 경험이 거의 없는 학습자도 전자우편과 음성우편은 익숙하게 대할 수가 있을 것이다. 컴퓨터를 늘 접할 수 없는 학습자라면 전자우편에 전적으로 의존하는 것을 꺼리겠지만 다른 전자적인 방식들에 비해 접근과 사용이 훨씬 용이하다고 할 수 있다. 팩스우편이나 음성우편은 컴퓨터를 사용할 필요가 없기 때문에 전자우편이나 다른 원격학습 방식들에 비해 선호되기도 한다.

원격학습 강좌를 계획할 때, 교육자/훈련자와 학습자 그리고 다른 전문가들을 연결하기 위한 대화 방식에 전자우편을 포함시키도록 한다. 그리고 음성우편과 팩스우편은 전자우편이나 다른 원격학습 방식를 보완하는 데에 유용하게 사용할 수 있는 도구들이다.

제7장

교육과 훈련을 위한 월드와이드웹

월드와이드웹(WWW; Word Wide Web)은 원격학습 프로그램을 보급하는 가장 인기 있는 방법으로 등장하고 있다. 강좌 중에 교육자/훈련자와 학습자가 반드시 면대면으로 대화할 필요가 없는 경우라면 학습자에게 정보를 전달하는 가장 좋은 방법 중의 하나이다.

웹 사이트의 정보는 하이퍼미디어(동영상, 애니메이션, 음향효과, 음악, 음성, 사진, 그림, 문서 등), 하이퍼텍스트(문서와 정지화상 등), 혹은 링크되어 있지 않은 텍스트나 그림으로 구성되어 있다. 하이퍼(hyper)라는 접두사는 단지 정보가 어떤 정보에서 다른 정보로 연결되게 설계되어 있다는 것을 의미한다. 웹 사이트를 이용하는 장점은 하이퍼텍스트나 하이퍼미디어를 이용해서 간단한 문서나 멀티미디어 정보를 링크할 수 있다는 데 있다.

집이나 사무실에서 점점 더 많은 학습자들이 인터넷의 다른 부분뿐만 아니라 웹에도 접속을 하고 있다. 웹의 링크된 정보와 자원들을 이용하면 기본적인 수업을 할 수가 있지만 웹을 교육도구로서 이용하는 대개의 경우 교육자들은 학습자가 전자우편, 우편주소목록, 게시판, 그리고 다른 인터넷 서비스를 이용할 수 있다는 가정하에 수업을 한다. 따라서 웹으로 제공되는 강좌는 인터넷과 관련된 다른 활동을 종종 포함한다.

1. 웹을 이용한 교육활동

교육자/훈련자가 웹을 이용하면서 누릴 수 있는 혜택은 강좌에 이용할 수 있는 정보의 종류가 무한하다는 것이다. 정보가 전자적으로 저장되기 때문에 정보가 저장되어 있는 한 학습자는 사이트에 접속해서 정보를 내려받거나 온라인으로 이용할 수가 있다. 따라서 학습자는 자신의 진도에 따라 학습할 수 있으며 시간이 날 때마다 원하는 만큼 자주 사이트를 방문할 수도 있다. 정보의 종류에 따라 영구히 사이트에 저장해둘 수 있는 것도 있고 자주 갱신해주어야 하는 것도 있다. 교육자는 학습자들에게 필요한 정보를 강좌 기간 내내 제공하거나 과제물, 시험, 견본 같은 것들을 사이트에 일정 기간 동안만 저장해둘 수 있다.

교육자/훈련자는 대개 강좌의 개요와 같은 기초적인 정보를 웹에 올리지만, 사이버 공간은 견본 문서를 전달하거나 모의실험을 구축하기에도 좋은 장소이다. 강좌의 주제와 관련된 기본 지식을 전달하기 위해 사용되는 가장 중요한 두 가지 방식에는 멀티미디어 형태의 시연과 견본이 있다.

웹에 있는 정보를 읽고, 보고, 듣고, 상호대화하는 외에도 학습자는 교육자와 직접 커뮤니케이션을 할 수가 있다. 사이트에 하이퍼텍스트 링크가 설정되어 있다면 학습자는 mailto: 링크를 통해 교육자, 단체, 회사 등에 직접 전자우편을 보내면 되는 것이다. 따라서 학습자는 웹 사이트에 있는 정보에 대한 의견을 교환하기 위해서 구태여 전자우편 시스템을 추가로 구동시킬 필요가 없다. 즉, 웹에서 직접 질문을 하고, 의견을 보내고, 정보를 요청할 수 있다는 것이다.

웹 사이트에서는 또한 강좌와 관련된 추가 정보나 활동을 담고 있는 다른 사이트로의 연결을 제공할 수 있으며 원래의 웹 사이트와의 연계 하에 연구와 보강 작업을 용이하게 할 수가 있다. 교육자/훈련자는 학습자가 스스로 찾아보고 싶어할 만한 다른 자원들을 단순히 열거만 할 수도 있고, 학습자로 하여금 방문하도록 해야 하는 사이트들을 연결해둘 수도 있다.

2. 정보의 분할

웹을 통해 전달하려는 교육정보는 문서를 작성하여 전자적으로 연결한 것 이상이 되어야 한다. 강좌의 내용은 다양한 종류의 시청각정보들을 수용할 수 있는 상호작용 전자매체를 통해 전달될 수 있도록 특별하게 디자인되어야 한다.

사람이 보통 활자화된 문서를 읽을 때에는 윗줄에서부터 아래로 읽는다. 미국 문화권에서는 각 줄의 왼쪽에서부터 오른쪽으로 읽는다. 물론 여기저기 건너뛸 수도 있고, 첫 장을 읽기 전에 마지막 장부터 읽을 수도 있고, 색인을 뒤져 먼저 읽고 싶은 정보를 찾을 수도 있지만 대부분의 사람들은 문서를 읽을 때 앞표지부터 마지막 장까지 선형적인 방식으로 읽는다.

그러나 사람들은 전자적으로 하이퍼링크된 정보를 읽을 때 매우 다른 방식으로 접근한다. 문단이나 화면을 차례대로 읽는 법이 거의 없다. 그 대신에 가장 중요한 정보 조각을 찾기 위해 화면을 한번에 훑어본다. 만일 정보를 전송받는 데에 너무 오랜 시간이 소요되거나, 첫번째 화면에 찾고 있는 정보가 없다든지, 혹은 화면의 디자인이 흥미를 끌지 못하고 그 사이트를 더 머물고 싶지 않다면 간단히 다른 사이트로 옮겨가버린다.

이렇게 훑어보는 과정은 단 5초도 걸리지 않지만 웹 사용자들은 참을성이 없기로 악명이 높다. 그들은 정보를 빨리 찾으려 하고 링크가 작동되기를 바라며, 웹을 자주 사용하는 사람이라면 웹페이지나 화면 설계에 관해 무엇이 유행하고 좋은 기능인지를 다 알고 있다. 그렇기 때문에 웹을 설계할 때는 사이트의 유용성과 흥미를 모두 고려해야 하며 정보를 빨리 찾을 수 있게끔 정보를 최소한의 작은 단위들로 조각조각 구분을 해야 한다.

웹의 정보를 설계할 때 기본 원칙 중의 하나가 바로 청킹(chunking)이다. 청크(chunk)란 그 자체로서 의미가 있는 정보의 최소 단위로서, 처리할 수 있는 만큼의 정보의 양을 말한다. 그것은 아이콘이나 상징그림일 수도 있고, 문단, 메뉴, 사진 등 다른 설명이 없이도 독립적인 의미를 가지고 있는 무엇이든 다 청크가 될 수 있다.

청크된 정보는 학습자에게 가장 유용한 순서로 화면에 배치되어야 한다. 강좌를 설계하는 사람은 어떤 청크를 홈페이지 혹은 초기 화면에 넣을 것인지 그리고 어떤 청크를 다른 곳에 배치하고 홈페이지의 청크와 링크되게 할 것인지를 결정해야 한다.

이와 같이 정보를 처리할 수 있는 단위로 조각 내는 것과 의미 있는 단위를 이루도록 링크하는 것이 바로 웹의 구조라고 할 수 있다. 웹 강좌를 설계하는 교육자/훈련자는 자료를 청크로 분해해서 쉽게 이해하고 사용할 수 있도록 연결한 다음, 청크가 전달하고자 하는 정보의 유형에 적절한 문서나 시각적인 형식으로 설계되었는지를 확인해야 한다.

웹에서 강좌의 자료를 이용하고 공부하는 학습자가 다음과 같이 할 수 있어야 한다.

- 하나의 웹 사이트 내에서 혹은 여러 개의 웹 사이트 사이에서 청크 사이를 자유자재로 이동할 수 있다.
- 스크롤(화면을 위 아래로 훑어보는 기능)이나 링크(버튼, 메뉴, 하이퍼텍스트 링크, 아이콘 등)를 이용하여 정보를 검색할 수 있다.
- 청크간의 관계를 잘 이해하고 사이버 공간에서 길을 잃는 일이 없도록 한다(예를 들면 디렉토리, 목차, 링크목록을 이용한다).
- 정보를 전송하거나 전송받을 수 있다.
- 정보(투명한 인터페이스(transparent interface))의 위치와 사용방법을 알고 있다.

그러나 웹에 저장된 정보를 어떻게 하면 손쉽게 쓸 수 있게 하는가 하는 문제는 전적으로 강좌 설계자의 책임만은 아니다. 브라우저에 따라 웹에서의 작업이 쉬울 수도 어려울 수도 있다. 어떤 브라우저는 텍스트만 사용할 수가 있고 어떤 브라우저는 텍스트, 정지화상, 동화상을 모두 사용할 수가 있다. 어떤 브라우저가 상호작용이 우수한 그래픽과 모든 종류의 소리(예를 들어, 음악, 음성, 음향효과)를 불러올 수 있다고 해도 사용자의 컴퓨터가 소프트웨어나 인터페이스 카드, 혹은 그만한 기억용량을 가지고 있지 않으면 그 정보를 화면에 표시할 수가 없다. 컴퓨터가 정보의 분량과 형식을 수용할 수 있고, 브라우저가 웹 사이트에서 전송받은 정보를 지원한다고 해도 컴퓨터의 처리속도가 느리거나 기억용량이 적어서 정보를 전송받는 데 오랜 시간이 걸릴 수도 있다. 그것이 바로 많은 사용자들이 기다리다 지쳐 포기하고 다른 사이트로 이동하게 되며 기술적으로는 덜 정교하지만 빨리 로드되는 정보를 선호하는 이유이다.

학습자가 컴퓨터 통신망의 백본(backbone)과 연결된 장소에서 작업을 하고 있다면 인터넷에 연결하기 위한 모뎀이 필요없으며, 먼거리에서 모뎀을 이용할 때보다 전송속도가 훨씬 빠르다. 학습자가 통신망에서 멀리 떨어진 집이나 사무실에서 공부를 해야 한다면 강좌에서 필요한 정보를 주고받을 수 있는 모뎀이 필요할 것이다.

강좌 설계자는 강좌가 진행되는 사이트와 방문해야 할 다른 사이트의 정보를 학습자들이 모두 이용할 수 있도록 필요한 브라우저, 하드웨어, 소프트웨어에 대해 설명해주어야 한다. 그리고 어떻게 컴퓨터로 인터넷에 접속하며 강좌의 웹 사이트를 찾아가는지를 경우에 따라서는 매우 상세하게 설명해줄 필요가 있다.

교육자/훈련자가 원하는 만큼 완벽하게 학습자의 컴퓨터 시스템과 웹 사용능력을 조정할 수는 없지만 웹 사이트의 효용성을 최대한 높일 수 있도록 많은 일들을 할 수가 있다. 대부분의 학습자들이 빠르고 쉽게 전송받을 수 있도록 웹을 설계하고, 사이트를 정기적으로 갱신해서 학습자가 강좌를 마치기 위해 필요한 만큼의 양과 종류의 정보를 접하도록 해야 한다.

다음에 제시한 미주리 대학의 독립학습센터 홈페이지는 청킹의 원칙을 잘 보여주고 있다. <그림 7.1>은 정보를 주요 청크들로 나누었으며, 홈페이지의 맨 윗부분에 해당한다.

같은 페이지의 아래 부분에 있는 청크로서 학습자가 논리적으로 다른 페이지로 옮겨갈 수 있도록(중요도에 따라 왼쪽에서 오른쪽으로) 링크들이 배열되

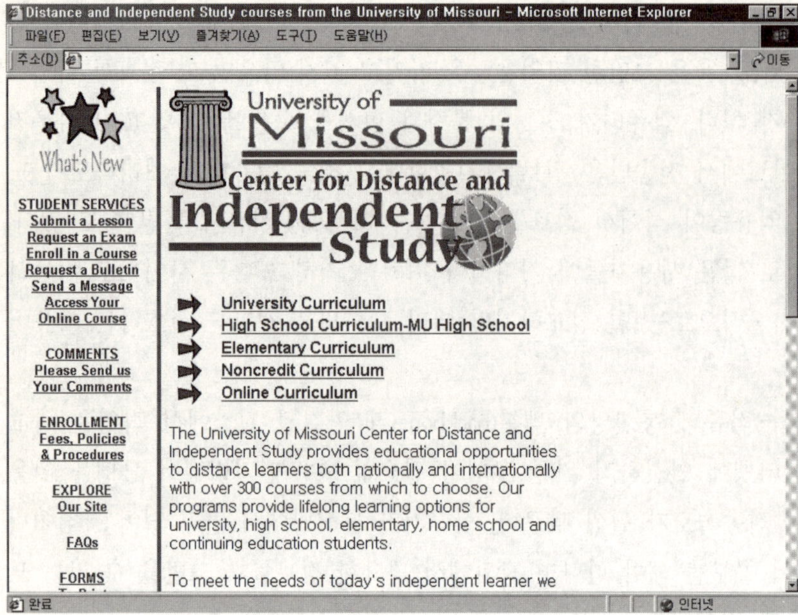

http://cdis.ext.missouri.edu/

ⓒ 2000 University of Missouri

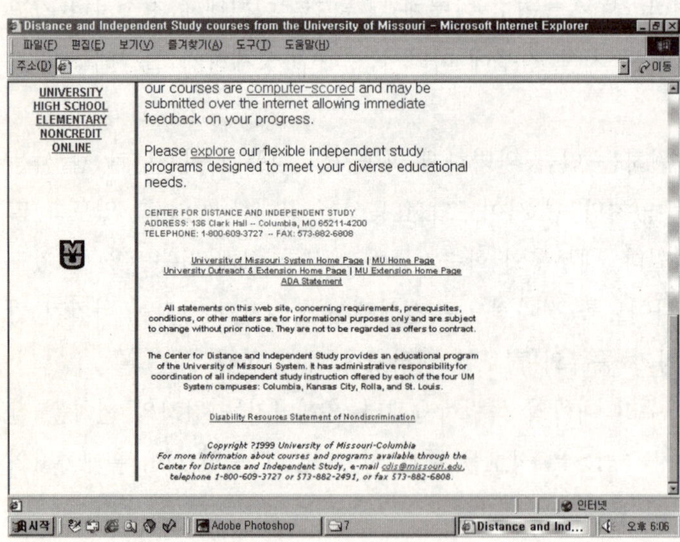

http://cdis.ext.missouri.edu/

ⓒ University of Missouri 2000

어 있다(<그림 7. 2>). 각각의 링크는 특정 순서대로 배열된 정보를 담고 있는 개별적인 청크들이다. 그리고 추가적인 링크를 통해 잠재적인 학습자들이 학교에 대한 좀더 일반적인 정보를 찾아볼 수 있도록 되어 있다(<그림 7. 3>).

각 정보청크는 다른 관련 있는 정보청크로의 링크, 혹은 그 자체만으로 의미를 갖는 개별적인 정보의 조각으로서 독립적으로 존재한다. 페이지는 학습자가 사이트에서 제공되는 정보의 순차적인 구조를 우선적으로 파악하고 일련의 링크들 중에서 선택할 수 있도록 배열되어 있다. 다른 사이트로 옮겨가지 않고 페이지를 계속 살펴보려고 한다면 링크를 선택함으로써 학교 전반에 관해 알아볼 수도 있다. 페이지를 계속 읽다보면 학교와 관심 있는 프로그램에 대한

<그림 7.3> 미주리대학 웹 사이트의 청크(추가 청크 목록)

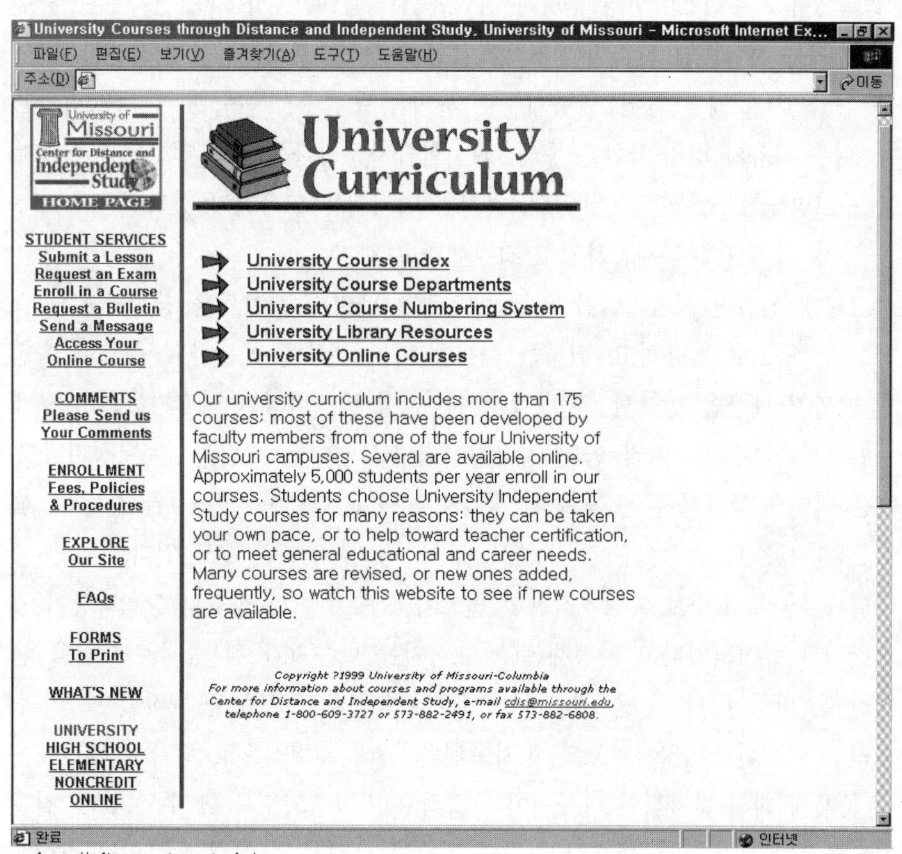

http://cdis.ext.missouri.edu/

ⓒ 2000 University of Missouri

더 많은 정보를 컴퓨터를 이용하지 않고도 받아볼 수 있는 방법도 찾을 수가 있다. 이와 같은 페이지는 읽기도 쉽고 기능적이며, 다양한 유형의 정보에 접근하기 쉽게 청크되어 있다.

3. 웹을 이용한 강좌의 설계에 필요한 질문들

지금까지, 개설하려고 계획중인 강좌와 그 정보를 필요로 하는 학습자들에게 웹 사이트가 적합한 원격학습의 형식을 제공할 수 있는지에 대해 살펴보았다. 개설하려는 강좌에서 교육자와 학습자 간의 직접적인 접촉이 거의 필요하지 않거나 커뮤니케이션의 분량과 형식을 전화통화, 음성우편, 전자우편, 일반우편, 혹은 간헐적인 원격회의나 데스크탑 화상회의를 통해 쉽게 해결할 수 있을 수도 있다. 예를 들어, 학습자들로 하여금 우편주소목록, 토론그룹, 뉴스그룹, 다수 사용자 영역/차원을 통해 다른 학습자들이나 외부의 전문가들과 정보를 주고받도록 요구할 수가 있다. 하지만 여기서는 교육자가 강좌내용의 대부분을 웹 사이트에서 제공하기로 결정했다고 하자.

그렇게 된다면 학습자들은 언제든지 원할 때마다 사이트를 방문하고, 필요한 만큼 링크를 활용하고, 원하는 순서에 따라 내용을 공부하고, 주제에 숙달될 때까지 내용을 반복할 수 있을 것이다. 정보는 다양한 학습자들의 요구에 부합하도록 내용에 따라 좀더 시각적이거나(사진이나 그림과 같은 정지화상, 혹은 비디오 클립과 같은 동화상), 청각적일 수도 있으며(사운드 클립, 음악, 특수효과), 텍스트 중심으로(견본 문서, 묘사, 정의) 구성될 수도 있다.

학습자들에게 정보와 상호작용할 필요가 있으며 어느 정도의 상호작용이 필요한지가 결정되었다고 가정해본다. 교육자는 학습자가 질문을 읽고 답을 선택한 후 확정하는 기능을 제공하는 상호대화식 퀴즈 부분을 제작할 수 있다. 그리고 완성된 답안을 받으면 전자우편을 통해 개별적으로 평가하거나 혹은 각 문제에 대해 전자적인 피드백이 즉각적으로 실행되도록 할 수도 있다. 결론적으로 교육자가 웹을 이용한 강좌의 필요를 분석하고, 이런 유형의 원격학습이 적합하다는 확신을 얻었다고 가정해보도록 하자.

이제 교육자는 기술자들을 포함한 팀의 일원으로서 작업을 해야 한다. 기술
자들은 서버나 컴퓨터와 관련된 기술적인 문제들을 책임질 뿐만 아니라 사이
트를 구축하고 유지하고 갱신하는 것을 도와주어야 하며, 교육자와 훈련자는
강좌의 자료를 개발하고 학습자들에게 적용해보아야 하고, 관리자와 운영책임
자는 프로젝트 전반에 걸쳐 감독하고 예산과 자원을 할당해야 한다. 그리고 강
좌를 설계하는 과정에서 다음과 같은 관리적 차원의 질문과 강좌 설계와 관련
된 질문에 의견의 일치를 보아야 한다.

관리적 차원의 질문

관리적 차원의 질문은 누구에게 정보에 접근할 수 있는 권한을 부여할 것인
가, 보안장치를 해야 한다면 어떠한 것을 설치해야 하는가, 각 강좌의 설계와
유지는 누가 할 것인가를 결정하는 데에 도움이 될 것이다.

웹 사이트에서 강좌와 관련된 모든 정보에 대한 접근 권한이 필요한 사람은
누구인가?

현재 강좌를 수강하는 학습자와 강의를 진행하는 교육자/훈련자는 분명히
모든 정보에 접근할 수 있어야 한다. 여기서 사이트에 대한 완전한 접근은 그
들에게만 허용되어야 한다. '수강' 링크를 만들어서 수강료를 지불한 사람들만
이 과제, 시험, 알림, 공고, 그리고 중요한 강좌자료(예: 견본 문서, 모의실험)에
접속할 수 있게 한다. 학습자들이 강의를 듣기 위해 수강료를 지불하고 있다면
안전장치를 마련해서 비용을 지불한 사람들만이 모든 정보에 대한 권한을 갖
도록 해야 한다.

일반적인 주제를 중심으로 무료강좌를 제공한다면 강좌에 대한 수강 여부와
관계없이 누구라도 사이트의 모든 정보에 접근할 수 있도록 해야 한다. 사실
이런 경우에는 더 많은 사람들이 사이트를 방문하고 정보를 이용하게 하는 것
이 바람직할 것이다. 만일 같은 강좌를 더 많은 정보 및 활동과 함께 유료로
제공한다면 두 개의 사이트를 모두 운영하면서 무료 정보 사이트에 유료강좌
신청방법에 대한 설명으로의 링크를 설정해둘 수 있다. 무료로 견본강좌를 제

공하려면 사이트를 유료강좌(대개 학점을 이수하기 위한)에 포함되어 있는 정보로 링크할 수 있기 때문에 두 가지 버전으로 자료를 준비하지 않아도 된다. 무료강좌가 마음에 들고 방식이나 정보의 분량이 적절하다고 판단된다면 학습자들은 개인적인 관심보다는 경력에 도움이 되는 유료강좌를 추가적으로 수강하고자 할 수도 있다.

강좌를 수강하는 학습자들 외에 함께 일하는 동료들에게도 사이트에 대한 완전한 접근이 허용돼야 한다. 예를 들어, 관리자, 운영책임자, 기술자, 그리고 강좌와 관련하여 일하는 사람이라면 주변적인 역할만 담당할지라도 접근 권한을 부여해야 한다. 이들은 사이트의 관리상황을 정기적으로 점검해야 하고, 회의나 컨퍼런스에서 잠재적 고객들에게 프로그램을 '과시'해야 하는 경우도 있다. 게다가 원격학습 강좌들을 제공하는 교육기관들은 정기적으로 인가를 위한 평가를 받고, 각 교육자의 강좌는 수업의 품질을 유지하기 위해 항상 모니터되기 때문에 책임자는 웹 사이트와 수업활동을 모니터하려고 할 것이다.

사이트의 모든 정보에 접근할 필요가 없는 사람에게는 일부 혹은 모든 링크들에 대한 권한을 차단할 수가 있다. 대신에 강좌신청용 화면을 만들어서 강좌에 대한 정보를 자세하게 얻을 수 있는 방법과, 학습자들을 위한 사이트 접속방법을 설명해두도록 한다. 소속 회사나 기관에서 웹 사이트를 구축할 수 있도록 도와주는 기술자들이 사이트의 강좌 관련 자료에 대한 적절한 보안장치를 설계할 수 있도록 도움을 줄 수 있을 것이다.

웹 사이트에서 부분적인 정보에만 접근할 수 있도록 권한이 제한되는 사람은 누구인가?

잠재적인 학습자들에게 견본 자료나 강좌의 개요 및 목적과 같은 대표적인 정보를 소개하려면 교육기관이나 회사의 웹 사이트 방문자들에게 강좌의 정보 중 일부를 공개해야 한다. 그러나 현재 강좌를 수강하는 학습자들이 사용하는 자료나 모든 수업에 대한 내용은 일반 대중이 접근할 수 없도록 보안을 해야 한다.

현재 프로그램에 등록되어 있는 학습자에게도 일부 자료에 대한 접근을 제한해야 할 필요가 있다. 예를 들어, 온라인으로 모든 시험들을 제공하지만 어느 특정한 날까지, 혹은 학습자가 어떤 과정을 완전히 마칠 때까지 시험문제에 대한 접근을 막을 수 있다. 그리고 강좌가 진행되는 동안 사이트의 내용이 계속 바뀌기 때문에 항상 이용할 수 있는 정보와 한시적으로 이용할 수 있는 정보에 대해 학습자들에게 정확히 알려주어야 한다. 접근 권한이 소멸된 링크를 비롯하여 신규 링크에 대한 접근 제한 및 새로운 링크로의 대체 등에 대해서도 학습자들에게 미리 알려주는 것이 좋다.

때로는 컴퓨터 네트워크, 하드웨어, 소프트웨어를 관리하고, 설치하고, 갱신하는 동안 기술자에 의해 몇 시간 또는 며칠까지도 사이트로의 접근이 허용되지 않을 수가 있다. 만일 한동안 강좌 사이트가 차단된다면 학습자들에게 앞으로 정보를 이용하지 못할 것이라는 사실을 공고해야 한다. 사이트에 접속할 수 없고 무슨 일이 일어났는지 학습자가 궁금해하지 않도록 조처한다.

만일 일부 링크에 대해 공개적인 접근을 허용하고 다른 링크들에 대해서는 제한하고자 한다면 웹 사이트를 신중하게 설계함으로써 모든 사람들에게 접근이 허용된 자료는 같은 페이지, 예를 들면, 홈페이지나 견본 사이트로 링크되도록 한다.

어떻게 접근을 제한할 것인가?

기술진으로부터 서버, 서비스 제공자, 회사, 교육기관의 규정에 따라 특정 사이트로의 접근을 제한하는 방안을 제시받도록 한다. 가장 흔하게 쓰이는 방법은 학습자에게 암호, 혹은 신분 코드를 주거나 스스로 정하게 해서 정보를 제한하는 방법이다. 암호와 코드에 대한 목록은 강좌가 종료될 때 갱신되어야 한다. 사이트에 신청 링크를 마련해서 사용자가 등록을 하고 수강료를 지불하면 정보에 접근할 수 있게 하는 방법도 있다.

정보에 대한 보안을 아무리 강화한다고 해도, 웹의 어떤 정보든 비용을 지불하지 않은 채 읽고 복사해갈 수 있다는 것을 알아야 한다. 전기를 통해 전송하는 어떠한 정보도 완벽하게 안전할 수는 없다. 암호와 같은 보안장치가 접근을 완전히 통제하는 것처럼 보이지만, 만일 누군가 원하기만 한다면 언제든지 사이트를 열람할 수 있고 교육자와 학습자 간에 오가는 정보를 모두 볼 수 있다.

강좌를 수강하는 대부분의 성인들은 위와 같은 사실을 인식하고 있으나 학습자들에게 개인적인 정보를 요구해야 하거나 사업상의 혹은 사적인 기밀을 공개하도록 해야 할 때에는 다시 한번 상기시키는 것이 좋다. 자신이 보내는 전자메시지에 대한 책임은 각 개인에게 있다. 비록 대부분의 사람들이 모든 유형의 전자정보에 대한 비밀을 존중하지만 기술적으로는 예기치 않은 방법으로 정보가 누출될 수 있다는 것을 항상 명심해야 한다.

웹 사이트의 정보는 누가 갱신할 것인가?

강좌를 담당하는 교육자/훈련자가 강좌의 내용을 구성하기 때문에 언제, 얼마나, 어떤 종류의 자료를 갱신할 것인가에 대해서도 결정을 해주어야 한다. 나아가 웹 사이트의 정보를 갱신하는 책임도 맡게 될 수도 있다.

좀더 기술적인 유형의 갱신이 필요한 것들 즉, 사이트의 구조나 링크 또는 서버에 새로운 정보를 실행시키는 것과 관련된 일은 전체적인 컴퓨터 네트워크에 대한 책임을 지고 있는 기술진이나 전산부 직원의 업무라고 할 수 있다. 사이트 설계자(주로 교육자)는 사이트의 내용과 기본적인 설계를 갱신하기 위해 HTML, 그리고 인터넷에 대한 회사 또는 교육기관의 방침을 알고 있어야 한다. 그렇지만 광범위한 설계의 변경이나 시스템과 관련된 갱신 및 변경은 회사나 교육기관의 네트워크를 책임지고 있는 기술진에 의해 이루어진다. 때로 기술자와 교육자/훈련자 모두에게 정보의 갱신에 대한 책임이 주어지며, 필요에 따라 새로운 정보를 추가하고 사이트를 정기적으로 재설계하는 일을 함께 하게 된다.

교육기관이나 회사는 정보의 갱신에 대한 책임을 업무에 할당하는 규정을 정해둘 수가 있다. 그리고 정보를 갱신하는 횟수와 방법을 명확히 정해놓아야 하는데 이는 사이트의 내용뿐만 아니라 설계상에도 갱신되어야 할 것들이 너무 많기 때문이다.

누가 웹 사이트를 모니터하고 관리할 것인가?

사이트의 효율성을 개선하고 기술적인 정확성을 유지하는 것은 중요한 업무이다. 이러한 업무는 교육자/훈련자와 기술자의 몫이다.

사이트를 자주 점검하고 내부 또는 외부로의 링크가 모두 유효하며 작동되는지를 확인해야 한다. 유효기간이 지난 링크는 삭제하거나 다른 것으로 바꾸고 새 링크를 추가하여 새로 생긴 웹 사이트나 새로이 생성된 추가 자원에 연결하도록 한다.

정기적으로 같은 웹 사이트를 방문하는 사람들에게 오랫동안 디자인에 변화가 없는 사이트는 지루하게 느껴진다. 그러므로 사용하기 쉽고 아름답게 보이도록 디자인을 다듬어주어야 한다. 유행을 추종하려는 의도가 없더라도 색깔, 음악, 음향, 그림, 상호작용 기능을 구현하는 데 있어 어느 정도는 최근의 추세를 반영하지 않을 수 없다. 또한 웹을 자주 이용하는 사람들이라면 최근의 인터넷 기술과 디자인이 반영된 사이트를 원했지만, 온라인 추세를 현명하게 판단하여 매력적이면서도 기능적이며 특정 사용자의 요구에 합당하게 사이트를 디자인해야 할 것이다. 웹 사이트의 유지/보수를 맡고 있는 사람이라면 새로운 디자인과 사용자에게 편리한 기능이 무엇인지 찾기 위해 웹 사이트를 검색하는 책임도 감수해야 한다.

웹 사이트에서 정보와 관련하여 자료보관, 미러(mirror)사이트, 백업디스크는 누가 관리할 것인가?

강좌의 자료를 제작하는 교육자/훈련자는 자신의 강좌에서 사용하는 파일과 웹 사이트의 백업 복사본을 보관해야 한다. 대부분의 경우, 강좌를 설계하고 진행하는 사람이 백업 복사본을 관리해야 하며 만일 웹의 원래 사이트가 손상되어 대체해야 되거나 강좌를 재개할 때까지 잠시 사이트를 치워야 할 필요가 있을 때를 대비해야 한다.

교육기관이나 회사는 온라인 자료보관장치를 관리하고 만일 그림과 텍스트로 디자인되어 있는 사이트를 사용할 수 없게 되는 경우, 대개는 주로 텍스트로만 되어 있는 백업 문서를 다른 위치에서 접근할 수 있도록 한다. 이와 같은 미러 사이트를 관리하는 일에는 기술진이 관여되어야 한다.

웹 사이트를 제공하는 기간은?

항상 개설중인 강좌라면, 자료를 정기적으로 갱신하는 경우를 제외하고는 영구적으로 웹에 남아 있게 될 것이다. 그러나 정기적으로 개설되는 강좌라면 일정한 기간 동안만 사이트를 제공하고 다시 강좌가 개설될 때까지 삭제해두어야 한다. 어떤 방식을 택하든지 간에 학습자들에게 강좌가 개설되는 기간과 과정을 마치기 위해 허용된 시간이 얼마나 되는지를 알려주어야 한다.

설계 측면의 질문

매번 웹에서 강좌를 개설할 때마다 설계자(주로 수업을 담당하는 교육자/훈련자)는 다음의 질문들에 대해 방안을 강구해야 한다. 웹 사이트의 디자인이 효용적이고 매력적이어야 한다는 것은 화면의 '모양'이 정기적으로 갱신되어야 한다는 것을 의미한다. 학습자의 요구는 변화하며 주제 영역은 새로운 또는 변화하는 정보를 중심으로 발전하기 때문에 강좌의 내용을 현실적이며 흥미 있고 정확하게 유지하려면 온라인 강좌의 자료를 갱신해주어야 한다. 설계 관점에서 바라본 다음의 질문들은 강좌를 신설하거나 기존 강좌를 갱신하는 데에 도움이 될 것이다.

웹 사이트에 어떤 유형의 자료들을 포함시킬 것인가?

대개 강좌 설계자들은 강좌에 대한 배경 지식을 제공하고 과제와 견본 문서에 대한 링크를 설정하며, 텍스트 정보를 보완하기 위해 그림이나 음향을 추가한다. 강좌에 따라 모의실험, 상호대화식 퀴즈와 시험, 전자우편의 사용을 고려해야 할 것이다. 설계자는 어떤 유형의 자료가 주제를 가장 잘 설명할 수 있으며 학습자들의 다양한 학습방법에 적합한지를 결정해야 한다.

자료들을 어떻게 링크할 것인가?

링크를 내부적으로만 연결함으로써 각 하이퍼텍스트 링크가 같은 사이트 내에 위치한 정보만을 참조하게 할 수 있다. 예를 들어, 목차로부터 각 단원의 핵심 텍스트로, 문서로부터 삽화·보기·정의로, 시험문제로부터 문제의 근거를 제공하는 참고자료로 링크를 설정할 수가 있다.

내부 링크가 많이 설정되어 있으면 학습자가 강좌에 관한 기본적인 정보로부터 좀더 구체적인 교습이나 활동과 관련된 항목으로 찾아가는 데에 도움이 되겠지만 다른 사이트로의 외부 링크도 매우 유용하게 사용된다. 외부 링크는 학습자들이 회사나 교육기관과 연계된 학생 등록계, 강좌 안내, 도서관 목록, 사내 부서의 웹 사이트를 참고할 수 있도록 한다. 그밖의 다른 외부 링크들로는 학습자가 강좌의 주제와 관련된 정보를 찾는 데 도움을 주는 것들로서 일반적으로 전문가 협회, 비영리 단체, 지역사회 자원, 도서관, 온라인상의 데이터베이스나 문서가 있는 웹 사이트로의 링크들이 제공된다.

내부 및 외부 링크들을 몇 개나 제공할 것인가에 대한 계획도 중요하지만 링크의 유형을 디자인할 때에도 주의를 기울여야 한다. 관련된 정보청크들을 연결하는 하이퍼텍스트 링크에는 단어나 문구가 사용되기도 하는데, 한번 사용된 텍스트 링크를 다른 색으로 바꾸어 표시하면 사용하는 데에 도움을 줄 수 있으며 링크는 계속적으로 사용이 가능하다. 사용된 링크가 다른 색으로 표시되도록 하면 이후에 사용했는지의 여부를 확인할 수가 있다. 만일 강좌에서 사용하는 링크에 진도에 의한 순번이 지정되어 있지 않다면 학습자는 원하는 순서에 따라 링크들을 사용할 수가 있을 것이다. 이때에 사용된 링크가 다른 색으로 표시된다면 학습자들은 자신의 진도를 확인할 수 있으며 학습에 도움을 줄 것이다.

웹 사이트의 하이퍼텍스트 링크를 보조하기 위한 수단으로서, 아이콘이나 그림을 클릭하면 관련 정보청크로 연결되는 하이퍼미디어 링크를 설정할 수가 있다. 각 그림은 밑줄이 그어져 있는 텍스트와 마찬가지로 한눈에 클릭할 수 있는 대상이라는 것을 알아볼 수 있도록 직관적이어야 한다. 대체적으로 하나의 정보에 한 개 이상의 링크들을 설정하는 것이 바람직하며 그림과 텍스트를 같은 정보청크로 연결해두는 것도 효과적인 방법이다.

그리고 내비게이션 기능을 제공하는 링크를 풀다운, 풀오버, 팝업 메뉴, 또는 버튼에 구현하여 페이지의 가장자리에나 그림 내에 배치해둘 수 있다. 홈페이지와 핵심적인 개념 및 웹 사이트의 중요한 부분으로 연결하는 가장 중요한 링크들은 화면의 특정 장소에 특정 형태로서 반복적으로 표시된다.

그밖에도 mailto: 링크를 사용하면 읽기 또는 보기 위주의 정보청크들 사이를 수동적으로 옮겨다니는 대신 학습자도 정보를 보낼 수 있게 된다. 만일 웹 사이트에서 공부하는 동안 학습자가 질문이나 의견을 제시할 수 있도록 하는 것이 중요하다고 생각되면 mailto: 링크를 설정해두어야 한다. 그리고 홈페이지를 훑어보던 사용자가 등록절차에 대한 문의나 강좌에 대한 관심을 표시할 수 있도록 하기 위해 웹 사이트의 모든 링크된 화면마다 mailto: 링크를 설정해두는 것이 좋겠지만 적어도 홈페이지에는 mailto: 링크를 설정해두도록 한다. 대부분의 경우 mailto: 링크는 저작권 표시나 회사, 단체의 명칭과 가까운 위치에 둔다.

만일 공공 장소에서나 마우스, 키보드를 사용할 수 없는 환경에서도 이용이 가능하도록 정보를 설계하려면 키보드나 마우스로 입력하는 대신 화면을 터치하여 링크가 작동될 수 있도록 해야 한다. 예를 들어, 지역정보센터, 쇼핑몰, 도서관, 회사의 로비와 같은 공공 장소에 있는 키오스크(kiosk)에서 교육기관이나 회사에 대한 안내를 제공하는 경우를 들 수 있다. 교육이나 훈련 기회에 대한 정보를 제공하는 것은 바람직한 마케팅 방법으로서 각 원격학습 강좌에 대해 정보가 없던 사람들이라도 원격학습 기회를 제공하는 회사나 단체의 이름을 기억하게 될 것이다. 터치스크린 키오스크에서 정보를 전달할 때 가장 다른 점은 화면의 아이콘이나 버튼을 손가락으로 건드려야만 원하는 정보가 화면에 나타난다는 것이며, 정보의 구조 및 형식은 일반적인 정보 키오스크에서 웹 사이트를 설계할 때와 마찬가지이다.

웹 사이트에 접속하여, 혹은 키오스크를 거쳐 인트라넷을 통해 정보를 링크하건 간에 투명한 인터페이스를 설계하여 학습자들로 하여금 링크가 어떤 모양을 하고 있으며 어떻게 사용하여 청크를 연결할 수 있는지 직관적으로 알 수 있도록 해야 한다. 가장 중요한 정보청크에는 적어도 두 개 이상의 내비게이션 링크(예:텍스트, 그림 등)들이 설정되도록 한다.

자료를 얼마나 자주 갱신할 것인가?

과목에 따라 내용의 변화가 거의 없는 것들이 있다. 예를 들어, 기초과정의 생물, 역사, 화법 과목과 같은 것들은 매강좌마다 동일한 방식으로 강의를 할 수 있다. 그러나 주제를 가르치는 방법이 달라진다면 강좌도 또한 갱신되어야 한다. 즉, 유용할 수 있게 된 새로운 정보는 기존의 지식에 추가되어야 한다.

강좌의 주제에 거의 변화가 없다면 학습자로 하여금 장기간 같은 핵심 자료를 참고하도록 할 수가 있다. 그러나 강좌의 신선함을 유지하고 다양한 학습자들의 요구(또한 웹 사이트에 대한 기대의 변화와 기술에 대한 요구)에 부응하기 위해 정기적으로 자료를 갱신해야 한다. 그리고 강좌를 재설계하여 새로운 사례들을 추가하고 그림을 더 넣으며 온라인 활동을 활발히 유지함으로써 강좌의 신선도를 유지하여야 한다.

반면에 연구와 이론 분야에 속해 있는 과목의 주제는 단기간에도 극적으로 달라질 가능성이 있다. 예를 들어, 기술이나 과학 분야에서와 같이 새로운 발견으로 전문 지식이 변경된다면 강좌의 주제 또한 매일, 매주 아니면 적어도 다음번 강좌를 개설하기 전까지는 갱신되어야 한다.

강좌의 주제가 빠른 속도로 또는 느리게 바뀌든지 간에 웹 사이트를 통해 공부하는 학습자는 언제나 다양성을 선호한다. 그들은 대개 하루 종일이나 일주일 내내 웹 사이트들을 돌아다니기 때문에 웹 사이트와 사이트 디자인에 대한 경향 및 기술적인 발전 추세를 질 일고 있다. 그래서 진달해야 하는 기본직인 내용에 별 변화가 없더라도 강좌를 흥미있고 참신하게 유지하기 위해 사이트의 겉모습을 바꾸어줄 필요가 있다. 일반적으로 인기가 있는 외부의 웹 사이트들뿐만 아니라 강좌의 주제와 관련된 정보를 제공하는 다른 사이트들도 방문해서 그 곳에서는 어떻게 강좌의 주제를 전달하고 있는지 알아보아야 한다.

만일 별다른 변화 없이 무기한으로 강좌를 제공함으로써 학습자들이 언제라도 자료를 이용할 수 있으며 강좌를 완료해야 하는 시간적인 제한이 없거나 거의 없도록 한다면, 일정한 간격으로 — 예를 들어, 매주 금요일 마다 — 자료를 갱신하면 될 것이다. 그리고 정기적으로 자료를 변경하는 경우 학습자들로 하여금 언제 새로운 정보를 사용하게 될지를 알고 있도록 해야 한다.

웹에서 강좌를 제공하려면 정보의 갱신 업무가 주기적으로 이루어져야 한다. 정보 갱신의 빈도수는 주제와 기술의 발전 속도, 학습자들의 특정 요구사항, 사이트에 대한 기대를 반영해야 한다. 하지만 실질적으로는 강좌 설계자의 일정에 따라 결정되는 경우가 많다.

학습자들은 웹 사이트에서 어떻게 공부하게 될 것인가?

현재 강좌를 수강하고 있거나 앞으로 수강하게 될 학습자들을 분석해보면,

정보를 전달받고 강좌로부터 요구되는 것을 충족시키는 데 있어 그들이 선호하거나 또는 요구하는 방식을 파악할 수가 있다. 이를 바탕으로 강좌를 수강하는 동안 학습자들이 어떻게 정보를 사용하도록 할 것인가를 결정해야 한다. 문서를 읽게 할 것인가? 보기를 제시할 것인가? 보기에는 그림이 있어야 하는가? 그림을 움직일 것인가, 고정시킬 것인가? 학습자가 예제와 상호작용하도록 할 것인가? 상호대화식 퀴즈와 시험을 보게 할 것인가? 질문이나 의견이 있을 때 웹 사이트에서 교육자에게 바로 전자우편을 보낼 수 있게 할 것인가? 이와 같은 질문들은 학습자가 강좌를 수강하기 위해 사용하게 될 브라우저의 종류, 컴퓨터시스템, 상호작용 도구를 결정하는 데 도움이 된다.

사이트의 상호작용 기능을 강화할수록 학습자들은 수월하게 강의 내용을 이해할 수 있다. 수동적으로 읽기 위한 텍스트조차도 읽은 후 상호대화식 과제와 활동으로 링크가 가능하다. 주제에 대한 상호작용 빈도수를 증가시키기 위한 방법에는 프로그램된 반응이 주어지는 확인문제, mailto: 링크를 이용한 의견 전송, 방금 읽은 텍스트와 관련된 연구나 실습활동 등이 있다. 텍스트를 읽는 것은 정보를 얻기 위한 중요한 방법이지만 — 그리고 어떤 문서들은 분명히 매 강좌마다 사용되지만 — 많은 학습자들이 그밖의 다른 방법들을 선호한다. 예를 들어, 다른 형식으로 정보를 전달하는 비디오 시청을 선호한다. 그러나 '비디오 보기'가 읽기보다 시각적인 참여도가 높다고 해도 역시 수동적인 활동이다. 비디오의 일부를 보여준 후 학습자들로 하여금 본 것에 대해 반응하도록 하는 활동으로 연결해야 한다. 학습자들로 하여금 무엇인가를 하도록 만들어야 한다. 전자우편을 작성한다든지, 과제를 한다든지, MUD에서 토론한다든지, 화상회의에 참석해서 질문하고 배운 것을 요약하게 한다든지, 또는 배운 것을 활용하도록 모의실험에 참여하게 만들어야 한다. 즉, 웹을 설계할 때에는 학습자가 정보와 상호작용할 수 있게 하는 다양한 방법들을 포함시켜야 한다.

학습자가 정보에 반응하도록 하기 위한 방법 즉, 답을 작성하고, 질문하고, 결정하고, 과제를 완성하도록 하는 것은 학습을 강화한다. 예를 들어, 온라인으로 응급구조 강좌를 수강하는 학습자가 정확한 절차에 대해 읽거나 더 나아가 그림을 보게 된다면 훨씬 많은 것을 배우게 될 것이다. 그러나 이러한 기본적인 전달방식보다 훨씬 더 효과적인 후속 활동으로 학습자가 처치의 종류를 결정하고 실제로 실행하도록 하는 모의실험을 활용할 수가 있다.

이런 시스템은 학습자의 결정으로 인해 가능한 결과들을 설명하고, 의학적인 문제를 해결하는 데 학습자가 얼마나 효과적으로 행동했느냐에 대한 피드백을 주도록 설계할 수 있다. 물론 모든 강좌가 이러한 형태의 상호작용을 필요로 하는 것은 아니다. 그러나 가능한 한 사이트의 상호작용 기능을 강화하고 혁신적인 것으로 만들어서 학습자가 지식뿐 아니라 경험도 쌓을 수 있도록 해야 할 것이다.

학습자와 대화하기 위해 필요한 다른 방법에는 어떠한 것들이 있는가?

웹 사이트는 강좌에 관한, 그리고 강좌에서 제공하는 정보가 위치해 있는 핵심적인 장소이다. 하지만 웹도 인터넷의 일부분이기 때문에 대부분의 학습자들로 하여금 다른 인터넷 서비스도 이용하도록 할 수가 있다. 웹 이외에도 학습자들이 전자우편을 보내거나, 우편주소목록에 가입하거나, 또는 토론그룹, 뉴스그룹, MUD를 통해 학습하도록 한다. 그리고 인터넷 밖에서 대화할 수 있는 방법으로 일반우편, 전화우편, 음성우편, 화상회의, 원격회의를 이용하도록 할 수도 있다. 예를 들어, 전자우편이나 온라인으로 학습자와 정기적인 연락을 취한다고 해도 최종 평가용 문서를 일반우편으로 받아야 하는 경우도 있다. 또는, 웹 사이트를 통해 대부분의 학습이 이루어진다고 해도 강좌가 진행되는 동안 한두 차례 원격회의에 참석하도록 할 수도 있는 것이다.

웹 사이트 외의 다른 커뮤니케이션 방식을 요구하거나 권장하려면 그 분량과 형식을 강좌에 대한 기본적인 개요에 명시해야 한다. 많은 학습자들이 편리성과 상대적인 익명성 때문에 웹을 통한 학습을 선호한다. 따라서 좀더 구조적인 커뮤니케이션 방식을 추가적으로 사용하려면 가능한 한 완료하기가 수월한 요구사항들을 제시해야 한다.

아이오와 대학과 캘리포니아 (온라인) 건강과학대학의 웹페이지에서 발췌한 다음의 내용은 강좌 설계 및 학사행정의 일면을 잘 보여준다. 화면(그리고 각각의 청크)은 강좌 및 참여방식에 대해 학습자들이 가장 일반적으로 하는 질문에 답변을 제공하고 있다. 또한 학사행정 관련 질문을 비롯하여 등록 및 수강료 납부와 같은 실질적인 질문에 대한 답변도 제공되어 있다.

저희 대학의 평생교육센터의 학점이수 프로그램에 오신 것을 환영합니다. 아이오와 대학에서 많은 기회가 당신을 기다리고 있습니다. 학위를 취득하기 위해 또는 취미를 목적으로 학습하려는 여러분의 필요에 맞게 설계된 다양한 프로그램 중에서 선택하실 수가 있습니다. 저희는 이곳의 평생교육이 의미있고 유익한 시간이 될 수 있도록 노력하고 있습니다.

◎ UI 학점 이수 프로그램에 대한 정보 요구

◎ TO CONTACT UI CREDIT PROGRAMS AND REQUEST INFORMATION

http://www.uiowa.edu/-dvconted
ⓒ 1997 University of Iowa

<그림 7.5> 아이오와대학 웹 사이트의 관리 정보 링크

◎ 카탈로그 및 그밖의 정보 요청서의 포맷을 인식할 수 있는 브라우저가 필요함

◎ 시험 요청

◎ 다음의 문서는 PDF 파일로 제공됩니다. 파일을 보거나 프린트하려면 Acrobat Reader를 이용하십시오(Adobe로부터 Acrobat Reader를 무료로 다운로드 받을 수 있습니다).

·GCS 카탈로그에 나오는 소개 자료

·GCS 카탈로그에 나오는 강좌개요 및 신청양식

·GCS 강좌신청양식

http://www.uiowa.edu/-dvconted
ⓒ 1997 University of Iowa

<그림 7.4>는 잠재적인 학습자가 아이오와 대학에 대한 추가적인 정보를 요청할 수 있도록 하는 웹 사이트상의 링크를 보여준다. 만일 강좌의 수강과 관련된 실질적인 내용이 필요하다면 학사행정 링크를 따라가면 된다(<그림 7.5>).

FAQ 목록을 이용하는 것도 학습자들이 강좌일정, 수강료 납부 및 환불, 학점 선택 등에 관한 정보를 알 수 있는 좋은 방법이다. 캘리포니아 건강과학대학은 FAQ를 이용하여 강좌에 대한 기본적인 질문과 절차에 대해 답변을 제공하고 있다. <그림 7.6>은 질문과 답변에 대한 예문을 보여준다. 전학에 대한

<그림 7. 6> 캘리포니아 건강과학대학 FAQ 예문

Q. 강의는 언제 시작합니까?

A. 당신이 원하는 때 언제라도! 원격학습 프로그램에서는 언제라도 공부를 시작할 수가 있습니다. 학기제나 쿼터제가 적용되지 않습니다. CCHS 원격학습은 출석을 요구하지도 않습니다. 그리고 주중에는 대학의 모든 자료 — 학생 서비스 및 교육자 지원 — 를 이용할 수 있습니다. 휴일을 제외한 월요일부터 금요일까지 오전 7시부터 오후 5시까지 (서부기준 시) CCHS에 연락하실 수 있습니다.

◎ 입학지원서류를 요청하려면 여기를 클릭하십시오.

---

http://www.cchs.edu/faq.html
ⓒ 1999 California College of Health Science

<그림 7. 7> 캘리포니아 건강과학대학의 학점교환 방침

Q. CCHS에서 취득한 학점을 다른 대학이나 단과대학에서 인정받을 수 있습니까?

A. 물론입니다! 저희 학교는 미국교육위원회(American Council of Education)의 추천을 받기 때문에 학점을 쉽게 교환할 수 있습니다. 다음은 미국교육위원회의 학점 추천을 인정하는 주요 대학들의 목록입니다.

- 인디애나 대학
- 캘리포니아 대학, 버클리
- 존스 홉킨스 대학
- 오하이오 주립 대학
- 텍사스 대학, 달라스
- 테네시 대학, 녹스빌
- 플로리다 주립 대학, 텔라하시

캘리포니아에 있는 대부분 대학들은 ACE로부터 좋은 평가를 받았기 때문에 저희 학교 졸업생들은 이미 원하는 대학으로 학점을 교환하였습니다. CCHS에서 계속 공부를 하거나 직장이나 집에서 가까운 대학을 다니게 되더라도 당신의 학점은 소중하며 교환이 가능합니다.

◎ 학점 교환에 대한 추가적인 정보가 필요하다면 여기를 클릭하십시오.

---

http://www.cchs.edu/
ⓒ 1997 California College of Health Science

학교 방침도 <그림 7.7>에서과 같이 온라인으로 설명하고 있다. 각 학사행정
정책 및 절차도 또한 유사한 방법으로 웹 사이트를 통해 설명되고 있다.

　아이오와대학은 잠재적인 학습자들에게 원격학습에 대한 더 많은 정보를 제
공함으로써 어떻게 강좌가 진행되며 무엇을 해야 하는지 알 수 있도록 하고
있다. <그림 7.8>은 원격학습 강좌에 대한 정보를 제공하고 있으며 <그림 7.
9>는 도로교통을 이용할 수 있는 거리에 거주하는 학생들을 대상으로 하는
시험 정보를 제공하고 있다(웹 사이트에 있는 다른 청크는 이 거리를 벗어난
곳에서 거주하는 학생들을 위해 추가적인 정보를 제공한다). 모든 학습자들은

<그림 7.8> 아이오와대학의 원격학습에 관한 정보

학기 제한이 없기 때문에 언제라도 등록할 수 있으며 9개월 동안 강좌를 이수할 수 있습
니다.
특히 인문과학 분야를 비롯한 광범위한 분야에 걸쳐 160개 이상의 강좌들을 제공합니
다. 학습지침으로 일반 교실수업을 대신합니다. 지침에는 담당 교수의 설명, 읽기 과제,
우편제출용 과제, 학습 제안, 강좌의 완료, 시험방식 등의 내용이 있습니다.

---

http://www.uiowa.edu/-dvconted
ⓒ 1997 University of Iowa

<그림 7.9> 아이오와대학의 시험정보

아이오와 시에 거주하는 학생은 아이오와 대학 캠퍼스에 있는 GCS시험센터의 인터내
셔널 센터 36호에서 시험을 치러야 합니다. 시험장소는 116호 사무실의 아래층에 있습
니다. 시험요청서를 작성할 필요는 없으나 적어도 24시간 전에 GCS사무실에 시험계획
을 통보해주어야 합니다.
GCS사무실은 오전 8시부터 오후 7시까지(월요일-목요일), 오전 8시부터 오후 5시까지
(금요일) 근무합니다. 전화번호는 319-335-2575, 800-272-6430입니다. 아래의 시험일정
을 참고하시기 바랍니다. 변경 가능성이 있으며, 휴일·방학·계절학기 동안에는 평소보
다 적게 시험이 제공됩니다.
시험센터에 오실 때에는 (적어도 한 개는) 사진이 부착된 것으로 두 가지의 신분증을 지
참하십시오(예: 운전 면허증).

---

http://www.uiowa.edu/-dvconted
ⓒ 1997 University of Iowa

웹사이트에 있는 정보를 읽기만 해도 이 학교의 강좌에 대한 원격학습 절차를 쉽게 이해할 수 있다. 이 사이트에서는 교육자나 학습자의 할 일이 무엇인지에 대해서도 명확히 설명하고 있다.

4. 웹 사이트를 구성하는 정보의 유형

전체 웹 사이트를 통해 회사 또는 교육기관, 그리고 원격학습 프로그램에 대한 다양한 정보를 제공할 수 있어야 한다. 웹 사이트 내에 각 강좌나 프로그램에 관한 자세한 정보를 분류하여 제공해야 하며 다음과 같은 것들이 포함된다.

- 강좌를 제공하는 교육기관이나 회사의 명칭
- 강좌를 포함하는 프로그램의 명칭
- 강좌의 명칭, 번호, 개요
- 강좌를 담당할 교육자의 이름과 전자우편주소
- 강좌를 수강하기 위해 필요한 혹은 참고해야 할 자료목록
- 강좌의 요구사항에 대한 개요
- 강좌를 이수하는 일정에 대한 개요 및 설명
- 강좌, 교육기관, 회사에 대한 FAQ

사이트를 이용하여 학습하는 방법과 교육기관 또는 회사와 관련된 추가적인 정보를 찾는 방법에 대해서도 설명해야 한다. 단일 또는 여러 개의 원격학습 강좌를 수강할 때 다음과 같은 활동을 하려면 어떻게 해야 하는지도 설명한다.

- 강좌 등록하기
- 교육자/훈련자와의 커뮤니케이션
- 다른 학습자들과의 커뮤니케이션
- 강좌와 관련된 정보 받거나 찾기
- 평가와 토론을 위해 자료 보내기

- 시험이나 퀴즈 보기
- 과제하기
- 사이트와 관련된 링크 사용하기
- 주요 자료 찾아내기(예: 온라인 문서, 모의실험)
- 참고자료 찾아내기
- 연습문제, 과제 활동, 시험을 보고 제출하기

5. 강좌를 위한 홈페이지 설계하기

홈페이지는 회사나 교육기관을 대표하기 때문에 가능한 한 가장 매력적이고 정확하게 내용을 표현해야 한다. 웹을 검색하다가 단지 몇 초 동안만 홈페이지에 머물게 되더라도 기억에 남을 수 있도록 한다. 홈페이지를 디자인할 때 총알(bullet)로 표시된 형태의 목록을 가장 많이 사용하는데 텍스트나 다른 화면의 관련 청크로 링크해주는 역할을 한다. 같은 정보를 가리키는 그림이나 텍스트 아이콘, 하나의 배경그림에 위치한 클릭 아이콘, 버튼, 그림은 모두 홈페이지에 적합하다. 효과적인 홈페이지는 하나의 화면에 모든 내용이 표시될 수 있도록 해서 학습자가(어떤 종류의 모니터를 사용하든지 간에) 페이지에 있는 모든 정보를 한번에 볼 수 있도록 한다.

웹페이지와 화면 하나 하나를 모두 신중하게 설계해야겠지만 학습자들이 즉각적으로 찾아보아야 하는 정보는 흥미있고 읽기 쉬우며 관심을 유발할 수 있도록 디자인되어야 한다. 여기서 알아두어야 것은 특정한 글씨체(필기체 모양이나 '올드 웨스트' 글씨체와 같은)의 경우 그림 포맷으로 사용하지 않는다면 학습자가 웹 사이트에서 정보를 읽을 때 보게 되는 글씨체나 모양을 마음대로 결정할 수가 없다는 것이다. HTML을 이용하면 그림이나 순환(wrap) 텍스트와 같은 것을 사용할 수 있지만 글씨체나 모양은 학습자가 브라우저에 지정해놓은 것을 따르게 되어 있다. 브라우저 즉, 검색프로그램 중에는 그림 정보를 읽지 못하고 단지 텍스트로만 표시할 수 있는 것도 있다. 그러므로 웹의 정보를 설계할 때에는 어떤 글씨체나 모양을 사용하든지 간에 간결하고 적절하게 청크하여 쉽게 읽을 수 있도록 해야 한다.

일반적으로 웹페이지로서 좋은 디자인은 보기 쉽게 만들어진 것이다. 많은 사용자들이 단지 몇 초 동안만 웹 사이트에 머문 다음 다른 사이트로 옮겨간다. 따라서 그들의 관심을 끌 수 있어야 하며 알아야 할 가장 중요한 정보를 전달할 수 있어야 한다. 강좌나 강좌를 제공하는 교육기관, 회사에 대한 설명을 비롯하여 목적을 밝히되 시각적으로 흥미있는 방법을 사용하도록 한다.

사람들로 하여금 보는 것은 물론 동시에 무엇인가를 하도록 하여 상호작용할 수 있는 사이트를 만들어야 한다. 또한 학습자가 사용하는 검색프로그램이 어떤 것이든지 간에 그리고 기술적으로 경험이 많든지 적든지 간에 접근하기 쉬운 사이트를 만들어야 한다. 예를 들어, 화려한 색채의 그림들을 많이 사용하고 멋있는 배경화면을 써서 훌륭한 홈페이지를 디자인했다고 해도 사이트를 불러오는데 10분이 걸린다면 대부분 사용자들은 지루한 나머지 완성된 화면을 보기도 전에 나른 사이트로 옮겨갈 것이다. 또한 많은 링크를 설정해두었는데 작동하지 않는다면 학습자들을 실망시키게 될 것이다.

웹은 국제적인 매체이기 때문에 사이트를 디자인할 때 색채, 디자인, 언어의 뉘앙스 등에 주의를 기울여야 한다. 잘 어울리는 대조적인 색채들을 사용하여 사이트를 아름답게 디자인할 수도 있을 것이다. 그러나 만일 메시지를 전하는 한 방법으로 상징적인 색을 이용하려면 우선 나라와 문화마다 해석되는 의미가 다르다는 것을 명심해야 한다. 미국에서는 녹색이 지폐, '빨간 색을 띠는 것'이 사업상의 실패를 연상시키지만 다른 나라의 학습자들에게는 즉각적으로 이러한 연상작용이 일어나지는 않을 것이다. 사이트에서 농담을 사용하려면 농담이나 말의 유희가 문화와 언어마다 다르게 해석될 수 있다는 것도 유념해야 한다. 덧붙여 문화적인 참조사항은 나라마다 다르며 교육자에게 정확한 의미를 갖는 것도 학습자에게 모호하게 인식될 수 있다. 마지막으로 국제적인 학습자들을 대상으로 한다면 다양한 언어로 정보를 전달할 수 있어야 한다.

앞서 언급한 바와 같이 웹 사이트에 포함되어야 하는 정보는 모두 다 중요하지만 각 화면에 얼마만큼의 정보가 필요한지를 정해야 한다. 일반적으로는 홈페이지를 먼저 설계하고 그 다음에 링크된 화면/페이지를 설계하여 전체 사이트를 구성한다. 웹 사이트를 설계할 때에는 사용자가 홈페이지의 가장 일반적인 정보로부터 좀더 구체적인 정보를 제공하는 화면으로 링크되어가도록 하고 다시 더 자세한 정보가 있는 화면으로 층층이 나아갈 수 있도록 한다. 웹사이트의 설계에 있어 이와 같은 일반적인 내용에서 세부적인 것으로의 진행 방식이 가장 효과적이다. 이렇게 해야 홈페이지 또는 한 장소에 너무 많은 정보를 집어넣지 않게 된다. 홈페이지에 반드시 포함되어야 할 정보는 다음과 같다.

- 강좌를 제공하는 교육기관 또는 회사의 명칭
- 교육기관 또는 회사에 대한 그밖의 다른 정보(예: 주소, 전화번호, 팩스번호, 직통 mailto: 링크)
- 교육기관 또는 회사의 취지, 서비스나 제품의 유형, 중점 주제 분야에 대한 설명
- 원격학습 강좌에 대한 간략한 설명과 더 자세한 정보를 제공하는 링크(혹은 홈페이지가 좀더 큰 규모의 교육기관에 속해 있는 경우, 원격학습 웹 사이트로 가기 위한 링크)

교육기관의 사진이나 회사의 로고와 같은 그래픽은 정돈되어 있는 정보들과 함께 좋은 첫인상을 줄 것이다. 링크와 청크의 수를 제한함으로써 홈페이지를 어수선하지 않으면서도 잠재적인 고객에게 교육기관 또는 회사가 어떤 곳이며 무엇을 제공하는지에 대한 충분한 정보를 줄 수가 있다.

홈페이지는 다른 링크된 화면에 비해 밀도가 낮아야 한다. 밀도는 화면에 있는 정보의 양과 디자인 및 상호작용의 기술적으로 복잡한 정도를 말한다. 예를 들어, 밀도가 낮은 홈페이지는 가장 중요한 청크와 링크들로만 구성되어야 한다. 텍스트와 그림이 들어갈 수는 있지만 복잡한 장식은 불필요하다. 그러나 만일 교육기관이나 회사가 최첨단 제품이나 서비스를 전문적으로 제공하는 곳이라면 정보가 반전되고 움직이며 깜빡거리게 하거나 애니메이션, 비디오, 음향을 넣을 수도 있을 것이다. 그러나 대부분의 교육기관 또는 회사의 홈페이지는 매우 단순하고 깨끗하며 사용하기 쉬워야 한다. 이와 가장 극적으로 대비되는 화면 즉, 밀도가 높은 화면의 경우에는 더 많은 정보청크를 제공하기 때문

에 문장이 길어지며 내용을 파악하는 데에도 더 많은 시간이 소요된다. 스크롤
되는 텍스트나 다수의 그래픽, 동영상 등은 밀도가 높은 화면을 만든다.

6. 사이트의 다른 페이지 설계하기

홈페이지를 본 후 강좌에 대해 더 자세히 알아보기 위해 링크를 선택하는
사용자들은 밀도가 높은 화면을 대할 준비가 되어 있다. 그러나 각 화면에 넣
을 청크의 수와 기술적인 복잡도는 사용자가 감당할 수 있는 정도로 유지되어
야 한다. 너무 많은 정보와 서로 튀는 시각적 이미지로 사용자들에게 과중한
부담을 주어서는 안된다. 간략함을 유지하면서도 세세한 정보를 담을 수 있도
록 한다.

여러 층으로 화면의 단계를 구성하고 정보를 배치하는 것이 바람직하다. 만
일 홈페이지가 최상위층에 위치한다면 그 페이지로부터 링크되어 더 자세한
내용을 담고 있는 화면들은 두번째층을 형성한다. 자세한 내용을 담고 있는 각
화면에서 사용자는 더 자세한 내용이나 주제에 대한 심층적인 정보를 필요로
할 수 있다. 두번째층으로부터 세 번째, 네번째층으로 계속 나아갈수록 사용자
들은 점점 더 자세한 정보를 담고 있는 화면을 접하게 된다. 웹 사이트에서 정
보를 층위에 따라 배치하면 사용자들에게 너무 많은 정보에 대한 부담을 줄
필요가 없을 뿐만 아니라 각 화면에 대한 정보를 설계하는 일도 수월해진다.

층별로 화면마다 적절히 배치되어 있는 자세한(그리고 대개 밀도가 높아지
는) 내용의 정보 이외에도 각 화면마다 기본적으로 포함되어야 할 정보가 있을
것이다. 예를 들어, 교육기관 또는 회사의 명칭, mailto: 링크, 저작권 등은 일반
적으로 모든 화면에 포함되는 정보들이다. 그리고 홈페이지로 돌아갈 수 있는
링크뿐만 아니라 바로 전에 있는 층으로 되돌아갈 수 있는 링크를 설정해두어
야 한다. 원격학습 사이트의 링크된 화면들에는 다음과 같은 정보가 포함되어
야 한다.

• 속해 있는 프로그램의 명칭

- 강좌의 명칭, 번호, 현재 제공되고 있는 각 강좌별 간략한 설명
- 강좌를 담당할 교육자/훈련자의 이름과 전자우편주소
- 강좌를 수강하기 위해 필요한, 혹은 참고할 자료의 목록
- 강좌의 과제에 대한 간략한 설명
- 강좌, 교육기관, 회사에 대한 FAQ

예를 들어, 강좌의 제목에 링크된 다음 층에는 다음과 같은 정보를 넣을 수 있다.

- 강좌를 이수하는 데 요구되는 일정에 대한 요강이나 간략한 설명
- 강좌에 참여하기 위해 필요한 지침(예: 등록, 교육자와의 커뮤니케이션, 시험, 과제물의 완성)
- 주요 자료로의 링크(예: 온라인 문서, 모의실험)
- 참고 자료로의 링크

만일 교육기관 또는 회사에서 여러 개의 강좌들을 제공한다면 각 강좌마다 개별적으로 링크된 페이지를 마련해야 할 것이다. 그러나 개설되는 강좌의 수가 적다면 하나의 페이지에 모든 설명을 포함시킬 수도 있다.

7. 시각적으로 효과적인 화면의 구성

홈페이지나 링크된 웹페이지를 설계할 때 각 화면은 독립적이면서도 전체 사이트와 조화를 이루어야 한다. 사용자가 한번에 되도록 많은 정보를 볼 수 있도록 하기 위해 스크롤되는 페이지의 수를 가능한 한 줄여야 한다. 화면을 설계할 때에는 전자정보를 설계하는 원칙에 따라야 하며 이 원칙은 종종 인쇄 매체를 설계하는 원칙과 다르다. 책이나 화보를 디자인할 때와 같이 블록 단위로 정보를 배열하지 않도록 한다. 대신에 페이지가 2차원적으로 보이지 않도록 하기 위해 3차원 그래픽을 넣는다든지, 화면이 일렬로 배열되는 것을 피하

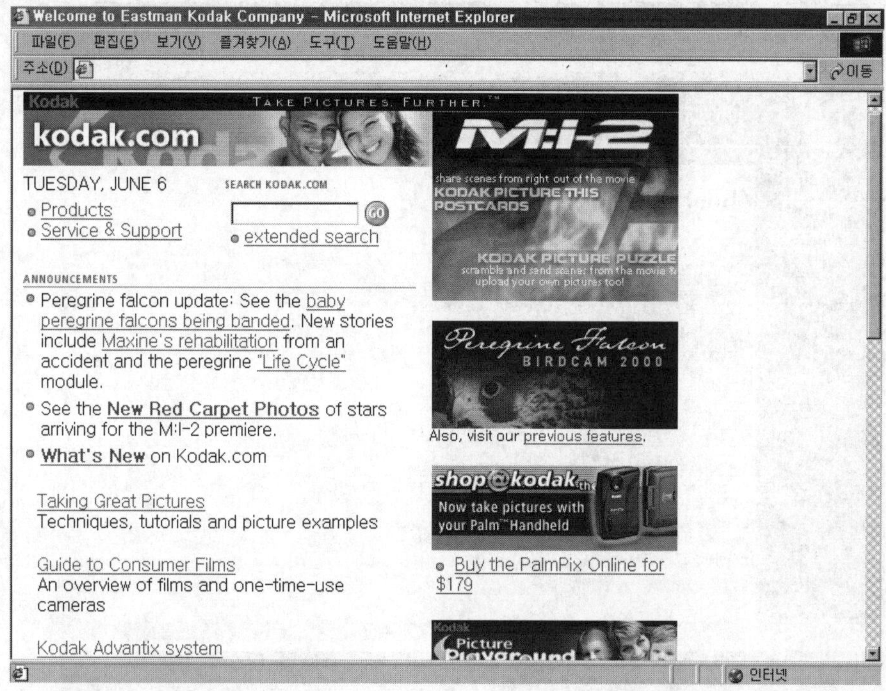

http://www.kodak.com

ⓒ 1994~2000 Eastman Kodak Company

기 위해 청크를 분산해서 배치하도록 한다.

웹 설계가 정돈되고 간결하며 블록화가 두드러지지 않는 좋은 사례들이 많이 있지만 그중에서도 코닥(Eastman Kodak Company)의 홈페이지(<그림 7. 10>)는 좋은 홈페이지의 설계 원칙을 잘 보여준다. 주제는 원격학습이 아니지만 여기서 보여주는 것과 같은 좋은 홈페이지를 디자인하는 원칙은 교육자/훈련자들의 홈페이지를 제작할 때 본보기로 삼을 수 있다. 여기서 그래픽은 화면에 다양성과 즉각적인 정보를 제공하며 여러 개의 텍스트와 시각적인 링크들은 다른 화면의 자세한 정보와 연결되어 있다. 회사에 대한 기본적인 정보는 홈페이지의 아래 부분에 배치되어 있다. 회사 또는 개인의 홈페이지나 웹 사이트를 효과적으로 설계하는 방법을 배움으로써 원격학습 홈페이지나 웹 사이트를 설계할 때 그 장점들을 활용할 수 있다.

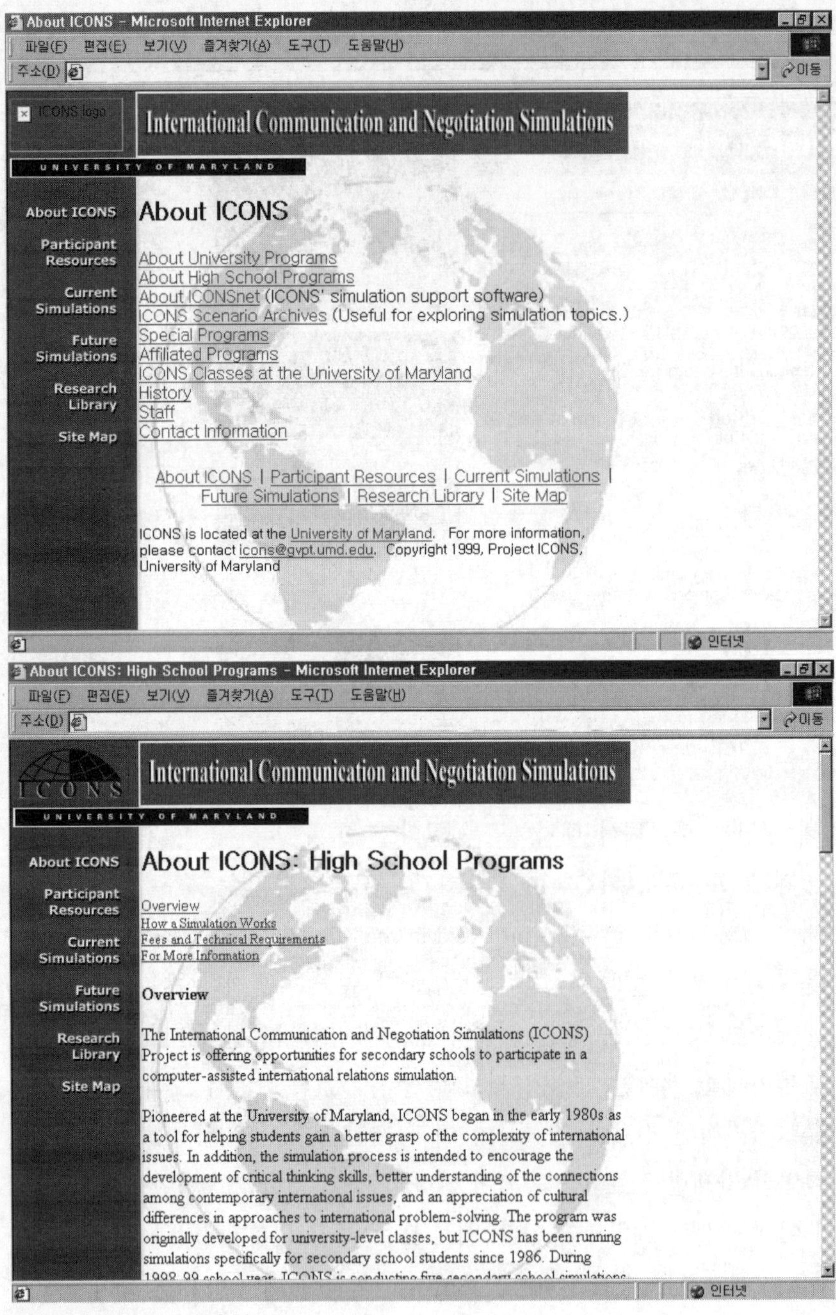

http://ww.icons.umd.edu/about

© 2000 University of Maryland

8. 원격학습 사이트의 예

　화면에 정보를 배치하는 방법은 강좌에 대한 설계자의 계획, 교육기관이나 또는 회사 내의 관련 웹 사이트 그리고, 좀더 보기 좋고 사용하기 쉽게 계속적으로 갱신해야 할 필요성에 따라 달라질 수 있으나 원격학습 강좌를 제공하는 많은 외부의 교육기관이나 회사의 웹 사이트들로부터 좋은 사례들을 참고할 수 있다(부록5에는 원격학습 강좌를 제공하는 원격학습 교육기관과 회사의 웹 주소가 수록되어 있다).

　다음의 홈페이지 디자인 사례들은 강좌로부터의 정보를 전달하기 위한 접근 방법들을 보여준다. 여기서 내부 및 외부로의 링크들은 다른 웹 페이지나 사이트에 연결함으로써 얻을 수 있는 추가적인 정보를 가리킨다.

　메릴랜드 대학(University of Maryland)의 아이콘즈(ICONS; International Communication and Negotiation Simulations) 홈페이지(<그림 7. 11>)는 하늘색과 짙은 녹색의 배너를 사용하고 있으며 기본적인 디자인은 매우 간단하고 정보청크도 몇 개 되지 않는다는 것을 알 수 있다. 화면 중앙에는 링크된 화면들을 통해 더 자세하게 전달되어야 하는 가장 중요한 정보들이 항목별로 정리되어 있다. 전체적인 디자인은 작은 화면에서도 모두 쉽게 알아볼 수 있도록 간략하게 되어 있다.

　같은 사이트의 링크 페이지 중 하나인 그 다음 사례를 보면 고등학교 교육 프로그램에서 사용되는 모의실험과 프로그램에 대해 훨씬 상세하게 여러 단락에 걸쳐 설명되어 있다. 이와 같은 링크 화면에서의 정보 밀도는 훨씬 높으며 모의실험에 대해 훨씬 많은 정보를 필요로 하는 사용자를 위해 제공된다.

　두 페이지 정도 아래로 스크롤하는 동안 모의실험에 대해 한층 더 자세한 설명을 볼 수 있으며 용어목록과 같이 더 전문적인 정보층으로 가기 위한 링크도 마련되어 있다. 스크롤되는 텍스트가 모든 원격학습 페이지에 적합한 것 것은 아니지만 어떤 상황에서는 — 예를 들어, 예비 지식으로 많은 설명이 필요한 고등학교 모의실험의 경우 — 학습자가 주체할 수 있을 만큼의 단락으로 정보가 청크되어 있다면 텍스트가 유용하게 사용되기도 한다.

　남부 퀸즈랜드대학(the University of Southern Queensland)의 원격학습 센터 홈

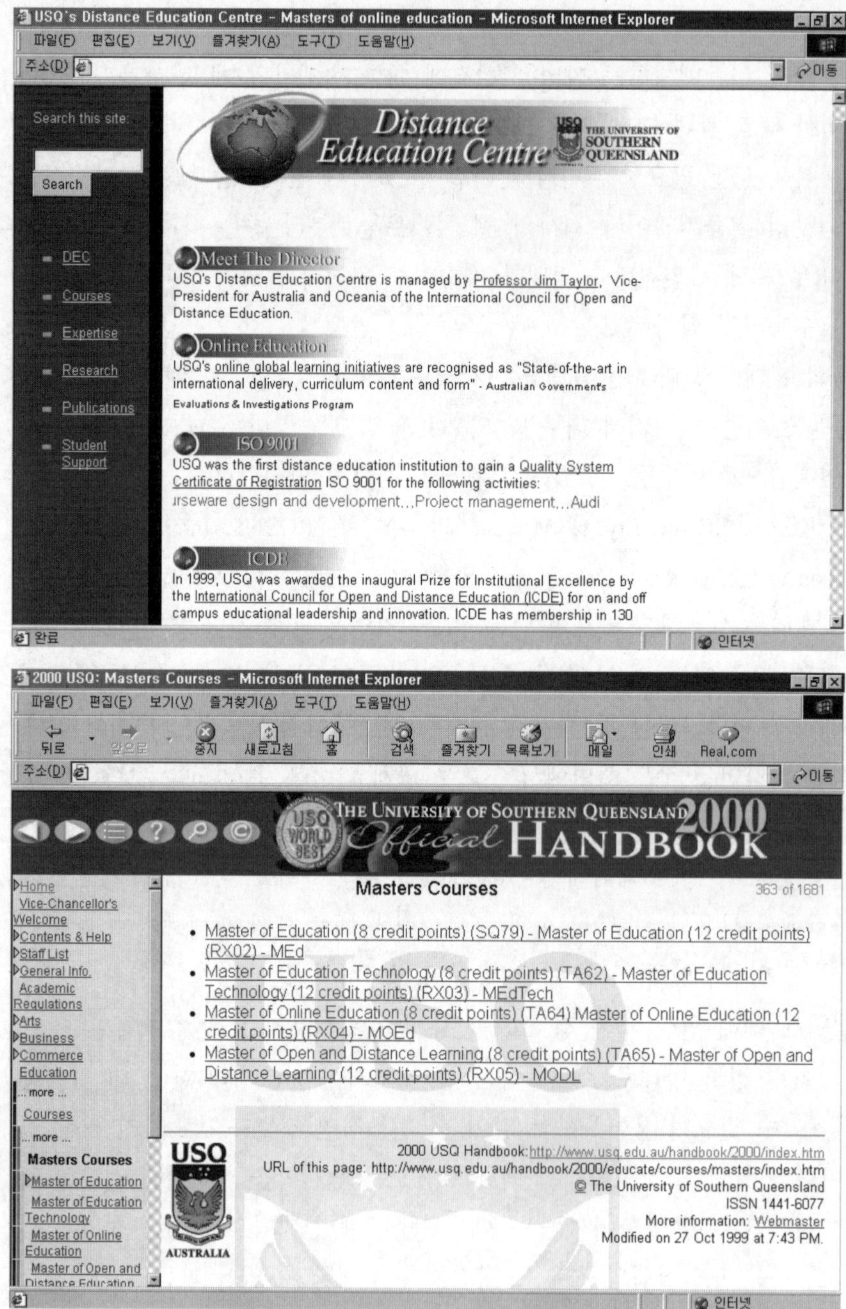

http://www.usq.edu.au/dec

ⓒ 2000 University of Southern Queensland

페이지(<그림 7. 12>)는 배너의 색을 부드럽게 바탕색으로 변하도록 처리함으로써 세련되고 정리된 느낌을 준다. 홈페이지에서 제공하는 링크는 가장 중요한 정보청크로서, 대부분이 내부 파일과 연결되지만 일부는 외부 사이트(예를 들어, 국제 개방 및 원격학습 회의(ICDE; International Council for open and Distance Education))로도 연결된다. 여기에서도 홈페이지는 작은 화면에도 잘 맞게 디자인되어 있다. 다음의 링크 화면은 원격학습으로 이수가 가능한 학위 프로그램의 목록이다. 이 화면에서의 밀도는 높은 편이지만 쉽게 훑어볼 수 있도록 되어 있다.

　조지아 공과대학(Georgia Technological Institute; Georgia Institute of Technology)의 원격/평생교육 프로그램 홈페이지는 원격교육 및 평생교육 프로그램에 포함된 내용들을 설명하는 청크들로 구성되며 프로그램의 홈페이지는 대학의 홈

<그림 7. 13> 조지아 공과대학, 원격/평생교육

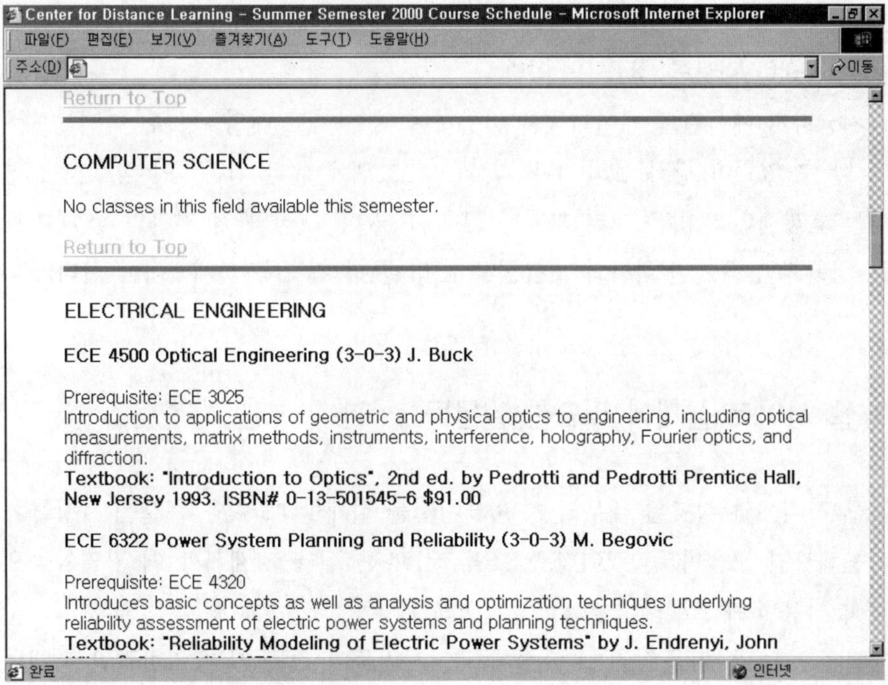

http://www.conted.gatech.edu

ⓒ 2000 Georgia Technological Institute 2000

페이지와 연결되어 있다(<그림 7. 13>). 원격/평생교육 홈페이지는 일반적인 또는 첫번째 층에 해당되는 대학의 홈페이지에 비해 더 구체적인 정보를 제공하고 있다. 그럼에도 불구하고 청크의 수를 제한해서 쉽게 읽고 사용할 수 있도록디자인되어 있다. 중요한 링크는 그래픽 형태의 아이콘과 기본 텍스트를 사용하여 원격/평생교육에 대한 더 자세한 정보를 선택할 수 있도록 했다. 일련의 원격학습 링크들을 통해 볼 수 있는 많은 링크된 화면들 중의 하나가 강좌에 대한 설명이다. 보기의 전기공학 강좌에 대한 설명은 웹 사이트를 설계할 때 강좌의 기본적인 정보를 전달하는 방식을 보여준다(<그림 7. 13>)

험버 칼리지(Humber College)의 온라인 홈페이지는 학교의 전경 사진을 넣어 학교가 어떤 곳인지를 보여주고 있다. 이것은 학교를 가상 대학으로만 기억하게 되는 학생들에게 실제 학교에 대한 모습을 선명하게 심어준다. 화면의 특징들 중 하나는 홈페이지의 아래 부분에 있는 내비게이션 링크들로서 웹 사이트 전체에 걸쳐 사용되고 있다. 이러한 내비게이셔널 링크에 대해 명확히 설명하고 사용방법을 알려준다면 초심자들도 사이트 내에서 길을 잃어버리지 않고 모든 필요한 정보를 찾을 수 있다.

지금까지 예시된 홈페이지들을 비롯하여 웹 사이트 내의 링크된 화면들로부터 알 수 있듯이 강좌·교육기관·회사·프로그램에 대한 기본적인 정보를 전달하는 효과적인 방법은 여러 가지가 있을 수 있다. 그러나 각 기관의 웹 사이트는 강좌와 교육기관/회사의 고유성을 드러낼 수 있도록 설계되어야 한다.

9. 웹 사이트 설계에 필요한 질문들

웹 사이트와 링크된 내부의 화면/페이지를 설계할 때 다음과 같은 사항들을 자문해보면 도움이 될 것이다. <그림 7. 15>는 설계를 계획할 때 확인목록으로서 사용할 수 있다.

<표 7. 1>은 처음으로 웹을 설계하는 사람들이 겪는 가장 일반적인 문제들 중에서 권장사항과 금지사항을 간략하게 열거한 것이다. 다른 웹 사이트들을 방문해본 후 자신이 지켜야 할 사항들을 여기에 첨가할 수도 있을 것이다.

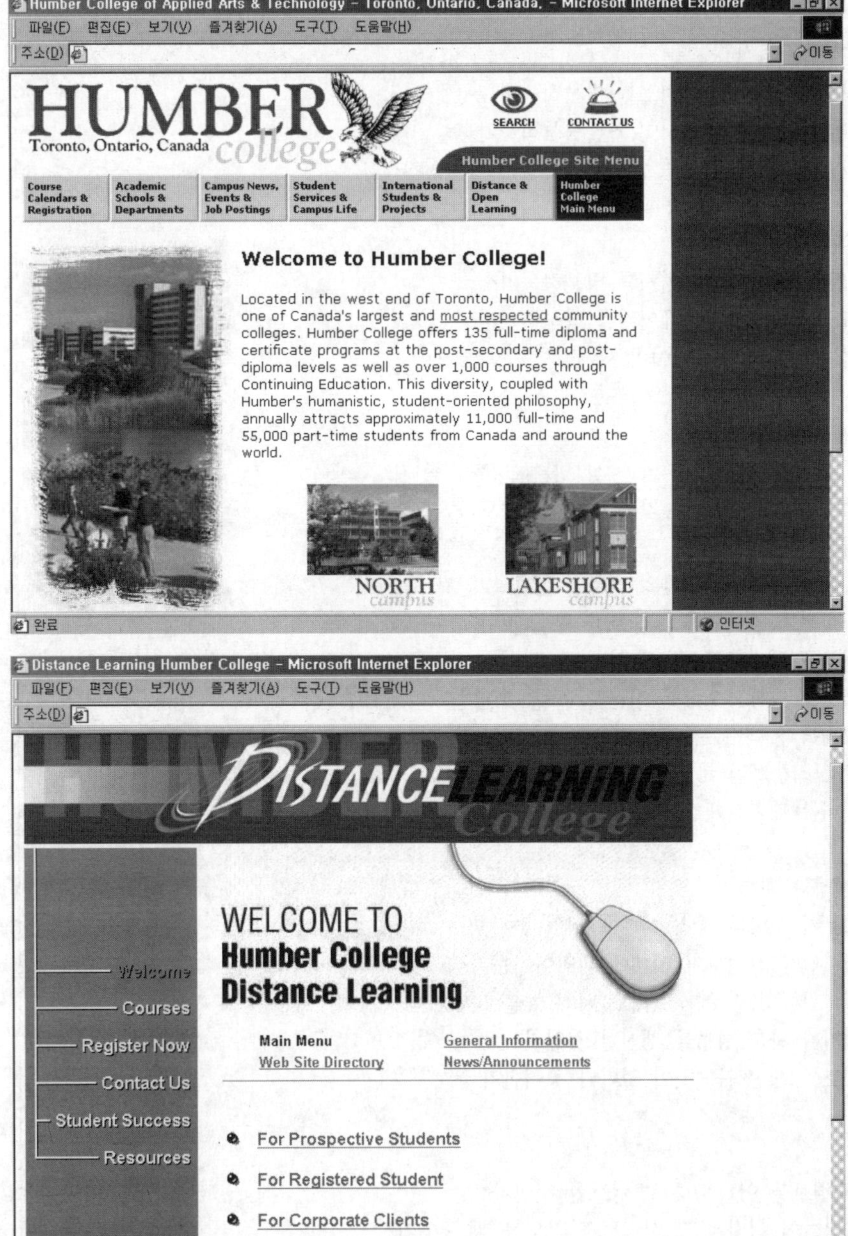

http://www.humberc.on.ca, http://www.distancelearning.humberc.on.ca
ⓒ 2000 Humber College

사이트의 목적
•사람들은 왜 이 사이트를 방문하는가?
•사람들은 언제 이 사이트를 방문하는가?
•사람들이 우선적으로 알아야 할 것은 무엇인가?

페이지/화면의 목적
•사람들은 왜 이 페이지를 방문하는가?
•사람들은 언제 이 페이지를 방문하는가?
•사람들이 여기서 알아야 할 것은 무엇인가?

내용
•주제에 대해 얼마나 많은 정보를 제공할 것인가?
•얼마나 많은 정보를 찾아 다닐 수 있도록 할 것인가?
•각 설명마다 얼마나 많은 정보를 담을 것인가?
•홈페이지에 얼마만큼의 정보를 넣을 것인가?
•사이트에 얼마만큼의 정보를 넣을 것인가?
•정보를 텍스트로만 접근하게 할 것인가?
•정보를 그래픽으로만 접근하게 할 것인가?
•그래픽과 텍스트를 같이 사용한다면 어떤 것을 그래픽으로 만들고 어떤 것을 텍스트로 작성해야 하는가?
•의미를 명확하게 하려면 어떻게 정보를 구성해야 하는가?

갱신하는 횟수
•정보가 얼마나 빨리 시대에 뒤떨어지는가?
•얼마만큼의 정보가 시대에 뒤떨어지는가?
•얼마만큼의 정보를 그대로 남겨 놓을 것인가?
•얼마나 자주 정보를 갱신할 것인가?
•정보를 갱신하는 것이 얼마나 용이한가?

링크
•각 정보를 어느 위치로 링크할 것인가?
•사람들이 어떻게 그 사이트를 찾도록 할 것인가?
•얼마만큼의 정보가 사이트 내에서 링크되도록 할 것인가(즉, 몇 개의 내부 링크가 필요한가)?
•얼마만큼의 정보가 사이트 밖으로 링크되도록 할 것인가(즉, 몇 개의 외부 링크가

필요한가?)
· 어떤 유형의 링크가 적합한가?)
· 같은 정보에 얼마나 많은 종류(예: 하이퍼텍스트, 메뉴항목, 아이콘)의 링크들을
설정할 것인가?
· 어떻게 하면 링크를 직관적으로 만들어 학습자로 하여금 즉각적으로 사용방법을 알
수 있게 할 것인가?
· 링크가 작동하는가?
· 항상 정확하게 작동한다는 것을 확인하려면 얼마나 자주 링크를 점검할 것인가?

설계
· 처음 화면에서 어떠한 인상을 주도록 할 것인가(예: 유행하는 방식으로, 과학적으로,
사무적으로)?
· 한 화면에서 한 번에 보여야 하는 정보의 분량은 어느 정도가 적당한가?(학습자의 브
라우저나 선택사항들에 대한 조정이 불가능하며 따라서 한 화면에서 보여지는 정보의
분량은 학습자가 설정해 놓은 초기값에 따라 좌우된다는 사실을 명심해야 한다)
· 어떤 종류의 정보를 제공할 것인가?
· 화면을 효과적으로 배열하고 좋게 보이려면 각 정보청크를 어떻게 배치해야
하는가?
· 어떤 효과를 의도할 것인가?
· 디자인할 때 얼마나 많은 유형의 미디어를 사용할 것인가?
· 어떤 색을 사용하면 디자인이 돋보일 것인가?
· 어떤 음향을 사용할 것인가?
· 어떤 음악을 사용할 것인가?
· 어떤 그림이 메시지를 가장 잘 전달할 것인가?
· 전체적인 설계가 기능적이며 매력적인가?
· 전체적인 설계가 상호작용 미디어로서 적합한가?
· 얼마나 자주 디자인을 갱신할 것인가?

웹 사이트 설계를 공부하기 위한 가장 좋은 방법은 정기적으로 웹을 검사해
보는 것이다. 특별히 마음에 드는 사이트와 강좌에 적합한 디자인을 발견하게
되면 계속해 관찰한다. '최고' 및 '최악'의 웹 사이트 목록을 찾아서 무엇 때문
에 어떤 사이트는 인기를 끌고 다른 사이트는 그렇지 못한가를 분석해보아야
한다. 가장 관심이 가는 사이트의 HTML 원시코드(source code)를 비롯하여 색채
의 조합과 링크의 유형 중에서 가장 효과적인 것들에 대해 연구해본다. 이와

같이 한 후라면 가장 좋은 설계방식을 웹 사이트에 구현해볼 수 있을 것이다.

　HTML 사용방법을 연습하도록 한다. 상용이나 공개된 HTML 편집기 또는 코드 생성기를 사용하면 HTML에 대해서 잘 모르더라도 웹페이지를 설계할 수가 있다. 물론, HTML 소프트웨어가 없는 경우에는 언제라도 일반적인 문서작성기에 HTML 코드를 적어넣으면 된다. 소프트웨어를 사용하면 웹 사이트를 쉽게 만들 사이트의 HTML 원시코드를 보고 배울 수 있는 기회도 넓어진다.

　일단 기본적인 홈페이지와 몇 개의 관련 화면들을 만들고 나면 한 개 혹은 여러 개의 브라우저에 파일을 올려보고 동료들로부터도 피드백을 구하도록 한다. 웹 사이트를 구동시키기 전에 몇 개의 시범 디자인을 만들어서 링크와 설계가 의도한 대로 작동하는지와 가능한 한 가장 좋은 디자인을 통해 강좌를 처음 소개할 수 있는지를 확인할 수 있어야 한다.

　웹페이지의 성공 여부에 대한 가장 좋은 척도는 학습자들의 평가이다. 강좌가 진행되는 동안 학습자들에게 사이트의 유용성과 설계에 대한 평가를 구하

<표 7.1> 권장사항 및 금지사항

권장사항

- 학습자들에게 교육자, 교육기관 / 회사에 대한 자료를 제공한다.
- 화면에서 의도하는 바를 명확하게 전달해야 한다.
- 배경화면에 편안함을 주는 색채를 사용한다. 푸른색과 녹색은(너무 밝은 형광색이 아니라면) 좋은 선택이라고 할 수 있다.
- 텍스트 및 그림과 대비되는 색상을 사용함으로써 배경화면으로부터 중요한 텍스트와 그림을 구분할 수 있도록 한다.
- 서로 조화되는 색상을 사용해야 한다.
- 번잡한 배경을 피해야 한다. 즉, 텍스트나 그림으로부터 시선을 분산시키는 배경그림이나 디자인을 지양하고 산만한 패턴(예: 격자, 지그재그)이 형성되지 않도록 한다.
- 문장에서 대문자와 소문자를 구분한다.
- 정보를 청크한다.
- 가장 일반적인 브라우저에서도 그림을 쉽게 읽을 수 있도록 한다.
- 다른 웹 사이트로 연결된 링크가 있다면 제대로 작동하는지 그리고 유효한 정보로 링크되어 있는지를 자주 점검해야 한다.

• 화려한 배경색을 사용한다(예: 형광색)
• 자바를 이용하여 번쩍거리고 스크롤되며 산만한 이미지들을 만든다.
• 최대한 패턴이 들어간 배경화면을 사용한다.
• 배경화면으로 인해 텍스트나 그림이 눈에 띄지 않도록 한다.
• 필요하지 않은 경우에도(방문횟수 기록용) 카운터를 사용한다.
• 작업중(under construction) 표시를 자주 사용한다.
• 대부분의 사람들이 알고 있는 사이트(예: 야후, 알타비스타)로 링크를 설정해 둔다.
• 없어진 사이트로 링크한다(즉, 사용자들이 링크를 클릭할 때마다 "사이트가 URL에 없
  습니다" 표시를 자주 볼 수 있도록 한다).
• 더이상 갈 데가 없는 막다른 링크들을 많이 설정해둔다.
• 문장에서 대문자만을 사용한다.
• 사이트가 언어학적으로 정확하고 적절한지 확인하기 위해 철자나 문법을 바꾸어주는
  소프트웨어를 사용한다.
• 설계자의 사진이나 가족, 애완동물, 친구의 사진 또는 비전문적이거나 부적절한 그림
  을 사용한다.
• 긴 문단을 사용하여 사용자가 여러 페이지들을 스크롤해야만 핵심적인 내용을 파악할
  수 있도록 한다.

도록 한다. 웹 사이트를 구동시키기 전에 몇 개의 시범 디자인을 만들어서 링
크와 설계가 의도한 대로 작동하는지와 가능한 한 가장 좋은 디자인을 통해
강좌를 처음 소개할 수 있는지를 확인할 수 있어야 한다.

　웹페이지의 성공 여부에 대한 가장 좋은 척도는 학습자들의 평가이다. 강좌
가 진행되는 동안 학습자들에게 사이트의 유용성과 설계에 대한 평가를 구하
도록 한다. 교육자가 진실로 사이트를 개선하고 더 효과적으로 정보를 전달할
수 있도록 하고 있다는 것을 학습자들이 알 수 있도록 한다.

요약

웹 사이트를 디자인하는 것은 지속적인 도전이기도 하며 모험이 될 수도 있다. 기술의 발전으로 인해 상호작용 기능이 향상된 장치들을 제공할 수가 있게 되었으며, 학습자들의 교육/훈련 경험을 확장해줄 수 있는 학습환경을 지속적으로 개선해나갈 수 있게 되었다.

제8장

원격회의와 데스크탑 화상회의

원격회의(teleconferencing)와 데스크탑 화상회의(desktop videoconferencing)가 원격학습에서 가장 보편적으로 사용되는 방식은 아니지만 점차적으로 일반화되고 있다. 교육자/훈련자와 학습자가 컴퓨터와 전화 테크놀로지를 통해 얼굴을 맞대고 회의할 수 있도록 도와주는 소프트웨어의 수가 증가함에 따라 이와 같은 방식은 점차 널리 쓰이게 될 것이다. 어떤 강좌에서도 데스크탑 화상회의나 원격회의를 이용할 수 있는데 특히 이에 적합한 강좌는 학습자에게 시범을 보이거나, 토론에 참여하게 하거나, 강의를 하거나, 프리젠테이션을 하거나, 그룹의 일원으로서 작업을 하도록 하기 위한 경우이다. 교육자/훈련자 또는 다른 학습자들과 얼굴을 맞대고 하는 커뮤니케이션이 필요한 경우에는 원격회의와 데스크탑 화상회의가 가장 효과적이다.

원격회의와 데스크탑 화상회의만으로도 원격학습 강좌의 정보를 전달할 수가 있기 때문에 이와 같은 테크놀로지를 이용하여 학기 내내 강좌를 진행하는 대학들도 많이 있다. 교육기관에 따라 다르겠지만 출석 수업에 시간표가 있는 것과 마찬가지로 원격회의에도 일정표가 있다. 전통적인 교실에서 학습하려면 정기적으로 출석을 해야 하는 것과 마찬가지로 매주 한 번 이상 제공되는 원격회의에도 참여를 해야 한다. 원격회의를 이용하면, 정해진 일정에 따라 행동하는 것을 선호하거나 다른 학습자들이나 교육자/훈련자와의 직접적인 교류를 통해 효과적으로 학습할 수 있는 사람들은 혼자서 공부하는 것을 선호하는 사람들에 비해 훨씬 많은 이득을 얻을 수 있다.

원격회의와 화상회의는 전통적인 강의실 교육의 형태를 어느 정도 본뜬 것이기 때문에 전통적인 교육방식에 익숙한 사람이라면 이런 형태의 원격학습을 더 편안하게 여길 것이다. 이와 같은 형태의 교육은 또한 그들에게 기존의 교육방식이 어떠한 것이었다는 사실을 상기시키고 대다수의 학습자들에게 교육이란 그런 것이어야 한다는 의미로 재해석된다. 원격학습은 그들에게 과거에 누리지 못했던 교육/훈련의 기회를 훨씬 편리한 방법으로 제공할 수 있지만 원격학습의 다른 측면들에 대해서는 다소 생소하게 느껴질 수 있다. 원격회의나 화상회의는 이와 같은 학습자에게 원격학습 그리고 익숙한 교실환경이라는 두 가지 방식들로부터 우수한 장점만을 제공한다.

원격회의와 화상회의는 또한 다양한 감각에 작용한다. 따라서 교육자/훈련자는 인쇄물, 시범, 워크숍, 강의, 멀티미디어 프리젠테이션 등 모든 형태의 정보를 사용하도록 해야 한다. 이와 같이 한다면 모든 학습자의 욕구를 효과적으로 충족시킬 수 있게 된다.

원격학습 강좌의 주제나 학습자의 필요를 고려해본 결과 원격회의나 화상회의가 정보를 전달하기 위한 최선의 수단이 아니라고 판단되더라도 특별한 경우에 사용을 고려해볼 수 있다. 원격회의와 화상회의를 보조적으로 사용하면 기타 다른 교수방식의 효과를 증대시킬 수가 있다.

예를 들어, 학습자가 컨퍼런스나 회의의 특별 강좌에 참여할 수 있다면 관련 주제를 확실히 파악할 수 있을 뿐만 아니라 어떤 일들이 전문적인 모임을 통해 진행되고 있는지도 알게 될 것이다. 회사·기관·협회 등에서 주최하는 시범이나 워크숍 같은 일회성 이벤트에 참여하는 것도 가능하다. 전문가들의 회의나 컨퍼런스에 참여할 시간이나 돈이 없는 학습자가 물리적으로는 강좌에 참여할 수 없더라도 원격회의나 화상회의를 통해 프리젠테이션에 참여하게 된다면 전문가들과 토론을 하는 것도 가능할 것이다.

원격회의나 화상회의는 학습자들간의 토론이나 포럼을 위해 이용될 수도 있다. 이런 강좌를 통해 여러 학습자 그룹을 한데 모을 수 있으며 강좌가 진행되는 동안 축척된 자료들을 서로 공유하고, 각자 개인적으로 완성한 프로젝트에 대해 토론할 수 있다. 비정기적으로라도 원격회의와 데스크탑 화상회의를 하는 것은 강좌의 교육적 효과를 증진시키는 데 도움이 된다.

1. 원격회의와 데스크탑 화상회의에 관련된 전문용어 해설

고가의 화상회의 시스템을 구입하거나 또는 진보적인 테크놀로지의 비용 때문에 등급이 낮은 시스템을 그냥 사용하기로 결정하기 전에 반드시 소속된 기관이나 회사의 기술 전문가와 상의해야 한다. 전문가들에게 계획하고 있는 원격학습 강좌나 프로그램의 형태에 가장 잘 맞는 접속 방법, 장차 제공하고자 하는 원격학습의 형태, 그리고 사이트에서 현재 사용하고 있는 테크놀로지 등에 관해 질문할 때 아래의 간략한 용어 해설을 참고하면 도움이 될 것이다. 또한 학습자들이 어떤 종류의 장비를 갖추고 있거나 혹은 사용할 수 있는지, 그리고 테크놀로지가 얼마나 빨리 변할 것인지에 대해서도 고려해야 한다. 전문용어나 원격회의에 관해 더 자세히 알아보려면 통신회사(예를 들어, AT&T나 스프린트(Sprint) 같은 회사들)에서 발행된 책자를 읽어보고 영업사원과 상담해보는 것이 중요하다. 전화의 송수신 과정을 잘 알면 원격회의에 대해, 특히 비디오 압축기술을 사용하는 원격회의에 대해 더 잘 이해할 수 있게 된다.

아날로그 영상을 디지털 신호로 바꾸어주면 컴퓨터가 영상 데이터를 인식하도록 할 수 있다. 이를 계수화 즉, 디지타이징(digitizing)이라고 하며 각 비디오 프레임을 화소(pixel; picture element의 약자)의 이차원 배열로 바꾸어준다. 교육자/훈련자의 모습이 카메라에 비치면 픽셀로 구성된 그 이미지가 전송되어 수신처의 장비에서 분석된 후 모니터에 프로젝션된다. 교육자/훈련자의 움직임은 동영상(full-motion video)으로 부드럽게 전달된다. 그러나 원격회의 시스템에 따라 동영상을 사용하지 않는 경우도 있다. 대신 이미 전송된 이미지에서 움직이지 않은 부분이나 변화가 없는 부분은 갱신하지 않는다. 이미지에 변화가 발생하면(예를 들어, 강의자가 눈을 깜빡였거나 몸을 움직인 경우) 갱신된 픽셀의 정보를 수신지로 보내 이미지를 변경한다. 전송 속도와 데이터를 전송하는 채널의 용량에 따라 모니터로 전송되는 이미지가 지연되거나 연결이 끊어지기도 한다. 만일 채널 하나로 대용량의 영상신호를 전송할 수 있다면 선명한 이미지를 구현할 수 있다.

채널에서 오디오는 일정한 폭의 전송 공간 즉, 대역폭(bandwidth)을 차지한다. 따라서 오디오에 대한 조절은 절대로 불가능하며, 채널의 대역폭을 증가시키더라도 비디오 전송용량만 늘어나고 오디오 전송용량은 늘어나지 않는다.

통신선 또는 채널 전송망을 통해 한번에 흘러갈 수 있는 정보의 분량과 대역폭은 비례하며, 대역폭을 초당 비트 수(bps; bits per second)로 측정할 수 있다. 초당 비트를 천 단위로 표시할 때는 초당 킬로비트(Kbps; kilobits per second)라고 한다.

한번에 전송 가능한 정보의 양은 사용 가능한 대역폭에 의해 결정된다. 비디오 통신에는 넓은 대역폭이 요구되는 데 비해 오디오 통신에 요구되는 대역폭은 상대적으로 좁다. 대역폭의 용량을 배가시킨다면 비디오 전송능력은 두 배로 늘어나지만 오디오 전송 능력은 변하지 않는다. 기존의 전화선보다 더 큰 대역폭을 제공하는 네트워크 중에는 ISDN(Integrated Services Digital Network)과 이더넷(Ethernet)이 있다.

이더넷과 ISDN은 각기 다른 유형의 대표적인 통신채널들이다. ISDN은 회로교환(circuit-switched) 방식이고 이더넷은 패킷교환(packet-switched) 방식이다. 회로교환 방식의 통신채널을 사용할 경우, 이론상 사용자는 원하는 만큼 접속을 유지할 수 있다. 즉, 채널을 통해 접속하면 채널로부터 필요한 대역폭이 제공되며 다른 사용자들은 그 대역폭을 사용할 수 없게 된다.

반면에 패킷교환 방식의 통신채널은 시스템 내의 모든 사용자가 공동으로 대역폭을 사용한다. 패킷교환 방식의 통신채널에 많은 사용자들이 접속을 시도하는 경우 사용자들의 수가 적을 때보다 정보를 주고받는 데 오랜 시간이 걸린다. 데스크탑 화상회의에서는 지속적으로 정보가 전송되어야 하기 때문에 회로교환 방식의 통신채널이 더 적합하다고 할 수 있다.

ISDN이 구축된 것은 여러 해 전이지만 최근에야 가정과 교실 그리고 중소기업에서 사용할 수 있게 되었다. ISDN은 전화통신망을 통해 정보를 전송한다. ISDN은 주로 베어러(bearer)채널 또는 B채널이라 불리는 두 개의 통신선을 사용한다.

각 B채널은 동시에 초당 6만 4,000비트(64Kbps)의 정보를 전송할 수 있다. 데이터 채널 즉, D채널을 추가적으로 사용하면 초당 1만 6,000비트(16Kbps)의 정보를 더 전송할 수 있다. ISDN 신호는 디지털 신호이므로 어댑터나 다른 연결 장치를 필요로 한다.

T캐리어(T-carrier)서비스는 T1과 T3 회로를 제공한다. 계수화된 음성신호를 보낼 수 있도록 포맷된 전송의 경우 한 라인에서 여러 개의 회로를 사용할 수 있다. T1은 디지털 전용회선으로 24개의 64Kbps 채널로 이루어지며 구리선(copper wire), 동축케이블(coaxial cable), 광케이블(fiber optic cable), 또는 위성(Satellite)을 통해 전송한다.

T3 라인은 T1 라인보다 더 많은 정보를 전송한다. 한 개의 T3 라인은 28개의 T1 라인을 합쳐놓은 것과 같다. T1이나 T3 라인을 사용하면 훨씬 많은 음성·비디오·데이터 신호 즉, 멀티미디어 정보를 전송할 수 있게 된다.

T1 라인을 부분적으로만 사용하면, 한번에 전달할 수 있는 정보의 양은 줄어들지만 비용을 줄일 수 있다는 장점이 있다. T1과 T3 라인을 부분적으로 사용하는 데 드는 비용은 지역과 통신회사에 따라 다르기 때문에 해당 지역의 현재 요금비율을 알아보아야 한다(예를 들어, 미국 중서부의 어떤 도시에서 T1을 부분적으로 1/4만 사용할 경우 시간당 20달러가 들고, 전송용량을 늘리려면 비용도 증가한다).

ISDN은 기본 비율 인터페이스(BRI; Bbasic Rate Interface)와 일차 비율 인터페이스(PRI; Primary Rate Interface)의 두 가지 방식으로 기본 서비스를 제공한다. 전송용량이 크지 않은 강좌라면 BRI를 사용하면 된다. BRI는 두 개의 64Kbps B채널과 한 개의 16Kbps D채널로 이루어져 있다. 그러나 전송해야 할 정보의 양이 초과하는 경우 PRI를 사용해야 한다. 서비스 제공업체에 따라 용량의 차이가 있지만 PRI는 대개 23개의 B채널(미국의 경우. 유럽은 30개의 B채널로 구성)과 한 개의 65Kbps D채널로 이루어져 있다. BRI나 PRI서비스를 이용하려면 특수 장비가 필요하며 서비스 제공업체의 도움을 받아야 한다.

또 하나의 중요한 개념인 프레임 비율(frame rate)은 1초 동안에 보여지는 비디오 화면의 수를 말한다. 초당 전송되는 화면의 수가 많을수록 비디오 화질이 향상된다. 동영상(full-motion video; 자연스럽게 이어지는 영상을 전제로 함)은 초당 30프레임을 기준으로 한다. ISDN 채널을 사용하면 대략 매 4초마다 한 개씩의 화면을 전송할 수 있으며, 따라서 ISDN이 정보의 흐름을 더 좋게 하기는 하지만 동영상 정보를 충분히 전달하기에는 부족하다고 할 수 있다.

이런 이유로 이더넷은 좋은 대안이 될 수 있다. 이더넷은 비록 패킷 교환 채널이기는 하지만, 동시에 정보를 보내는 사용자들의 수가 적을 경우 초당 세 개 정도의 프레임을 전송하기 때문에 좀더 부드러운 동영상을 구현할 수가 있다. ISDN과 이더넷은 두 가지 모두 화상회의에 이용되지만, 원격학습에 관한 책자들에 의하면 ISDN이 더 많이 사용되고 있는 것으로 나타난다.

비디오를 압축하여 전송하면 비디오 화질이 향상된 것처럼 느껴지도록 할 수가 있다. 코덱(codec; compression-decompression)은 전송할 영상신호를 디지털 신호로 바꾸거나, 반대로 수신된 디지털 신호를 영상신호로 변환하는 장치이다. 대부분의 코덱 장치에는 구입시 한 개 이상의 카메라가 포함되어 있다.

대부분의 학습자들이 자주 지연되는 영상에도 빨리 적응하지만, 원격회의에서 비디오 화질을 개선하는 것이 얼마나 중요하며 비용에 비해 효과가 크다는 것을 인식해야 한다. 화질이 완벽하지 않아도 보는 데에는 지장이 없다고 생각할 수 있을 것이다. 그렇더라도 교육자/훈련자의 프리젠테이션 스타일이 영상 데이터 전송에 적합한 것이 되도록 노력을 기울여야 한다. 예를 들어, 강의 도중에 걸어다니거나 시범이나 모의실험을 할 때 많이 움직이면 갱신되어야 할 픽셀의 수가 늘어나고 제한된 채널을 통해 영상정보를 너무 많이 보내게 되므로 시스템이 느려지며 비디오를 제대로 보기가 힘들어진다. 그렇기 때문에 교육자들은 슬라이드나 OHP 화면에서 중요한 사항을 강조할 때에도 가급적 불필요한 움직임이나 동작을 삼가야 한다. 프리젠테이션 방식을 향상시키고 효과적인 방송을 원한다면 불필요한 움직임은 반드시 피하도록 한다.

2. 원격회의와 데스크탑 화상회의에 필요한 기본 장비

　원격회의실을 디자인하기 위해 비디오 압축기술을 이용하려면 코덱 장비가 있어야 한다. 그리고 만일 카메라가 포함되어 있지 않다면 카메라를 구입해야 할 것이다(그러나 대부분의 코덱 장비에는 한 개 이상의 카메라가 제공된다). 강좌를 제대로 촬영하려면 두 대 내지 네 대의 카메라가 필요할 것이다.

　그리고 카피 스탠드(copy stand)가 있어야 하는데, 이는 비디오 카메라가 달린 오버헤드 프로젝터와 비슷하게 생긴 것으로서 슬라이드와 같은 이미지로 삼차원 그래픽을 보여줄 수 있다. 이것을 이용하면 교육자/훈련자가 필기하는 내용을 원격지에서도 모니터를 통해 볼 수 있다. 하지만 경우에 따라 칠판이나 화이트보드에 판서하는 내용을 전달할 수도 있다.

　교육자/훈련자와 학습자 모두가 마이크로폰을 사용할 수 있도록 환경을 구성해야 한다. 마이크로폰은 강좌의 필요와 교육자들의 요구에 따라 여러 가지 방식으로 배치할 수 있다. 말할 때만 작동되는 내장형 마이크로폰을 갖춘 학습자용 책상이나 테이블을 마련할 수 있으며, 교육자/훈련자의 작업 공간에도 내장형 마이크로폰을 설치할 수 있다. 다른 강좌를 위해 장비를 옮겨야 한다면 분리가 가능한 마이크로폰을 선택하는 것이 좋을 것이다.

　테크놀로지는 매우 빨리 변하므로 항상 최신 장비를 갖추기란 불가능하다. 하지만 최소한 몇 년에 한번씩은 장비를 새것으로 바꿔야 한다. 소프트웨어를 갱신함으로써 성능이 향상되는 장비의 종류 및 기종, 그리고 하드웨어 자체를 상향조정함으로써 성능이 향상되는 장비를 비교해보면, 장비를 가장 잘 활용하는 방법을 찾아낼 수 있을 것이다. 소프트웨어의 단계를 높임으로써 테크놀로지의 수준을 향상시킬 수 있는 장비를 구입하는 것도 원격학습 프로그램에 도움이 된다. 그러나 결국 언젠가는 효과적인 원격회의 서비스를 위해 새로운 테크놀로지에 투자해야 한다. 코덱 장비, 장비의 기종, 기종의 상향조정 등에 관해 전문가들과 상담해보면 원격학습 프로그램에 가장 효과적이고 적합한 하드웨어와 소프트웨어가 무엇인지 알게 될 것이다.

　원격학습 프로그램에서 데스크탑 화상회의를 이용할 계획이라면, 공개 소프트웨어를 비롯한 비싸지 않은 간단한 소프트웨어와 하드웨어로부터 좀더 기술적으로 발전된 장비에 이르기까지 여러 가지의 테크놀로지를 사용할 수 있다. 최소한 모든 참가자는 비디오와 오디오를 충분히 구현할 수 있는 컴퓨터와 데스크탑 화상회의를 실행하는 데 쓰이는 소프트웨어가 필요할 것이다. 컴퓨터는 각 참석자가 보고 들을 수 있게끔 카메라와 마이크로폰을 갖추고 있어야 한다.

프로그램에서 데스크탑 화상회의를 자주 실시할 예정이라면, 다이얼링 모뎀보다 더 큰 대역폭과 정보처리용량을 제공하는 ISDN의 사용을 고려해보아야 한다. 또한 전송되는 비디오 신호를 압축하고, 압축상태의 비디오 신호를 해석하는 코덱 보드도 필요하다.

계획하고 있는 데스크탑 화상회의 용도에 가장 잘 맞는 하드웨어와 소프트웨어의 종류가 무엇인지 결정하기 위해 교육기관이나 회사의 기술진과 의논해보도록 한다. 시중에 나와 있는 다양한 데스크탑 화상회의용 컴퓨터 장비들을 비교해보고, 코넬 대학교 웹 사이트에서 내려받을 수 있는 CU-SeeMe 같은 비용이 별로 들지 않는 소프트웨어를 사용할 것인지도 고려해본다.

3. 원격학습 강좌에서의 원격회의

원격회의란 거리상 멀리 떨어져 있는 장소들간에 정보를 업링크(uplink)하거나 다운링크(downlink)하여 때로는 위성을 통해 주고받는 원거리 강좌를 말한다. 달리 표현하면 생중계되는 프리젠테이션이라고 할 수 있다. 교육자/훈련자는 학습자가 강의실, 컨퍼런스 센터, 혹은 회사에 있든지 간에 원격회의를 송수신할 수 있는 테크놀로지가 있는 곳이라면 어디라도 실시간으로 응답해줄 수 있다.

원격회의는 전송방식에 따라 상호작용 비디오 교육 또는 상호작용 텔레비전으로 불리기도 한다. 원격회의는 양방향 음성과 단방향 비디오 통신, 양방향 비디오와 단방향 음성 통신, 그리고 가장 선호되는 양방향 음성 및 비디오 통신을 모두 포함한다.

이와 같은 방법을 통해 교육자/훈련자는 혼자서도 교육지에 있는 학습자들

뿐만 아니라 지리적으로 멀리 떨어진 곳에 있는 한 명 또는 그중의 학습자들과 서로 보고 응답하면서 강의를 진행할 수 있게 된다. 예를 들어, 교육자/훈련자가 원격지의 어떤 그룹을 가르치고 있는 경우에 멀리 떨어진 그곳의 학습자들은 교육지의 강의실에서 학습하고 있는 교육자의 학습자들을 보고 들을 수 있으며, 강의실에 있는 그룹도 원격지의 학습자들을 보고 들을 수 있다.

경우에 따라 원격회의에 참가하는 학습자의 수가 적을 수도 있다. 예를 들어, 비즈니스 원격회의처럼 교육자/훈련자 한 명과 멀리 떨어져 있는 한두 명 정도의 학습자들 간에 원격회의가 이루어지기도 한다. 그러나 아주 적은 수의 그룹을 위해 원격회의를 하는 것은 비용을 고려해볼 때 그리 효과적이지 못하다.

어떤 강좌에서는 폐쇄회로 TV 강좌나 캠퍼스 교육, 또는 사내 프로그램이 제공되는 방식과 마찬가지로 학습자들이 정기적인 일정에 따라 만나기도 한다. 학습자들은 매주 또는 일주일에 몇 번씩 원격회의에 참가하기 위해 정해진 장소에 모인다. 이런 경우에 원격학습 교육의 틀이 좀더 체계적이기를 바라는 학습자에게는 수업 일정이 잘 짜여져 있는 것이 좋겠지만, 어떤 학습자에게는 전통적인 강의실 형태의 수업이 자신의 일정과 잘 맞지 않을 수도 있다. 원격회의가 얼마나 효과적이고 성공적인가는 이 원격학습 방법이 학습자 개개인의 욕구를 얼마나 잘 충족시키느냐에 달려 있다.

그리고 원격회의를 정기적으로 제공하거나 특별 이벤트로 기획하여 다른 형태의 교수방법이나 정보자원을 보완하기도 한다. 특별 이벤트를 녹화해두면, 원격회의에 참가하지 못한 사람들이 나중에 볼 수 있도록 하거나 비디오 도서관에 보관할 수 있으며 학습자들에게 판매도 가능하다. 그러나 어떤 형태의 특별 이벤트건 녹화하기 전에 그 테이프를 사용하고 복제할 수 있는 저작권을 미리 확보해야 하고, 전송받아 녹화할 때에는 라이선스 비용을 지불해야 하며, 향후에 사용하거나 수익을 올리기 위해 원격회의를 녹화할 때 생기는 법적인 문제와 경영상의 문제를 미리 해결해두어야 한다.

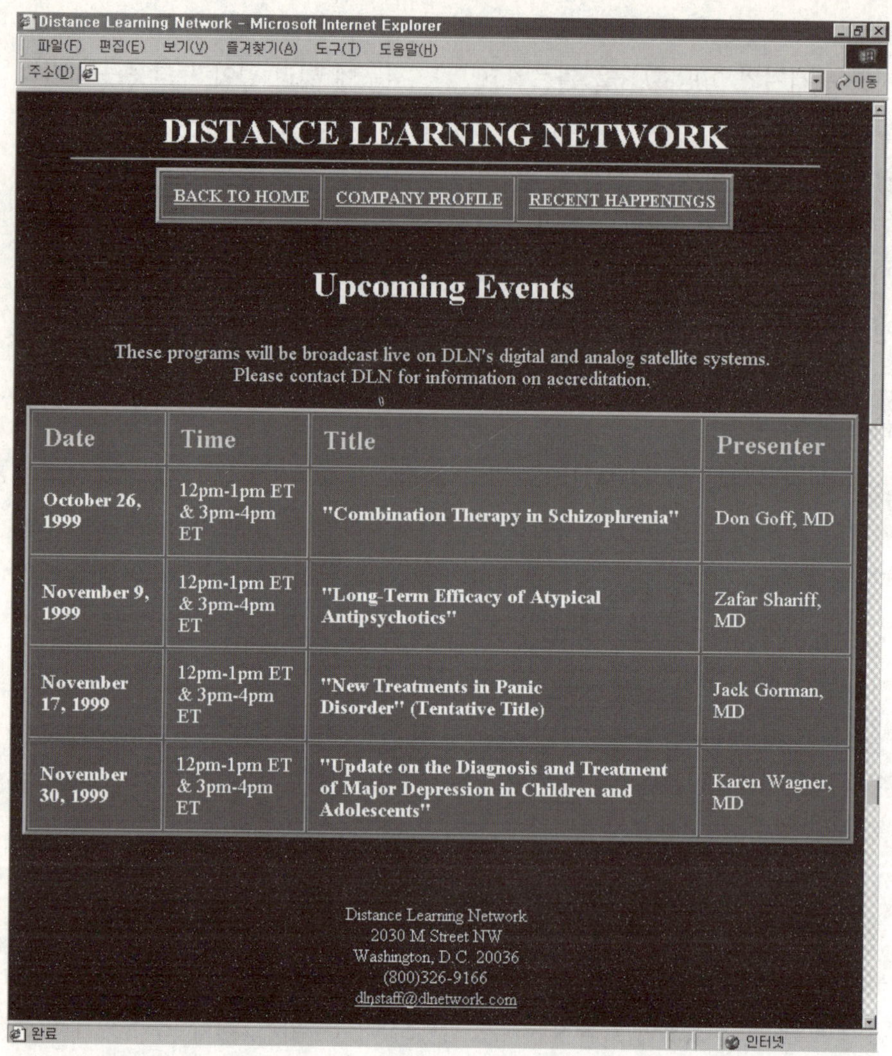

Date	Time	Title	Presenter
October 26, 1999	12pm-1pm ET & 3pm-4pm ET	"Combination Therapy in Schizophrenia"	Don Goff, MD
November 9, 1999	12pm-1pm ET & 3pm-4pm ET	"Long-Term Efficacy of Atypical Antipsychotics"	Zafar Shariff, MD
November 17, 1999	12pm-1pm ET & 3pm-4pm ET	"New Treatments in Panic Disorder" (Tentative Title)	Jack Gorman, MD
November 30, 1999	12pm-1pm ET & 3pm-4pm ET	"Update on the Diagnosis and Treatment of Major Depression in Children and Adolescents"	Karen Wagner, MD

http://www.dlnetwork.com
ⓒ 2000 Distance Learning Network

원격학습 서비스와 프로그램의 예

<그림 8. 1>은 원격학습 네트워크(Distance Learning Network)의 웹 사이트에서 자체 원격회의 서비스를 소개하는 내용을 보여주고 있다. 이 네트워크는 의

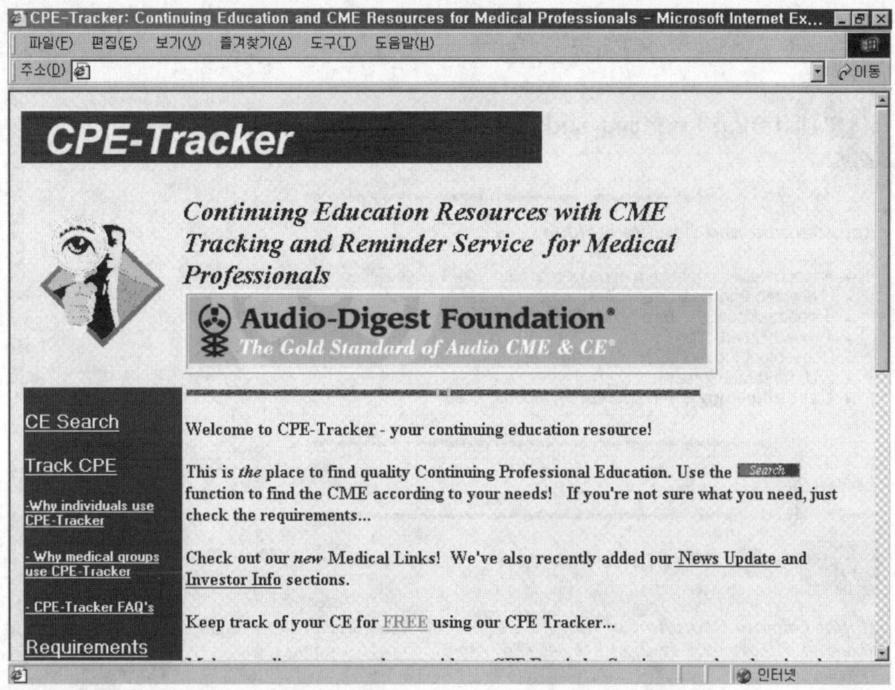

http://www.cpe-tracker.com/medical/Default.htm
ⓒ 1998~2000 CPE-Tracker

료업에 종사하는 사람들에게 평생교육 프로그램을 제공하고 있다. 그들은 과학기술의 변화에 뒤처지지 않기 위해 자신들의 기술과 정보를 향상시켜야 하지만 교육기관에 갈 시간이 없거나 한 학기 동안 진행되는 강좌에 참여할 수 없는 사람들이다. 위성을 이용하는 상호작용 강좌는 이러한 전문인 그룹의 평생교육에 대한 욕구를 상당히 충족시킬 수 있다. 또한 원격학습 네트워크에서 제공하는 워크숍은 비디오 테이프로 만들어져 학습자가 원하는 시간에 볼 수 있도록 되어 있다. 이런 형태의 방송은 유치원에서 고등교육까지의 전통적 교육 프로그램의 질을 향상시킬 뿐 아니라, 정식 학위과정을 원하지 않는 전문가에게 특화된 평생교육 / 훈련의 기회를 제공한다.

<그림 8. 2>에서 보듯이 원격학습 네트워크의 프로그램에 참여할 사람들은 방송 전에 등록을 해야 한다. 수신자 부담 전화번호와 온라인 등록양식이 있으므로 학습자는 쉽게 등록을 하고 방송에 관한 정보를 받아볼 수 있다.

<그림 8. 3> 버틀러 커뮤니케이션(Butler Communications, Inc.)의 원격학습 및 위성 프로그램

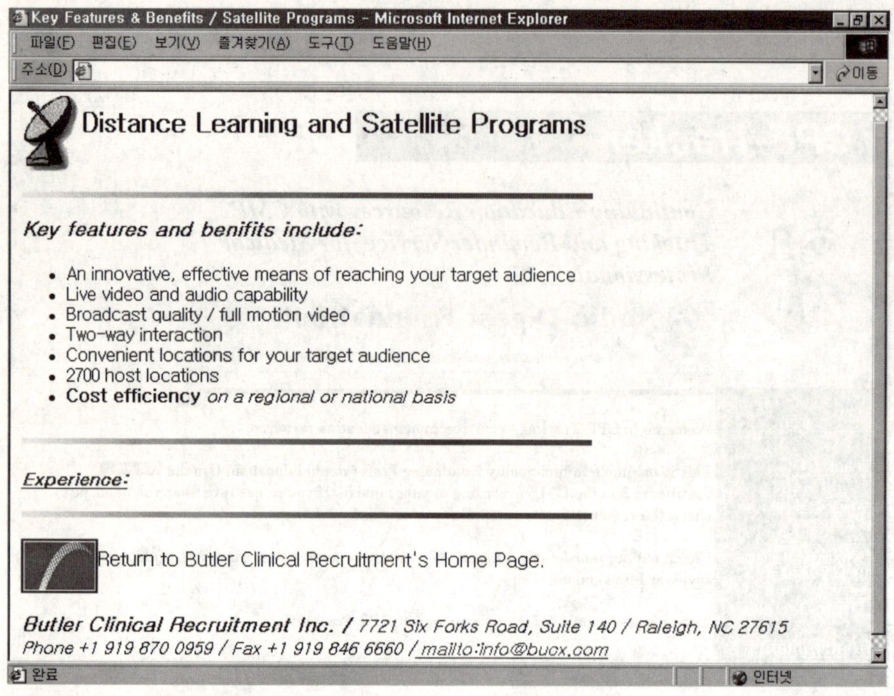

http://www.bucx.com/
ⓒ Butler Communications, Inc. 2000

　버틀러 전문대학(Butler Community College)의 웹 사이트는 원격학습 및 위성 프로그램(<그림 8. 3>)을 소개하고 있는데, 원격학습 강좌에 참여하기를 원하는 그룹에게 주어지는 혜택이 항목별로 상세히 설명되어 있다. 이 대학은 2,700개의 교육 장소를 자랑하고 있어서 많은 학습자가 원격회의 시설이 설치되어 있는 곳으로 멀리 여행할 필요 없이 강좌에 쉽게 참여할 수 있다.

　많은 교육기관에서 원격회의를 이용하고 있다. 갤로데대학(Gallaudet University)은 위성을 통해 방송되는 상호작용 프로그램을 캠퍼스로부터 전국 각지의 사이트와 국제적인 사이트에 제공한다. 원격회의 참가자들은 갤로데 캠퍼스 사이트에서 방송하는 사람들을 보고, 그들의 말을 들을 수 있으며, 전화나 팩스를 통해 교육자/강의자와 교류한다. 갤로데의 원격회의의 장점은 자막과 미국식 수화, 그리고 해설이 제공되기 때문에 청각장애가 있는 사람도 보통 사람과 똑같이 원격회의에 참가할 수 있다는 것이다.

갤로데 컨퍼런스를 수신하는 곳에서는 C밴드나 Ku밴드 위성접시, 그리고 충분한 숫자의 모니터와 전화선을 갖추고 있어야 한다. 그래야 학습자가 그 방송을 볼 수 있으며 전화나 팩스를 통해 교육자/강의자들과 질문과 대답을 주고받을 수 있다. 이와 같은 컨퍼런스 강의에 참가하려면 호스트 사이트에서 각 프로그램에 대한 다운링크 및 라이선스 비용을 지불해야 한다. 그러면 프로그램을 생중계로 볼 수 있고 자료 보관용으로 한 개의 비디오 테이프에 녹화할 수 있다. 기술의 발달로 인해 잠재적인 시청자들의 욕구를 충족시키기 위해 교육/훈련에서 원격회의를 여러 가지 방식으로 사용하는 것이 가능해졌다.

개인 사업자, 컨소시엄, 그리고 기타 교육기관에서는 자체 강좌나 프로그램 외에 원격회의 서비스를 자주 제공한다. 예를 들어, 사우스 캐롤라이나 ETV는 위성통신과 주 전역에 걸친 폐쇄회로 텔레비전 시스템을 결합해서 원격회의를 한다. 기업체와 지역사회에 서비스를 제공하기 때문에 교육강좌에서 미팅에 이르기까지 어떤 형태의 원격회의도 방송할 수 있다. 사우스 캐롤라이나 ETV의 웹 사이트(http://www.scetv.org/)가 보여주듯이, 원격회의는 훈련과 전문성을 개발하는 데 효과적인 도구가 될 수 있으며 또한 미팅을 하기 위해 사람들을 한군데로 모으기 위한 실질적인 방법을 제공한다.

대표적인 원격회의 시나리오

원격회의는 주로 원격회의를 목적으로 상호작용이 가능하게 만들어진 강의실에서 이루어지며 압축비디오를 이용하는 경우도 있다. 원격회의용 강의실에서 이루어지는 강의는 주로 다음과 같다. 강의실에는 장비가 설치된 특수 연단, 테이블 내장형 마이크로폰이나 이동형 마이크로폰(강좌의 유형에 따라 달리 설치할 수 있다), 그리고 텔레비전 모니터가 갖추어져 있다. 교육자/훈련자는 통상 콘솔에서 영상 자료를 조작할 수 있으며 카메라를 조정하여 프리젠테이션에서 강조되어야 할 부분을 결정한다. 문서, OHP 필름, 컴퓨터 화면, 사진, 슬라이드 및 기타 그래픽 형태의 자료를 강의실이나 멀리 떨어진 곳에 있는 시청자들에게 보여준다. 또한 샘플이나 가까이에 카메라를 대고 하는 시범이나 워크숍 활동을 제공할 수 있다.

교육자는 강의실에서 학습자들을 대상으로 강의를 할 뿐만 아니라 화면을 통해서도 정보를 제공하며, 교육지에서 진행되고 있는 내용을 보고 있는 원격지의 학습자들을 텔레비전 카메라를 통해 확인할 수 있다. 학습자는 책상이나 작업대에 설치되어 있는 마이크로폰을 통해 교육자/훈련자와 대화할 수 있으며 원격지의 학습자들과도 학습내용에 대해 토론할 수 있다. 대부분의 강의실에는 비디오 전환장치가 설치되어 있어 발표자의 모습을 화면을 통해 볼 수 있다. 이와 같은 방법으로 교육자/훈련자는 누가 말을 하는지 알 수 있으며 직접 의사소통을 할 수도 있다.

원격지의 학습자는 정보를 전송하는 곳의 상황을 볼 수 있으며, 전송지에서도 교육자/훈련자와 학습자들은 원격지에서 강의에 참가하고 있는 학습자들을 보고 들을 수 있다. 양방향 오디오 및 비디오 커뮤니케이션이 가능해짐에 따라 강의실이나 훈련 장소는 여러 곳으로 확장된다. 왜냐하면 교육자/훈련자와 학습자는 물리적으로 같은 공간에 있거나 지리적으로 멀리 떨어진 곳에 있거나 간에 면대면으로 상호 교류할 수 있기 때문이다. 만일 양방향 오디오 및 비디오 커뮤니케이션이 불가능한 상황이라면 양방향 비디오와 단방향 오디오(교육자/훈련자로부터 원격지로 전송되는)를 통해 최소한 원격지의 참가자들이 교육지의 상황을 볼 수 있도록 해야 한다. 갤로데 대학의 예에서와 같이 학습자가 방송 대신 전화나 팩스를 통해 교육자/훈련자에게 메시지를 보내야 하는 경우도 있다. 결국 테크놀로지가 상호 교류의 가능성을 좌우한다고 할 수 있다. 원격학습 강좌는 각 장소에 있는 모든 사람이 보고 듣는 것을 동시에 할 수 있을 때, 즉 원격회의에 완전히 참여할 수 있을 때 훨씬 더 효과적이다.

위성을 이용하여 업링크와 다운링크를 하게 되면 완벽한 동영상과 더 선명한 이미지를 얻을 수 있다. 그러나 이와 같은 테크놀로지에는 훨씬 많은 비용이 소요되기 때문에 프로그램에 따라 상당한 제약을 받게 된다. 왜냐하면 수신지의 다운링크 장비는 물론 발신지에서 방송을 전송하기 위해 필요한 스튜디오, 상호작용이 가능한 강의실, 업링크 및 다운링크 장비를 모두 갖추어야 하기 때문이다. 위성으로 정보를 전송할 수 있다면 훨씬 품질이 우수한 영상을 제공할 수 있지만 비용은 압축 비디오에 비해 많이 소요된다.

원격회의에서 교육자/훈련자는 테크놀로지를 사용해야 하는 이외에도 제5장에서 언급했듯이 독창적인 프리젠테이션 능력을 갖추어야 한다. 아무리 최신 테크놀로지를 사용하더라도 결국 강좌의 품질은 교육자/훈련자가 학습자에게 얼마나 효과적으로 정보를 전달하느냐에 달려 있다. 원격회의를 통한 교육/훈련은 여러 가지 측면에서 강의실이나 현장에서 하는 프리젠테이션과 유사하므로 유능한 교육자/훈련자라면 학습자를 잘 다룰 줄 알고 또 다양한 형태로 정보를 제시하는 방법에 대해서도 알고 있을 것이다. 동일한 방법으로 교육에 대한 기호가 각양각색인 원격학습 학습자들의 욕구를 효과적으로 충족시킬 수가 있다. 또한 뛰어난 교육자/훈련자라면 프리젠테이션을 더욱 실감나고 흥미롭게 전달하는 방법도 알고 있을 것이다.

4. 원격회의는 언제 하는 것이 유리한가?

원격회의가 완벽한 교육/훈련 도구는 아니지만 교육자/훈련자와 학습자에게 여러 모로 혜택을 준다. 한 원격회의에 접속이 가능한 사이트의 수에는 한계가 있는데, 원격회의에 사용되는 테크놀로지를 갖추고 있는 사이트의 수 또는 교육자/훈련자가 한번에 효과적으로 상대할 수 있는 참가자들의 수에 따라 정해진다. 테크놀로지에 따라 다르지만 예를 들어, 압축 비디오 접속은 2개에서 4개의 사이트를 연결하여 모니터에 보일 수 있다. 비록 기술적으로는 더 많은 접속이 가능하지만, 효과적인 커뮤니케이션을 위해서는 원격지의 학습자들을 모니터 화면의 반이나 1/4 크기로 보는 것이 적당하다. 때로는 화면에 하나의 사이트만 나타나는데 그것은 교육자/훈련자가 보이는 시범이나 자료를 모든 사이트에서 좀더 잘 볼 수 있도록 하기 위해서이다. 효과적인 시청이나 커뮤니케이션에 따르는 제약에도 불구하고 원격회의는 한 명의 교육자/훈련자가 지리적으로 널리 흩어져 있는 많은 수의 학습자들과 대화할 수 있고, 여러 곳에 '가상으로(virtually)' 존재함으로써 '실제의(real)' 강의실을 창조한다는 이점이 있다.

원격회의는 이런 방법이 아니면 강좌나 프로그램을 수강할 수 없는 사람들에게 교육/훈련의 기회를 제공한다. 그들은 원격회의를 이용하는 강좌에 참가하지 못한다면 결국 교육을 받을 수 있는 기회로부터 소외될 수밖에 없다. 고립된 지역이라 강좌가 개설되지 않거나 교통비나 그밖의 사정 등으로 강좌가 제공되는 장소까지 갈 수가 없기 때문이다. 편리성과 추가적인 교육/훈련의 기회를 제공할 수 있다는 두 가지 사실들이 원격회의의 성공을 선호하는 주요 이유라고 할 수 있다.

원격회의를 통해 강좌를 제공하는 사람들에게 또 한 가지 유리한 점은 수입을 올릴 수 있는 여지가 많다는 점이다. 통학할 수 있는 거리 내에 강좌가 개설되지 않아 강의를 들을 수 없었던 사람들은 이제 원격학습 강좌로 공부를 할 수 있게 된다. 이제까지 등한시되어왔던 원격학습 시장에서 프로그램 공급자가 수익을 올릴 수 있는 여지가 많아지고 있는 것이다. 원격학습 프로그램을 홍보하고 수입을 올리기 위해서는 배우고자 하는 사람들에게 매우 바람직한 형태의 교육/훈련 기회를 제공할 수 있어야 한다.

커뮤니케이션의 측면에서 볼 때 원격회의의 중요한 이점은 교육자/훈련자와 학습자 간의 교류가 증가한다는 것이다. 원격회의 테크놀로지로 인해 실시간 상호 교류가 가능해지기 때문에 특정 유형의 강의(예를 들어, 시범, 워크숍, 토론 등) 또는 주제에 매우 효과적이다. 원격회의는 실제 강의실을 방불케 한다. 왜냐하면 교육자/훈련자로부터 멀리 떨어져 있는 학습자들이 교육자/훈련자나 동료 학습자들을 볼 수 있고 또 그들이 하는 말을 들을 수도 있기 때문이다.

원격회의는 비디오나 오디오 테이프로 녹화/녹음해둘 수 있기 때문에 재활용이 가능하다. 테이프는 판매하거나 학습자에게 대여해줄 수 있으며, 원격회의에 결석했거나 강의를 복습하려면 테이프를 대여하거나 구입하면 된다. 원격회의로 강좌를 가르치거나 수강할 의향이 있다면 원격회의가 어떤 식으로 운용되는지를 알아보기 위해 테이프를 시청 또는 청취해볼 수도 있다. 이러한 이점들로 인해 원격회의는 원격학습 프로그램을 보강하거나 주요 강의수단으로 이용되기도 한다.

원격회의가 모든 원격학습 상황에 적합한 것은 아니지만 특별한 용도의 범위 내에서 효과를 발휘한다. 원격회의는 다른 어떤 원격학습 테크놀로지보다 학습자와 교육자/훈련자 간에 면대면으로 학습할 수 있는 환경을 조성한다. 그리고 일종의 공동체 의식을 형성하기 때문에 참가자들 사이에 개인적인 교류가 더 많이 이루어지게 된다. 원격회의는 실제 강의실에서의 강의와 원격학습의 좋은 점만을 제공한다고 할 수 있다.

5. 원격학습 강좌에서의 데스크탑 화상회의

데스크탑 화상회의(또는 화상회의)는 원격회의와 유사하다. 실시간 교류시 한 명 또는 그룹의 학습자는 교육자/훈련자를 보고 들을 수 있다. 그러나 화상회의에서는 프리젠테이션이 송수신될 때 다른 형태의 원격통신을 사용하는 대신 모뎀으로 연결된 PC를 통해 온라인으로 강의를 진행한다. 데스크탑 화상회의는 PC에 달린 카메라로 원격지의 사람들을 볼 수 있어야 가능하다. 사실 이 '컨퍼런스'는 데스크탑 화상회의 참석자들로 이루어진 통신망을 통해 실행되는 것이다. 교육자/훈련자와 학습자는 실시간으로 정보를 교환하고, 질의 응답하고, 문서와 자료들을 공유하는데, 어떤 PC에서든지 카메라와 화상회의 소프트웨어만 갖추고 있으면 데스크탑 화상회의를 할 수 있다.

교육자/훈련자는 데스크탑 화상회의를 진행할 때 인터넷 테크놀로지를 사용해서 참가자들의 모습을 보고 그들의 목소리를 듣는다. 또한 컴퓨터 화면의 윈도우를 통해 문서를 공유하거나 전자우편 메시지를 보낼 수도 있다. 원격회의에서는 대개 학습자가 교육자/훈련자에게 문서를 보내지 않는데, 그와는 달리 데스크탑 화상회의중에는 학습자가 컴퓨터에 저장되어 있는 문서를 교육자/훈련자와 같이 사용하거나 전자우편 메시지에 문서를 첨부하여 보내기도 한다. 컨퍼런스가 개인 PC를 연결해서 이루어지므로 상호작용이 활발한 강의를 할 수가 있다. 왜냐하면 학습자들은 정보를 공유할 수 있고, 또 자신들의 PC에 저장된 자료에 대해 질문할 수도 있기 때문이다.

만일 화상회의가 원격학습 프로그램의 일부라면, 데스크탑 화상회의에 참여하기 위해 갖추어야 할 하드웨어와 소프트웨어의 내역을 포함해서 어떤 종류의 장비가 필요한지 참가자들에게 분명히 설명해주어야 한다. 예를 들어, 어떤 학습자는 데스크탑 화상회의를 사용한 강좌를 듣기 위해 소프트웨어를 구입하거나 컴퓨터의 기능을 상향조정해야 할 것이다. 또 어떤 고용주는 화상회의를 통해 더 많은 피고용자들을 훈련시키기 위해 장비를 구입해야 할지도 모른다. 그러므로 처음 화상회의를 하기 훨씬 전에 참가자들에게 무엇이 필요한지, 그리고 데스크탑 화상회의를 하기 위해 시스템을 어떻게 구축할 것인지 알려주어야 한다.

중요한 것은, 전자우편이나 기타 인터넷 통신의 프로토콜과 마찬가지로 화상회의를 위한 통신방식을 개발해서 모두가 적절한 네티켓(netiquette)을 따르도록 하는 것이다. 때로는 데스크탑 화상회의 도중 어떤 사람이 말을 끝낸 순간과 그 말이 화면에 도착하는 순간까지 약간의 시차가 있을 수 있다. 만약 데스크탑 화상회의 도중 그런 통신 시차가 발생하면, 한 참가자가 말을 끝냈을 때 다음 사람이 언제 말을 시작할 수 있는지 절차를 정해놓는 것이 좋을 것이다. 데스크탑 화상회의에 참가한 여러 사람들이 한꺼번에 대화를 하는 경우가 있기는 하지만 그렇게 되면 내용을 이해하기가 힘들어진다.

화상회의에서는 참가자들이 실시간으로 같이 학습을 할 수 있지만 원격회의처럼 실제 강의실과 같은 분위기는 없다. 교육자/훈련자와 학습자는 각자의 컴퓨터 앞에 앉아 주로 혼자 학습을 하게 된다. 데스크탑 화상회의가 여러 사람들을 연결시켜주기는 하지만 참가자들은 결국 각각의 컴퓨터 앞에 고립되어 있는 셈이다. 하지만 화상회의가 원격회의보다 나은 점도 있다. 참가자들은 강좌를 보고 듣기 위해 미리 정해진 컨퍼런스 장소로 이동할 필요가 없다. 그들에게 필요한 것은 집이나 사무실, 또는 작업실에 있는 자신의 컴퓨터이다. 이런 관점에서 보면, 대다수의 학습자들에게 인터넷을 통한 화상회의가 원격회의보다 더 많은 편리함을 제공할 수도 있다.

6. 데스크탑 화상회의의 이점

데스크탑 화상회의에서는 집이나 사무실 또는 작업실의 컴퓨터로부터 동료 학습자나 교육자/훈련자를 호출할 수가 있다. 따라서 음성우편, 팩스우편, 또는 전자우편보다 훨씬 더 사적이고 상호작용이 강화된 커뮤니케이션을 할 수 있으며 참가자들은 서로를 볼 수 있을 뿐 아니라 대화도 할 수가 있다.

화상회의를 하면 전자우편이나 웹 사이트를 사용하는 것보다 훨씬 사적인 전자통신이 가능해진다. 데스크탑 화상회의는 대개 원격회의보다 적은 수의 사람들이 참가하므로, 처음 참가하는 사람이 자기 의견을 좀더 자주 얘기할 수 있고, 또한 더 많은 시간을 함께 보낼 수 있다. 교육자/훈련자는 학습자에게 좀더 개별적으로 주의를 기울이게 되고, 한편 학습자는 자택이나 사무실의 컴퓨터를 통해 컨퍼런스에 참가하므로 심적으로 좀더 여유를 갖고 컨퍼런스에 임할 수 있다.

그러나 어떤 사람들은 컴퓨터 앞에서 일하는 자신의 모습이 카메라를 통해 전달되는 것에 익숙하지 않아서 데스크탑 화상회의에 참가하는 것을 불편해할 수도 있다. 사용하는 언어나 표현의 뉘앙스가 데스크탑 화상회의 도중에 전해지므로 이상한 얼굴표정이나 사람들의 주의를 분산시키는 행동은 참가자들이 효과적으로 커뮤니케이션하는 것을 방해한다. 참가자들의 모습을 볼 수 있고 또 그들의 말을 들을 수 있기 때문에 어떤 정보에 대해 얘기하거나 다른 참가자들과 얘기를 주고받을 때 교육자/훈련자와 학습자는 효과적인 커뮤니케이션이 이루어지도록 각별히 주의를 기울여야 한다. 그러나 참가자들이 얼굴을 맞대고 상대방의 얘기를 들을 수 있다는 점이 바로 화상회의의 강점이기도 하다.

화상회의는 자택이나 사무실의 컴퓨터를 이용할 수 있다는 점에서 매우 편리하며 바로 이러한 점이 비디오나 오디오의 품질이 완벽하지 못하다는 점을 상쇄시킨다. 학습자는 적은 숫자의 사람들과 데스크탑 화상회의 일정을 결정하면 되기 때문에 각자의 시간과 계획에 맞게 컨퍼런스 시간을 조정할 수 있다. 또한 화상회의를 하기 위해 별도의 방송실이 필요하지 않으므로 데스크탑 화상회의 일정은 필요에 따라 더 빨리 결정될 수도 있다. 결과적으로 데스크탑 화상회의를 이용하면 원격회의에 비해 자주 면대면 강의가 이루어지게 된다.

7. 원격회의와 화상회의의 추가적인 이점

원격회의와 화상회의는 교육자/훈련자에게도 이점을 가져다준다. 교육자/훈련자는 강의실에서 멀리 떨어져 있다 하더라도 예정대로 강의를 진행할 수 있다. 데스크탑 화상회의나 원격회의 덕택에 교육자/훈련자는 어느 곳에 있든지 학습자들을 정기적으로 만날 수 있게 된다.

시간과 자금이 부족한 교육기관이나 회사에 속한 교육자/훈련자는 먼곳까지 직접 갈 수가 없는 경우에도 가상 여행(virtual travel)을 할 수 있다. 원격회의와 화상회의는 피곤하고 경비가 드는 여행이 필요없이 사람들을 한데 모은다. 그러나 장비에 드는 비용과 여행 경비를 잘 비교해서 궁극적으로 더 효과가 있다는 판단이 선결되어야 한다.

또한 잠재적인 학습자에게 교육기관이나 회사의 프로그램 또는 사이트를 소개하기 위해 원격회의나 데스크탑 화상회의를 이용할 수가 있다. 예를 들어, 사이트 신설을 기념하는 행사를 주최하여 학습자들로 하여금 토론을 시청하고, 질문하고, 함께 공부하게 될 사람들을 만나보도록 한다. 추후 강좌에서 정기적으로 원격회의나 데스크탑 화상회의를 할 수도 있고 그렇지 않을 수도 있으나 테크놀로지를 사용하여 최초의 환영행사와 강좌에 대한 소개를 면대면으로 진행하는 것은 강좌에 대한 흥미를 유발한다.

원격회의와 데스크탑 화상회의를 창의적으로 사용하면 원격학습 프로그램을 잘 알릴 수 있고, 또 원격회의나 데스크탑 화상회의에 익숙하지 못한 사람들에게는 교육/훈련의 향상을 위해 어떻게 테크놀로지가 사용되는지를 보여줄 수 있다. 교육기관이나 회사의 판촉활동의 일부로서 원격회의와 데스크탑 화상회의를 이용하면 기술의 세련된 정도를 홍보할 수 있으며 교육기관/회사의 명성을 높일 수 있다. 이로 말미암아 사람들은 그 교육기관/회사가 얼마나 다양한 서비스를 제공할 수 있는지 알게 된다. 마지막으로 원격회의와 데스크탑 화상회의 기술을 갖추고 있다면 다른 업체, 특히 통신산업에 관련된 업체들과 제휴하는 데에도 도움이 된다.

외부의 전문가들이 원격회의와 데스크탑 화상회의에 대한 그 교육기관의 관심에 주의를 기울이고 현재와 미래의 가능성을 파악할 수 있게 된다면, 파트너가 될 가능성이 있는 업체들로부터 더 많은 관심을 끌 수 있다. 그들은 다음 원격학습 강좌를 기획할 때 기술과 전문 지식을 제공하는 등의 도움을 줄 수 있을 것이다. 또한 연구 지원금을 신청하거나 프로젝트 기금을 모을 때에도 중요한 역할을 해줄 수 있다. 여러 가지 면에서 교육기관이나 회사의 원격회의와 화상회의 수행능력을 강조하는 것이 현재와 앞으로 도움이 될 것이다.

원격학습 테크놀로지가 점점 일반화되면, 다양한 원격통신 도구들을 사용함으로써 강의 프리젠테이션의 질을 향상시킬 수 있으며 강좌의 형태와 수를 늘릴 수도 있다. 원격회의나 데스크탑 화상회의를 하기 위해 기술 전문가가 될 필요는 없다. 기본적인 용어들을 알고 원격회의나 데스크탑 화상회의를 통해 성취하고자 하는 것이 무엇인지 명확하게 알고 있다면 교육기관이나 회사의 기술 전문가들과 함께 효과적인 강좌를 개발할 수 있다.

요약

원격회의와 데스크탑 화상회의도 원격학습에서의 '거리'라는 간극을 메워주는 역할을 하지만 여전히 전통적인 강의실 교육이나 현장 교육/훈련과 유사한 점이 많으며, 면대면 강의의 이점이 곧 원격회의나 화상회의의 이점이라고 할 수 있다. 그렇지만 만일 교육자/훈련자들의 방송 프리젠테이션 능력이 부족하거나, 화면상에서 구분이 어려운 정보를 제시하거나, 혹은 테크놀로지를 다루는 데 서투르다면 원격회의나 데스크탑 화상회의는 무용지물이 된다. 원격회의나 데스크탑 화상회의를 최대한 잘 활용하려면 교육자/훈련자는 학습자들이 보고 사용하기 쉽게 자료를 제시해야 하며, 학습자들에게 개별적으로 그리고 그룹으로 실시간에 반응을 전달할 수 있어야 한다.

제9장

원격학습 프로그램의 광고

원격학습 강좌나 프로그램을 개발한 다음에는 홍보를 해야 한다. 단지 한 강좌만을 개설하거나 프로그램을 변경하려고 할 경우에도 전문가들과 잠재적인 학습자들에게 계획을 알림으로써 웹 사이트의 변경사항을 숙지하거나 추후 통지를 기다리도록 한다. 원격학습 프로그램에서 사용되는 매체에 따라, 강좌를 광고하거나 앞으로 개설할 프로그램을 알릴 때 다양한 매체를 사용할 수 있다.

원격학습 프로그램을 개발할 때 신중히 계획을 세워야 하는 것과 마찬가지로 광고 또한 신중을 기해야 한다. 웹 사이트를 구축하고, 전자회의를 준비하거나, 또는 효과적인 원격학습 프로그램을 기획할 때 디자인이나 테크놀로지 등 각 분야의 전문가들로 팀을 구성하듯, 가장 효과적인 광고 캠페인 기획을 위해서는 광고 및 마케팅 전문가들로 팀을 구성해야 할 것이다. 외부로부터 도움을 받을 필요가 있는지의 여부는 마케팅을 해본 경험과, 목표 시청자 그룹을 선정하는 안목에 달려 있다.

마케팅이나 광고와 같은 단어를 교육이나 훈련에 사용한다는 것이 아주 터무니없이 들릴지도 모른다. 그런 단어를 언급하는 것조차 거부하는 교육 전문가들도 있을 정도이다. 사실 교육/훈련이란 숭고한 목표가 되어야 하며 상품화 대상이 될 수 없다. 그러나 정보가 상품화되고 평생에 걸친 교육/훈련에 대한 요구가 대두됨에 따라 정보수집 및 새로운 능력개발 시장은 점차 경쟁이 심화되고 있다. 원격통신 테크놀로지가 더 많은 가정과 기업체에 보급됨에 따라 우리의 삶은 더 많은 활동과 의무로 복잡해지고 있다. 따라서 교육/훈련에 대한 학습자의 기대는 높아질 수밖에 없으며, 이런 이유로 마케팅과 광고는 원격학습 프로그램의 성공에 아주 중요한 역할을 하게 된다.

지역 프로그램이나 사내 프로그램조차 광고가 필요한 현실을 고려해볼 때 원격학습 강좌에서 광고는 특히 중요한 역할을 한다. 사실 교육자가 원하는 것은 시간과 공간의 벽을 뛰어넘어 학습자에게 다가가는 것이며 이 잠재적인 수요층을 대상으로 양질의 원격학습 강좌를 제공한다는 것을 알려야 한다. 가능한 여러 매체들을 동원해서 전국적으로, 그리고 국제적으로 프로그램을 광고해야 한다. 그리고 프로그램 마케팅은 지속적으로 이루어져야 한다.

1. 광고의 유형

프로그램을 광고하기로 결정하면, 다양한 목표 시장의 구석구석까지 광고가 미치도록 다양한 시간대에 각기 다른 매체를 사용하는 등 다각적인 접근방법을 택해야 할 것이다. 따라서 프로그램의 판촉을 위해 여러 가지 다양한 광고를 만들어야 한다. 먼저 기본적으로 결정해야 할 것은 프로그램을 광고하기에 적합한 매체들을 선정하는 것이다. 인쇄, 방송(라디오, 텔레비전 등), 온라인(인터넷, 웹 사이트, 우편주소목록 등) 매체 중 하나, 혹은 둘 이상을 조합해서 사용할 수 있다.

고려해야 할 사항은 원격학습 프로그램을 공급하고자 하는 지역에서 여러 형태의 매체를 사용할 수 있는가 하는 점이다. 어떤 지역에는 텔레비전과 라디오 방송 자원이 제한되어 있으므로 지역 유선방송과 같은 대안을 활용해야 할지도 모른다. 인쇄매체가 극도로 제한되어 있는 시장에서는 어쩔 수 없이 방송매체에 집중해야 할 것이다. 어떤 경우든 판촉 캠페인을 시작하기 전에 사용

가능한 매체가 무엇인지 알고 있어야 한다.

강좌를 설계할 때 강좌에 흥미를 가지게 될 잠재적인 시청자가 어떤 사람들인지 이미 분석해두었을 것이다. 그 분석자료를 토대로 시장을 어디로 정할 것인지, 그들에게 알리는 데 어떤 매체가 가장 효과적인지, 얼마나 자주, 그리고 언제 광고를 내보낼 것인지 결정한다. 이러한 시청자 분석은 여러 부분으로 이루어진 목표 시장에 각각 어떤 매체가 적합한지를 결정하는 데에 도움을 준다. 어떤 매체가 적합한지 결정한 다음, 프로그램 설계자(또는 마케팅이나 광고 전문가)는 광고 개발 및 표현 전략을 수립할 수 있다.

2. 인쇄 광고

목표 시청자들이 온라인 정보에 쉽게 접근할 수 없고 컴퓨터에 능숙하지 못함에도 불구하고 원격학습 강좌를 수강해야 하는 경우에는 인쇄 광고로 접근한다. 원격학습 강좌가 방송이나 전자 테크놀로지보다 인쇄 테크놀로지를 더 많이 사용할 경우(예를 들어, 육로로 운송되는 보통 우편물이나 인쇄 자료) 인쇄 광고는 강좌를 알리는 아주 좋은 방법이다.

시청자들이 방송이나 전자 매체를 정기적으로 사용하기는 하지만 방송을 시청하고 있지 않거나 인터넷에 접속해 있지 않을 때(예를 들면 비행기 여행중이라든지, 대기실에서 기다리는 중이라든지, 집에서 쉴 때) 시청자에게 접근하는 마케팅 전략의 일환으로 인쇄 광고를 사용할 수 있다.

인쇄 광고는 소식지, 신문, 잡지, 저널 같은 규모가 큰 간행물에 게재할 수 있다. 또한 그 자체가 소책자와 같은 하나의 독립된 인쇄물이 될 수도 있다. 인쇄 광고는 들고 다닐 수 있으므로 강좌에 관심 있는 사람들은 나중에 참고하기 위해 광고를(또는 광고가 실린 문서를) 가져간다. 따라서 인쇄 광고의 가장 큰 이점은 사람들이 다른 매체를 사용할 수 없을 때 읽힐 수 있다는 것이다. 대개의 경우 인쇄 광고는 전체 비용면에서 덜 비싸다(그러나 실제로 광고를 본 사람 1인당 비용을 따져보면 꼭 그렇지만도 않을 수 있다).

예를 들어, 원격학습 강좌에 대해 교육기관이나 회사의 자체 소식지나 잡지에 광고를 하면, 교육/훈련 프로그램이 다른 형태로도 존재한다는 것을 피고용자들과 학습자들이 알게 된다. 지역 신문에 전면 광고를 내서 다음 학기에는 출석학습과 원격학습 둘 다 열린다는 것을 알리고, 웹 주소를 싣는다. 다음 학기 강좌에 대한 광고를 검토해온 사람이라면 원격학습이라는 대안이 있다는 것을 알게 될 것이고, 웹에 접근할 수 있는 사람들은 홈페이지로 가서 더 자세히 알아볼 것이다.

독립적으로 프로그램을 공급하거나 원격학습 프로그램(워크숍과 전자회의를 포함하는)을 개발하는 사업을 하려면 정기간행물에 전면이나 반면 광고를 싣는 것 이외에도 더 많은 인쇄 광고가 필요할 것이다. 대부분의 컨설턴트와 프로그램 공급자들은 그들의 사업, 강좌, 서비스에 대해 설명하는 소책자를 발간한다.

강좌에서 다루는 주제에 관심을 보일 만한 회원들이 있는 전문인 협회로부터 주소목록을 구입하거나, 특정 지역 내의 사람들에게 집중적으로 우편물을 보내야 하는 경우도 있을 것이다. 광고에는 공급자가 누구인지, 그리고 어떤 종류의 원격학습을 제공하는지 분명하게 밝혀야 한다. 독자들의 주의를 끌게 만들어서 사람들이 쳐다보지도 않고 버리는 정크 메일을 포함한 다른 우편물과 같은 신세가 되지 않도록 한다. 유광지에 프린트된 인쇄물, 특히 여러 쪽의 소책자 같은 것들은 만들고 발송하려면 많은 비용이 들어간다. 이런 인쇄물들을 보낼 경우 강의를 들을 가능성이 있는 사람들에게 메시지가 전달되도록 해야 하며, 광고 예산을 초과하지 않도록 주의해야 한다.

새로운 강좌 스케줄을 발표하기 전에 마케팅 전략의 일환으로 우편물을 대량으로 발송할 때에는 예전의 고객들(지난 2년간 최소한 한 강좌 이상을 수강한 사람들)을 겨냥한다. 우편물에는 다음 학기나 6개월 동안 열릴 강좌에 대한 소책자를 동봉할 수 있다. 교육기관이나 회사의 전자우편과 웹 사이트 주소가 반드시 적혀 있도록 한다.

잠재 학습자에게 배포할 소책자를 개발하여 다른 우편물과 동봉하여 보내거나 무역 박람회나 학회에서 나누어줄 수도 있다. 이 소책자에는 쉽게 바뀌지 않는 정보들 예를 들어, 강좌와 프로그램에 대한 소개, 등록, 그리고 교육기관이나 회사에 대한 배경 정보 등을 수록한다.

만일 사내 훈련 프로그램을 개발하고 있다면, 연수와 사내 원격학습에 대해 정기적인 보도를 하는 회사 소식지를 만들어서 원격학습 강좌에 대한 관심을 끌 수 있을 것이다. 이러한 소식지는 인쇄물로 만들어서 원격학습 강좌에 대해 더 많이 알고 싶어하는 외부의 사람들에게 발송할 수도 있다. 그러나 컴퓨터 통신을 이용한 온라인 소식지도 프로그램의 판매를 촉진시키는 좋은 방법이 된다.

3. 방송 광고

방송 광고는 지역 또는 전국의 라디오나 텔레비전 방송국에서 할 수 있다. 그러나 대부분의 원격학습 프로그램 공급자들은 전국의 텔레비전 또는 라디오 시청자들을 겨냥할 필요가 없을 것이다. 원격학습이라도 특정 방송 지역을 겨냥하여 광고를 하는 것이 더 경제적이고 효과적이다. 예를 들어, 잠재적인 학습자가 많다고 생각되는 주나 지역에 광고를 집중시킨다. 지리적으로 좁은 지역에서는 다음 강좌나 학기를 시작하기 전에 모든 라디오 및 텔레비전 방송국에 광고를 한다. 이때 매우 구체적으로 광고를 한다.

만약 연중 내내 원격학습 강좌를 제공하는 공급자라면 교육기관이나 회사를 알리는 좀더 보편적인 광고를 만드는 편이 나을 것이다. 이 광고를 1년 동안 방송함으로써 더 많은 목표 시청자들이 프로그램과 서비스에 대해 알게 되도록 한다.

방송 광고는 광고의 횟수, 광고의 길이, 그리고 광고를 언제 하느냐(즉 낮과 밤, 프라임 타임, 날짜)에 따라 드는 비용이 다르다. 또한 방송국의 인기도(대개 시청자 종류별로 방송국과 방송국의 프로그램들이 끌어 모으는 시청률 및 인구학적 데이타)에 따라서도 비용이 달라진다. 일정한 방영 횟수를 사거나 방영분을 패키지로 사면 비용을 절감할 수 있으며, 정해진 가격 내에서 광고의 횟수, 배치, 길이에 변화를 줄 수 있다.

방송 시간을 사는 것 외에 방송국에 광고를 위탁하거나 광고 회사를 고용해서 제작을 맡길 수도 있다. 이렇게 하면 광고 제작에 추가 경비가 소요되는데,

경비에는 믹싱, 더빙, 편집 및 기타 제작 기술은 물론 배우, 음악, 효과, 장치, 세트, 스튜디오나 로케이션 비용이 모두 포함된다. 그래도 이런 종류의 광고는 인쇄 광고에 비해 더 많은 사람들이 볼 수 있으며 반복적으로 사용할 수 있다.

만약 많은 시청자들에게 메시지를 전하고자 할 때 그 시청자들이 특별히 관심을 가지고 있는 분야가 있다면, 교육기관이나 회사는 그 지역 민간 방송 프로그램의 스폰서가 되는 것을 고려해볼 수 있다. 예를 들어 해양 생물학에 관한 일련의 새로운 강좌들을 제공할 예정이라면 그 지역에서 방영되는 해양학과 해저 탐험에 관한 PBS(Public Broadcasting Service) 프로그램의 스폰서가 될 수도 있다. 스폰서십의 대가로 여러 번 광고를 할 수 있는 기회가 주어질 것이고, 또한 방송국에서 그 프로그램을 광고할 때 부수적인 판촉 효과도 얻을 수 있을 것이다. 스폰서십은 비용이 많이 들지만 특별한 관심 분야를 가진 시청자들을 겨냥할 때에는 효과적일 수 있다.

4. 온라인 광고

어떤 광고들은 브라우저의 홈페이지나 알타비스타, 익사이트, 마젤란, 야후, 또는 다른 검색엔진이 있는 포털 사이트처럼 사람들이 자주 방문하는 인기 있는 웹 사이트 윗부분에 배너 광고의 형태로 만들어진다. 광고는 이차원적 인쇄 광고처럼 매우 간단한 것일 수도 있고 애니메이션, 카운터, 특수 효과(빛이 나거나 깜박거리게 하는 효과 등)가 포함된 것일 수도 있다. 공공 포럼에서의 온라인 광고비용은 종종 광고가 얼마나 복잡하고, 규모가 있으며, 사이트에 광고가 얼마나 오래 실리느냐에 달려 있다. 이런 형태의 광고는 수천 달러가 들지만, 하룻동안 수백만 명은 아니더라도 수천 명의 사람들에게 전달된다.

만약 이런 규모의 광고를 한다면 광고를 보는 한 사람당 드는 비용은 줄어들 것이다. 그러나 최소한 현재로서는 이런 광고를 필요로 하는 원격학습 공급자는 거의 없다. 제한된 원격학습 프로그램을 제공하는 교육기관이나 회사들보다 1년 내내 세계 시장을 대상으로 하는 원격학습 공급자들이 이런 광고를 더 많이 이용한다. 과거에는 인터넷 광고가 원격학습 프로그램을 알리는 데 자주 사용되지 않았으나 앞으로는 더 인기 있는 광고전략이 될 것이다.

프로그램이나 회사의 웹 사이트에 온라인 광고를 하면 훨씬 간단하게, 그리고 저렴하게 광고를 할 수 있다. 만약 이미 웹을 이용한 원격학습 강좌를 제공하고 있다면 현재 강좌를 수강하고 있는 학습자들에게 다음 학기나 다음 시리즈에 개설될 강좌들을 손쉽게 광고할 수 있다. 앞으로 개설될 강좌들에 대한 정보를 공고형식으로 알려서 학습자가 후에 듣고 싶은 강의를 추가로 수강할 수 있게 한다.

만약 더 많은 시청자들을 대상으로 광고를 하려면, 앞으로 개설될 강좌들에 대한 비슷한 광고를 우편주소목록을 통해 뉴스그룹이나 전자게시판에 게재한다. 사이트를 방문객이 많은 웹 사이트로 링크한다. 즉, 사이트가 다양한 검색 엔진들에 모두 연결되도록 해서 사람들이 어떤 특정 강좌에 대해 알고 싶거나 원격학습에 관한 일반적인 정보를 찾을 때 사이트가 리스트에 포함되게 한다.

다음의 그림들은 온라인 강좌를 제공하는 교육자들에 대한 링크를 제공하는 한 사이트의 예이다. 교육자는 온라인 양식을 작성해서 데이터베이스에 자신의 강좌에 대한 개요를 포함시킬 수 있다. 잠재적인 학습자가 어떤 구체적인 주제를 다루는 강좌에 대해 정보를 얻고자 할 때, 그 강좌가 누구로부터 제공되느냐에 상관없이 현재 그 주제를 다루는 온라인 강좌들의 개요에서 정보를 찾을 수 있다. <그림 9. 1>의 홈페이지는 그 데이터베이스를 보여준다. <그림 9. 2>에서 교육자들은 신규 링크는 물론 데이터베이스에도 강좌의 개요를 수록할 수 있도록 되어 있다.

<그림 9. 3>과 <그림 9. 4>는 교육자들이 그들의 강좌 개요를 데이터베이스에 포함시키려고 할 때 작성해서 제출하는 온라인 양식의 일부이다. 강좌 개요를 잘 작성하고 강좌를 대표할 링크를 잘 선택하며 그 링크를 데이터베이스 안의 좋은 위치에 놓아서 사람들이 그 강좌에 대해 확실히 알 수 있도록 해야 한다. 또한 강좌 개요를 특색 있게 작성해서 다른 것들 사이에서 눈에 띌 수 있도록 한다.

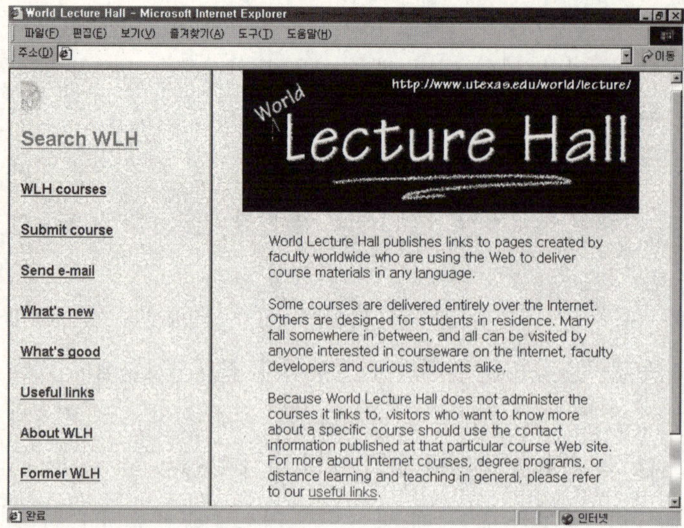

http://www.utexas.edu/world/lecture

ⓒ 2000 University of Texas

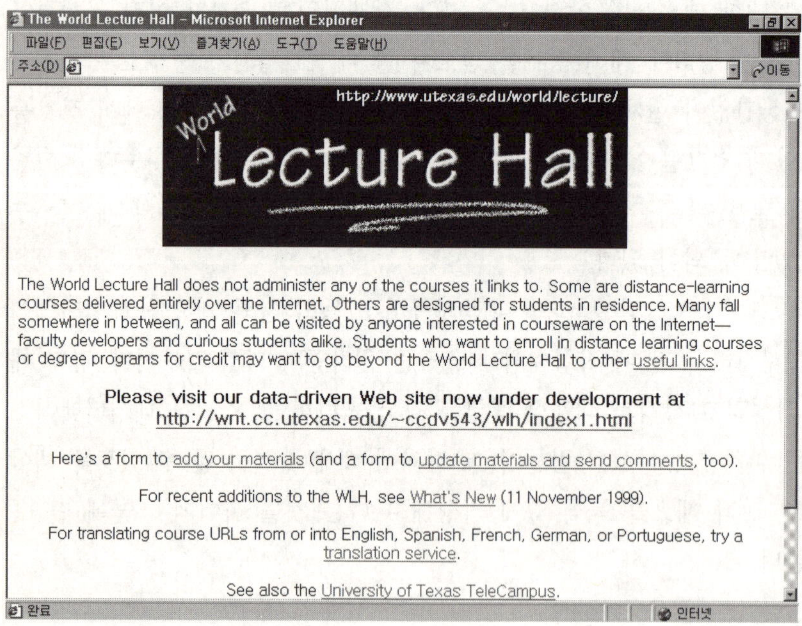

http://www.utexas.edu/world/lecture/forms/addcourse.html

ⓒ 2000 University of Texas

<그림 9.3> 월드 렉처 홀—신규 강좌 목록

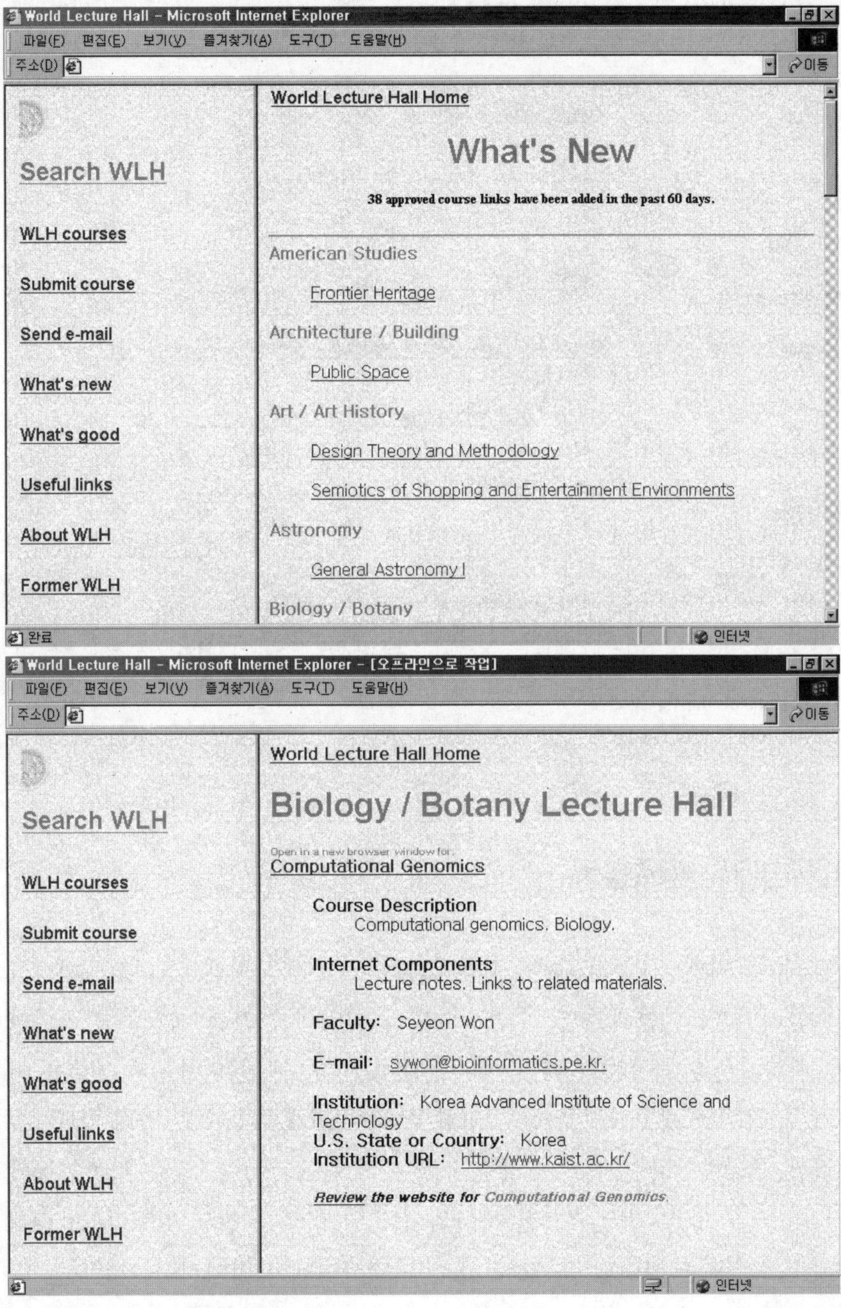

htt://www.utexas.edu/world/lecture/new

ⓒ 2000 University of Texas

http://www.utexas.edu/world/lecture
ⓒ 2000 University of Texas

5. 다른 형태의 판촉활동

판촉활동은 지역, 사업의 유형, 원격학습 프로그램의 형태, 그리고 주요 학습목표에 따라 여러 형태를 띨 수 있다. 만약 다양한 강좌를 제공하고 상이한 그룹의 학습자들을 목표로 한다면, 제휴관계를 맺을 수 있는 전문가 그룹을 여럿 두거나, 강좌를 광고하기 위한 다양한 이벤트를 개최할 수도 있다. 적은 수의 강좌만 제공하거나 매우 구체적인 교육/훈련 목표가 있을 경우 판촉활동의 초점을 더 좁힐 수 있지만 최소한 하나의 전문인 협회는 알고 있어야 그 단체를 통해 프로그램을 광고할 수 있다. 또한 지역사회에서 벌어지는 이벤트는 다른 사람들에게 교육기관이나 회사가 원격학습을 통해 어떤 것을 제공하는지 보여줄 수 있는 기회이기 때문에 유용하다.

학회, 무역박람회, 취업박람회 및 오픈하우스

학계에 있는 교육자들은 나름대로 그들의 원격학습 강좌나 프로그램을 광고할 수가 있다. 대부분의 교육자들은 전문인 협회에서 개최하는 학회나 회의에 참석하게 되므로 원격학습 강좌를 제공하는 다른 교육자나 관리자들과 함께 그들의 교육기관과 프로그램에 대한 정보를 자주 교환할 수 있다. 일반 교육(교육위원회, 초·중등 교육 등), 전문 분야(테크니컬 커뮤니케이션, 공학, 물리학, 컴퓨터 공학 등), 또는 지역(주(州)에 기반을 둔 전문가 그룹, 지역 위원회, 지역 이사회 등)과 관련이 있는 대부분의 전문단체들은 자주 회의, 학회, 워크숍을 개최한다. 참가자들은 한 장소에서 그룹으로 만나기도 하고 회의할 장소로 여행하는 대신 전자회의나 데스크탑 화상회의를 하기도 한다. 이런 행사들은 원격학습에서 잘되는 것과 안되는 것에 대한 정보, 그리고 새 강좌와 프로그램에 관한 정보를 공유할 수 있는 다양한 기회를 제공한다.

전문인들의 회의나 학회에서 원격학습 강좌와 프로그램을 광고하는 것은 비용절감 효과도 있지만 그 외에도 프로그램 설계자에게 도움을 주게 된다. 이런 회의에 참가하는 사람들은 그들 나름대로 원격학습 프로그램을 운영하고 있거나 (따라서 경쟁관계에 있을지도 모르는) 유사한 프로그램을 시작하려는 사람들이다. 만일 어떤 프로그램 설계자가 원격학습 분야의 전문가로서 강연을 하거나 조언을 주는 입장이 된다면, 이곳저곳에 불려 다니느라 정작 강좌를 수강할 만한 학습자들 모집에 별 성과가 없을 수도 있다. 그러나 수준 높은 원격학습 강좌와 프로그램을 제공하고 있으며 원격학습 분야의 다른 전문가들에게 조언을 하고 도움을 줄 만한 위치에 있다면 프로그램 설계자와 그가 소속된 기관은 학회에서 강연 등을 통해 현재 성장중인 이 교육시장에 충분히 홍보를 할 수 있게 되며, 결과적으로 연구비를 신청하거나 장차 원격학습을 지원할 파트너를 찾을 때 도움을 받을 수 있을 것이다.

관련 업계에서 새로운 제품과 서비스를 소개하기 위해 무역박람회를 개최하는 경우가 있다. 만약 강좌가 새로운 테크놀로지에 대한 혁신적 접근 방법을 제공하거나, 업계의 피고용자들의 기술적 능력을 향상시킬 수 있도록 도와주는 것이라면 무역박람회에 부스를 설치함으로써 얻는 것이 많을 것이다.

취업박람회는 교육기관이나 회사, 그리고 원격학습 프로그램을 알리기 좋은 장소이다. 지역사회와 각급 학교들은 종종 취업박람회를 주최하고 행사의 일부로서 학생들 또는 그 지역의 성인들이 추가적으로 받을 수 있는 교육/훈련 기회를 홍보한다. 어떤 종류의 원격학습을 제공하는지 박람회장에서 시범을 통해 보여주고 소책자, 달력, 그리고 등록에 필요한 서류들을 나눠주기도 한다.

동료들이나 많은 잠재 학습자들에게 원격학습의 기회를 알리는 다른 좋은 방법은 오픈하우스나 워크숍, 시범, 시설 견학 등의 행사를 갖는 것이다. 동료들과 지역사회의 사람들을 시설로 불러모음으로써 어떤 테크놀로지와 인력, 그리고 프로그램을 사용하는지 보여준다.

전문적인 출판

전문인들에게 특정 원격학습 프로그램을 광고하는 다른 방법은 결과가 좋다면 부수적인 이득이 따르는 출판을 이용하는 것이다. 원격학습 강좌와 원격학습 자료 개발의 경험을 전자출판 및 인쇄물의 두 가지 형태로 출판하거나 아니면 정기간행물에 성공적인 원격학습 프로그램에 관한 연구 중심의 논문을 기고할 수도 있다. 각 원격학습 프로그램이 얼마나 효율적이며 그와 같은 프로그램이 원격학습 전반에 걸쳐 일반화될 수 있는지에 관한 연구 논문을 출판하는 것이다.

대부분의 전문인 협회에서는 분기별로 출판되는 학술지와 좀더 자주 출판되는 소식지를 출간한다. 학술적인 전자잡지(e-zines)가 출현하여 하드 카피(인쇄 출판)와 소프트 카피(전자 출판)의 형태로 동시에 출판할 수 있게 됨으로써 교육자들은 인쇄 매체나 전자 매체를 통해 그들의 원격학습 프로그램을 광고할 수 있는 기회를 더 많이 갖게 되었다. 잠재적인 학습자가 학술지를 통해서 어떤 원격학습 프로그램에 대해 처음 알게 되는 경우에도 그 프로그램 설계자에게는 자신이 학술지에 실린 유수한 프로그램이나 강좌와 관련된다는 사실이 많은 도움이 된다. 또한 연구비를 신청하기 위해 지식과 경험을 증명해야 할 때 원격학습에 관한 일련의 논문들을 제출하면 전문가로서의 자격이 입증되고, 연구 기금이나 자료들은 그런 전문가들에게 돌아가게 되어 있다.

인터뷰, 보도자료, 기획 기사

다른 형태의 판촉활동으로 뉴스를 들 수 있다. 특히 프로그램에 대한 평이
좋거나 우수한 원격학습 교육기관으로 명성을 얻은 경우에는 인터뷰를 통해
판촉활동을 할 수 있다. 사내 간행물에 인터뷰 기사가 게재되면 프로그램을 다
른 직원들, 관리자들, 학생들, 지역사회, 또는 지역 출판물이나 방송에 알릴 수
있다. 인터뷰를 할 때 프로그램에 대해 설명하고 다음에 개설될 강좌와 테크놀
로지에 변동사항이 있다면 설명하도록 한다. 이런 형태의 판촉활동을 하면 동
료들뿐만 아니라 잠재적인 학습자들에게도 널리 알려지게 되는데, 그들은 종
종 신문 기사나 지역에서 발간되는 잡지의 특별기획 기사, 또는 텔레비전 방송
을 통해 프로그램에 대해 처음 알게 되기도 한다.

경우에 따라서는 원격학습과 관련하여 지역사회에서 열리는 행사, 교육기관
이나 회사에서 후원하는 특별 행사, 또는 오픈하우스 행사에 지역 미디어 담당
자들을 초대해서 행사를 취재하도록 하는 방법을 통해 프로그램을 알릴 수도
있다. 원격학습 관련 이벤트가 벌어지는 동안 지역 라디오 방송국에서 생방송
을 하도록 제의할 수도 있을 것이다. 이벤트를 예고하는 짧은 뉴스 기사를 녹
화해서 이벤트가 열리기 전에 지역 텔레비전 뉴스를 통해 방송하거나 각종 행
사의 결과를 미디어에 알리는 것도 홍보 효과가 있다. 소속 기관이 조명을 많
이 받을수록 (원격학습이 기획기사의 초점은 아니더라도) 원격학습 프로그램
을 언급할 기회가 많아진다.

인터뷰와 기획기사 외에 교육기관이나 회사가 보도 자료와 뉴스를 제작하여
판촉 활동을 할 수 있다. 대부분의 교육기관과 회사에는 지역 미디어에 정보를
제공하는 홍보 담당자나 홍보실이 있다. 사내 홍보실로부터 요청이 없을 경우
에는 보도자료를 작성해두거나 원격학습 프로그램에 관한 스토리를 게재할 것
을 제안한다. 어떤 경우에는 조직 내의 담당자가 프로그램에 대해 인식할 수
있도록 먼저 나서야 한다. 그 후에는 홍보실 사람들이 그 정보를 토대로 강좌
를 광고할 수 있을 것이다.

많은 교육기관과 회사들이 그들의 서비스를 광고하기 위해 비디오를 사용한
다. 만약 소속 단체가 지역 사회나 전문인 그룹을 대상으로 한 판촉 활동의 일

부로 비디오를 사용할 경우 또는 웹 사이트, 시사회, 공공 장소에서의 프리젠
테이션에서 비디오를 사용할 경우에는 원격학습 프로그램에 대한 비디오 정보
를 개발해야 할 것이다. 또한 원격학습의 역할에 대해 교육기관이나 회사 내부
를 대상으로 홍보할 별도의 비디오가 필요할지도 모른다.

만약 원격학습 프로그램이 인터넷에 기반을 두고 있다면, 강좌에 관한 정보
를 얻을 수 있는 웹 주소가 회사 또는 기관의 모든 서류와 비디오에 표시되도
록 해야 한다. 예를 들어 사내 소식지에 주요 전화번호, 팩스번호, 그리고 전자
우편 주소와 함께 웹 주소를 수록해야 한다. 교육기관이나 회사의 비디오 끝
부분에도 웹 주소를 명시한다.

구전(口傳)

입에서 입으로 전해지는 말이 판촉활동의 훌륭한 한 형태라는 것을 명심해
야 한다. 사이트를 방문하거나 실제로 수강해본 사람의 경험을 통해 원격학습
이 효과적이라는 것이 알려지게 되면 다른 잠재 학습자들에게 프로그램을 효
과적으로 광고하는 것이 된다. 학습자들의 요구사항에 즉시 반응하고 원격학
습이 무엇이며 프로그램이 어떻게 운영되는지를 계속 알림으로써 긍정적인 평
이 입에서 입으로 전해지게 되면 효과적으로 (그리고 비싸지 않은 비용으로)
최고의 판촉활동을 할 수 있게 된다.

6. 원격학습 프로그램의 마케팅 플랜

마케팅 및 광고 전략을 세울 때에는 시장과 목표를 잘 이해하고 프로그램을
적은 비용으로도 효과적으로 광고할 줄 아는 전문가들과 긴밀하게 작업해야
한다. 마케팅 계획을 세우기 위해서는 우선 계획이 어떻게 운용되는가에 대한
몇 가지 기본적인 원칙들을 알아야 한다. 그런 뒤에야 마케팅 계획을 집행할
전문가들과 더 효율적으로 일할 수 있다. 프로그램 판촉을 책임지고 있다면 마
케팅 계획을 신중히 분석하고 집행전략을 구상해야 한다. 마케팅 계획은 대개

다음과 같은 단계로 이루어져 있다.

1. 프로그램의 상태가 현재 어떠하고, 그렇게 된 이유는 무엇이며, 무엇을 목 표로 하고 있는지 상황 분석을 한다.
2. 마케팅 목표를 설정해서 프로그램이 나아갈 방향을 분명히 제시한다.
3. 목표를 어떻게 이룰 것인지 구체적으로 마케팅 전략을 구상한다(예를 들어 무엇을 하고, 누가 하고, 언제 할 것인지 등).
4. 목표 시청자들을 거듭 분석한다. 즉 그들에게 매력있는 것은 무엇이며, 그 들이 필요로 하는 것은 무엇인가 등을 안다.
5. 시장에서 어떤 위치를 차지할 것인가를 결정한다(예를 들어, 비즈니스 전 자회의 서비스 분야의 일인자가 되겠다든지, 지역에서 어떤 특정 분야의 온라인 학위 프로그램을 제공하는 유일한 공급자가 되겠다든지, 그 지역의 성인들을 대상으로 한 웹 강좌 중에 가장 서럼한 강좌를 제공하셨나든시 등).
6. 원하는 매체의 종류와 광고를 결정한다(예를 들어, 1년 내내 인쇄 매체만 을 사용하겠다든지, 새 학기가 시작되기 3주 전에 강좌에 대한 텔레비전 광 고와 라디오 광고를 50대50의 비율로 할 계획이라든지 등).

원격학습 프로그램에 대한 판촉 활동을 하려고 할 때 이 절차를 실제로 어 떻게 밟을 것인지 간단한 예를 들면 다음과 같이 프로그램 평가, 목표 설정, 인 력 및 장비 선정, 목표 시청자 분석, 시장에서의 역할 규명, 그리고 마케팅을 위한 미디어 선택 등으로 구분할 수 있다.

프로그램 평가

원격학습 강좌와 프로그램을 만들 때 이미 시청자에 대해 분석해둔 자료를 출발점으로 해서 현재 프로그램의 위상에 대해 좀더 일반적인 질문들을 던져 보아야 한다. 현재 프로그램에서 잘되는 것은 무엇인가? 그것은 왜 잘되는가? 성공적이지 못한 것은 무엇인가? 왜 성공적이지 못했다고 생각하는가? 1년 후

프로그램이 어떻게 되어 있기를 바라는가? 5년 후에는? 시간을 들여 프로그램의 성공과 실패를 평가해보면 과거 무엇이 잘되어왔고 앞으로 무엇이 잘될 것인지 알 수 있다. 테크놀로지와 교육/훈련의 현조류를 파악함으로써 앞으로 프로그램이 어떤 방향으로 나아가야 할지도 예측할 수 있다. 없애야 할 프로그램, 더 늘려야 할 강좌 분야, 그리고 학습자의 욕구를 충족시키기 위해 필요한 새롭고도 다양한 테크놀로지에 대해 분석해보아야 한다.

교육기관과 회사에 따라서는 연간 전략계획뿐만 아니라 다음 5년에서 10년 사이의 계획도 수립할 것을 요구하기도 한다. 마케팅을 계획할 때 현단계에서 행하는 분석은 더 폭넓은 전략계획을 세우는 데 도움이 되지만 역으로, 사업이 나아갈 방향과 앞으로 몇 년 후에 중요해질 분야를 미리 예측할 수 있다면 원격학습이 전체적인 사업 전망에서 어떤 자리를 차지하게 될 것인가를 확실히 파악할 수 있을 것이다.

목표 설정

가능한 한 구체적인 목표를 세운다. "우리는 강좌를 듣는 수강자의 수를 늘릴 것이다" 같은 모호한 목표는 도움이 되지 않는다. 효과적인 목표란 아주 구체적이어서 목표를 달성할 수 있는지 없는지를 측정할 수 있고, 목표를 반드시 완수하기 위해서 취해야 할 행동이 무엇인지 알 수 있는 것이어야 한다. 위의 모호한 목표를 수정해보면 다음과 같이 될 것이다. "우리는 소속 회사 훈련 센터에서 두 번의 오픈하우스 행사를 하고 주변 4개 주에 걸쳐 일련의 텔레비전 광고를 함으로써 1997 회계 연도에 온라인으로 제공되는 다섯 개의 비즈니스 커뮤니케이션 강좌에서 성인 학습자의 수를 25% 증가시킬 것이다."

목표가 구체적이기 때문에 결과를 측정할 수 있다. 즉 회계 연도 내에 다섯 개의 비즈니스 커뮤니케이션 강좌에서 성인 학습자의 수를 25% 증가시켜야 한다. 이 목표는 목표 성취를 위해 어떤 계획을 세워야 하는지 제시하고 있다. 즉 회사 훈련 센터에서 두 번의 오픈하우스를 개최하고, 일련의 텔레비전 광고를 해야 한다. 목표는 더 구체적일 수도 있다. 프로그램의 범위에 따라, 그리고 프로그램의 시장성을 유지하기 위해 일으키고자 하는 변화에 따라 여러 개의 목표를 세울 수 있다.

인원 및 장비 선정

일단 목표를 세운 다음에는 각 목표를 달성하기 위해 해야 할 작업들을 어떻게 분담할 것인지 결정해야 한다. 우선 팀이 맡은 일을 관리할 수 있는 만큼의 작업 분량으로 나눈다. 그리고 나서 각각의 단계가 언제 시작되고 언제 끝나는지 일정표를 작성한다. 또한 각 단계별로 드는 비용, 각각의 작업에 필요한 장비 및 시설, 그리고 작업을 도와줄 사내나 외부로부터의 추가 인력을 파악한다. 그러면 마케팅 아이디어를 집행하고 목표를 달성할 수 있는 접근 방법을 갖추게 된다.

목표 시청자 분석

이 시점에서 목표로 하는 학습자들을 다시 분석해야 한다. 예전에 원격학습 강좌를 제공한 적이 있다면 학습자들과 교육자들이 프로그램에 대해 평가한 자료가 있을 것이다. 이 평가 자료를 이용해서 그들이 무엇을 좋아하고, 싫어하고, 필요로 하고, 원하는지 알아낸다. 또한 잠재적인 시청자들을 대상으로 설문조사를 해서 원격학습 강좌가 그들을 끌어들이는 가장 큰 이유가 무엇인지 알아낸다. 만약 사내 훈련 업무를 담당하고 있다면 감독자나 매니저들에게도 설문조사를 해서 그들이 원격학습 프로그램에서 피고용인들이 무엇을 얻기를 바라는지, 그리고 그런 프로그램이 그들 부서의 이익을 위해 어떻게 최고로 활용될 수 있는지 알아낸다. 잠재적인 시청자들에 대해 가능한 한 많은 것을 알아냄으로써 마케팅 전략을 면밀하게 세울 수 있으며, 나중에 시장에 어필하는 광고 캠페인과 개별 광고를 만들어낼 수 있다.

틈새 시장 찾기

프로그램이 학습자들뿐만 아니라 다른 개인 공급자들, 동료, 업계, 회사, 또는 지역사회에 어떻게 부각되어야 하는지 결정한다. 프로그램은 모든 학습자에게 모든 것을 제공할 수는 없으므로 시장에서 차지하는 독특한 위치(niche)를 강조해야 한다. 일단 원격학습에서 프로그램이 차지하는 역할을 분명히 알 수 있다면 설계자는 목표를 향해 나아갈 것이며 목표를 달성하기 위한 세부 목표를 세우고 추진하게 될 것이다.

적절한 매체의 선택

마케팅에 사용할 매체를 고르는 데 큰 영향을 미치는 것은 교육기관이나 회사의 예산과 사용 가능한 매체의 종류이다. 만약 예산이 적어서 광고 분량이 부족하다면 비용이 적게 드는 판촉 활동과 전문인 협회에 의존해서 프로그램을 알릴 수 있다. 예산이 충분하면 프로그램에 대한 인지도를 높이기 위한 광고 캠페인에 인쇄, 방송 매체들을 동원할 수 있으며 또한 정기적으로 동기 유발 캠페인을 실시하여 학습자들이 강좌에 등록하도록 유도할 수 있다. 강조하려는 바가 구체적이어야 정한 (혹은 누군가가 정해준) 예산 내에서 프로그램을 가장 잘 대표할 수 있는 매체가 어느 것인지 알게 된다.

7. 원격학습 프로그램의 광고기획

프로그램에 대한 판촉활동을 어떻게 할 것인지에 대한 마케팅 계획을 이미 갖고 있다면, 마케팅 계획을 집행하기 위해 좀더 구체적인 광고전략을 개발한다. 광고 계획에 각 광고의 목적을 명시한다. 예를 들어, 어떤 광고에서는 교육기관이나 회사가 원격학습 강좌를 제공하고 있다는 사실을 사람들에게 알리고, 원격학습이 왜 중요한지 설명할 수 있을 것이다. 이런 경우 교육기관이나 회사의 원격학습 시설과, 강의를 듣고 있는 전형적인 학습자의 모습을 보여주는 광고를 만들어볼 수 있다. (광고에 어떤 매체를 사용하느냐에 따라) 영상, 해설, 또는 텍스트를 통해 프로그램 제공자에 대해 설명한다. 그런 광고들은 청취자나 시청자들에게 더 나은 직장과 삶을 위해 능력 및 지식의 지속적인 개발에 원격학습이 중요하다는 것을 은근히 설득한다. 원격학습 강좌를 수강하는 것이 얼마나 쉬운지 보여주고 프로그램으로 인해 득을 보고 만족스러워하는 학습자들을 보여줄 수 있을 것이다. 이런 광고들은 프로그램과 원격학습전반에 걸쳐 긍정적인 인상을 창조해내며, 따라서 학습자들이 미래에 추가적인 교육/훈련을 필요로 할 때 그 프로그램을 떠올리게 한다. 이런 형태의 광고는 교육기관이나 회사, 프로그램에 대한 인지도를 높인다. 광고를 1년 내내 계속한다면 프로그램 설계자가 누구이고, 무엇을 하는 사람인지 사람들이 인식하도록 도울 수 있다.

행동 지향적인 광고가 필요할 수도 있다. 이런 광고는 학습자들로 하여금 무언가 행동을 하게 만드는데 예를 들면, 강의를 한번 들어보거나 오픈하우스에참가하도록 유도하는 것이다. 이렇게 해서 학습자들이 즉시 행동을 취하도록만든다. 광고 효과를 최대로 하는 방법은 강좌가 시작되기 직전에 내보내는 것이다. 이런 광고에서는 하드 셀(hard sell)기법을 사용할 수도 있다. 즉, 어떤 광고에서는 등록 절차, 마감일, 수강료를 강조하고, 다른 광고에서는 신규 강좌에 대해 설명한다. 원격학습에서 이런 광고들은 수명이 짧기는 하지만 잠재 학습자들이 더 늦기 전에 행동을 취하도록 유도하는 구체적인 메시지를 전달한다.

어떤 광고는 원격학습 강좌를 최소한 한 번 이상 수강한 적이 있는 사람들을 대상으로 한다. 이런 보강 방식의 광고를 보면 학습자는 원격학습 강좌를들을 때 어떤 점이 좋았었는지, 그리고 교육/훈련을 통해 어떤 이득을 보았는지 등에 관한 기억을 되살린다. 이런 광고들은 학습자들이 행동을 하게끔 만들기도 하지만(예를 들어 또 다른 강좌를 신청한다든지), 주로 예전의 고객들에게 교육기관이나 회사, 강좌에 대한 기억을 되살리게 하는 역할을 한다. 이런기억으로 인해 학습자가 미래의 어느 시점에 다른 강좌를 듣게 되거나, 다른사람들에게 강좌를 소개하게 될 가능성이 높아진다.

캠페인에 필요한 광고와 매체의 종류를 구체적으로 정하는 것 이외에, 광고계획에 목표 시청자들이 프로그램을 어떻게 인지하도록 할 것인가를 명시해야한다. 광고 캠페인에서 사용하는 각 광고의 메시지를 통해 교육기관이나 회사,그리고 강좌의 이미지를 창출해야 한다. 각각의 광고는 이 이미지를 창조하고 고양시키기 위해 만들어진다.

광고를 개발할 때 광고회사나 마케팅 회사의 직원 또는 컨설턴트들과 같이 작업해야 한다. 이런 전문가들은 프로그램을 가장 잘 나타내는 광고 카피와 스토리 보드를 만들고, 광고를 제작하고, 광고 시간과 공간을 사는 것을 도와준다(혹은 대행한다). 그들은 테마가 있는 캠페인을 개발하거나, 일 년 내내 다른 광고 전략을 집행하는 것을 도와줄 것이다. 광고는 수준 높은 원격학습 프로그램 공급자라는 이미지를 발전시키고 광고 및 마케팅 목표를 달성하는데 기여하는 것이라야 한다.

8. 마케팅과 광고에 대한 확인목록

원격학습 강좌나 프로그램에 대한 직접 광고나 판촉을 계획할 때에는(광고/마케팅 팀의 일원으로서 참여하는 것이 좋다) 스스로에게 여러 질문을 던져보아야 한다. 우선, 마케팅팀을 구성할 사람들을 모은 후에는 각 전문 분야에 따라 작업을 배정하고 마케팅 전략에 관한 질문을 해보도록 한다. 일단 전략을 세우고 나면 팀에서 텔레비전 광고, 인쇄 광고, 판촉 기사 등을 개별적으로 개발하면 될 것이다. 다음의 질문들을 출발점으로 삼을 수 있겠지만, 마케팅 전략을 개발하고, 광고와 판촉 활동으로 계획을 집행하다보면 더 많은 구체적인 질문들을 하게 될 것이다.

팀에 관한 질문
- 마케팅 전략을 개발해본 경험이 있는가?
- 누가 인쇄 광고, 라디오 광고, 텔레비전 광고, 웹 사이트 광고의 카피를 써 본 경험이 있는가?
- 누가 제작에 들어가기 전에 필요한 스토리보드를 만들어본 경험이 있는가?
- 누가 인쇄 광고, 라디오 광고, 텔레비전 광고, 전자 광고를 제작해본 경험이 있는가?

• 사내 인력을 활용할 것인가, 컨설팅 그룹을 고용할 것인가, 아니면 둘을 함께 이용할 것인가?

• 마케팅 전략의 각 부문별 임무를 누가 책임질 것인가?

• 누가 팀을 이끌 것인가?

마케팅 계획 개발에 도움이 되는 질문

• 프로그램의 목표는 무엇인가?

• 목표를 달성하는 데 마케팅이 어떻게 도움이 되는가?

• 목표 시청자는 누구인가?

• 만약 하나 이상의 시장을 상대로 한다면 일반적인 목표 시청자는 누구인가? 각 개별 강좌의 목표 시청자는 누구인가?

• 목표 시청자는 어디에 있는가?

• 목표 시청자에게 다가가기 위해서는 어떤 매체가(혹은 매체들이) 가장 효과적인가?

• 마케팅 계획에는 얼마의 기간이 필요한가?

• 예산은 얼마인가?

• 어떤 종류의 다양한 마케팅 방법들이 필요한가?(예를 들어, 인쇄 광고만 필요한가? 일정 비율의 인쇄 광고와 일정 비율의 라디오 광고를 해야 하는가?)

• 전략을 얼마나 자주 갱신해야 하는가?

광고계획 개발에 도움이 되는 질문

• 캠페인에서 사용하는 광고의 테마나 주안점은 무엇인가?

• 얼마나 자주 프로그램, 교육기관 또는 회사를 광고해야 하는가?

• 얼마나 자주 특정 강좌나 프로그램을 광고해야 하는가?

• 개별적인 광고가 어떻게 전체적인 마케팅 활동을 개발하고 지원하는 데 기여하는가?

• 직접 광고를 보완하기 위해 어떤 종류의 판촉활동을 할 수 있는가?

• 광고의 효과를 어떻게 측정할 것인가?

요약

마케팅은 원격학습의 중요한 부분을 차지한다. 혼자의 힘으로 어느 정도의 광고와 판촉 활동을 할 수는 있겠지만 아마도 폭넓은 마케팅 전략을 세우는 데는 외부의 도움이 필요할 것이다. 한 사람이나 사내의 한 그룹이 모든 미디어 테크놀로지와 효과적인 마케팅 전략을 두루 다 아는 경우는 거의 없다.

프로그램을 광고하고 판촉활동을 벌이는 것은 원격학습의 다른 부분과 마찬가지로 중요하다. 이런 활동에는 프로그램의 어떤 다른 분야를 개발하는 것 못지않게 주의를 기울여야 한다. 효과적인 마케팅 전략을 먼저 개발하고 나서 개별 광고를 만든다면 프로그램을 위해 최상의 결과를 얻을 수 있을 것이다.

제10장

원격학습을 통한 교육/훈련의 재고

교육자/훈련자들은 이미 그들의 일을 잘해나가고 있다. 그들은 학습자 전체 또는 학습자 개개인의 욕구를 충족시켜주기 위해 학습자들과 함께 노력하는 것이 중요하다는 것을 파악하고 있다. 그들은 또한 어떤 기술이나 주제를 정복하는 데 중요한 지식체계를 제공하도록 종종 요구되더라도 교육이란 매일의 강좌 계획 한계를 넘어선다는 것도 알고 있다.

원격학습을 하는 교육자/훈련자는 강좌에서 사용되는 테크놀로지를 어떻게 다루어야 하는지를 알고 있다. 그러나 누구라도 웹 사이트를 구축하고, 전자우편 메시지를 작성하고, 콘솔을 작동하기 위해 어떤 스위치를 눌러야 하는지 배울 수 있다. 정보 자원을 구축하는 방식과, 그것을 전송하는 방법도 배울 수 있다. 또한 자료를 개발하여 다른 사람들도 사용하게 할 수 있고, 그 자료가 무엇인지, 또한 그것들을 어디에서 찾을 수 있는지 설명할 수 있다. 누구라도 과제를 내줄 수 있으며 관련 활동을 지도할 수 있다.

하지만, 그냥 가르치는 것이 아니라, 원격학습 강좌를 가르치고자 하는 흥미와 소신을 가진 교육자/훈련자와 함께 전송할 정보를 만들고, 그 정보를 전송

하고, 강좌 관련 활동을 이끌어가는 방식을 조화시키는 데서 원격학습은 시작
되어야 한다. 모든 교육자/훈련자가 원격학습 프로그램을 가르치는 것을 좋아
하는 것은 아니다. 이런 형태의 교육이 적성에 맞지 않는 경우도 있다. 그러나
원격학습 프로그램을 통해 학습자들을 도와주고자 하고 이런 테크놀로지를 계
속 사용하여 스스로도 원격학습에 대해 더 많이 배우고자 하는 교육자/훈련자
에게는 원격학습에 참여하도록 권해야 한다.

학습자, 관리자, 회사 중역 등 원격학습 강좌나 프로그램에 관련된 사람들을
비롯하여 교육자/훈련자는 모두 일선 교육현장에서 사용되는 교육/훈련 테크
놀로지와 방법 중에 최고의 것을 택하여 학습자와 정보 자원 사이의 간극을
메우는 독창적인 방법을 찾아내야 한다. 가장 효과적인 원격학습을 하는 전문
가는 매일같이 극히 흥미롭고 효과적인 강좌와 프로그램을 제공하기 위해 노
력할 뿐 아니라 동료, 학습자 그리고 사회가 가지고 있는 교육/훈련에 대한 개
념을 변화시키기 위해 노력한다.

원격학습 프로그램은 다음의 네 가지 요소를 갖추었을 때 잘 진행된다.

- 헌신적이고 동기가 분명한 교육자/훈련자(들)
- 헌신적이고 동기가 분명한 학습자(들)
- 특정 원격학습에 맞게 설계된 자료
- 정보를 안정적이고 효과적으로 송수신하는 수단

이 중 하나라도 빠지면 원격학습 프로그램의 가치가 반감된다. 앞에서 원격
학습 프로그램의 기술적인 요소들 — 프로그램이 성공적이기 위해 필요한 교
육자/훈련자와 학습자의 유형, 강좌의 형태, 원격학습의 응용, 그리고 원격학습
프로그램에 가장 적합한 자료 — 이 무엇인가에 대해 이미 읽었을 것이다. 이
런 요소들이 잘 어우러질 때 진정한 교육이 이루어진다.

1. 가상교실에서의 교육 및 훈련

인터넷을 통해 강좌를 수강하는 학습자들이 그 강좌를 듣기 위해 별도의 준비를 해야 하듯이, 인터넷을 통해 교육을 하는 교육자/훈련자에게도 특별한 능력이 요구된다. 그러나 원격학습을 제공하는 교육기관이나 회사는 원격학습 프로그램이 그들의 사명과 목표로부터 어떻게 비롯되었는가를 기억해야 한다. 효과적인 원격학습 프로그램은 교육기관과 기업의 교육/훈련을 실현하기 위한 중요한 수단이다. 단지 원격학습 강좌나 프로그램을 제공한다는 것이 궁극적인 목적이 될 수는 없다. 양질의 자료와 강좌를 제공함으로써 끊임없이 변화하는 학습자들의 교육/훈련 욕구에 부응하는 것이야말로 교육기관과 회사의 진정한 임무여야 한다.

양질의 원격학습은 자격을 갖춘 교육자/훈련자와 적절한 테크놀로지, 인터넷을 위해 개발된 효과적인 자료, 그리고 이런 형태의 강좌를 필요로 하고 신가를 인정하는 학습자들이 잘 어우러질 때 좋은 결과를 맺는다. 교육기관이나 회사가 현재의 교육적인 욕구를 충족시킬 뿐 아니라 다음 학기, 내년 또는 다음 세대에 제공할 더 나은 원격학습 프로그램을 만들고자 한다면 이러한 요건은 충족될 것이다.

인터넷을 통해 원격학습을 제공하려면 교육/훈련의 앞날을 내다보고, 지식과 기술의 지속적인 축적이 근본적으로 중요하다는 것을 알 필요가 있다. 관리자와 회사의 중역들이 기술자 및 교육자/훈련자와 협력하여 원격학습 프로그램을 만들 때에는 먼저 다음과 같은 질문에 답할 수 있어야 한다.

- 테크놀로지가 당신의 기관 혹은 회사의 목표에 얼마나 잘 부합하는가?
- 테크놀로지가 교육과 훈련에 어떻게 관련되는가?
- 테크놀로지를 이용하여 어떻게 더 효과적으로 가르칠 수 있는가?
- 원격학습 강좌를 통해 학습자들의 욕구를 어떻게 충족시킬 것인가?
- 당신의 기관에서는 어떻게 원격학습 프로그램을 지원할 것인가?

교육기관이나 회사는 여기의 다섯 가지 질문을 던져보고 원격학습을 제공해야 할지의 여부와, 원격학습이 가치가 있다면 그 강좌나 프로그램이 어떻게 만들어져야 하는지 결정할 수 있을 것이다.

2. 테크놀로지가 당신의 기관 혹은 회사의 비전에 얼마나 잘 부합하는가?

많은 사람들은 원격학습이 현재 유행하기 때문에 원격학습 강좌나 프로그램을 개발하려 한다. 원격학습은 결과가 좋으면 소속 기관에 이익과 명예를 가져다줄 수도 있다. 또한 급변하는 교육환경에서 교육기관이 경쟁력을 갖추고 피고용인을 훈련, 재교육, 유지하는 데 도움을 준다. 그러나 원격학습이 성공하여 교육기관이나 회사가 받게 될 이익이 크다고 해서 그것이 원격학습 사업을 하는 이유가 되어서는 안된다. 원격학습 강좌나 프로그램이 다른 형태의 교육혜택을 받지 못하는 학습자들에게 교육서비스를 제공하는 가장 좋은 방법일 경우에만 원격학습 강좌나 프로그램을 만들어야 한다.

어떤 교육기관/회사들은 기술적으로 뒤떨어진 환경에서도 교육을 매우 잘하고 있다. 사업 성격상 그리고 교육 대상인 학습자들의 성격상 그들이 필요로 하는 지식과 기술을 얻는 데 그다지 많은 테크놀로지가 필요하지 않을 수도 있다. 인터넷의 모든 서비스를 이용하지 않으며 학습자들에게 강좌를 하는 데에 기본적인 테크놀로지만 사용한다고 해서 교육기관이나 회사에 문제가 있는 것은 아니다. 교육기관이나 회사의 능력과 요구뿐 아니라 잠재 학습자들의 능력과 요구가 테크놀로지와 잘 부합되도록 하면 되는 것이다.

원격학습 프로그램을 제공하는 교육기관이나 회사는 테크놀로지를 사용하는 데에 문제가 없어야 한다. 테크놀로지에 대한 현재의 욕구를 충족시킬 수 있도록 언제라도 이용할 수 있는 자금이 있어야 하고 기술적인 지원이 제공되어야 한다. 또한 인터넷 서비스가 확장됨에 따라 기술적 용량도 함께 늘릴 수 있는 원천을 가지고 있어야 한다. 예를 들어, 인터넷을 통해 원격학습을 제공하는 대부분의 교육기관은 적어도 학습자들에게 전자우편 서비스를 제공해야 하며 웹을 좀더 쉽고 즐겁게 사용할 수 있도록 브라우저를 제공해야 한다. 한

개 혹은 여러 개의 웹 사이트를 유지해야 하고 인터넷에 대한 급변하는 기대에 부응하기 위해서도 소프트웨어와 하드웨어를 정기적으로 상향조정해 주어야 한다. 더불어 사용자들이 필요할 때 언제라도 인터넷에 접속할 수 있도록 충분한 기술적 지원을 해야 한다(그러나 사용자의 요구를 모조리 충족시킬 만큼 이상적일 정도로 많은 지원을 할 필요는 없다). 또한 발전하는 테크놀로지를 예상하고 부단히 성장하는 기술과 함께 지속적으로 높아만 가는 사람들의 기대를 충족시킬 자료를 갖고 있다면 훌륭한 원격학습을 제공할 수 있을 것이다.

3. 테크놀로지가 교육과 훈련에 어떻게 관련되는가?

앞장에 언급한 바와 같이 어떤 강좌나 주제는 학습자들에게 프리젠테이션을 하거나 학습자들이 실습을 할 때 고도의 테크놀로지를 필요로 하지 않는다. 인터넷에서 사용하기에 적합한 강좌 자료가 있는 반면 그렇지 않은 것도 있다.

예를 들어 작문 강좌에는 학습자들이 인터넷을 통해 정보를 모으는 과정이 있을 것이다. 학습자들은 그들의 글에 사용하게 될 실례를 찾기 위해 온라인 데이터베이스나 전자잡지를 통해 연구하고, 쓰려고 하는 주제를 다루는 우편 주소목록의 구성원들에게 질문을 할지도 모른다. 학습자들은 교육자/훈련자나 다른 학습자들에게 과제의 초고를 보낸 후에 전자우편, 뉴스그룹 혹은 토론그룹을 통해 과제물에 대해 토론할 수 있을 것이다. 그러나 아마도 작문하는 것 자체에는 인터넷을 사용할 필요가 없을 것이다. 숙제를 하기 위해 데스크탑에서 편집기나 문서작성기를 사용하는 학습자들은 과제물을 전자우편 메시지에 첨부하거나 그 강좌의 웹 사이트에 링크시킬 수도 있지만 쓰는 것 자체는 테크놀로지를 별로 필요로 하지 않고 인터넷을 사용할 필요도 없다.

자동차 강좌의 학습자들은 의견을 교환하고, 기술상의 문제를 논하고, 강사가 그들에게 보여주는 것을 관찰하거나 강사가 평가를 하게 될 과제를 완성하기 위해 데스크탑 화상회의나 교실 전자회의를 할지도 모른다. 이런 형태의 교육적 경험은 전통적인 훈련 상황에서 몸소 체험할 수도 있고, 전자적으로 체험할 수도 있지만, 그룹의 욕구를 충족시키기 위해 데스크탑 화상회의나 전자회의 그리고 전통적인 교실에서의 훈련에서 인터넷을 사용할 필요는 없다. 자동차 강좌가 원격학습을 통해 제공될 수도 있으나 원격학습을 제대로 하기 위해 꼭 인터넷을 사용해야 하는 것은 아니다.

어떤 강좌에서는 정보를 유포하고 학습자들을 한데 모으고자 인터넷을 사용한다. 예를 들어 인터넷을 사용하는 생물학 강좌는 온라인 상태에서 텍스트를 읽어야 하거나 다른 웹 사이트로 링크하기, 상호대화식 퀴즈 풀기, 온라인 모의실험으로 연체동물 해부하기 등을 포함할 것이다. 학습자는 전자우편을 통해 개인적으로 문제 영역이나 연구 관심사에 대해 교수와 토론할 수 있다. 그들은 특화된 온라인 데이터베이스와 우편주소목록을 이용하여 연구를 할 수도 있을 것이다. 다양한 인터넷 서비스와 자료들이 이런 형태의 강좌를 향상시키지만, 이런 활동들은 개발된 능력이나 그 단계에 필요한 교육 강화 형태와 잘 조화되어야만 한다.

온라인 HTML 강좌는, 학점을 이수해야 할 필요는 없지만 HTML과 웹 사이트를 구축하기 위해 HTML 사용법을 배워야 하는 학습자들에게 효과가 있다. 개인이나 교육기관 또는 회사에서 제공하는 무료 강좌들도 있지만 어떤 강좌들은 HTML을 구축하는 소프트웨어의 구입을 조건으로 제공된다. 이러한 강좌들은 웹과 관련되어 있고 컴퓨터를 사용하기 때문에 웹상에서 실현되는 강좌의 완벽한 사례가 된다고 할 수 있다. 강좌, 자료(대개 HTML 구축 프로그램), 실례 그리고 연습과정들은 모두 인터넷, 특히 웹 환경을 전제로 만들어진다.

소속 교육기관이나 회사가 원격학습 프로그램을 제공해야 하는지 그리고 제공한다면 어떻게 해야 할 것인지를 결정하려 할 때, 강좌마다 그리고 요구 수준에 따라 제공하는 교육/훈련 형태와 테크놀로지가 어떻게 맞물리는가를 분석할 필요가 있다. 강좌를 향상시키기 위해 인터넷을 이용하는 것은 원격학습 강좌에서뿐 아니라 전통적인 강좌에서도 가치있는 일이다. 테크놀로지가 각 강좌에서 목적하는 바를 지원해주어야 하지만 강좌가 테크놀로지만 중시해서도 안된다.

4. 테크놀로지를 이용하여 어떻게 더 효과적으로 가르칠 수 있는가?

편리한 장소, 편리한/다양한 시간에, 교육/훈련이 필요한 때는 언제든지, 그
것도 테크놀로지의 도움 없이 강좌를 할 수 있다면 원격학습 프로그램은 필요
가 없을 것이다. 어쨌든 기업은 원격학습 없이도 수년 동안 고용인과 소비자를
위해 현장 교육과 사내 훈련을 제공해왔고, 전통적인 교육기관들도 한곳 또는
여러 교육 장소에서 매주 그리고 매해마다 다양한 시간대에 교육과정을 제공
해왔다.

때때로 프로그램 제공자의 입장에서는 한사람의 교육자/훈련자가 다수의 학
습자에게 정보를 전송하는 데 필요한 테크놀로지의 개발에 투자하는 것보다
교육자/훈련자를 많이 고용하여 많은 학습자들을 가르치는 것이 비용면에서
더 절약이 될지도 모른다. 학습자가 널리 퍼져 있는 장소로 교육자/훈련자가
직접 가는 여행 경비를 지불하거나 일련의 광범위한 훈련과정을 위해 한곳에
피고용인들을 모으는 것이 비용이 덜 들 수도 있다. 교육기관이나 회사는 원격
학습이 필요한지를 결정할 때 비용 대 이익 비율을 고려해야 한다.

전통적인 강좌를 이루는 요소 중에는 인터넷을 이용하여 좀더 효율성을 높
일 수 있는 것들이 있다. 예를 들어 교육자/훈련자가 전자우편을 이용하면 더
효과적으로 지도하고, 물음에 답하고, 과제에 대한 평가를 할 수 있다. 그러나
강좌에 인터넷 사용이 필요하지 않거나, 강좌가 인터넷을 주요 커뮤니케이션
수단으로 사용하도록 설계되지 않았을 수도 있다. 교육자/훈련자는 강좌가 테
크놀로지를 이용하여 가르칠 때 효율성과 편리성을 제공하는지 고려해보아야
한다.

그러나 일단, 교육자/훈련자와 학습자가 인터넷으로 작업하려면 필요한 기
술을 갖추고 있어야 할 뿐만 아니라 인터넷을 효과적으로 사용하기 위한 도구
들도 갖고 있어야 한다는 것을 명심해야 한다. 그리고 교육자/훈련자가 새로운
자료를 개발하거나, 새로운 도구 사용법을 익히거나, 인터넷만을 위한 강좌를
설계할 때, 처음에는 효율성이 떨어지게 된다. 나중에 인터넷 원격학습 강좌에
익숙해지면 능률적으로 일할 수 있게 되므로 원격학습 프로그램을 계획할 때
는 이와 같은 단기, 장기적인 효율성도 고려해야 한다.

5. 원격학습 강좌를 통해 학습자들의 욕구를 어떻게 충족시킬 것인가?

원격학습 강좌는 학습자들을 고려하여 만들어야 한다. 원격학습 프로그램을 원하는 학습자는 특별한 필요가 있는 사람들이다. 특별한 필요란, 현재 가까운 곳에서는 찾을 수 없기 때문에 학습자들이 먼 거리를 여행해야 원하는 지도를 받을 수 있는, 특별한 종류의 교육/훈련 내용이라 할 수 있다.

또 다른 특별한 요구사항은 학습자의 신체적인 능력과 관련이 있다. 예를 들어 집에서 배우고자 하는 이들은 통학하거나, 전통적인 교실 수업에 참여하거나, 혹은 표준화된 장비를 가지고 쉽게 작업할 수 없는 사람들일 것이다. 행동에 제약을 받는 학습자들은 전통적인 교실에서 여러 강좌를 듣는 것이 어렵지만 컴퓨터를 통해 집에서 강좌를 수강할 수는 있다. 특별한 형태의 자판이나 모니터가 있으면 이런 사람들이 정보를 손쉽게 읽고 보낼 수 있으나 전통적인 교육현장에서는 이런 특수 장비를 쉽게 사용할 수가 없다.

학습자의 요구 중에는 하나의 주제를 완벽하게 소화하기 위해 그 자료를 여러 번 반복 학습하고자 하는 것이 있을 수 있다. 한번의 전통적인 강좌나 실험실 수업에서는 한정된 시간내에 자료를 복습하고 작업을 반복하는 데 필요한 시간이 충분히 주어지지 않는다는 문제가 있다.

원격학습 프로그램은 교육/훈련을 좀더 바람직하고 편리하게 만들어 많은 사람들이 이용할 수 있게 해준다. 그러나 원격학습의 가장 큰 힘은 다양한 미디어로 정보가 제시되어 학습자들의 다양한 기호에 부응하는 데에 있다. 예를 들어 어떤 이들은 텍스트를 읽는 것을 좋아하고, 어떤 이들은 손으로 직접 해보기를 원한다. 예를 들어 온라인 문서와 모의실험은 같은 정보를 다양한 형식으로 제시할 수 있으므로 학습자 개개인의 기호를 충족시켜준다.

원격학습이 개인과 그룹을 어떻게 도울 수 있는가를 결정하기 전에 목표로 하는 학습자층과, 프로그램을 통해 다가가고자 하는 잠재 시장을 분석해야 한다. 그러면 자신만의 독특한 강좌, 적어도 경쟁력 있는 강좌를 제공할 수 있는지, 혹은 다른 교육 제공자의 전철을 단순히 답습하고 있을 뿐인지 판단할 수 있을 것이다.

6. 당신의 기관에서는 어떻게 원격학습 프로그램을 지원할 것인가?

원격학습 프로그램은 상당한 재정적, 기술적, 교육적, 전문적인 지원을 필요로 한다. 그중 어느 형태의 지원이라도 부족하게 되면 프로그램의 질이 떨어진다.

인터넷을 이용하여 자료를 개발하고, 갱신하고, 가르치는 교육자/훈련자는 전통적인 방법으로 강좌를 하는 동료들보다 더 많은 준비 기간과 자료를 필요로 한다. 전자매체를 이용하기 때문에 강좌 자료는 인터넷을 위해 특별히 만들어야 한다. 인터넷의 자원은 매일같이 변하고 인터넷에 접속하기 위해 사용되는 하드웨어와 소프트웨어도 자주 바뀐다. 이런 끊임없는 변화 때문에 교육자/훈련자는 주제에 접근하는 방법과 자료를 자주 갱신해야 한다. 그러므로 좋은 원격학습 강좌는 결코 같은 방식으로 두 번 제공되지 않는다.

훌륭한 교육자는 각 강좌마다 그들의 자료와 교수법에 변화를 주면 되지만, 인터넷을 이용하는 교육자/훈련자는 자료를 부단히 갱신해야 하는 현실에 직면한다. 일반적으로 10주 혹은 15주인 한 학기동안 한 강좌가 개설된다면, 교육자/훈련자가 학습자들이 접하길 바라는 자료는 첫날부터 마지막 날까지 급격히 변할 것이다. 예를 들어, 강좌를 시작할 때 교육자/훈련자가 자료를 제공하는 웹 사이트 목록을 준비했다면 강좌가 끝날 때쯤에는 그 사이트들이 바뀌거나, 이미 존재하지 않거나, 혹은 더 이상 강좌에 적합하지 않을 것이다. 지속적으로 제공되는 강좌들은 바로 그런 이유 때문에 정기적으로 갱신해줄 필요가 있는데, 그렇게 함으로써 그 사이트를 관리하는 교육자/훈련자는 특정 강좌를 위해 무엇이 필요한지를 알게 될 뿐 아니라 일반적으로 인터넷상에서 어떤 일이 일어나고 있는지 알게 된다. 전자 정보의 이점은 즉시성에 있으므로 원격학습 교육자/훈련자는 그들 강좌의 자료와 교수법을 현재 통용되는 것으로 끌어올려야 하며, 충분한 자료를 준비할 시간이 필요하다.

대부분의 교육자/훈련자는 그들의 바람과는 달리 테크놀로지와 예산을 통제할 수 있는 힘이 없다. 그러므로 기술자들의 도움이 필요한데 그들은 자료를 만들고, 강좌 내용을 구현하고, 강좌를 하는 사람들을 도와주고 훈련시키며, 시스템을 부드럽게 돌아가게 한다. 따라서 기술 전문가와 교육 설계 전문가 사이에 좋은 관계가 유지되어야 한다. 기술자, 교육자, 훈련자가 일에 억눌리지 않도록 여러 개의 전문적인 업무를 동일 인물이 담당하지 않도록 구성하는 것이 좋다.

원격학습 프로그램은 비용이 많이 들고 기술적인 면에서 계속 새로운 것이 요구되기 때문에 교육기관이나 회사의 확고한 재정적 뒷받침이 있어야 한다. 연구 보조금과 공동 재원의 사용을 포함해서 앞으로 기금을 모으기 위한 계획이 필요하다.

또한 교육자/훈련자를 위한 교육적인 지원이 필요하다. 그들의 전문 분야는 적절한 강좌 자료를 제작하고 그 자료를 프리젠테이션하는 것이다. 그들은 강좌를 설계하도록 허용되어야 한다. 의도가 아무리 좋을지라도 기술자, 회사의 중역, 관리자, 그리고 전문 분야가 다른 사람들은 교육 전문가에게 관여하지 말고 그에게 전적으로 강좌 설계를 맡겨야 한다. 온라인 강좌를 설계하는 것은 교육자/훈련자, 강좌, 그리고 강좌를 제공하는 교육기관이나 회사만큼이나 독립적이어야 한다.

마지막으로 원격학습에 관여한 이들에게는 전문성의 개발이 지속적으로 요구된다. 교육자들은 테크놀로지가 진화해가는 방식과, 원격학습 프로그램이 교육/훈련의 본질을 어떻게 변화시켜가는지 알아야만 한다. 전문가들이 동료들과 생각을 나누고 원격학습에 관여하고 있는 다른 이들로부터 배울 수 있도록 해야 한다. 따라서 교육자/훈련자가 학술대회에 참석하고, 세미나에 참가하고, 정기간행물을 구독하고, 동료들과 온라인상에서 함께 작업하고, 새로운 테크놀로지도 실험해볼 수 있도록 지원해주어야 한다. 그들은 새 도구 사용법을 배우고 또 그 도구를 편리하게 사용할 수 있도록 특별 훈련을 받아야 할지도 모른다. 만약 교육기관이나 회사가 교육자/훈련자에게 이런 형태의 지원을 할 수 있다면 효과적인 원격학습 프로그램을 만들 수 있을 것이다.

7. 효과적인 원격학습을 위한 원칙

교육기관이나 회사가 원격학습 사업을 시작한다면 몇 가지 중요한 교육/훈련의 개념을 알아야 한다. 이런 사항에 대한 이해 없이는 교육자나 학습자들이 원격학습을 성공적으로 할 수 없을 것이다.

교육자/훈련자는 변화를 이끌어내야 한다

학습자를 가르치고 그들과 함께 작업하는 사람들이 변화를 이끌어내는 주역이어야 한다. 원격학습에 있어서의 혁신은 아래에서 위로 향할 때, 원격학습 강좌를 가르치고 만든 사람들로부터 프로그램을 승인하고 예산을 관리하는 관리자와 중역들에게로 올라갈 때 가장 효과적으로 이루어진다. 학습자들과 매일 함께 작업하고, 어느 테크놀로지가 가장 효과적이고, 특정 상황에서 왜 그 테크놀로지가 가장 적합한지 이해하는 사람들이 원격학습의 미래를 결정해야 한다. 그들이 프로그램을 확장시키고 교육/훈련 정보를 제시하는 보다 효과적인 방법을 설계하도록 해야 한다.

이들은 자료를 설계하고 매일 매일의 원격학습 프로그램을 운영하기 때문에 테크놀로지와 교육적인 방법들을 실험해서 그들의 지식과 기술을 끊임없이 갱신해야 한다. 인터넷의 최신 기술에 뒤떨어지지 않도록 강좌를 설계해서 교육자/훈련자 자신과 강좌 자료를 첨단으로 유지하고, 관리자와 회사의 중역들이 현재의 원격학습이 어떠한지를 인식할 수 있게 한다. 다양한 학습자들의 욕구를 충족시키기 위해 어떻게 해야 자료를 다각적으로 개발할 수 있는지는 교육자/훈련자가 가장 잘 알고 있기 때문에 그들에게 제공되는 지원에 따라 원격학습이 제대로 이루어질 수 있느냐 없느냐가 달려 있다.

교육자/훈련자는 테크놀로지의 지원을 받아야 한다

교육자/훈련자는 관리자, 회사 중역 그리고 기술자들과 팀을 이루어 사용할 하드웨어와 소프트웨어를 선택하고, 사용에 따른 관리 규정을 정하고, 상향조정할 시기도 함께 정해야 한다. 특정 강좌에 필요한 자료와 상호 교류 방법을 제공할 수 있는 테크놀로지를 선택한다. 단지 교육기관이나 회사에서 특정한 테크놀로지의 사용을 원하기 때문에 강좌와 교수법 그리고 자료를 그에 맞추어서는 안된다.

교육의 본질을 재고해야 한다

혁신을 불러일으키는 것은 교육/훈련이 아닌 연구이다. 교육/훈련은 전형적인 체제 순응적 활동이고, 때론 너무 반복적이다. 훌륭한 원격학습 프로그램은 주제를 고정시키지 않으며 융통성이 있고, 또 학습자뿐 아니라 교육자/훈련자도 강좌가 진행됨에 따라 정보를 공유하고 새로운 기술을 함께 배워나간다는 것을 전제로 하고 있다. 전통적인 학술기관의 교육자/훈련자는 신분이 보장된 지위에서 일하는 데 익숙하기 때문에 새로운 접근방법을 모색하고자 실험을 하기보다는 이전의 것들에 안주하기 쉽다. 비록 몇몇 학술기관들은 교육자/훈련자가 연구를 하도록 장려하고 매년 일정한 연구발표 실적이 있어야 승진도 하고 보너스도 받을 수 있게 하고 있지만, 대부분의 다른 대학들은 교육자들에게 연구를 할 수 있는 시간을 거의 주지 않고 기본적으로 가르치는 것에만 주력한다. 그래서 교실에서 가르치는 것이 일의 대부분을 차지한다. 한 학기에 한 교육자/훈련자가 네 강좌 혹은 그보다 더 많은 강좌를 맡거나 같은 강좌의 여러 섹션을 가르치게 되면 교육자/훈련자는 매학기마다 교수법과 자료를 다양하게 만들고자 하는 마음이 생기지 않을 것이다.

마찬가지로 기업은 강사가 이미 프로그램되어 있는 자료를 주로 사용하도록 하고 있는데, 그렇게 하면 많은 수의 직원들을 비용을 그리 들이지 않고도 효율적으로 훈련시킬 수 있다. 소프트웨어 사용 지침에서부터 모의실험에 이르기까지 동일한 강좌 자료를 사용하게 하는 것이 사원 연수의 관례이다. 모든 사원들이 똑같은 양과 형태의 교육을 받도록 하기 위해 이런 식의 교육이 장려되어왔다고 하겠다.

이것이 교육/훈련의 일반적인 상황이지만, 이런 교육은 원격학습 강좌가 단순히 전자식 저장고와 교실 이상을 의미한다고 할 때 원격학습에 필요한 혁신성과 창의성을 말살시킨다. 원격학습의 자료들은 창의적이고, 혁신적이며, 상호작용할 수 있어야 한다. 원격학습 자료는 학습자들로 하여금 더 많은 것을 탐구하게 해야 한다. 원격학습의 가능성을 실현하려면 교육자/훈련자에게 연구할 시간을 주고 뒷받침해주어야 한다.

모든 강좌는 연구의 요소를 포함하고 있어야 한다. 교육자/훈련자와 학습자는 그들의 지식, 그리고 기술의 토대를 갱신하기 위해 보다 나은 방법을 찾으려고 끊임없이 노력하는 연구자가 되어야 한다. 교육자/훈련자는 학습자들로부터 피드백을 받아 어느 자료와 방법이 가장 효과적인지, 그리고 어느 것을 보완해야 하는지를 결정한다. 학습자들은 강좌를 듣는 동안 지식과 전문성을 함께 나눔으로써 그들의 경험과 의견이 강좌 설계에 반영될 수 있게 한다.

모든 것을 다 알고 있는 교육자/훈련자가 이미 결론이 제시되어 있는 지식을 수동적인 학생들에게 전하던 시대는 끝났다. 원격학습은 혁신적이어야 하며 반복적이어서는 안된다. 원격학습은 인터넷의 강점을 이용해야 하며 단순히 전통적인 텍스트를 온라인상에 가져다놓아서도 안된다. 원격학습은 역동적이어야 하며 정적이어서는 안된다. 상호교류가 가능해야 하고 수동적이어서도 안된다.

원격학습은 교육/훈련을 출판과 프리젠테이션으로 변경한다

사람을 가르치는 것과 훈련시키는 것은 상호교류를 통해 이루어진다. 교육자/훈련자는 자신의 강의에 인간적인 접근 방법을 적용하고자 노력해야 한다. 원격학습은 그 특성상 교육자/훈련자와 학습자가 물리적으로 분리된 상태에서 이루어지므로 학습자들이 소외되었다고 느낄 수 있고, 강좌가 비인간적이고 기계적이 되기 쉽다. 그러나 훌륭한 원격학습 프로그램은 지리적인 거리감을 메워주고, 교육자/훈련자와 학습자, 그리고 다른 전문가들을 함께 묶어준다.

교실이나 훈련 센터에서보다는 인터넷에서 더 많은 사람들과 정보를 나누고 대화할 수 있으며, 전자회의와 다른 형태의 방송을 이용해 학습자는 실시간으로 다른 사람과 직접 의사를 교환할 수 있다. 전자우편과 마찬가지로 웹과 인터넷 서비스는 상호교류를 촉진해야 하며, 학습자 개개인의 욕구와 기호를 충족시키도록 만들어져야 한다. 각각의 원격학습 강좌는 개인의 교육적인 경험을 이끌어내도록 섬세하게 만들어져야 한다. 프리젠테이션은 전통적인 교육환경에서도 교육/훈련의 일부였지만, 가상교실에서 원격학습을 할 때 프리젠테이션 기술은 특히 더 중요하다. 전자회의나 데스크탑 화상회의를 하려면 교육자/훈련자는 당연히 프리젠테이션 기술을 연마해야만 한다.

교육자/훈련자가 같은 교실에서 학습자들과 얼굴을 맞대고 수업을 하는 경우가 거의 없더라도 프리젠테이션 기술을 연마하면 학습자들과 잘 알게 되고 좋은 관계를 맺을 수 있다. 원격학습에서는 교육자/훈련자가 프리젠테이션을 할 때 몸짓이나 목소리가 교실 수업에서보다 더 힘이 있고, 매끄럽고, 명확할 것을 요구한다. 원격학습 세션은 녹화되는 경우가 많기 때문에 프리젠테이션의 질이 세션마다 똑같이 유지되어야 한다. 전통적인 교실 프리젠테이션 중에는 학습자들이 교육자/훈련자의 "음", "어" 소리나 주의를 산만하게 하는 습관에 그리 주의를 기울이지 않는다. 그러나 가상교실 프리젠테이션에서는 교육자/훈련자의 말과 몸짓이 훨씬 많은 학습자들에게 방송되고, 녹화되어서 사람들이 여러 번 반복해서 보게 된다. 가상교실의 교육자/훈련자는 연습하고 준비해서 그룹이나 카메라 앞에서 정보를 안정적으로 분명하게 전달할 수 있어야 한다.

수준 높은 원격학습 강좌에서 매우 중요한 요소인 유연한 프리젠테이션 능력 이외에도 교육자/훈련자가 사용하는 자료는 인터넷, 특히 웹에 올릴 때마다 출판되는 것과 마찬가지라고 할 수 있다. 웹 사이트에 저장된 정보는 누구든지 볼 수 있고 비판할 수 있다(또한 통상적으로는 허가를 받았건 안 받았건 사용하기도 한다). 특히 우편주소목록, 토론그룹, 뉴스그룹에 보낸 전자우편 메시지들은 많은 사람들이 읽고, 비평하며, 전송받고, 출력한다. 게시판의 메시지들도 전송받는 것이 가능하고 공유된다. 인터넷으로 원격학습 자료들을 유포하는 교육자/훈련자는 전통적인 교실에서보다 더 형식을 갖추어서 작업한 것을 출판해야 한다. 수백만의 사람들이 그들의 자료를 보고 전송받고자 할 가능성이 충분히 있기 때문이다.

저작권 보호라는 측면에서 볼 때 많은 인터넷 사용자들은 온라인 정보를 무단으로 사용하는 셈이다. 교육자/훈련자가 알지도 못하는 사이에 자신들이 제공한 정보가 공식적이건 비공식적이건 간에 출판되지 않으리라는 보장은 없다. 누군가 그들이 제공한 정보를 인용한 뒤(혹은 잘못 인용한 뒤) 그 출처를 밝히지 않을 수도 있다. 즉, 인터넷은 원격학습에 관한 기사를 포함해서 중요한 자료들을 널리 읽히고 사용하게 한다. 그렇기 때문에 저자들은 국제적으로 유명 인사가 될 수도 있다. 출판에 대한 인세는 매우 적거나 없을 수도 있지만 인지도는 엄청나게 높아진다.

인터넷을 통한 출판(학습자들을 위해 만든 자료들을 자신의 웹 사이트를 통해서 출판을 하건, 전자잡지와 전자 학술지를 위한 형식을 갖춘 출판물이건 간에)이 점차 보편화됨에 따라 전자 출판의 가치는 높아질 것이다. 많은 교육 관리자들이나 회사 중역들은 전자 출판의 중요성에 대해서 확신을 갖지 못하는데, 그것은 누구든지 인터넷에서 출판을 할 수 있기 때문이다. 인쇄 출판에 적당한 것으로서 심사를 거치거나 편집된 학술논문이나 책과는 달리 전자 출판은 현재 정식으로 출판된 인쇄 문서가 가지는 정도의 위치를 아직 확보하지 못하고 있다. 출판물의 질과 그 중요성은 개별적으로 판단되어야지 그것이 출판된 곳이 인쇄 매체냐 온라인이냐 하는 것에 의해 결정되어서는 안된다. 전자 출판의 지위에 대해서 근래에 많은 논의가 오가고 있는데, 원격학습 전문가들이 전자 정보의 가치와 중요성을 증명할 수 있을 것이다. 이것은 원격학습 교육자/훈련자가 자신들의 직업적 지위를 향상시키고, 강좌와 교육/훈련에 있어서 인터넷이 얼마나 가치가 있는가에 대한 이해를 증진시킬 수 있는 부분이다.

원격학습은 교육을 선형적인 것으로부터 비선형적인 것으로 변화시킨다

예를 들면 학습자들이 웹을 사용할 때 그들이 선택하는 순서대로 정보에 접근할 수 있게 되는 것이다. 학습자들은 교육자/훈련자가 가길 원하는 대로 따르거나 혹은 따르지 않아도 된다. 학습자들은 더 많은 정보의 출처들을 찾아보고 임의로 이 링크에서 저 링크로 옮겨갈 수 있을 것이다. 자료를 사용하는 순서는 대개 비선형적이나, 만약 학습자가 선형적인 순서를 정말로 원한다면 미리 정해진 순서(만약 정해진 것이 있다면)를 따르게 할 수도 있다.

본인이 원하는 양만큼의 정보를 원하는 순서대로 접근할 수 있다는 사실이 교육의 본질을 선형적인 것에서 비선형적인 것으로 바꾼다. 물론 교육자/훈련자는 자료에 번호를 매기거나 날짜를 적어서, 또는 특정 기간 동안 학습자들의 자료에 대한 접근을 제한해서 자신들의 강좌를 좀더 직선적으로 조작할 수 있다. 그러나 그럴 경우에도 학습자들은 웹 사이트에 저장된 대부분의 정보를 자신들이 원하는 순서대로 접근한다. 하이퍼텍스트와 하이퍼미디어에 의존하는 웹에서는 정보를 수집할 때 순수한 직선적 접근방법을 적용할 수 없다.

따라서 웹 사이트를 개발하는 교육/훈련 담당자는 연결된 각각의 정보가 개별적으로 보이더라도 이해가 되고 유용한 것이 되도록 해야 하며, 웹 사이트에서 연관된 정보를 제공하도록 해야 한다. 프리젠테이션의 순서와 사용순서를 정해야 할 경우에는 학습자들이 그 정보를 어떤 식으로 접근해야 하는지 알 수 있도록 구조를 잘 설명해주어야 한다.

교육에 대한 비선형적 접근방법이 좋은 점은 학습자들이 자신들의 사고과정을 따라갈 수 있다는 것이다. 학습자들은 자신들의 필요에 따라 한 주제에 대해 원하는 만큼 공부할 수 있고, 흥미가 생기면 추가로 다른 링크를 찾아서 더 많은 정보를 얻게 된다. 자신들의 구체적 관심사나 의문과 관련된 분야를 뒤져서 공부를 더 많이 하게 되고, 그 지식을 자신들이 이미 알고 있고, 또는 배우고자 하는 지식과 연결하게 될 것이다. 웹 링크에서 보여주듯이 연상에 의한 사고는 학습을 촉진한다.

학습자들은 더 이상 교육/훈련의 도구를 소유할 필요가 없다

교육/훈련에서 사용되는 전자매체는 점점 일반적인 것이 되어서 학습자들이 인쇄된 정보를 지각하는 방식을 변화시키고 있다. 예를 들어 텍스트와 자료를 온라인상에서 구할 수 있으면 학습자들은 책을 살 필요가 없다. 만약 온라인상에서 음악과 비디오 도서관에 접속할 수 있다면 CD나 비디오를 살 필요가 없을 것이다. 또한 학습자들은 영구적 정보저장 방식을 구식으로 받아들일 것이다. 급격히 낡은 것이 되고 자리만 차지하는 교과서, 공책, 또는 CD를 누가 사겠는가? 가상교육 공동체의 일원인 학습자들은 실제의 책방이 있는 실제의 캠퍼스를 한번도 방문하지 않게 될 수도 있다. 그들은 가상캠퍼스나 훈련센터에서 공부하는 동안 오직 전자 자료에만 접근하면 될 것이다.

전자정보는 항상 가장 새로운 것이다. 비록 그것이 한시적이고 일단 사용된 다음에는 별 가치가 없다 할지라도 그 정보는 현재 얻을 수 있는 정보 중에 가장 최신의 것이므로 그 나름대로 중요하다. 주로 인터넷을 통해 교육/훈련을 받는 학습자들은 참고문헌으로 사용되는 기존의 서적에 대해 낮은 평가를 내릴 것이다. 왜냐하면 온라인상에서 더 최신의 정보를 얻을 수 있기 때문이다. 최근의 정보만을 알기 원하는 학습자들은 그보다 더 오래된 정보가 필요한지 의문을 갖게 될 것이다. 최신 정보가 나오게 된 배경을 이해하는 것이 중요하지만, 그것은 오직 새로운 정보, 관심을 끄는 정보, 또는 수정된 정보만을 원하는 분위기 속에서 잊혀지게 될지도 모른다.

이렇게 교과서와 참고서적들(잡지, 학술지, 자습서 등)이 전자게시판, 토론그룹 및 웹 사이트에서 구할 수 있는 전자 정보에 의해 대체됨에 따라 학습자들이 책을 사는 이유가 달라진다. 어떤 고전들은 살 가치가 있다고 생각할지도 모르지만 신문, 학술지, 그리고 보고서같이 단지 현재의 연구 결과 및 지식을 전달하는 임시적인 것들은 후에 사용하기 위해 보관할 가치가 없는 것으로 생각할 것이다.

그러나 강좌에서 사용한 자료는 학습자들이 그 자료에 접근할 수 있을 때 전송받아두거나 저장하지 않으면 항상 이용하지 못하게 될 수도 있다. 학습자들이 이 자료들을 참조할 필요가 없을 수도 있으므로 장기간 정보에 접근할 수 있도록 해야 하는 문제는 없을 것이다. 하지만 학습자들이 강좌를 듣고 난 후 그전에 사용했던 전자자료를 다시 사용해야 할 경우에 자료에 대한 접근이 제한되거나 불가능할 수도 있다. 그러므로 교육자/훈련자가 온라인 자료를 개발할 때에는 학습자들로 하여금 장차 참고자료로 사용하게 될 정보가 무엇인지, 그리고 어떤 정보가 한시적으로 가치가 있는지 알려주어야 한다.

8. 최신 정보의 유지 및 원격학습의 심화

강좌와 프로그램의 효율성, 그리고 크게 보면 원격학습의 미래를 결정하는 것은 강좌 설계자이다. 최신 정보로 무장하고, 경험과 아이디어를 공유하고, 그리고 원격학습 테크놀로지와 더불어 혁신적인 교육/훈련 방법과 자료들을 개발하기 위하여 다음과 같은 활동 중 가능한 한 많은 것을 해야 한다.

초기 활동 (원격학습을 처음 시작할 때)

•원격학습 우편주소목록을 구독한다.

•원격학습 토론그룹, MUD, 그리고 뉴스그룹에 가입하거나 참여한다.

•웹 사이트를 구축한다.

•학습자들 그리고/또는 기관을 위해 전자게시판을 만든다.

일별/주별 활동

•웹을 검색해서 새로운 원격학습 강좌나 자료를 찾아본다.

•우편주소목록에 적극적으로 참여한다.

•토론그룹, 뉴스그룹, MUD에 참여한다.

•학습자들을 위해 MUD를 만들거나 이끈다.

•인터넷을 적극적으로 사용한다.

•인터넷 검색엔진을 통해 원격학습 주제를 연구한다.

•원격학습에 관한 전자/인쇄 간행물을 구독한다.

•현 자료, 강좌, 그리고 프로그램을 평가한다.

전문성의 개발을 위해 해야 할 활동

•원격학습 혹은 교육/훈련에 연관된 전자회의에 참여한다.

•원격학습 학회에 참석한다.

•전자잡지나 전자저널, 인쇄저널에 원격학습, 테크놀로지, 도구 혹은 특정
 강좌나 프로그램에 관한 경험에 대해 기사를 쓴다.

•연구기금 신청 계획안을 적성한다.

•원격학습 강좌를 수강한다.

•새로운 테크놀로지를 배우기 위해 다른 교육자/훈련자를 만난다.

•회사, 산업계 그리고 학계 대표들로 구성된 원격학습 협회를 조직하자는
 의견을 내고 작업을 한다.

•학습자, 회사 중역, 관리자, 교육자, 훈련자가 강좌, 자료, 교수법, 강의자의
 효율성 등을 평가할 때 이용할 수 있도록 평가도구들을 보완한다.

•프로그램을 알리기 위한 마케팅과 광고 전략을 기획하고 그 전략을 갱신하

기 위해 마케팅과 광고 전문가와 함께 작업한다.
- 프로그램을 판촉할 문구를 작성하거나 대행시킨다. 다른 사람들이 프로그램에 대해 알도록 필요한 정보를 공급한다.
- 가상교실을 보다 혁신적이고, 창조적이며, 즐거운 강좌가 되도록 설계하는 방법이 있으면 편견없이 채택한다.

9. 학습자를 위한 자료

원격학습 강좌를 수강하려면 웹에 자주 들러보아야 한다. 여러 교육자/훈련자가 제공하는 견본 자료들을 살펴보고 강좌내용, 교육자/훈련자의 약력, 교육기관과 회사의 적격 여부, 강좌에서 사용될 원격학습 테크놀로지와 작업유형에 대한 실명을 읽어본다. 원격학습 제공자들에 의해 만들어진 웹 사이트들이 많이 있으나 부록5에 열거된 웹 사이트 목록을 바탕으로 원격학습을 시작할 수 있을 것이다. 그렇지만 강좌를 듣기 전에 일단 둘러볼 필요가 있다. 웹에는 많은 원격학습에 대한 설명들이 게재되어 있고, 이러한 설명을 주의 깊게 읽어보면 본인의 관심사와 교육/훈련 필요에 맞는 적절한 원격학습 강좌를 찾을 수 있을 것이다.

10. 교육자/훈련자를 위한 자료

부록1은 원격학습에 대한 인쇄기사들의 목록이며, 부록2는 뉴스그룹과 우편주소목록에 대한 정보이다. 연구 기금과 기금을 제공하는 사람/기관에 대해 더 알고 싶으면 부록3에 열거된 자료들을 보면 된다. 부록4는 원격학습에 관한 전자잡지의 목록이고, 부록5는 원격학습에 대해 알고 싶어하고 원격학습 강좌를 제공하는 사이트를 찾아가보고 싶어하는 사람들을 위한 온라인 자료의 목록이다. 저작권에 관한 웹 사이트, 특히 정당한 사용과 교육용 복사의 저작권에 관한 웹 사이트 목록은 부록6에 열거하였다. 이 부록들에 실린 자료를 이용해서

장차 원격학습을 준비하는 시발점으로 삼을 수 있다.

꼭 찾아가보아야 할 사이트는 바로 원격학습연합(Distance Learning Association)의 웹 사이트이다. 그 사이트는 원격학습에 관한 지역 및 전국적 학회의 목록을 수록하고 있고, 어디로 가면 더 필요한 자료를 구할 수 있는지 알려준다. 이 사이트를 정기적으로 방문해야 하며, 가능한 한 많은 컨퍼런스와 전자회의에 참여하도록 한다.

요약

원격학습 프로그램 개발은 가치있는 일이지만 프로그램이 성공적이기 위해서는 신중히 계획을 세워야 한다. 효과적인 원격학습 프로그램을 개발하는 데 가장 어려운 점은 교육의 최전방에 서야 한다는 점이다. 원격학습의 지상목표는 모든 사람들이 자신의 삶을 충만하게 살 수 있도록 정보를 제공하는 것이다. 인터넷은 이 목표를 달성하기 위한 하나의 수단에 불과하지만 현명하게 사용하면 효과적인 도구가 될 수 있다. 인터넷을 원격학습의 다른 도구들과 함께 사용하면 효과적인 교육/훈련 환경을 만들 수 있을 것이다.

제11장

국제적인 교육의 문제점

원격학습은 이전에 공간적, 시간적으로 엄격히 구분되어 있던 경계선뿐만 아니라 국경도 초월한다. 원격학습 테크놀로지를 통해 한 나라 안에서뿐만 아니라 국제적으로도 문화적, 정치적, 경제적, 사회적 경계를 넓히거나 무너뜨릴 수 있다. 원격학습 프로그램 및 그와 관련된 활동은 전지구적 강의실, 또는 실험실을 만들어내고 있다. 이를 통해 교육자/훈련자와 학습자는 정보를 공유하고 어떤 구체적인 주제나 세상사 전반에 걸쳐 폭넓은 시각을 가질 수 있다. 원격학습은 학자들과 기업 간의 협력을 증진시키는 국제적, 다문화적 교육 센터를 만들어내고 교육자원과 교수/훈련 기술을 향상시킨다.

그럼에도 불구하고 전세계 수백만의 사람들에게 정보를 전달하는 테크놀로지를 이용해서 작업할 때에는 자연히 그 정보가 어떻게 사용되는지(혹은 잘못 사용되지는 않는지) 궁금해질 것이다. 위성 테크놀로지와 전자 컴퓨터 네트워크는 이것을 통해 전해지는 정보를 사용하도록 허가를 받았는가의 여부와 관계없이 어떤 사람들이라도 쉽게 접근할 수 있는 장이기 때문에 저작권, 특허, 그리고 상표권을 둘러싼 문제들이 국가적/국제적으로 뜨거운 논쟁을 불러일으키고 있다. 저작권, 특허, 상표권에 관한 법 제도는 나라마다 다르며, 법도 빈번히 변한다. 게다가 법적으로 보호된 정보를 무단으로 사용한 사람들을 국경을 초월해서 추적한다는 것은 매우 어려운 일이다. 어떤 아이디어나 개념을 누군가가 잘못 사용했을 때 그 아이디어나 개념의 소유주가 그 사실을 알게 되지 않는 한, 그와 같은 일은 거의 불가능할지도 모른다.

그러나 문화를 초월한 정보의 공유는 정보가 어떻게 이용될 것인가와 같이 단순한 문제가 아니기 때문에 좀더 신중하게 생각해볼 필요가 있다. 원격학습 강좌에 대한 정보를 계획하고, 만들고, 갱신할 때 교육자/훈련자는 국제시장에서의 법적 문제 이상으로 다른 나라의 문화적, 사회적, 그리고 정치적인 문제들도 고려해야 한다. 어느 지역 밖에 있는 학습자나 특히 다른 나라의 학습자들에게 원격학습 프로그램이 제공될 때, 이용 가능한 원격학습 형태, 교육자/훈련자와 학생이 필요로 하는 테크놀로지 그리고 강좌 내용을 구성하고 강의를 하는 방식 등 모든 것을 다문화적, 다국적 시청자들을 염두에 두고 계획해야 할 것이다.

전세계를 상대로 개설되는 강좌는 그 프로그램을 제공하는 관리자와 회사/기관에게 또다른 문제를 안겨준다. 만약 학점이 인정되는 강좌라면 학점이수가 필요없는 강좌보다 학점의 양과 유형, 다른 나라에서도 인정을 받을 수 있는 학위와 자격증, 학습자의 참여도를 입증하고 평가하는 방법 등 상당히 어려운 문제들이 많다. 수강료를 지불해야 한다면 통화의 환전 문제를 포함하여 수강료를 어떻게 접수할 것인가(신용카드, 은행권, 수표, 또는 현금 등)와 같은 실질적인 문제에 부딪히게 된다. 전세계 시장을 목표로 한다면 전지구적 원격학습에 수반되는 행정적 문제들도 반드시 고려해야 한다.

강사들과 학습자들 사이의 전지구적 협력체제가 모든 참가자들에게 득이 되고 세계에 대한 그들의 시각을 넓혀주기는 하지만, 원격학습 테크놀로지는 자연히 프로그램 공급자간에 '고객' 모셔오기에 대한 경쟁을 일으킨다. 그 경쟁이 세계를 무대로 펼쳐지면 전세계의 원격학습 기관들이 근본적으로는 비슷한 강좌를 개설하게 되기 때문에 서로 경쟁자가 된다. 원격학습에서 협력과 경쟁이란 서로 밀접하게 연결되어 있는 것이다.

1. 저작권과 정당한 사용

많은 원격학습 강좌들이 인터넷, 특히 웹을 사용하고 있기 때문에 교육자/훈
련자들은 대부분 전자정보에 대한 저작권 문제를 자주 걱정하게 된다. 전자매
체를 통해 전해지는 정보는 대개 규제하기 힘들 뿐 아니라, 대부분의 인터넷
사용자들은 국제적으로 정보의 자유로운 교환을 가능하게 하는 인터넷이 검열
의 대상이 되는 것을 두려워한다. 저작권, 특허, 그리고 상표에 관한 법은 국가
마다 다르기 때문에, 법적 보호를 위한 등록에서부터 전자정보 출처의 명시,
정보의 전송 및 사용에 이르기까지 모든 것들이 해당 국가의 사법제도에 따라
다르게 취급된다. 저작권 위반사례를 적발하기 위해 예전보다 더 많은 노력을
하고는 있지만, 현행 법을 집행한다는 것은 쉬운 일이 아니다. 전자정보를 어
떻게 분류하고 그 정보의 사용을 어떻게 규제하는가는 아주 어려운 문제로서
현재도 그 문제에 대한 토론이 계속되고 있으며 상황은 수시로 변하고 있다.

어떤 사실이나 아이디어만으로 저작권을 보호받을 수는 없다. 그러나 구체
적으로 표현된 아이디어와 체계화된 정보는 저작권의 보호를 받을 수 있다. 저
작권은 어떤 작품의 작가나 소유자를 보호하기 위해 만들어진 것으로서, 그들
이 저작권을 통해 상업적인 이익을 얻을 수 있게 해주고 또한 작품의 사용을
규제할 수 있게 해준다. 작가, 예술가, 음악가가 작품을 재생산하고 그로부터
소득을 얻을 수 있는 독점적인 권리를 부여하기 때문에 저작권을 보호하는 것
은 그들이 창조적인 노력을 계속하도록 고무한다. 출판사 같은 회사는 그들을
위해 만들어진 작품, 혹은 계약 고용인을 포함한 고용인에 의해 만들어진 작품
에 대한 저작권을 소유할 수 있다.

상표권은 저작권과는 다르다. 상표권은 대개 상품의 브랜드명, 일반적인 상
품명, 서비스를 구별할 수 있게 하는 단어나 문구를 말한다. Apple이나 TV 같
은 단어는 특정인의 소유물은 아니지만—보통 명사가 상품명이나 서비스명
으로 쓰이는 일도 많기 때문에 이 점이 특히 중요하다—그 단어가 그 상품
또는 서비스와 관련하여 쓰여진 맥락이 상표화되는 것이다. 다른 사람의 전자
작품을 인용하거나 자신의 작품을 보호하는 것은 상표권보다도 저작권과 더
관련이 있는 문제이다.

　다음은 미국에서 통용되고 있는 저작권, 특허, 그리고 상표권에 대한 기본적인 배경 정보들이다. 부록6은 저작권법에 대한 웹 사이트를 포함한 추가 자료 목록인데, 전자정보와 그 정보의 보호라는 측면에서 변화하는 세계에 대해 폭넓게 이해하려면 참고하는 것이 좋을 것이다.

2. 저작권의 표시

　미국에서는 1989년 4월 1일 이후에 제작된 문서는 저작권이 인정되며, 그 문서에 저작권 표시가 있든 없든 간에 저작권의 보호를 받는다. 여기서 문서란 음악, 그래픽, 청사진, 설계, 인쇄된 정보, 전자정보, 손으로 작성한 글 등 매우 광범위하게 적용되는 말이다. 문서상에 'Copyright' 혹은 ⓒ표시가 없다고 하더라도 다른 사람의(혹은 교육기관이나 회사의) 작품이 저작권의 보호를 받고 있다고 생각하는 것이 현명하다. 일반적인 저작권 표시 형식은 다음과 같다.

　Copyright (날짜: 예를 들어, 1990-1992) by (저작권 보호를 받는 정보의 저자 혹은 소유주) 혹은,
　ⓒ (날짜: 예를 들어, 1990-1992) by (저작권 보호를 받는 정보의 저자 혹은 소유주)

　누구나 작품에 올바른 형식의 저작권 표시를 하겠지만 어쨌든 작품은 만들어지자마자 자동적으로 저작권의 보호를 받게 된다. 저작권의 보호를 받는 정보의 저자나 소유주는 "나(작가, 혹은 소유주)는 (이 문서를) 공공분야에 내놓는다"는 취지의 서면통고를 함으로써 일반 대중들이 그 정보를 이용하도록 할 수 있다. 전자우편 메시지, 유스넷의 새로운 항목과 같은 것은 저자나 소유주의 허가가 없으면 대중은 정보를 사용할 수 없다.

3. 작품의 등록

전자우편 메시지, 뉴스 게재물, 그리고 웹 사이트와 같은 전자정보는 만들어지는 대로 바로 저작권의 보호를 받는다. 보호를 받기 위해 작품을 정식으로 등록할 필요는 없다. 그러나 만약 교육기관이나 회사가 저작권을 침해한 개인이나 단체를 상대로 소송을 제기하고자 한다면 반드시 작품을 등록해야 하고, 작품에도 저작권 표시를 해야 한다. 보호하고자 하는 작품을 완성하자마자 등록을 마쳐야 한다. 몇 달, 혹은 몇 년씩 지체하지 말아야 하며 저작권 문제가 일어날 때에야 비로소 등록해서도 안된다.

만약 사이트, 혹은 작품이 아무런 수입을 가져다주지 않으면 저자는 아마도 그것을 등록하고 싶어하지 않을 것이다. 특히 전자적으로 결과물을 많이 만들어내는 사람이라면 더욱더 그러하다. 인터넷을 이용하여 많은 작품활동을 한다면 등록에 드는 비용이 엄청날지도 모른다. 때로는 관련 있는 일련의 작품을 컬렉션(collection)으로 등록할 수 있다. 일련의 작품을 등록하고자 한다면 저작권 전문가와 상의해보는 것이 좋다.

등록하려면 등록비가 필요하며, 미국에서는 저작권 사무국(U.S. Copyright Office)에 정식으로 등록원을 제출해야 한다. 기업체에서는 사내 법률담당 부서와 출판부에서 사원들을 위한 저작권 문제를 다루고 있다.

4. 정당한 사용

저작권의 정당한 사용이란 어떤 사람이 다른 사람의 작품을 사용할 때 저자가 그 사실을 몰라도 법적으로 허용해주는 것을 말한다. 정보의 출처가 명시되고, 사용이 정당하다고(대개 10부 이하의 사본이어야 하고 그 목적이 공공의 이익, 혹은 학문의 진보에 있어야 한다) 간주된다면 그 작품을 교육적/공익적으로 사용하는 것은 전형적인 정당한 사용에 해당된다. 저작권 보호를 받는 정보의 정당한 사용은 작가나 소유주로부터 그 정보를 사용해도 좋다는 사전 허가를 받지 않은 채 행해지는, 그 정보에 대한 논평, 풍자, 뉴스, 그리고 연구가 포함된다. 즉, 정보의 교육적인 사용 또한 정당한 사용의 범주에 해당된다.

저작권의 보호를 받는 작품의 아주 작은 일부분을 인용하는 것, 예를 들어, 발췌와 같은 행위도 정당한 사용으로 간주되지만 그때에는 반드시 정보의 출처를 밝혀야 한다. 어떤 작품의 아주 작은 일부분일지라도 독자, 청취자, 시청자들이 그것을 인용하는 사람의 것이라고 생각하게 하면 안된다. 독창적으로 만들지 않은 정보는 그 출처를 명시해야 한다.

저작권의 보호를 받는 정보를 사용하는 취지와 그 작품을 사용하는 방식 또한 그 정보를 정당하게 사용할 수 있는지가 확실해야 한다. 예를 들어 작품의 상업적인 가치를 손상시켜서는 안된다. 어떤 책을 복사한 후 그 복사본을 배포하여 사람들이 그 책을 더이상 사길 원하지 않게 하거나 살 필요가 없게 만든다면 그 책의 상업적 가치를 손상시킨 것이 된다.

전자우편 메시지를 사용하는 사람들은 다른 사람이 자신의 메시지를 허가 없이 복사해서 보내는 것에 대해 별로 신경을 쓰지 않는다. 그러나 그 메시지는 저작권의 보호를 받는다. 따라서 어떤 저자의 원작(또는 메시지)의 맥락이나 의미를 바꾼다면 사실상 그 저자의 명성과 원작을 손상시킨 것이 된다.

전자정보와 그 정보의 사용을 둘러싼 혼란을 막기 위해, 리스트 소유자들은 경고문을 올려서 전자우편 메시지를 리스트에 제출한 사람들은 저작권을 보유하게 되며, 저자의 허가 없이는 메시지를 복사하여 사용할 수 없다고 알릴 수도 있다. 어떤 웹 사이트 소유주들은 그 사이트로 보내지는 전자우편 메시지는 예문이나 FAQ란에 사용될 수도 있다고 미리 사이트에 밝히고 있다. 웹 사이트나 우편주소목록에 저작권 보호를 받는 정보를 사용하는 것에 대해 명시해서 사용자들에게 알려주는 것이 좋다.

웹 설계자는 도안자의 허가 없이 복사한 다른 사람의 그림을 웹 사이트에 사용하지 않도록 해야 한다. 웹 사이트에 다른 사람의 것을 복사하여 사용하는 것보다 독창적인 도안을 사용하는 것이 훨씬 현명하다.

5. 저작권 보호를 받는 정보의 인용

컴퓨터와 저작 연맹(Alliance for Computers and Writing)은 재니스 워커(Janice R. Walker)가 만든 인용형식을 승인하였다. 웹 사이트를 인용하는 형식은 다음과 같다:

- 역순으로 적은 저자의 이름
- 참고자료의 제목(예를 들어, 전체 웹 사이트 안에 있는 웹 페이지나 화면의 제목)
- 전 작품의 제목(예를 들어, 웹 사이트의 제목)
- URL
- 정보에 접속한 날짜

예를 들면 다음과 같다.

포터, 리넷. "사람들이 선호하는 원격학습 사이트의 목록" 포터의 원격학습 참고서 http://________(1996. 11. 1).

텔넷 사이트에서 정보를 인용할 때 쓰는 형식도 이와 비슷하다.

- 역순으로 쓴 저자의 이름
- 참고자료의 제목(예를 들어, 전체 웹 사이트 안에 있는 웹 페이지나 화면의 제목)
- 전체 작품의 제목(예를 들면 웹 사이트 제목)
- 텔넷 주소와 그 정보에 접근하는 데 필요한 추가 지침
- 정보에 접속한 날짜

예를 들면 다음과 같다.

포터, 리넷. "더 많은 원격학습 링크들." 나의 사내 소식지 제1호. 텔넷
__________(1996. 11. 1).

전자우편 주소를 인용하는 형식은 더 짧지만 중요한 참고 정보를 포함하고
있다.

•역순으로 쓴 저자의 이름
•주제
•"개인적 전자우편"이라는 단어
•전자우편 메시지의 날짜

전자우편 메시지를 인용하는 형식은 다음과 같다.

포터, 리넷. "원격학습 강좌." 개인적 전자우편(1996. 11. 1).

다른 협회나 스타일 사용 설명서들은 이것과 다른 인용 스타일을 제안할 수
도 있다. 현대언어학회(Modern Language Association)나 미국심리학회(American
Psycological Association)의 스타일을 따를 때는 전자 정보를 인용하는 방식이 약
간 다르다.

간단히 말해서 저작권 보호를 받는 정보를 사용할 때에는 안전하게, 윤리적
으로, 그리고 사무적으로 해야 한다. 사용한 정보의 출처를 밝혀야 한다. 정보
를 복사하기를 원하거나, 영리를 목적으로 다른 작업에 사용하거나, 정당한 사
용의 범위에서 벗어나는 용도로 사용하고자 할 때에는 저작권 보호를 받는 작
품을 사용할 수 있는 허가를 받아야 한다.

정보를 전자매체를 통해 제출하거나 온라인에 게재할 때에는 작품이 저작권
법에 의해 보호를 받는다는 것을 알아야 한다. 좀더 공식적인 보호를 필요로
한다면 작품을 등록해야 한다.

6. 국제적인 시청자를 위한 강좌 설계

국제적인 시청자를 위한 원격학습 강좌를 계획할 때에도 이 책을 통해 논의했던 모든 설계의 문제와 교육적 문제를 고려해야 한다. 게다가 학습자들, 교육자들, 그리고 훈련 담당자들 사이의 문화적, 사회적, 정치적인 차이를 알아야 할 필요가 있다. 예를 들어 사회구조, 정치구조, 성, 인종, 민족성, 나이, 종교, 국가, 직업에 대한 어떤 개념이 프로그램 설계자에게는 당연하게 보일 수도 있으나 다른 출신 배경을 가진 사람들에게는 신념, 혹은 관습의 범주를 벗어나는 것으로 보일 수 있다. 원격학습은 다른 세계관을 가진 사람들이 아이디어와 정보를 서로 교환하고 그로 인해 서로 배울 수 있는 기회를 제공하기는 하지만, 강좌를 만들 때 특정 시각이나 견해를 강요하지 않으면서 모든 학습자들의 욕구를 충족시키도록 특히 주의를 기울여야 할 것이다.

강좌의 주제

어떤 주제, 혹은 그 주제에 접근하는 방식이 어떤 문화에서, 혹은 어떤 나라에서는 금기사항일 수 있다는 것을 명심해야 한다. 정치적으로 용인될 수 있는 정보가 특정 문화권, 특정 사회집단에 속한 학습자들에게는 적절하지 못할 수도 있다.

연령은 원격학습 강좌 참가자들이 주어진 정보의 적절성 여부를 어떻게 판단할지를 알 수 있게 해주는 또 하나의 요소이다. 나이든 참가자들은 그들이 젊었을 때에는 이런 주제들이 논의되지 않았었고 혹은 은밀하게 논의되었던 것들이라서 특정 주제는 논의할 수 없고 논의해서도 안된다고 생각하기도 한다. 나이어린 참가자들은 어떤 주제는 논의할 필요도 없다고 생각하거나 특정 시각만을 옹호하고 싶어할지 모른다. 강좌에 관여하는 교육자/훈련자와 학습자에 대한 시청자 분석을 하면 어떤 주제가 강의에서 토론될 수 있거나 제시될 수 있는지를 결정할 수 있다.

어떤 나라, 혹은 정치집단에서 어떤 정보는 공식적으로 검열을 받거나, 그 나라나 특정 집단 내에 한해 배포가 적절하지 못한 것으로 간주될 수도 있다.

예를 들어 어떤 나라에서 훈련 프로그램을 만들고 있다면 어떤 정보는 기밀로 분류되어 있어 다른 사람과 그 정보를 공유하기 위해서는 사전에 승인을 받아야 하는 경우도 있다. 강좌의 내용, 설계, 구조를 정할 때 다문화적, 다국적 시청자들에 관해 가능한 한 많이 알아두는 것이 좋다.

정보의 조직

다른 나라나 문화에 속한 학습자들의 기대를 충족시키기 위해 텍스트의 구조를 다양하게 할 필요가 있다. 어떤 나라의 독자들은 일반적인 정보가 앞에 오고 구체적인 결론은 나중에 나오는 연역적인 구조에 익숙하다. 동양 국가에서는 이런 구조가 보편적이다. 다른 나라의 독자들은 짧게 잘 간추려진 정보를 선호하는데, 이런 구조에서는 중심 포인트가 즉시 제시된다. 나중에 독자들이 더 자세히 알고 싶을 경우 배경정보를 읽어보면 된다. 중심적인 논제나 아이디어를 먼저 제시하는 귀납적 접근방법은 서양 국가에서 보편적이다. 특정 강좌를 듣는 학습자에 따라서 문서(비디오 또는 프리젠테이션)와 웹 페이지에 실린 정보의 구조에 변화를 주어야 하는데, 그것은 정보를 제시하는 가장 효과적인 방법에 대해 각기 다른 기대를 갖고 있는 학습자들을 충족시키기 위한 것이다.

강좌의 주제와 목표 또한 정보를 조직하는 방식에 영향을 미친다. 예를 들어 강사들은 어떤 과정을 보여주기 위해, 또는 학습자로 하여금 어떤 작업을 하도록 훈련시키기 위해 한 단계씩 순서대로 진행하는 방식을 사용한다. 아이템을 분류하는 것이 강의의 중요한 부분이라면 하나의 분류체계(가장 중요한 것에서부터 가장 중요하지 않은 것까지, 가장 비용이 적게 드는 것에서부터 가장 많이 드는 것까지, 가장 선호하는 것에서부터 선호하지 않는 것까지)를 만들어야 할 것이다. 학습자들의 기호와 기대를 충족시키는 것 이외에도 그 주제가 어떤 내재적 구조를 가지고 있는지 가늠해야 한다.

언어의 문제

언어는 또다른 문제를 야기한다. 강좌 교재를 한 언어로만 제공할 것인가 아니면 여러 가지 언어로 제공할 것인가? 목표 시청자 그룹이 주로 사용하는 언어는 무엇인가? 어떤 언어가 공용어인가?(이중언어 국가일 경우) 특정 프로그램이나 강좌의 마케팅 기반을 확대하려고 할 경우 어느 언어들을 포함시켜야 하는가? 강좌 교재와 개요를 하나 이상의 언어로 제공할 경우 반드시 관용적 표현 및 공식적인 사용법에 능통한 사람이나 자국인이 그 정보를 번역하거나 작성하고 편집하도록 해야 한다. 언어학적으로 적절한 웹 사이트, 문서, 그리고 비디오를 마련하기 위해서 여러 사람과 작업을 해야 하는 경우도 있다.

교재와 프리젠테이션에 사용하는 단어들은 신중히 선택해야 한다. 프로그램 설계자의 직업이나 나라에서 흔히 쓰이는 말이 똑같은 언어를 사용한다고 해도 국적이나 직업이 다른 사람들에게는 이해가 되지 않을 수도 있다. 예를 들어, 엘리베이터 수리 설명서란 말은 미국에서는 이해가 되겠지만 영국에서는 리프트 수리 설명서란 말이 더 적절하다. 프리젠테이션을 할 때에는 발음을 신중하게 해서 악센트, 억양, 또는 몸짓과 눈맞추기까지도 시청자에게 적절하도록 해야 한다. 모든 사람들이 교육자의 말, 글, 몸짓을 이해할 수 있어야 한다.

한 언어만을 사용할 때에도 사회적 계층, 지역, 그리고 문화에 따라 관용적 표현과 심층적 의미가 다를 수 있다. 속어는 적절하지 못할 뿐 아니라 교육자의 문화에 속하지 않은 사람에게는 이해가 되지 않는다. 예를 들어, 미국에서는 어떤 상황에 대해 준비가 되어 있지 않다거나 어떤 상황에 의해 끝장이 났다는 것을 표현하기 위해 토스트(toast)되었다는 표현을 사용한다. 그 단어가 들어가 있는 전자우편 메시지를 읽는 호주의 학습자는 이해를 못할 것이다. 호주 사람들은 동일한 불행한 상황을 표현하는 데 캑터스(cactus)라는 표현을 사용한다. 속어와 다른 관용적 표현들은 강의할 때 사용이 가능하지만 교재에 적용되어서는 안된다. 모든 시청자들이 이해하지 못하지만 꼭 필요한 속어가 있다면 최소한 설명을 해야 한다.

관용적, 문화적, 사회적 차이를 잘 나타내는 예를 유머의 사용에서 찾을 수 있다. 학습자들의 국적이나 문화를 불문하고 어떤 주제들은 유머의 대상으로 삼아서는 안된다. 그러나 강좌에 유머를 적절하게 끼워넣을 수는 있다. 그러나 다문화적, 다국적 시청자들에게 정보를 제공한다면 한 문화권에서는 우습다고 생각되는 것이 다른 문화권에서는 그렇지 않을 수도 있다는 것을 명심해야 한다. 유머는 관용적인 표현이지만, 때로는 유머로 간주될 수도 있고 아니면 사회적, 문화적 규범에 근거를 두지 않은 것으로 간주될 수도 있다. 언어의 뉘앙스에도 유의해야 하는데 특히 단어의 심층적, 표피적 의미와 유머의 사용에서 그러하다. 번역을 할 때에는 언어의 뉘앙스를 점검해서 각 단어와 구절이 적절하게 의역되었는지 확인해야 한다.

정보 설계

그래픽 설계, 색상, 음악, 특수효과의 사용은 효과와 적절성이란 측면에서 문화와 나라마다 다르다. 예를 들면 학습자의 배경에 따라 어떤 색깔들은 다른 심층적 의미를 가질 수 있다. 예를 들어, 미국에서 돈을 다루는 직업을 가진 학습자들은 재무상태에 관한 그래픽에 빨간색이 사용된 것을 보면 놀랄 것이다. 왜냐하면 그들은 그들의 재무 상태가 '적자'이기를 원치 않기 때문이다. 마찬가지로 재무상태를 나타내는 도표에 녹색을 사용하면 성장, 번영, 돈을 의미한다. 다른 나라에서는 색깔이 상징하는 것이 미국이나 서방 국가와 같지 않을 것이다.

상징의 사용 또한 중요하다. 어떤 상징은 다른 문화에서는 사용할 수 없는 경우도 있으며 또한 의도했던 것과는 다른 의미를 띨 수도 있다. 예를 들어, '홈(home)' 버튼이나 아이콘의 상징이 기울어진 지붕, 굴뚝, 그리고 창이 달린 앞문이 있는 건물처럼 생겼을 경우 어떤 문화에서는 그것을 쉽게 이해한다. 그러나 다른 문화에서는 이 건물이 학습자들에게 익숙한 집 모양을 닮지 않았을지도 모른다. 어떤 학습자에게 집이란 단어가 다른 함축적인 의미를 가질 수 있듯이, 출발점, 혹은 출발장소로 돌아간다는 '집으로 돌아감(going home)'이란 개념 역시 다른 의미를 갖고 있을 수 있다.

또한 대중문화 아이콘들도 같은 의미를 가지고 있지 않다. 세서미 스트리트(Sesame Street)가 빅 버드(Big Bird)를 국제적으로 알려진 캐릭터로 만들어놓았지만, 주로 미국에 근거를 둔 바니(Barney)는 북미, 혹은 미국 이외의 곳에서는 잘 알려져 있지 않다. 대중적 인기가 있는 것을 지칭하는 것이 효과적인 교육/훈련의 도구가 될 수 있지만 모든 사람이 그것을 이해하는지 확인해야 한다.

개인과 기업의 기대 및 경험

문화적 차이는 사업이나 교육에 있어서 정상적인 것이란 무엇인가에 대한 평상시의 기준을 반영한다. 팩스와 컴퓨터를 갖춘 홈 오피스는 어떤 문화의 학습자들에게는 보편적인 것일 수 있지만 다른 학습자들은 공공/사업용 컴퓨터에 대한 경험도 거의 없을 뿐 아니라 사무실을 갖춘 집에서 일한다는 개념을 잘 이해하지 못할 수도 있다. 교육자는 학습자가 전자우편주소를 가지고 있다는 것을 당연하게 여길지도 모르지만 어떤 학습자들에게는 이것이 매우 어려운 일일 수 있다.

사업상 지켜야 할 예절은 문화적 차이가 극명히 드러나는 또 하나의 분야이다. 남자와 여자의 역할, 그룹이나 개인으로 일할 때 지켜야 할 규범들, 기업에서 개인의 역할, 회사에 대한 충성도, 회의의 의전 등은 회사, 문화, 국가마다 매우 다르다.

이러한 고려사항은 어떤 강좌를 계획하더라도 중요한 것이지만 국제 원격학습 강좌 교재를 효과적으로 만드는 데 특히 중요하다. 이외에도 신중하게 만든 정보를 제시할 때 직면할 수 있는 실질적인 어려움들을 예측하고 있어야 한다.

매일의 강좌 운영에서 실질적으로 고려해야 할 사항

다양한 시간대와 심지어는 날짜 변경선으로 구분되는 여러 지역에 걸쳐 있는 학습자들과 작업을 한다는 사실이 사용할 원격학습 테크놀로지의 형태를 결정한다. 예를 들어, 교육자/훈련자나 학습자가 언제든지 접근할 수 있는 테크놀로지가 필요할 것이다(예를 들면 전자우편, 전자게시판, 웹 사이트). 개인이나 그룹으로 원격회의 또는 데스크탑 화상회의를 할 계획이라면 편리한 시간과 장소를 정해야 하는데 이것은 매우 어려운 일이다.

원격학습 강좌를 제공하는 나라에서 중요한 의미가 있는 날짜를 알고 있어야 한다. 법적, 종교적, 문화적으로 중요한 날짜를 적어놓아야 과제물, 강좌, 원격회의 등을 시작하는 날짜와 끝내는 날짜를 계획할 수 있다. 교육자는 언제 자료를 주고받을 수 있는지, 특별한 날에 대비하여 학습자들이 어떤 사회적,

사무적, 가족적 책임을 지고 있는지 효과적으로 판단할 수 있다. 또한 어느 날짜가 왜 중요한지 이해함으로써 한 나라나 문화에 대하여 많은 것을 배울 수 있다.

그 지역에서 사용할 수 있는 테크놀로지가 어떤 것인지 아는 것도 중요하다. 어떤 학습자들은 컴퓨터에 거의 접근할 수 없거나 전혀 못할 수도 있다. 다른 학습자들에게는 국제 우편을 빨리, 경제적으로 주고받는 것이 어려운 일일 수도 있다. 또다른 학습자들은 그 지역에서 사용하는 장비나 방송 표준에 맞추기 위해 특정한 형식으로 만든 비디오를 필요로 할지도 모른다. 많은 전자 테크놀로지가 이론적으로는 전세계에 다 퍼져 있다고는 하나 매일매일의 현실에서 한 강좌를 준비하고 커뮤니케이션 네트워크를 확립하는 것은 여전히 어려운 일이다.

7. 개방대학

국경을 초월하는 원격학습은 여러 가지 문제를 야기하지만 전망은 매우 밝다. 많은 대학들이 국제적인 자원을 이용하여 국제경영학과 같은 강좌를 제공하지만, 많은 나라에 설립되어 있는 개방대학들은 특히 학자들 사이의 협력을 증진시키는 데 앞장서고 있다. 일부 개방대학들은 주로 자국 내의 학습자들에게 강좌를 제공하지만 다른 교육기관은 실제로 전세계의 모든 학습자들에게 가상의 문을 열어놓고 있다.

어떤 교육기관들은 교육과정을 만들고 강좌를 제공하기 위해 국제적인 제휴관계와 국제적인 컨소시엄을 장려한다. 다음의 기관들은 국제 원격학습이 어떻게 여러 가지 방식으로 운영되고 있는지를 보여주는 예들이다.

• 국제 강좌, 컨퍼런스, 정책에 관한 정보를 제공하는 또다른 흥미있는 사이트는 국제경영교육 연구소(CIBER; Center for International Business Education and Research)이다. 이 연구소는 조지아 공과 대학(Georgia Institute of Technology)에 있으며 그 주소는 http://www.ciber.gatech.edu/ciber.html이다.

- 풀브라이트 장학금과 프로그램에 대한 정보는 국제학자교류 위원회(CIES; Council for International Exchange of Scholars, http://www.iie.org/cies/)에서 찾을 수 있다.

- 유치원부터 고등학교까지의 교육자들을 위한 미국 내의 그리고 국제적인 서비스와 자원은 http://kalama.doe.hawaii.edu/upena/Pilot/training/niiaward.html에서 찾아볼 수 있다. 거기에 기술된 원격학습 프로그램들은 하와이 어린이들을 위한 '전지구적 학교'를 만들기 위해 고안된 것이지만 그 내용과 사이트 목록은 모든 교육자들에게 도움이 될 수 있다.

- 특수교육에 대한 전세계의 자원 및 이슈는 특수교육 원격학습 자원((Revised Introduction to) Special Education Distance Education Resources)의 사이트(http://141.218.70.183/SPEDdisteditems/speddistedintro.html)에 수록되어 있다. 이 자원 목록은 개방대학의 국제원격학습센터(The Open University's International Center for Distance Learning)에서 제공하는 깃이다. 이 자원들은 진세계에 길쳐 지리적으로 구분되어 있고 각 나라마다 기관별로 수록되어 있다.

- 에서베스카대학(Athabasca University)은 국제 원격학습 프로그램의 온라인 목록을 http://ccism.pc.athabascau.ca/html/ccism/deresrce/institut.htm에 게재하고 있다.

이런 웹 사이트에서는 국제 원격학습 강좌와 프로그램 개발에 관한 지식과 현재 수강 가능한 국제 프로그램의 숫자와 형태에 관한 정보를 제공하고 있다. 가능한 한 많이 점검해보고 더 최근의 강좌, 프로그램, 사이트를 인터넷에서 계속 찾아보아야 한다.

국제적으로 강좌를 제공할 계획이라면 다른 기관들이 다국적, 다문화적 프로그램들을 어떤 방식으로 운영하고 있는지 알기 위해 우편주소목록과 웹 사이트들을 점검해보아야 할 것이다. 국제 원격학습에 대한 탐색을 어떻게 시작할 것인지 부록7을 참조한다.

8. 관리 차원의 문제들

　교육행정에 관한 문제에는 국제적으로 원격학습 프로그램을 공급하고, 학습자들을 등록시키고 수강료를 받고, 학점 취득을 위해 강의를 듣는 사람이 실제로 그 강좌를 다 마쳤는지 확인하고, 그리고 학점 인정 또는 학력 인정에 관한 국제적/국가적 기준을 충족시키는 것이 포함된다. 매일 전세계의 시청자들을 상대하는 데 드는 비용은 일상적인 행정업무에서 산출되어야 하는데, 거기에는 원격학습 프로그램의 예산기획, 원격학습 사업에서 뒤처지지 않기 위한 테크놀로지의 형태를 결정하는 것 등이 기본적으로 포함된다.

　국제적으로 강좌를 제공할 계획이라면 마케팅 계획과 그 일부인 개별적 광고 전략을 여러 언어로 작성해야 할지도 모른다. 어떤 형태의 광고, 예를 들어, 라디오나 TV를 통한 광고는 전체적으로 보면 비싸고 덜 효과적이라고 생각할 수 있다. 인쇄매체를 강조하거나, 인터넷과 웹이 교육기관이나 회사, 제공하는 강좌에 대해 알리는 최선의 방법이라고 결정할지도 모른다. 국제 원격학습 회의, 컨퍼런스, 세미나에 참가하는 것은 동료들과 정보를 교환하고 프로그램에 관심을 불러일으킬 수 있는 수단이 된다.

　이런 방향으로 마케팅과 광고 활동을 확대할 계획이라면 교육과 국제 판매에 정통한 전문 광고 회사나 마케팅 회사의 도움을 받아야 한다. 그런 전문가들은 잠재 학습자들이 필요로 하는 것, 제품(원격학습 강좌)을 위해 한 나라나 지역에 적용할 최상의 마케팅 전략, 그리고 다른 나라에서 마케팅과 광고를 하는 데 따른 법적, 실무적 문제들에 관해 조언을 해줄 것이다.

　고려해야 할 또다른 실질적 문제 중에는 학습자 등록에 관한 것이 있다. 학점 이수가 필요없거나 무료인 강좌를 제공한다면, 그리고 자료를 전화, 팩스, 또는 우편으로 주고받을 필요가 없으면 그 강좌를 듣는 사람의 수에 대해 그리 개의치 않아도 될 것이다. 그러나 학위나 학력 인정서로 연결되는 학점 인정 강좌를 제공할 계획이라면 제공하는 학점의 양과 종류를 고려해야 하며, 또 그 학점, 학위증, 학위, 학위 인정서, 또는 다른 수상 기록 등이 다른 나라에서도 그대로 통용될 수 있는지 고려해야 한다. 상을 주는 교육적 기준, 학위의 종류, 그리고 학력 인정을 받기 위한 요건 등은 나라마다 매우 다를 수 있다. 그러므로 국경에 상관없이 이해되고 받아들여지는 학점 인정 강좌를 제공하기 위하여 제2 또는 제3국의 교육기관이나 회사와 협력하여 일할 필요가 있을 것이다.

강좌나 교재 대금으로 해외에서 오는 돈을 받는다면 환율을 결정하고, 교재를 해외로 보내는 데 드는 추가 비용, 그리고 돈을 해외로부터 받는 데 드는 추가 비용을 계산하는 절차가 있어야 한다. 언어가 다른 사람들과 직접 대화를 하게 된다면 정보나 자료를 번역해서 제공해야 한다.

교재를 판매할 계획이거나 강사들이 학습자들로 하여금 전자우편, 전자게시판, 그리고 웹 사이트 이외의 방법으로 정보를 받게 할 경우, 우편이나 음성우편, 또는 팩스를 사용하여 정보를 보내는 데 드는 시간과 비용을 결정해야 한다. 어떤 정보는 한 가지 언어나 한 가지 형식 이상으로 사용할 수 있게 해야 한다. 예를 들어, 비디오 테이프의 형식은 나라에 따라 다르다. 유럽의 비디오에서 사용되는 포맷(PAL)은 북미의 비디오 포맷(NTSC)과 다르다. 교재를 몇 가지 형식 또는 언어로 만드는 것이 적절한지 결정해야 하며, 그리고 나서 학습자들에게 그들이 필요로 하는 교재가 있다는 것을 알려야 한다. 과세 대상인 교재를 팔 때에는 교재, 기관, 그리고 국제 무역에 어떤 세법이 적용되는지 알고 있어야 한다.

요약

원격학습 특히 국제 원격학습은 전문인들에게 협력의 기회를 더 많이 제공한다. 국제 시청자들을 위한 원격학습 강좌를 만든다면 강좌를 제공하려고 하는 나라(또는 나라들)에 있는 비슷한 기관의 파트너를 찾아야 할지도 모른다. 이것은 연구 중심 강좌 또는 학위 관련 강좌에 있어서 특히 중요하다. 강좌를 개설하고, 다른 나라의 법적 혹은 직업적 기준을 충족시키고, 그리고 다른 문화에서 어떤 정보와 형식이 적절한 것인지 아는 데 도움을 받게 될 뿐 아니라 자신의 교육 개발을 위한 전지구적 네트워크를 확립하게 된다. 회사가 강좌를 확대할 계획이라면 국제무역과 관련된 법적, 사회적, 정치적 문제들에 관해 도움을 줄 컨설턴트들을 고용하는 것이 좋을 것이며 그렇지 않으면 회사의 법률 담당 부서와 긴밀하게 작업을 해야 한다.

한 지역이나 나라에서 교육기관이나 회사를 위해 원격학습 테크놀로지가 새로운 시장을 열었던 것처럼, 테크놀로지의 발전으로 예전에는 기대할 수 없었던 국제시장에 진출할 수 있게 되었다. 그러나 인터넷과 웹을 사용할 수 있는 학습자들이 많아지고 국제적으로 제공되는 교육과 훈련에 대한 인식이 확산됨에 따라 오히려 국제적인 경쟁은 더이상 의미가 없어진다. 이에 대한 대처방안으로 원격학습의 틈새시장을 확보해야 한다. 그리고 프로그램이 반드시 국제적인 범위로 제공되어야 할 것인지를 결정해야 한다. 혹은 대신에, 인근 지역과 국내에서만 제공되는 강좌에 국제적인 항목들에 대한 정보를 추가적으로 싣고 전문가와 각국 학습자들의 관심을 유발할 수도 있다. 그러나 이런 강좌는 매우 제한적인 범위의 국제 시장에 한정될 것이다. 국제적인 시장을 고려할 때 각 원격학습 강좌의 효과를 극대화하고 잠재적인 특정 국제시장을 목표로 하려면 어떠한 분야를 염두에 두어야 하는지를 우선적으로 결정해야 한다.

참고문헌

교육, 훈련, 컴퓨터공학, 원거리 통신 관련 데이터베이스를 검색해보면 원격학습이나 원격교육의 단면을 보여주는 수천 개의 문서들을 발견하게 된다. 다음 목록에 포함된 문서들의 품질이 모두 훌륭한 것은 아니지만 원격학습 응용분야를 추가적으로 연구하는 데에 출발점을 제공하려는 취지에서 수록하였다. 각각의 문서들은 교육, 상업, 대중매체와 관련된 다양한 잡지나 저널로부터 발췌되었으며 교육과 훈련 분야의 주제영역과 원격학습의 유형에 관한 자료들의 다양성을 보여준다. 원격학습에 관한 학술지들(예: The International Journal of Distance Education 또는 The American Journal of Distance Education) 이외에도 참고가 될 것이다.

Ahuja, Sudhir R., H. FredHaisch, and Ram S. Ramamurthy. 1995, "Multimedia Collaboration," *AT&T Technical Journal*(September/October): 46-53.

Anderson, Erik T. 1996, "Distance Education Classroom Design: Some 'Rules of Thumb,'" *The Agricultural Education Magazine*(May): 17-18.

Armstrong, Sue. 1996, "Farming for Distance Degrees," *New Scientist*(May 25): 14-15.

Ashworth, Kenneth H. 1996, "Virtual Universities Could Produce Only Virtual Learning," *The Chronicle of Higher Education*(September 6): A88.

Baird, Marcia. 1995, "Training Distance Education Instructors: Strategies that Work," *Adult Learning*(September/October): 24-26.

Berleant, Daniel, and Byron Liu. 1995, "Robert's Rules of Order for E-mail Meetings," *Computer*(November): 84-85.

Bernice, Rachel. 1996, "Distance Education: Beyond Correspondence," *Canadian Social Trends*(Spring): 21-23.

Blumhardt, John H. and Larry R. Cross. 1996, "Making the Jump(s) into Cyberspace: A Discussion on Distance Learning Paradigm Shifts Required for the 21st Century," *Education at a Distance*(January): 13-21.

Bozik, Mary. 1996, "Student Perceptions of a Two-Way Interactive Video Class," *T.H.E. Journal*(September): 99-100.

Bruce, Mary Alice and Richard A. Shade. 1995, "Effective Teaching and Learning Strategies Using Compressed Video," *TechTrends*(September): 18-22.

Bucher, Katherine. 1996, "How Are Television Networks Involved in Distance Learning?" *Technology Connection*(February): 14-15, 17.

Cantelon, John E. 1995, "The Evolution and Advantages of Distance Education," *New Directions for Adult and Continuing Education*(Fall): 3-10.

Care, William Dean. 1996, "The Transactional Approach to Distance Education," *Adult Learning*(July): 11-12.

Carter, Alex. 1996, "Essential Questions on Interactive Distance Education: An Administrator's Guide," *International Journal of Instructional Media* 23(2): 123-29.

Carter, Vicki. 1996, "Do Media Influence Learning? Revisiting the Debate in the Context of Distance Education," *Open Learning*(February): 31-40.

Chance, Edward W. 1996, "Electronic Field Trips: Using Technology to Enhance Classroom Instruction," *Rural Educator*(Spring): 11-13.

Chaptal, Alain, and Eric Briantais. 1995, "Some Thoughts on Digital Television and Interactivity," *Educational Media International*(December): 219-23.

Chute, Alan G. and Linda S. Shatzer. 1995, "Designing for International Teletraining," *Adult Learning*(September/October): 20-21.

Cohen, Andy. 1996, "Long-distance Learning," *Sales & Marketing Management*(June): 55-56.

Comeaux, Patricia. 1995, "The Impact of an Interactive Distance Learning Network on Classroom Education," *Communication Education*(October): 353-61.

Comerford, Richard. 1996, "Interactive Media: An Internet Reality," *IEEE Spectrum*(April): 29-32.

Cookson, Peter S. 1995, "Audioconferencing: Instructor and Participant Responses to

Critical Conditions," *TechTrends*(September): 23-25.

Dalziel, Christine. 1995, "Fair Use Guidelines for distance education," *TechTrends* (October): 6-8.

Dede, Chris. 1996, "Emerging Technologies in Distance Education for Business," *Journal of Education for Business*(March): 197-204.

Durham, Tony. 1996, "Invisible Borders around the Elite: Global Scramble to Develop and Control Forms of Distance Learning," *The Times Higher Education Supplement*(September 13): 33.

Eddy, John Paul. 1996, "Internet, Computer, Distance Education, and People Failure: Research on Technology," *Education*(Spring): 391-92+.

Edwards, Richard. 1996, "Troubled Times? Personal Identity, Distance Education and open Learning," *Open Learning*(February): 3-11.

Elsberry, Jeffrey and Charles Lindsey. 1996, "Science and Math Curricula in the Twenty-first Century," *Journal of College Science Teaching*(March/April): 346-51.

Ember, Lois. 1996, "Learning Chemistry at a Distance: The South African Experience," *Chemical & Engineering News*(April 8): 45-48.

Evans, Arnold. 1996, "In a Virtual Class All of Its own," *Times Educational Supplement* (June 28): SS17A.

Fetterman, David M. 1996, "Videoconferencing On-line: Enhancing Communication over the Internet," *Educational Researcher*(May): 23-27.

Flusfeder, Helena. 1996, "Each according to Need: Development of Distance Learning at the Open University in Israel," *The Times Higher Education Supplement*(September 13): 36.

Fleddolino, Paul P. 1996, "The Importance of Relationships for a Quality Learning Environment in Interactive TV Classrooms," *Journal of Education for Business*(March): 205-08.

Garbreath, Jeremy. 1995, "Compressed Digital Videoconferencing: An Overview," *Educational Technology*(January/February): 31-38.

-------. 1996, "Interactive Television: The State of the Industry," *Educational Technology* (March/April): 24-35.

Garland, Virginia E., and Ann L. Loranger. 1995-96, "The Medium and the Message: INteractive Television and Distance Education Programs for Adult Learners," *Journal of Educational Technology Systems* 24(3): 249-57.

Geidt, Jonathan. 1996, "Distance Education into Group Areas Won't Go?" *Open Learning*(February): 12-21.

Gearge, Rigmor. 1995, "Open and Distance Education as Social Practice," *Distance Education* 16(1): 24-42.

Gilbert, Larry. 1995, "Computer-based Audiographics for Distance Education: An Inexpensive, Interactive and High-quality Alternative," *Educational Media International*(March): 32-35.

Granger, Daniel, and Meg Benke. 1995, "Supporting Students at a Distance," *Adult Learning*(September/October): 22-23.

Ham, Rodney. 1995, "Distance Education," *The Technology Teacher*(March): 43+.

Havice, Pamela A., and Michelle H. Knowles. 1995, "Two-way Interactive Video: Maximizing Distance Learning," *The Journal of Continuing Education in Nursing* (January/February): 28-30.

Heidenreiter, Terrence J. 1995, "Using Videoteleconferencing for Continuing Education and Staff Development Programs," *The Journal of Continuing Education in Nursing*(May/June): 135-38.

Hopkins, Annis H. 1996, "Women's Studies on Television? It's Time for Distance Learning," *NWSA Journal*(Summer): 91-106.

Itzel, W. John. 1996, "Distance Learning through Wide Area Networking," *Media & Methods*(March/April): 6.

James, Waynne Blue, and Daniel L. Gardner. 1995, "Learning Styles: Implications for Distance Learning," *New Directions for Adult and Continuing Education*(Fall): 19-31.

Johnstone, Sally M., and Barbara Krauth. 1996, "Balancing Equity and Access: Some Principles of Good Practice for the Virtual University," *Change*(March/April): 38-41.

Jordahl, Gregory. 1995, "Bringing Schools Closer with 'Distance' Learning," *Technology & Learning*(January): 16-19.

Kearsley, Greg. 1996, "Structural Issues in Distance Education," *Journal of Education for Business*(March): 191-95.

Kinnaman, Daniel E. 1995, "The Future of Distance Education," *Technology & Learning* (January): 58.

------. 1996, "A Year for Debates," *Technology & Learning*(May/June): 94

Krasilovsky, Peter: 1995. "What's New in Desktop Videoconferencing?" *Electronic Learning* (April): 16

Laney, James D. 1996, "Going the Distance: Effective Instruction Using Distance Learning Technology," *Educational Technology*(March/April): 51-54.

Lawrence, Betty Hurley. 1995-96, "Teaching and Learning via Videoconference: The Benefits of Cooperative Learning," *Journal of Educational Technology Systems* 24(2): 145-49.

LePage, Denis. 1996, "Distance Learning Complements a Pre-service Mathematics Education Model," *T.H.E. Journal*(August): 65-67.

Lewis, Ted. 1995, "Living in Real Time, Side B(Where Will the Brain Power Come

From?)" Computer(October): 8-10.

Litman, Marln Kemper: 1995, "Videoconference as a Communications Enhancement," *The Journal of Academic Librarianship*(September):359-64.

Lowery, Bennie R, and Felicie M. Barnes. 1996, "Partnering to Establish a Distance Learning Program That Is Responsive to Needs," *T.H.E. Journal*(February): 91-95.

Lucas, Allison. 1996, "A Virtual Business Degree," *Sale & Marketing Management*(March): 14.

Martin, Barbara, and William J. Bramble. 1996, "Designing Effective Video Teletraining Instruction: The Florida Teletraining Project," *Educational Technology Research and Development* 44(1): 85-99.

Martinez, Reynaldo, Jr, and Bill Sweger. 1996, "Plugged In," *Vocational Education Journal* (March): 30-31.

Marther, Mary Anne, 1996. "Cutting-edge Connectivity: ISDN and Beyond," *Technology & learning*(May/June): 28-30+.

------. 1996, "Resources for Learning at a Distance," *Technology & Learning*(May/June): 29.

Maxwell, Leigh. 1995, "Integrating Open Learning and Distance Education," *Educational Technology*(November/December): 43-48.

May, Susan. 1996, "Distance Learning: Its Impact on Women," *The Delta Kappa Gamma Bulletin*(Winter): 39-44.

McDevitt, Margaret A. 1996, "A Virtual View: Classroom Observations at a Distance," *Journal of Teacher Education*(May/June): 191-95.

McMahon, Teresa, and Walter Gantz. 1995, "Interactive Technology and Inter-university Team Teaching," *Journalism and Mass Communication Educator*(Summer): 62.

Moller, Leslie, and Darryl Draper. 1996, "Examining the Viability of Distance Education as an Instructional Approach," *Journal of Continuing Higher Education*(Winter): 12-21.

Murphy, Tim. 1996, "Agricultural Education and Distance Education: The Time Is Now," *The Agricultural Education Magazine*(May): 3+.

Musial, Gloria G. and Wanita Kampmueller. 1996, "Two-way Video Distance Education: Ten Misconceptions about Teaching and Learning via Interactive Television," *Action in Teacher Education*(Winter): 28-36.

Nichols, Elizabeth G. and Janice E. Beeken. 1994, "Teaching on Compressed Video: Helpful Hints," *Nurse Educator*(May/June): 7-8.

Ohzu, Hitoshi. 1996, "Behind the Scenes of Virtual Reality: Vision and Motion," *Proceedings of the IEEE*(May): 782-98.

Opitz, Margaret. 1996, "What's New in Interactive Distance Learning: Implications for the Classroom Teacher," *The Clearing House*(July/August): 325-26.

Pucel, Joanna. 1995, "Interactive Two-way Television: A New Frontier for Higher Education," *The Delta Kappa Gamma Bulletin*(Spring): 49-54.

Rees, Fred J. and Dennis A. Downs. 1995, "Interactive Television and Distance Learning," *Music Educators Journal*(September): 21-25.

Rose, Ellen Cronan. 1996, "This Class Meets in Cyberspace': Women's Studies via Distance Education," *Feminist Teacher*(Fall): 53-60.

Russell, Anne L. 1995, "Stages in Learning New Technology: Naive Adult Email Users, " *Computers & Education*(December): 173-78.

Russell, Thomas L. 1995, "What is Your Faculty-recruiting Attraction/Retention Quotient?" *TechTrends*(October): 31-33.

Salomon, Kenneth D. 1995, "A Primer on Distance Learning and Intellectual Property Issues," *West's Education Law Reporter*(March 9): 305-13.

Salvador, Roberta. 1996, "Visions Athena' connects Indiana Schools," *Electronic Learning*(March): 9.

Sanchez, Raynette. 1996, "Star Schools: A Constellation of Distance Learning Resources," *Principal*(September): 46-47.

Schrum, Lynne. 1996, "Teaching at a Distance: Strategies for Successful Planning and Development," *Learning & Leading with Technology*(March): 30-32.

Schwartz, Rachel A. 1995, "The Virtual University," *ASEE Prism*(December): 22-26.

Shapard, Rob. 1996, "Information Superhighways: Cities and Counties Get Plugged In," *American City & Country*(February): 20+.

Shields, Jean. 1995, "Connecting Classrooms with Today's Technologies," *Technology & Learning*(February): 38-40+.

Silva, Pamela Urdal and Mary Elaine Meagher and Marlin Valenzuela. 1996, "E-mail: Real-life Classroom Experiences with Foreign Languages," *Learning and Leading with Technology*(February): 10-12.

Simonson, Michael. 1995, "Does Anyone Really Want to Learn, at a Distance?" *TechTrends*(October): 12.

Smith, Constance Ridley. 1996, "Talking the Distance Out of Distance Learning," *Training & Development*(May): 646-47.

Smith, Richard C. and Edwin F. Taylor. 1995, "Teaching Physics On Line," *American Journal of Physics*(December): 1909-96.

Sopova, Jasmina. 1996, "Distance Education in the High-Tech Era," *UNESCO Courier* (April): 27-28.

Stewart, Robert D. 1995, "Distance Learning Technology," *New Directions for Adult and Continuing Education*(Fall): 11-18.

Thach, Liz. 1995, "Instructional Design and Adaptation Issues in Distance Learning via Satellite," *International Journal of Instructional Media* 22(2): 93-110.

Thomson, W. Scott, and Parmalee P Hawk. 1996, "Project DIST-ED: Teleconferencing as a Means of Supporting and Assisting Beginning Teachers," *Action in Teacher Education*(Winter): 9-17.

Thornburg, David D. 1994, "Why Wait for Bandwidth?" *Electronic Learning*(November/December): 20-21+,

Touchstone, Alison J. L. 1994, "A Technological Solution in Search of an Instructional Problem," *The Agricultural Education Magazine*(May): 4-5+.

Twigg, Carol A. 1996, "Is Technology a Silver Bullet?" *Educom Review*(March-April): 28-29.

Van Horn, Royal. 1996, "Sorting It Out: Distance Learning, Video Conferencing, and Desktop Video Conferencing," *Phi Delta Kappan*(May): 646-47.

Verrecchia, Felice Philip. 1995, "Distance Learning & Teleconferencing Fever," *Medial & Methods*(March/April): 26.

Wagner, Ellen D., and Barbara L. McCombs. 1995, "Learning Centered Psychological Principles in Practice: Designs for Distance Education," *Educational Technology* (March/April): 32-35.

------. 1995, "Distance Education Success Factors," *Adult Learning*(September/October): 18-19+.

Wang, Shousan. 1994, "Basic Considerations of Distance Education Programs," *International Journal of Instructional Medial* 21(1): 53-60.

Wang, Shousa, and Lawrence Buck. 1996, "A Practical Setting of Distance Learning Classroom," *International Journal of Instructional Media* 23(1): 11-22.

Weaver, Sherrill. 1995, "Distance Learning Resources for Distance Educators," *New Directions for Adult and Continuing Education*(Fall): 71-77.

Whitaker, George W. 1995, "First-hand Observations on Tele-course Teaching," *T.H.E. Journal*(August): 65-68.

Wood, Joan B., and Iris A. Parham. 1996, "Distance Learning: Videoconferences as Vehicles for Faculty Development in Gerontology/Geriatrics," *Educational Gerontology* (January-February): 105-15.

Yager, Robert E., John A. Dunkhase and John W. Tillotson. 1995, "Science-technology Reform via Distance Education Technology," *TechTrends*(October): 19-22.

원격학습 뉴스그룹 및 우편주소목록

뉴스그룹을 이용하면 원격학습 관련 정보를 공유하고 의문점에 대해 질문하거나 새로운 자료에 대해서 배울 수 있다.

우편주소목록을 통해 기사를 게재하려면 우편관리 프로그램(listserv)의 전자우편 주소를 알아야 한다.

대부분의 브라우저에 있는 뉴스그룹 메뉴를 이용하면 메시지를 읽어볼 수 있으며 뉴스그룹에 가입할 수도 있다.

Newsgroups

alt.education.alternative
alt.education.distance
alt.education.email-project
alt.education.research
alt.literacy.adult
misc.education
misc.education.adult

Mailing Lists

Adult Education Network	listserv@alpha.acast.nova.edu
Adult Education and Literacy Test	listserv@cunyvm.bitnet or Literature listserv@cunyrm.cuny.edu
Alternative Approaches to Learning Discussion	listserv@sjuvm.bitnet or listserv@sjuvm.stjohns. edu
American Association for Collegiate Independent Study	listserv@ecnuxa.bitnet or listserv@bgu.edu
Audiographics in Distance Education	listserv@cln.etc.bc.ca
Canadian Adult Education Network	listserv@uregian1.bitnet or listserv@uregian1.uregina.ca
Canadian Association for University Coutinuing Education	listserv@uregian1.bitnet or listserv@max.cc.uregian.ca
Discussion Group for Vocational Education	listserv@ucbcmsa.bitnet or listserv@csma.berkeley.edu
Distance Education Evaluation Group	listserv@unlvm.un1.edu or listserv@unlvm.bitnet
Education Net	listserv@nic.umass.edu
Education Policy Analysis	listserv@asuacad.bitnet or listserv@asuvm.inre.asu.e
Forum for Teaching and Learning in Higher Education	listserv@unbvm1.bitnet or listserv@unbvm1.csd.unb.ca
Higher Education in Latin America	listserv@bruspvm.bitnet
International Discussion Forum for Distance Learning	listserv@psuvm.bitnet or listserv@psuvm.psu.edu
International Computing and Technology	listserv@guvm.bitnet or listserv@guvm.ccf.georgetown.edu
Latin American and Caribbean Distance and Continuing Education	listserv@yorkvm1.bitnet or listserv@vm1.yorku.ca
Learning Styles Theory and Research List	listserv@sjuvm.bitnet or listserv@sjuvm.stjohns.edu
New Patterns in Education List	listserv@uhccvm.uhcc.hawaii.ed
National Literacy Advocacy List	majurdomo@world.std.com

Research SIG of the Open and Distance
Learning Association of Australia

listserv@usq.edu.au

Teaching Effectiveness

listserv@wcu.bitnet or
listserv@wcupa.edu

후원 및 후원 기회에 관한 온라인 자료

웹을 이용하다 보면 아래의 항목들과 같은 온라인 문서, 데이터베이스 그리고 웹 페이지들로 연결되는 링크들을 접하게 되는데, 대부분이 현재 진행중인 후원, 신청공고, 후원절차의 변경, 지원서, 지원이 결정된 후원, 후원자료들을 제공하는 연방기관에 관한 것들이다. 아래 열거된 링크들은 후원과 후원 기회에 관한 자료들을 제공하는 연방정부와 비영리 기관들에 관해 웹에 게재된 자료들을 찾아볼 수 있는 출발점을 제공할 것이다. 그런데, 웹 페이지의 디자인과 사이트의 위치 및 유효성은 자주 바뀌며, 여기의 링크들은 이 책이 출판된 (미국출판년도: 1997) 시점을 기준으로 한다(** 또한, 책이 번역된 시점을 기준으로 하여 이미 삭제된 사이트나 무효한 사이트에 대한 정보는 수록하지 않았으며 일부 해당 항목을 추가하였으나 추가된 항목에 대해 일일이 표기하지 않았다). 많은 기관들이 배포하는 자료들 중에는 웹에서 찾아볼 수 없는 것들도 있으며, 웹 사이트를 운영하지 않는 후원자들도 있다. 따라서 인쇄 매체들을 통해서도 후원목록과 연방기관의 문서와 같은 후원 관련 정보들을 찾아보아야 한다.

Adult Distance Education Internet Surf Shack, list of resources	http://edsurfnet.hypermart.net/edshack/
Alberta Learning Resources Distributing Centre	http://www.lrdc.edc.gov.ab.ca/wsnsa.dll/default.html
Apple Computer Corporate Giving Program	http://www.apple.com or http://www.apple.com/education/
AT&T(grantor for educational programs)	http://www.att.com/foundation/ or http://www.att.com
California Distance Learning Project, resources list	http://www.otan.dni.us/cdlp/cdlp3/cdlpadultlist.html
Coca-Cola Co.(grantor for educational programs)	http://www.thecocacolacompany.com/foundation/index.html
Commonwealth of Learning	http://www.col.org
Compaq(grantor for educational programs)	http://www1.compaq.com/corporate/detail/0,1522,wp~11302_2,00.html
Distance Learning Funding Sourcebook Edith Cowan University	http://www.technogrants.com http://www.cowan.edu.au/ecuwis/docs/foundation/remote.html
Education World(guide to online resources, including grant information)	http://www.education-world.com/ http://db.education-world.com/perl/browse?cat_id=20
Far West Laboratory for Educational Research and Development	http://www.wested.org/tie/dlrn/
Federal Register	http://gcs.ed.gov/fedreg.htm
Federal Register Database	http://www.access.gpo.gov/su_docs/aces/aces140.html
Vose School Education Resources (site created by Beaverton Schools, Oregon)	http://www.beavton.k12.or.us/vose/resources/starter.html
GrantsNet	http://www.os.dhhs.gov/progorg/grantsnet/index.html
IBM Corporation Contribution Program	http://www.ibm.com/ibm/ibmgives/
Microsoft Online Training	http://www.smartforce.com/corp/marketing/default.htm
National Institutes of Health, currently funded grants	http://grants.nih.gov/grants/

Online Distance Learning, University of Twente	http://www.to.utwente.nl/prj/copernic/homepage.htm
Rio Salado College	http://www.rio.maricopa.edu
Seattle Central Community College	http://seaccd.sccd.ctc.edu/
U.S.Department of Education	http://www.ed.gov
U.S.Department of Education's Grants and Contracts Information site	http://gcs.ed.gov
University of Wisconsin, list of resources	http://www.uwex.edu/disted/

원격학습 관련 전자잡지(E-zine)

이곳에 열거된 온라인 출판물들 이외에도 원격학습을 다루는 것들이 있지만, 우선 온라인을 통해 원격학습에 대한 연구를 시작하는 데에 도움이 될 것이다. 부록1에 열거된 인쇄 형태의 문서들 외에 추가적으로 읽어볼 수 있는 것들로서 대부분의 학술지들이 열거되어 있다. 아래의 전자잡지들을 구독하려면 우편관리 프로그램(listserv)의 전자우편 주소로 연락을 취해야 한다.(수신처가 전자우편주소로 되어 있다면 전자우편을 보내서 listserver에 신청해야 한다. 신청하려면 메일 제목란에 아래와 같이 적은 다음 전송한다.

SUBSCRIBE <listname> <신청자의 이름>

(** listname에는 사이트에 대한 설명의 마지막 부분에 있는 괄호 속의 약자를 적으면 된다.)

American Center for the Study of   http://www.ed.psu.edu/acsde/
Distance Education (ACSDE) and
American Journal of Distance Education
List of the American Center for   listserv@psuvm.bitnet

the Study of Distance Education(DEOS-L)

Commonwealth of Learning(COL)	http://www.col.org/
Discussion on Distance Education (DISTED).	listserv@uwavm.bitnet
Distance Education On-line Symposium (DEOSNEWS)	listserv@uwavm.bitnet
Educational Uses of information Technology(EUITLIST).	euitlist@bitnic.educom.edu
International Council for Distance Education(ICDE)	http://www.icde.org/
Interpersonal Computing and Technology: An Electronic Journal for the 21st Century	http://www.coalliance.org/ejournal/unitrec/ej000158.html
Journal of Computer-Mediated Communication	http://www.ascusc.org/jcmc/
Journal of Extension	http://www.joe.org/
Journal of Technology Education	http://scholar.lib.vt.edu/ejournals/JTE/
New Horizons in Adult Education	http://www.nova.edu/~aed/newhorizons.html
Online Chronicle of Distance Education and Communication	http://www.fcae.nova.edu/disted/

교육 웹 사이트

다음에 열거된 사이트에서는 원격학습을 소개하거나 원격학습 강좌와 프로그램들을 제공한다. 원격학습을 취급하는 사이트들 중 일부만을 열거하였으며, 사이트에 따라 내용과 위치가 변경되거나 새로운 사이트가 추가되고 삭제되기 때문에 모든 내용들을 포함하고 있다고 할 수는 없다.

원격학습에서 그 사이트가 국내에 있는지 또는 국외에 있는지의 여부는 중요하지 않기 때문에 교육기관과 단체의 기본적인 명칭만 제공하였다.

야후, 알타비스타, 웹크롤러, 마젤란, 익사이트와 같은 검색엔진을 사용하면 원격학습에 관련된 온라인 자료 목록을 찾을 수 있다. 원격교육이나 원격학습과 같은 핵심 단어(key word)를 다른 제한적인 설명 인자들과 함께 입력하면 수백개의 사이트들을 찾을 수 있다.

예를 들어, 크리스티나 디멜로(Christina DeMello)는 원격학습 강좌를 제공하는 교육기관의 목록을 작성해두었으며 그녀의 목록은 현재(1997년 기준) 3,000개를 헤아린다.

웹을 검색하다보면 이와 같은 원격학습 관련 자료와 사이트들을 더 많이 찾을 수 있을 것이다.

Africa Growth Network	http://www.agn.co.za/
Athabasca University	http://www.athabascau.ca/
Black Hills State University	http://www.bhsu.edu/academics/distlrn/
Brevard Community College	http://www.brevard.cc.fl.us/myhome.html
Butler Communications, Inc.	http://www.bucx.com/BUCX_web/newbut5.htm
Butte College	http://www.cin.butte.cc.ca.us/
CALCampus	http://calcampus.com/
California College for Health Sciences	http://www.cchs.edu
California Institute of Integral Studies	http://www.wcc-eun.com/eun/phd.html
California National University	http://www.cnuas.edu/
Center for Networked Information Discovery and Retrieval	http://cnidr.org/
Central State University	http://www.university.edu/
Chemeketa Community College	http://www.chemek.cc.or.us/academics/distance/index.html
Chrysalis School	http://www.chrysalis-school.com/
Colorado State University Business School	http://www.biz.colostate.edu/mba/distance/distance.htm
Columbia Southern University	http://www.colsouth.edu/
Common Lisp Programming for Artificial Intelligence, The Open University	http://kmi.open.ac.uk/
Community College Distance Learning Network	http://ccdln.rio.maricopa.edu/
Community Learning Network(British Columbia)	http://www.cln.org/cln.html
Dennison Online	http://www.dennisononline.com/
Distance Learning Network	http://www.dlnetwork.com/

Economic Development Institute, World Bank	http://www.worldbank.org/distancelearning/
Federal Training Network	http://fedlearn.com/
Fraser Valley Distance Education School	http://www.fvrcs.gov.bc.ca
Gallaudet University	http://www2.gallaudet.edu/
Georgia Technological Institute	http://www.conted.gatech.edu/
Globewide Network Academy	http://www.gnacademy.org/
Grand County School District	http://www.grand.k12.ut.us
Greenleaf University	http://www.greenleaf.edu
Health University, The	http://www.healthy.net/univ/index.asp
Heriot-Watt University	http://lynn.efr.hw.ac.uk/TEFRC/mba/works.html
Humber College Distance Learning	http://distancelearning.humberc.on.ca/welcome.htm
ICS Learning Systems	http://www.icslearn.com/
Indiana University, Bloomington, Division of Extended Studies	http://scs.indiana.edu/
Institute for Distance Education, University of Maryland System	http://www.umuc.edu/ide/ide.html
Michigan Information Technology Network	http://www.mitn.msu.edu/
Minneapolis College of Art and Design	http://www.mcad.edu/fs-index_an.htm
Mohawk College	http://www.mohawkc.on.ca/dept/disted/dist_ed.htm
NAU Star Schools Project	http://star.ucc.nau.edu/starschools/index.html
New Jersey Institute of Technology	http://www.njit.edu/njit/Department/CCCC/VC/index.html
NIIT NetVarsity	http://www.niitnetvarsity.com/
Oberlin College	http://www-ts.cs.oberlin.edu/rooms/distlearning.html
Ontario Institute for Studies in Education, University of Toronto	gopher://porpoise.oise.on.ca/11/resources/IRes4Ed/resources/distance

Open Learning Agency   http://www.ola.bc.ca/

Open University(England)   http://www.open.ac.uk

OpenNet   http://www.opennet.net.au/

Oregon Community College Distance Education Consortium   http://cf.lbcc.cc.or.us/occdec/home.cfm

Project Diane (Diversified Information and Assistance Network, Tennessee)   http://www.diane.tnstate.edu/

Purdue University, Cooperative Extension Service   http://info.aes.purdue.edu/acs/disted.html

Rochester Institute of Technology   http://www.distancelearning.rit.edu/

Satellite Educational Resource Consortium   http://www.serc.org/

School District of Philadelphia   http://www.libertynet.com/rol/default.asp

Shenandoah University   http://www.su.edu/cont-ed/default2.asp

Simon Fraser University Centre for Distance Education   http://www.sfu.ca/cde/

South Carolina ETV(educational television)   http://www.scetv.org/

Southern Alberta Institute of Technology, Distance Education Calendar Home Page   http://www.sait.ab.ca/calendars/distedcalendar/default.htm

Southern California University for Professional Studies   http://www.scups.edu/

TEAMS, Los Angeles County of Education   http://teams.lacoe.edu

TeleEducation, New Brunswick   http://tenb.mta.ca/

Texas A&M University   http://www.tamu.edu/

Travel Study Programs   http://www.stanfordalumni.org/jg/mig/travel_vacation/mig/travel_vacation/travel_study/index.html

United States Distance Learning Association   http://www.usdla.org/

University of Alaska, Anchorage   http://www.uaa.alaska.edu/

University of Berkley   http://www.berkley-u.edu/

University of British Columbia   http://det.cstudies.ubc.ca/detsite

University of Calgary   http://www.ucalgary.ca/

University of Hawaii Distance Education	http://www.hawaii.edu/dl/
University of Lousiville	http://www.louisville.edu/edu/edsp/distance/
University of Maryland	http://www.inform.umd.edu/TeachTech/itech.html
University of Minnesota	http://www.cee.umn.edu/disted
University of Missouri	http://web.missouri.edu/~writery/
University of North Carolina at Charlotte	http://www.et.uncc.edu/
University of North Dakota	http://www.access.ndus.edu/
University of Phoenix	http://online.uophx.edu/
University of Southern Queensland, Distance Education Centre	http://www.usq.edu.au/dec
University of Texas	http://www.edb.utexas.edu/ltc/labs/dlc/index.html
University of Texas, Dallas	http://www.utdallas.edu/dept/mgmt/mims.html
University of Toledo	http://www.utoledo.edu/
University of Waterloo	http://dce.uwaterloo.ca/
University of Wollongong	http://www.uow.edu.au/health/phn/page.html
Utah Education Network	http://www.uen.org/
Vancouver School Board Adult and Continuing Education	http://www.vsb-adult-ed.com/
Village Learning Center	http://www.snowcrest.net/villcen/vlchp.html
Virginia Satellite Educational Network	http://www.pen.k12.va.us/go/VDOE/Technology/VSEN
Virtual Art School	http://dspace.dial.pipex.com/town/plaza/ad370/
Virtual Hospital, Department of Radiology, University of Iowa College of Medicine	http://indy.radiology.uiowa.edu/VirtualHospital.html
Virtual Language Lab, University of Pennsylvania	http://philae.sas.upenn.edu/
Walden University	http://www.waldenu.edu/
Washington State University	http://www.eus.wsu.edu/edp/

Wentworth Worldwide Media   http://www.classroom.net/home.asp

Westcott Communication   http://www.westcott.com/

Western Michigan University   http://www.wmich.edu/conted/dde/

저작권·상표·특허·지적재산권 관련 웹 사이트

다음은 인터넷에서 사용하기 위해 제작된 내용와 관련된 특별한 내용들을 포함하여 저작권, 상표, 특허, 지적 재산권에 대한 기본적인 정보들을 제공한다. 여러 사이트들이 미국과 북미지역 그리고 유럽의 교육과 정보의 올바른 사용에 대한 내용을 포함하고 있다. 아직까지 법률들이 확정되지 않았으며 계속 변경되고 있기 때문에 저작권 관련 문제들은 특히 많은 논쟁의 대상이 되고 있다. 지적 재산권과 법적 요구사항 및 제한 내용에 관한 최근의 정보들을 알고 싶으면 여기에 열거된 사이트들을 방문해보아야 한다.

Site	Address	Information
Benedict	http://www.benedict.com/	
British Columbia's Ministry of Education	http://www.cln.org/provdocs/ copyright/title.html	Copyright information
Canadian Government's Copyright Board	http://www.cb-cda.gc.ca/	Updates and reports regarding Canadian copyright issues

CANCOPY	http://www.cancopy.com/	Canadian copyright information
Columbia University	http://www.ilt.columbia.edu/ text_version/projects/copyright/	Copyright information and links
Consortium for Educational Technology for University Systems (CETUS)	http://www.cetus.org/ fairindex.html	Fair use
Copyright Clearance Center	http://www.copyright.com/	Copyright information
Cornell University	http://www4.law.cornell.edu/ uscode/17/501.html	U.S. Copyright act
Creative Incentive Coalition	http://www.cic.org/	Copyrights and resources
Dalhousie University	http://www.dal.ca/~copyrt/ copyright/dalcopy.html	Canadian copyright information
EFF Intellectual Property Online: Patent, Trademark, Copyright Archive	http://www.eff.org/pub/ Intellectual_property	Copyright, patent, and trademark information
European Commission's project about intellectual property and networks	http://www.imprimatur.alcs.co.uk/	Intellectual property online
Franklin Piece Law Center	http://www.fplc.edu/tfield/ order.htm	Emphasis on Small business, entrepreneurs, and individual artists
Industry Canada	http://strategis.ic.gc.ca/SSG/ ip00001e.html	Industry Canada's Intellectual Property Policy Information Page
Intellectual Property Center	http://www.ipcenter.com/	Copyright, patent, and trademark information; news letters, e-zines with updated information
Stanford University	http://fairuse.stanford.edu/	Copyright and fair

		use information
U.S. Copyright Office	http://lcweb.loc.gov/copyright/	Government copyright resources
U.S. Patent and Trademark Office	http://www.uspto.gov/	Government patent and trademark resources
World Intellectual Property Organization	http://www.wipo.org/	WIPO's home page Copyright information

국제적인 원격학습

다음의 우편주소목록은 얼마 되지 않지만 국제적인 원격학습 문제에 관한 내용들을 제공한다.

Name	Description	Address
ACPACOMX	An international learner discussion list	listserv@mitvma.mit.edu
APEX-L	A list for college or university educators who are developing international programs for Asian cultures	listproc@hawaii.edu
INTED-L	A list for learners, educators, trainners, interested in international education	listproc2@bgu.edu
INTER-L	A list for learners, educators, trainners, interested in international education	listserv@vtvm1.cc.vt.edu

아래의 개방대학 사이트들은 국제적인 원격학습회의, 세미나, 협동과정에
대한 내용들과의 링크를 제공한다.

University	Address
Open Learning(Australia)	http://www.ola.edu.au/
Athabasca University(Canada)	http://www.athabascau.ca
The Open Learning Agency(Canada)	http://www.ola.bc.ca/
Universidad Nacional de Education a Distancia(Costa Rica)	http://www.upv.es/~jlhueso/uned.html
Northern Finland Learning Network	http://oyt.oulu.fi/~nofwww/eng/nofhome.html
Open Learning Institute of Hong Kong	http://www.ouhk.edu.hk/
Open University of Israel	http://www.openu.ac.il/
Open University of the Netherlands	http://www.ouh.nl/dhtml.htm
Allama Iqbal Open University (Pakistan)	http://www.geocities.com:0080/Tokyo/Garden/4404/uni-aiu.htm
University of South Africa	http://www.unisa.ac.za/
Sukhothai thammathirat Open University (Thailand)	http://www.stou.ac.th/Eng/
The Open University(UK)(Other addresses for the Open University's many Web pages ard listed throughout the book and in other appendices.)	http://www.open.ac.uk/frames.html
Universdad Estatal a Distancia	http://www.uned.ac.cr/

국내 원격학습

교육기관

1. 대학교

국내 대학교
GLE 사이버 교육	http://cyber.pufs.ac.kr
SNUVC-서울대학교 가상대학	http://snuvc.snu.ac.kr
부산대학교 멀티미디어협동과정	http://harmony.cs.pusan.ac.kr/~multi
부산대학교언어정보연구실	http://langue.fr.pusan.ac.kr
서울대학교 병원 진단방사선과	http://radhome.snu.ac.kr
성균관대학교독어독문학과	http://www.skku.ac.kr/german
숙명여대 사이버캠퍼스	http://snow.sookmyung.ac.kr/con.htm
숙명여대사이버교육전문가과정	http://snowblue.sookmyung.ac.kr/cyber
연세대학교 간호대학	http://nurse.yonsei.ac.kr
연세대학교 사이버 교육원	http://yonsei.hanaro.com

열린 사이버 대학	http://www.ocu.ac.kr
이화사이버캠퍼스	http://cyber.ewha.ac.kr
인하대학교 소프트웨어공학 연구실	http://selab.inha.ac.kr
충남대학교 가상대학	http://cyber.chungnam.ac.kr
충청대학	http://lion.chch.ac.kr
한국인터넷신학대학	http://www.theology.ac.kr
한양대학교 사이버학습센터	http://cyber.hanyang.ac.kr
한양대학교 사이버 학습센터	http://cyber.hanyang.ac.kr

국외 대학교

| 바링톤대학교 | http://www.englishcampus.com/barrington/index.htm |
| 커버넌트 대학 | http://www.covenant.or.kr |

교수

김현철 교수	http://comedu.korea.ac.kr/~hkim
글로벌 경영센터	http://business.chungnam.ac.kr/~jkpark
이영준-국제법 포럼	http://seawife.kyunghee.ac.kr
잠치-ZAMCHI	http://www.zamchi.com
홍경선	http://sh.hanarotel.co.kr/~hongksun

2. 초·중·고등학교

신창선-cyber school	http://210.99.156.4
윤형기-math camp	http://hey.to/mathcamp
이진원-자연사랑	http://www.netian.com/~wlswlsdn
대왕중학교	http://210.204.116.1/smilesnet

3. 기업교육

Cyber Education Space	http://www.usp.co.kr
MIT 컨설팅그룹 (주)	http://www.training.co.kr
대한화재 사이버연수원	http://www.inscampus.com
매일경제 헬로아카데미(매경e-Academy)	http://www.helloacademy.com

미래 EduTech (주)   http://www.edu-tech.co.kr
스터디움   http://www.studium.co.kr
중소기업연수원   http://211.45.246.12
에듀웰컴   http://www.eduwell.com
코리아캠퍼스   http://www.21korea.co.kr

4. 평생교육

AVCC 아카데미   http://www.avcc.co.kr
Cyber Letter Writing Academy   http://www.letter.co.kr
CyFA-사이버 패션 아카데미   http://www.fchannel.co.kr/cyfa/index.htm
e-Campus   http://www.e-campus.co.kr
Hea Media(주)   http://www.heamedia.co.kr
HRD 21   http://www.hrd21.co.kr
pop 글씨 잘쓰는 법   http://www.popbook.co.kr
강원인터넷대학   http://www.koo.net
고사성어 학습교실   http://my.netian.com/~lovelyjo
공자왈맹자왈   http://www.opminfo.co.kr
나우누리 가상대학   http://campus.nownuri.net
네트로폴리탄대학   http://www.netropolis.co.kr
                                   http://www.netuni.net

동아TV 사이버패션아카데미   http://cyfa.fchannel.co.kr
모아파크   http://www.morepark.co.kr
바른 우리글 쓰기   http://164.125.25.71/edu_sys
사이버교실   http://class.interdy.com
사이버 국제 사회교육원   http://www.k-campus.co.kr
사이버대학   http://cyberuniv.co.kr
사이버원격영상교육원   http://www.cybercampus.co.kr
사이버 자동차디자인 대학   http://my.netian.com/~cvds
사이버 종합교육센터   http://www.openedu.co.kr
사이버 캠퍼스 종이컵   http://nest.dvvb.com/campuslife
사이버 태교 아카데미   http://www.taegyoacademy.com
사이버 항공대학   http://www.icas.co.kr
성주원-가상대학   http://cybersung.com.ne.kr
소호창업보육센타   http://my.dreamwiz.com/samhwi

스칼라피아   http://www.scholarpia.com
스쿨피아   http://www.schoolpia.net
에듀랜드-교육가상도시   http://www.eduland.co.kr
에듀온   http://www.eduon.com
에듀올   http://www.eduall.com
에듀빌   http://www.eduville.net
에듀웰컴   http://www.eduwell.com
에듀텔   http://www.edutel.net
인간교육학회   http://user.chollian.net/~cssche
인스쿨   http://inschool.co.kr
인터넷 가상캠퍼스   http://campus21.com
인터넷 학습 사이트 아이뱅크   http://www.ibank.co.kr
인포메틱스   http://www.informatics.or.kr
전자상거래   http://www.samhwi.com/export
정보검색아카데미   http://edu.dowon.com
중일 정보통신   http://www.jiic.co.kr
컴포유 사이버 대학   http://www.acad.co.kr
코리아캠퍼스-koreacampus   http://www.koreacampus.co.kr
하이퍼정보시스템 (주)   http://www.hyper.co.kr
한국국제금융연수원(주)   http://www.ikifi.com
한국성경신학대학   http://www.edu-kbs.or.kr
한국인력개발본부 (주)   http://www.hrdnet.co.kr

개인 강좌

교류분석 멀티미디어 코스웨어   http://myhome.thrunet.com/~authorware
박대훈-노츠가 플래시를 만났을때   http://my.netian.com/~endy11
LG21세기 선발대   http://my.netian.com/~nimbin21
박상도-원격교육센터   http://www.sdcenter.pe.kr
이인호   http://web.hanyang.ac.kr/~pendar

5. 유아교육

아이놀이 사이버교실   http://www.inori.co.kr
유아초등교육학습정보   http://ok-tutor.co.kr

사이버원격영상교육원   http://www.cybercampus.co.kr

6. 초·중·고등학교

1318class-인터넷 교육방송 참누리넷	http://www.1318class.com
COMKID	http://myhome.sinbiro.com/~sohoe
CES21	http://www.ces21.co.kr
cyberEDU-사이버에듀	http://www.universe.co.kr/CyberEDU/Main.asp
Educast	http://www.educasting.co.kr
highNhigh.Com 인터넷 교육방송주	http://www.highnhigh.co.kr
ITV 우리학교	http://WWW.041urischool.co.kr
JISCHOOL-가상학교	http://www.Jischool.net
Math Online	http://www.studybank.com
Netchool	http://www.netchool.co.kr
Open Class	http://www.openclass.net
SBS 사이버 대학수능모의고사	http://sunung.sbs.co.kr
강화 울타리없는 학교	http://soback.kornet21.net/~jeelll
교육과 인터넷(주)	http://www.eduin.co.kr
거부기넷	http://gerbugi.net
꾸러기넷	http://ggurugy.net
네오스터디	http://www.neostudy.com
넷서당	http://www.netseodang.co.kr
논술뱅크	http://www.nonsulbank.co.kr
노피넷	http://www.nopinet.com
담우넷 스쿨	http://galaxy.channeli.net/gogin
대교 부설대학원 홈페이지	http://www.daekyogra.com
대명 에듀빌(주)	http://www.eduvill.com
드림아카데미(주)	http://www.dreamschool.co.kr
매스엔닷컴-인터넷 수학나라	http://www.mathn.com
바른 우리글 쓰기	http://164.125.25.71/edu_sys
배움닷컴	http://www.baeoom.com
비비캠프	http://www.bbcamp.com
사이버스쿨	http://www.cyberschool.co.kr
사이버 스쿨	http://myhome.hananet.net/~hsociety

사이버 스쿨	http://www.edutel.co.kr
사이버원격영상교육원	http://www.cybercampus.co.kr
사이버학습	http://i.am/edu05
삼성전자 웹스쿨	http://www.webscool.co.kr
상아탑학원	http://sangatap.co.kr
새샘교육개발원	http://www.sesemedu.co.kr
샘넷	http://members.tripod.co.kr/bbiziri
셈넷	http://www.ktop.co.kr/kuricom/semnet.html
셈넷-semnet	http://www.semnet.co.kr
샘넷-인터넷 스쿨	http://www.netian.com/~hello05
새롬정보 서비스의 가상 교육 시스템	http://ces.saerom.co.kr
세교 (주)	http://www.segyo.co.kr
솔깃 사이버 학원	http://www.solgit.co.kr
수리샘 수학	http://www.surisem.com
수능 2001	http://user.hst.co.kr/~advance
수학마법사	http://contents.woongjin.com/math
스쿨피아	http://www.schoolpia.com
썬스쿨	http://sunschool.kicom.co.kr
아름아리 강의실	http://www.armari.co.kr
아이넷 스쿨-사이버 학교	http://www.inet-school.co.kr
아트테스트	http://www.artest.net
액트존	http://www.actzone.co.kr
에듀뱅크	http://edubank.net
에듀솔넷	http://www.edusol.net
에듀아카데미	http://www.eduacademy.com
에듀웨이	http://www.eduway.net
에듀패스	http://www.edupass.co.kr
에듀피아	http://www.edupia.net
에듀포인트-푸른교실	http://www.edupoint.co.kr
에듀퓨처	http://jys.edufuture.com
엑서-대입준비학습사이트	http://www.xer.co.kr
엑스포인터	http://www.xpointer.com
열린 사이버고등학교	http://cyberhs.re.kr
열린학습	http://www.fourway.co.kr
오아시스 사이버하이스쿨	http://myhome.netsgo.com/woorungi/

	default.htm
온라인 교육 연구회	http://203.229.115.66/oxen21/online/
	online.html
웹클래스	http://www.webclass.net
위즈패스	http://www.wizpass.com
유아초등교육학습정보	http://ok-tutor.co.kr
이루넷	http://www.iroo.net
이야기 꿈동산 이야기 컴교실	http://www.iyagi.co.kr
이테스트-eTEST	http://www.atest.co.kr
인터넷공업고	http://my.netian.com/~jkhr
인터넷스쿨 샘넷 고양/대화지사	http://members.tripod.co.kr/hello05/index.html
지스쿨-사이버캠퍼스	http://www.jischool.net
초등 정보마을	http://www.edutown.pe.kr
짱스쿨	http://www.sjjang.co.kr
캡스쿨	http://www.capschool.co.kr
캡스터디	http://www.capstudy.com
투비넷	http://www.tvn.co.kr
튜터넷	http://www.tutornet.co.kr
틴스터디	http://www.teenstudy.net
한국교육정보통신(주)	http://www.keicc.co.kr
한뫼에드스쿨	http://www.eds21.co.kr

개인 강좌

| 신창선-cyber school | http://210.99.156.4 |
| 전영대 | http://myhome.dreamx.net/jydnet |

7. 컴퓨터

CBT Systems-가상교육	http://www.cbtcampus.co.kr
Cyber 와와 캠퍼스	http://www.wawacampus.co.kr
Cyber Campus-지름길	http://www.jireumgil.co.kr
e-Run net주	http://www.e-Run.net
Hwang & Students	http://my.netian.com/~cglab
IT town-정보기술 전문 온라인 교육	http://www.ittown.co.kr

iTV 사이버스쿨 우리학교	http://urischool.co.kr
N-Student.com	http://www.n-student.com
Real Edutaintment MBA2000	http://www.mba2000.co.kr
SEWORLD	http://www.seworld.com
가상학교 지름길	http://www.jireumgil.com
강남클릭컴디자인센타	http://www.netian.com/~mildrose
교원 캠퍼스	http://www.teacher21.co.kr
동부 정보기술교육센터	http://cncedu.dongbu.co.kr
비주얼스타디넷	http://www.visualstudy.net
비트사이버학원	http://www.bitcyber.co.kr
사이버 유니캠퍼스	http://www.unicampus.co.kr
사이버 컴스쿨	http://my.netian.com/~bestwini
삼성멀티캠퍼스	http://www.multicampus.co.kr
성주원-공개 사이버 대학	http://members.tripod.co.kr/sungjuwon
아이믹의 강의보기	http://study.imic.co.kr
엔젤소프트주	http://www.angelsoft.co.kr
오상-사이버캠퍼스	http://www.edu2000.co.kr
이런넷	http://www.e-run.net
이빛커뮤니티(주)	http://www.ebitcom.net
인포써치 컴퓨터교육센터	http://www.info-search.net
재익컴	http://www.jcom.co.kr
정보기술 가상교육	http://www.smartforce.co.kr
정보교육센터	http://inforcenter.krnic.to
정보기술교육원	http://w3.aiit.or.kr
정보통신교육원-부산	http://pusan.aiit.or.kr
첨성웹스쿨	http://www.cswebschool.com
컴교육 세상	http://www.cew.co.kr
컴초보마을	http://study.amts.co.kr

개인 강좌

권용욱-컴 초보방	http://dabin.cyberulsan.net
송희원-사이버강의실	http://www.shinbiro.com/~country7

8. 자격증

Cyber 와와 캠퍼스	http://www.wawacampus.co.kr
Cyber Campus-지름길	http://www.jireumgil.co.kr
Upass	http://upass.net
We Learn	http://www.welearn.co.kr
강남행정고시학원	http://www.donga21.com/yesgosi
교육 취업 씨피랜드	http://edu.cpland.com
금융사이버스쿨	http://www.f-bay.co.kr
김기남정보통신전문학원	http://www.ktei.co.kr
넷츠룩 인터넷 유학원	http://www.netslook.com
두루에듀	http://www.thruedu.co.kr
라카데미-자격증 전문 가상학원	http://www.eduone.co.kr
마이패스	http://www.mypass.co.kr
배움닷컴	http://www.baeoom.com
삼성 멀티캠퍼스	http://www.multicampus.co.kr
스칼라피아	http://www.scholarpia.com
씨엘학원	http://www.comlectures.co.kr
에듀올	http://www.eduall.com
에듀코아-EDUCORE	http://www.educore.co.kr
와우패스	http://www.wowpass.com
유니캠프	http://www.unicamp.co.kr
이테스트-eTEST	http://www.atest.co.kr
인포원	http://www.infoone.co.kr
정진 사이버 에듀	http://www.cyberedu.co.kr
커트라인	http://www.cutline.co.kr
코리아캠퍼스	http://www.21korea.co.kr
코씨엠닷컴-kocm.com	http://www.kocm.com
클라인텍	http://www.clinetech.com
테크빌-사이버교육센터	http://www.tekville.com
한국능률협회매니지먼트	http://www.kmam.co.kr/~conen/eccon

9. 어학

영어

a.docname	http://www.bestmedia.co.kr
DoubleEnglih.com	http://www.doubleenglish.com
E-members	http://www.emembers.co.kr
eSCHOOL	http://eschool.m4you.com/language
K-English	http://www.k-english.co.kr
MBC 프로넷	http://www.mbcpro.net
Rainbow College	http://www.rainbowcollege.com
A&THE Co.	http://www.writeenglish.com
Aha English	http://www.ahaenglish.co.kr
BigMentor-새천년 큰스승	http://www.bigmentor.com
DoubleEnglih.com	http://www.doubleenglish.com
E-members	http://www.emembers.co.kr
English Lab	http://www.englishlab.com
English One on One-영작문 개인지도	http://www.englishtutor.net
Esl club	http://www.eslclub.co.kr
Funglish	http://www.funglish.co.kr
Internet English doctor 119	http://www.up119.co.kr
Kims school	http://www.kimsschool.co.kr
Konglish Education	http://www.konglish.co.kr
Teleducation	http://teledu.co.kr
TEPStation	http://www.tepstation.co.kr
TGA	http://www.tga3355.co.kr
The ENGLISH Warehouse	http://www.sngchicago.com/products/English
TWESCHOOL	http://tweschool.com/kr/frame.htm
TopTop 인터넷 어학원	http://www.toptop.co.kr
Virtual English Course	http://miraeftp.miraenet.com/vec
Winglish	http://www.winglish.co.kr
곽영일-사이버 생활영어 클리닉	http://www.chazri.net/english/kwak_fr.htm
관광통역안내원협회-TGA	http://www.comtga.com
김규현-사이버 어학원	http://www.han-a.co.kr
델타폰	http://www.rgok.co.kr
랭타운 클리닉	http://www.langtown.com

매일 제공되는 AP News   http://www.apnews.co.kr
사이버 영어학원   http://www.cyberels.com
사이버 유니캠퍼스   http://www.unicampus.co.kr
세진사이버교육주   http://www.success7.co.kr
쉐인 잉글리쉬   http://shane.kr.net
신기한 리스닝나라   http://www.liworld.co.kr
스터디피아   http://www.studypia.com
에듀랜드   http://www.eduland.co.kr
영어*영문법 공개강의실   http://www.hongik.ac.kr/~hkuh
와삭영어-Wasac English   http://www.wasac.com
온라인 잉글리쉬   http://www.online-english.com
온라인 코리아   http://www.d-day.co.kr
인터넷 영어학원 피시 잉글리쉬   http://www.pcenglish.co.kr
인터넷 토익세계   http://www.atoeic.com
이이메일   http://www.ee-mail.pe.kr
이칼리지   http://www.ecollege.co.kr
잉글리쉬캠퍼스   http://www.englishcampus.com
잉글리시시티   http://www.englishcity.net
잉글리시웨이브   http://WWW.ENGLISHWAVE.COM
정연영어 넷스쿨   http://www.dnscom.co.kr
조원일-World Internet School   http://www.wischool.com
텍스   http://www.tecsnet.co.kr
트랜스쿨   http://www.transchool.com
펠리칸 카페   http://www.pelicancafe.com
휴먼서버 디지털어학원   http://www.humanserver.co.kr/cyber

   일어

21세기 재팬네트워크   http://www.janet21.net
TopTop 인터넷 어학원   http://www.toptop.co.kr
바이폰   http://www.byphone.net
조원일-World Internet School   http://www.wischool.com
사이버일본어학원   http://myhome.thrunet.com/~sisa
알트넷 사이버 일본어학원   http://www.altnet.co.kr
일본어 연구소   http://myhome.shinbiro.com/~krjp
코리아캠퍼스   http://www.21korea.co.kr

기타

관광통역안내원협회-TGA   http://www.comtga.com

10. 정보제공

DLK & CU   http://www.dlk.co.kr
KEIP Vertual Libray   http://www.vinis.co.kr
LG 상남 도서관   http://www.lg.or.kr
MBA/Law School 정보 은행   http://www.018.co.kr/lsat
We Learn   http://www.welearn.co.kr
강남행정고시학원   http://www.donga21.com/yesgosi
교단지원정보 쌈지   http://ssamji.co.kr
교육 취업 씨피랜드   http://edu.cpland.com
꾸므로 사이버학원   http://www.kumuro.com
넷츠룩 인터넷 유학원   http://www.netslook.com
도서관 메일 매거진   http://user.chollian.net/~sadrain1/lw
드림터치   http://www.dreamtouch.co.kr
모든멀티넷정보처리학원   http://allcom.dns4u.com
문정수   http://user.chollian.net/~mk125
박상도-원격교육센터   http://www.sdcenter.pe.kr
박윤희-꼬마 도서관   http://my.dreamwiz.com/lou75
비비캠프   http://www.bbcamp.com
사이버 강의동   http://cyberprof.pe.kr
사이버 국제 사회교육원   http://www.k-campus.co.kr
사이버 종합교육센터   http://www.openedu.co.kr
스쿨버스   http://schoolbus.new21.net
에듀랜드   http://www.eduland.com
인터넷으로 외국대학 학위따기   http://www.distancelearning.co.kr
인터넷 학교 한마당   http://school.unitel.co.kr
정보사랑방   http://soback.kornet21.net/~ktspan19
정보화 전자 도서관   http://ncadl.nca.or.kr
평생 학습 네트워크   http://members.iworld.net/ommani
타임 전자도서관   http://gboat.co.kr/timebook

11. 인터넷방송국

Live24.net	http://www.live24.net
KSTUDY	http://www.kstudy.co.kr
에듀캐스트	http://www.educast.co.kr
인터넷교육방송	http://www.iebs.net

12. 기타

건강

온누리건강	http://www.onnuri.co.kr

동물

사이버 동물학교	http://www.vetschool.co.kr

사회복지

사회복지평가 · 정보지원센타	http://www.welnet21.org

종교

기독교가상대학	http://www.college.or.kr
인터넷 불교대학	http://www.buddhistweb.com

원격학습 시스템 및 컨설팅

PictureTel Korea	http://www.pictel.co.kr
KIMI MBA - 멀티미디어 원격교육	http://www.kimimba.co.kr
디지털월드(주)	http://www.digital7744.com
루트아이(주)	http://www.rooti.co.kr
미래넷	http://www.miraenet.co.kr
샘솔정보기술(주)	http://www.semsol.co.kr
서울전자유통(주)	http://www.cyberlec.co.kr
성진아이티에스(주)	http://www.sungjinits.com
숙명여대사이버교육전문가과정	http://snowblue.sookmyung.ac.kr/cyber

아들과 인터넷	http://www.son.co.kr
에듀러브	http://www.edulove.net
에버스쿨	http://ev.threei.co.kr
에이 엔 에스-ANS	http://www.ans.co.kr
에이아이에스(주)	http://chaos.ais.co.kr
영남미디어 시스템(주)	http://www.youngnam.net
영택정보통신(주)	http://www.youngtec.co.kr
이덤(주)	http://e-dom.co.kr
이즈런닷컴	http://www.islearn.com
인투스 테크놀러지(주)	http://www.intus.co.kr
인트라넷21	http://www.intranet21.com
주연희정보통신	http://www.yonhi.co.kr
중일 정보통신	http://www.jiic.co.kr
컴테크주	http://www.soback.co.kr
콤웹 코리아	http://www.comwebkr.com
파워콜 전화회의 서비스	http://www.powerkall.co.kr
해올주	http://www.haeol.co.kr

검색엔진(search engine).

웹상에서 사용자가 원하는 특정 주제에 관한 정보를 담고 있는 사이트의 목
록을 찾아주는 프로그램.

게시판(bulletin board).

여러 명의 사용자들에게 공지사항을 알리거나 서로 메시지를 교환할 수 있
도록 하는 프로그램.

광역 정보 서비스(Wide Area Information Service).

사용자가 정한 핵심 단어와 관련되는 텍스트 정보를 찾고 검색을 통해 찾아
진 관련 정보들을 표시해주는 시스템.

광대역(wideband).

일반적으로 64Kbps와 1.544Mbps 사이의 전송속도를 갖는 통신대역.

광대역(broadband).

보통은 1.544Mbps 이상의 데이터를 전송할 수 있는 고용량 통신 대역으로 사
람이 사용하는 음성 대역보다 높은 대역에서 반송파를 사용하는 대역을 말

한다. 모든 종류의 데이터를 전송할 수 있다.

광대역 통신망(Wide-Area Network).

컴퓨터들이 전화선이나 위성 연결과 같이 직접성이 낮은 방식으로 연결되어 있는 컴퓨터 통신망.

광케이블/동축 혼성형(hybrid fiber/coax).

ITV 네트워크를 위해 만들어진 일종의 케이블망.

고퍼(gopher).

메뉴로부터 선택을 할 수 있도록 만들어주는 클라이언트 또는 서버의 프로그램.

그래픽 사용자 인터페이스(Graphic User Interface).

아이콘이나 시각 또는 청각적인 도움을 받아 컴퓨터 시스템과 상호대화할 수 있도록 만들어주는 작업환경.

네트워크(network).

두 개 이상의 컴퓨터들을 연결하는 통신망.

넷스케이프(Netscape).

넷스케이프사에서 개발한 웹브라우저.

뉴비(newbie).

우편주소목록에 처음으로 등록된 사용자. 인터넷을 처음 사용하는 사람을 비꼬는 말.

뉴스그룹(newsgroup).

토론그룹(discussion group)의 다른 용어로서 세계 각국의 인터넷 사용자들과 토론을 할 수 있는 장이다. 일부 뉴스그룹들은 미리 정해진 일부 사용자만이 기사를 쓸 수 있도록 하고 있으나 대부분의 뉴스그룹들은 누구나 기사를 쓸 수 있도록 하고 있다. 따라서 네티켓이 특별히 요구된다.

다수 사용자 영역(Multiple-User Dimension or Domain).

사용자들이 각자의 역할을 설정하고 주제에 대해 토론하거나 행사를 개최하고 다른 사용자들을 만날 수 있는 가상현실 사이트.

다운링크(downlink).

하이퍼링크된 데이터

다운로드(download).

중앙 컴퓨터 시스템에서 원격 컴퓨터로 데이터를 옮기는 과정.

대역폭(bandwidth).

상하한(上下限) 주파수의 차이를 말하며 Hz로 나타낸다. 대역폭이 넓을수록 더 많은 정보를 전송할 수 있다. 또는 기억장치의 정보처리 속도를 나타내는 단위를 말하며 bit로 나타낸다.

대화식 텔레비전(interactive television).

사용자가 게임, 비디오전화, 교육프로그램과 같은 서비스를 사용할 수 있도록 대화식 사용 방법을 제공하는 텔레비전.

대화식 비디오 네트워크(interactive video network).

대화식 텔레비전으로 사용자들을 연결하기 위한 통신망.

데스크탑 화상회의(desktop videoconferencing).

개인용 컴퓨터를 사용하여 원격회의 참가자와 연결하는 방법.

디지털 신호(digital signal).

불연속적인 다양한 신호체계(예: frequency, amplitude, voltage)로 표현될 수 있는 오디오 또는 비디오 신호이며, 아날로그 신호에 비해 빠르게 전송된다.

래그 타임(lag time).

두 가지 상태의 상대적 차이에서 비롯되는 시간의 차이

마젤란(Magellan).

검색엔진을 제공하는 웹 사이트.

모뎀(modem).

일반적으로, 전화선을 통해 독립적인 컴퓨터를 네트워크에 연결시켜주는 장비. 디지털 신호를 아날로그 신호로 또는 역으로 바꾸어준다.

모의실험(simulation).

실제의 문제를 컴퓨터상에서 모형화하는 것. 실제 문제의 상황에 변수들을 적용하여 각각의 변화가 전체에 어떤 영향을 미치는가를 분석한다.

모자이크(Mosaic).

1992년 미국 일리노이 대학에서 개발한 웹브라우저. 그래픽 정보를 작은 조각들로 구성하여 교환하는 형태에서 비롯된 명칭.

미러 사이트(mirror site).

인터넷상에서 사용자수의 증가로 시스템에 부하가 걸릴 때 똑같은 데이터를 복사해두는 호스트 사이트.

백본(backbone).

하위 네트워크들을 연결하는 계층형 구조에서 가장 최상위에 있는 네트워크.

백업 디스크(backup disk).

컴퓨터상의 장애를 대비하여 진행중인 작업 데이터를 저장해두는 저장장치.

보드(baud).

정보가 전달되는 속도의 단위. 정보통신에서 1초에 전송되는 정보의 양을 계산하기 위해 사용된다.

브라우저(browser).

하이퍼텍스트나 하이퍼미디어 정보를 읽기 위해 사용되는 프로그램. 네트워크 주소로 지정한 컴퓨터에 클라이언트를 연결한다.

사용자(user).

컴퓨터 시스템에 접근과 사용이 가능한 사람.

서버(server).

자원을 제공하는 프로그램으로 다른 모든 컴퓨터들이 서버에 연결되어 있으며 서버는 전체 네트워크를 컨트롤한다.

쉐어웨어(shareware).

저작권에 구애받지 않고 복사할 수 있는 소프트웨어. 그러나 판권이 남아 있기 때문에 대금을 지불하도록 요구할 수 있다. 상업용에 비해 매우 값이 저렴하다.

스위칭 회로(circuit-switched).

스위칭 기능을 수행하는 회로. 디지털 컴퓨터나 다이얼 전화시스템과 같은 것들이 이에 해당된다.

시장의 광케이블화(fiber to the curb).

소규모 사무실이나 신규개발 주거지역 등 수요 밀집지역까지 광케이블을 확장하는 기술의 추세. ITV 네트워크를 위해 만들어진 일종의 케이블망.

아날로그 신호(analog signal).

현재 텔레비전, 라디오, 대부분의 전화선에서와 같이 방송에도 사용되는 오
디오, 비디오 신호. 측정이 가능한(예를 들어, 볼트(voltage)와 같은) 물리적인
양의 크기로 표현된다.

알타비스타(Altavista).

검색엔진을 제공하는 웹 사이트.

압축 동영상(compressed video).

소규모 캐리어에서 정보를 전송할 수 있도록 정상적인 분량의 정보를 압축
한 것. 결과적으로 정보의 손실이 발생하며 그림이나 소리의 수준을 떨어
뜨린다(캐리어(carrier): 컴퓨터에서 사용되는 신호를 통신 회선의 특성에 맞도
록 변조하기 위하여 사용되는 기준 파형).

아이콘(icon).

프로그램을 실행하거나 명령어를 수행할 수 있도록 화면에 표시하는 작은
그림 또는 기호.

야후(Yahoo).

검색엔진을 제공하는 웹 사이트.

업로드(upload).

사용자의 컴퓨터에서 다른 컴퓨터로 데이터를 전송하는 과정.

우편관리 프로그램(listserv).

우편주소목록을 관리하는 프로그램.

우편주소목록(mailing list).

전자우편 서비스의 한 종류. 비슷한 주제나 관심을 갖고 있는 사람들간에 기
사를 게재하거나 메시지를 보낼 수 있도록 사용자들의 전자우편 주소목록을
등록해놓은 것. 한 개의 전자우편을 동시에 여러 명에게 전달할 수 있다.

원격교육(distance education).

교육을 제공하는 곳에서 다른 장소에 있는 학습자들에게 전달하는 교육이나
훈련. 원격학습이라고도 한다.

원격학습(distance learning).

원격교육과 동일.

월드와이드웹(WWW; World Wide Web).

　인터넷을 통해 하이퍼미디어로 제공되며, 다양한 연결 링크로 접근할 수 있는 정보.

이더넷(Ethernet).

　동축 케이블로 각 스테이션을 연결하고 맨체스터 코딩 방식을 사용하여 10Mbps 정도의 속도를 제공하는 네트워크.

익사이트(Excite).

　검색엔진을 제공하는 웹 사이트.

인트라넷(intranet).

　기업의 내부 통신망을 연결하여 업무의 효율성을 높이기 위한 사내(社內) 네트워크. 또는 단체나 기관의 사람들을 연결하는 일종의 지역 네트워크.

일관된 자원 위치기(Uniform Resource Locator).

　인터넷에서 정보가 있는 곳의 위치를 알려주는 주소.

전송 채널(bearer channel).

　자료 신호와 동기신호, 상태신호를 합해서 전송하는 채널.

전자우편(e-mail).

　개인이나 그룹에게 네트워크를 통해 전송하는 전자적인 형태의 서신.

전자잡지(e-zine).

　네트워크를 통해서만 제공되는 전자적인 형태의 잡지.

지역 네트워크(LAN; Local Area Network).

　같은 지역 내에서 한 개 이상의 컴퓨터들을 케이블로 직접 연결하는 통신망.

청크(chunk).

　정보에서 의미를 갖는 최소의 단위.

초기값(default).

　사용자가 특별히 값을 지정하지 않은 경우에 사용하며, 시스템이 미리 정해 놓은 값.

종합정보통신망(ISDN; Integrated Services Digital Network).

　개인컴퓨터와 그룹화상회의 시스템 간에 음성, 동영상, 텍스트를 이용한 투명한 통신방법을 제공하는 디지털 네트워크. 미래에는 전화선을 이용한 통신을 대체할 것으로 예상된다.

케이블 텔레비전(CATV).

케이블 텔레비전 또는 폐쇄회로 텔레비전.

코덱(codec).

오디오나 비디오 정보의 형태를 아날로그 신호에서 디지털 신호로 바꾸고 압축하여 외부로 전송한다. 또한 외부로부터 입력되는 신호의 압축을 풀어 디지털 신호를 아날로그 신호로 다시 바꾸어준다. 코더-디코더(compression-decompression)의 준말.

클라이언트(client).

서버의 자원을 사용하는, 즉 서비스를 요청하는 프로그램 또는 시스템. 공유 네트워크 자원을 이용하려면 네트워크에 연결되어 있어야 한다.

텔넷(TEL NET).

사용자의 컴퓨터(지역 컴퓨터)를 다른 컴퓨터(원격 컴퓨터)를 통해 인터넷과 연결해주는 프로그램.

파일전송 프로토콜(FTP; File Transfer Protocol).

한 개의 인터넷 호스트에서 다른 호스트로 파일을 복사할 수 있게 하는 서비스나 프로그램.

패킷 교환(packet-switched).

전송 네트워크가 요구하는 크기로 데이터를 나눈 후 목적지까지 전송하는 방식.

표시화된 범용 표시언어(SGML; Standardized General Markup Language).

다양한 컴퓨터 시스템에서 사용할 수 있도록 정보의 형태를 정해주는 일련의 기호들.

프로토콜(protocol).

컴퓨터 시스템 사이의 정보 교환을 관리하는 규약.

픽셀(pixel).

picture element의 준말. 컴퓨터상에서 그림은 가로, 세로 축의 점들로 구성되는데, 이때 이 점 하나를 픽셀이라고 하며 픽셀들의 구성이 조밀할수록 그림은 선명해진다.

하이퍼미디어(hypermedia).

링크가 설정된 정보에서 직접 다른 정보로 접근할 수 있게 해주는 하이퍼링
크 방식으로 연결되어 있는 글, 소리, 동영상, 애니메이션, 정지화상, 아이콘,
그 밖의 다른 형태의 정보들.

하이퍼텍스트(Hyper-Text).

링크된 정보로부터 다른 정보로의 직접적인 접근을 가능하게 해주는 하이퍼
링크에 의해 다른 텍스트와 연결되어 있는 텍스트.

하이퍼텍스트 전송규약(HTTP; Hyper-Text Transport Protocol).

웹서버상에서 수행되는 데몬 프로그램. 서버에 요청되는 통신 요구들을 처
리해준다. 웹주소(예: http://www.address)의 머리에 약자로 표기된다.

하이퍼텍스트 표시언어(HTML; Hyper-Text Markup Language).

웹 페이지, 하이퍼텍스트, 하이퍼미디어 링크와 같은 형태의 정보를 표현하
기 위하여 사용되는 컴퓨터 언어.

헤르츠(hertz).

1초 동안의 진동횟수를 표현하는 단위.

협대역(narrowband).

56Kbps 또는 그 이하의 속도로 데이터를 전송하는 좁은 데이터 주파수 대역.

호스트의 위치(host location).

통신망을 통해 연결되어 있는 컴퓨터들을 제어하고 관리할 수 있는 주컴퓨
터가 설치되어 있는 위치.

bps.

초(秒)당 비트수. 데이터 통신에서 직렬로 전송하는 경우, 일렬로 전송되는
비트의 수를 나타내는 단위. Mbps는 정확히 1,048,576bit이지만 대략 100만bit
또는 1,000Kbit로 표시한다.

mailto: link.

전자우편주소로 연결하는 하이퍼텍스트 링크.

T1.

지점과 지점을 연결해주며 디지털 신호 DS-1을 초당 1.544Mbit의 전송속도로
송수신할 수 있는 능력을 가진 디지털 전송시설. 24개의 채널을 갖고 있다.

전용통신 회선을 사용하여 (음성, 동영상, 데이터를 포함한) 여러 개의 응용
프로그램을 단일 데이터 전송통로로 전송할 수 있게 해주는 전송신호(carrier).

T3.

지점과 지점을 연결해주며 디지털 신호 DS-3을 초당 44.746Mbit의 전송속도
로 송수신할 수 있는 능력을 가진 디지털 전송시설. T1에 비해 고용량의 데
이터를 송수신할 수 있으며 672개의 채널을 갖고 있다. 전용통신 회선을 사
용하여 (음성, 동영상, 데이터를 포함한) 여러 개의 응용프로그램을 단일 데
이터 전송통로로 전송할 수 있게 해주는 전송신호(carrier).

DVC(desktop videoconferencing).

'데스크탑 화상회의' 참고.

FTP(File Transfer Protocol).

'파일전송 프로토콜' 참고.

FTTC(fiber to the curb).

'시장의 광케이블화' 참고.

GUI(Graphic User Interface).

'그래픽 사용자 인터페이스' 참고.

HFC(hybrid fiber/coax).

'광케이블/동축 혼성형' 참고.

HTML(Hyper-Text Markup Language).

하이퍼텍스트 표시언어' 참고.

HTTP(Hyper-Text Transport Protocol).

'하이퍼텍스트 전송규약' 참고.

ISDN(Integrated Services Digital Network).

'종합정보통신망' 참고.

ITV(interactive television).

'대화식 텔레비전' 참고.

IVN(interactive video network).

'대화식 비디오 네트워크' 참고.

LAN(Local Area Network).

‘지역 네트워크’ 참고.

MUD(Multiple-User Dimension or Domain).
‘다수 사용자 영역’ 참고.

SGML(Standardardized General Markup Language) 참고.

URL(Uniform Resource Locator). 참고.

WAIS(Wide-Area Information Service). 참고.

WAN(Wide-Area Network). 참고.

Web(World Wide Web). 참고.

WWW(World Wide Web). 참고.

찾아보기

ㄱ

가상교실 50, 55
  가상예술학교 59
  교육 및 훈련 33, 45
  구축 56
    교육자와 학습자들의 장(場)을 형성 58
    안전한 환경의 제공 60
    수행(performance)에 대한 평가 60
    실험과 응용을 위한 공간의 조성 59
    학습에 대한 기대(期待)의 조성 57
    학습자들을 위한 도구의 제공 57
강의 전달 능력 140
  카메라나 컴퓨터 화면에 적합한 교재를 개발한다 143
  카메라의 위치를 확인한다 142
  열성적인 강의를 한다 144
  오디오를 확인한다 142

학습자/카메라와의 시선 접촉을 유지해야 한다 142
개방대학 308, 309, 338
게시판, 원격학습에서의 활용 41, 71, 83, 173, 174
고퍼(Gopher) 검색 92
교수 종신제 52
교육기관 26, 27, 31~34
교육과 훈련을 위한 월드와이드웹 189
  다른 웹페이지 설계하기 215
  시각적으로 효과가 있는 화면구성 216
  원격학습 사이트의 예 219
  웹사이트를 구성하는 정보의 유형 211
  웹사이트를 설계에 필요한 질문들 222
  웹을 이용한 강좌의 설계에 필요한 질문들 196
    관리적 차원의 질문 197
    설계 측면의 질문 202
  웹을 이용한 교육 활동 190

정보의 분할 191
홈페이지 설계하기 212
교육에의 비선형적인 접근 288
구전(口傳), 홍보 수단으로서의 국제적인 교육의 문제점 264
개방 대학 308
관리차원의 문제들 310
개인과 기업체의 기대 및 경험 307
국제적인 시청자를 위한 강좌의 설계 303
매일의 강좌 운영에서 실질적으로 고려해야 할 사항 307
언어의 문제 304
정보 설계 306
정보의 조직 304
강좌의 주제 303
작품의 등록 299
저작권 보호를 받는 정보의 인용 301
저작권의 표시 298
저작권과 정당한 사용 297
정당한 사용 299
그림(graphics) 36, 37, 43
기본 비율 인터페이스(BRI 233)
뉴스그룹 170, 178

ㄷ

대역폭 232, 236, 355
데스크탑 화상회의 231, 235, 245~247

ㄹ

링크 57, 58, 91

ㅁ

모뎀 71, 245, 355

ㅂ

방송 광고 255
방송교육 65
브라우저 179, 192, 206, 212, 320
비정규(nontraditional) 학생 37

ㅅ

사내 훈련 34, 151, 255
상표 297, 334
서버 71, 170, 356
상호작용 매체 43, 44
성인 학습자 37
수강자용 링크 197
수업료에 기반을 둔 강좌 81
수혜자 선택 기준 99
시각정보 65
실습을 선호하는 학습자 43

ㅇ

어린이 학습자 37
연방등록부 88, 89, 92, 100
연상에 의한 사고 288
온라인 광고 256, 257
우편주소목록 175, 177
원격학습 강좌에서의 활용 177
원거리통신망 71
원거리통신망과 전자우편 158
원격통신 도구 46
원격학습 25, 55, 79, 131, 251, 273
국제적인 교육의 문제점 295
도구 157
오늘날의 교육 및 훈련 25
원격학습 프로그램의 광고 251
원격학습 프로그램의 디자인 73
원격학습을 통한 교육/훈련의 재고 273
유형 55

이점 39
정의 25, 26
적합한 강좌의 결정 133
전망 45
프로그램의 후원 86
효과적인 원격학습을 위한 원칙 282
원격학습 강좌나 프로그램의 판매자들 31
교육기관 31
교육기관과 사업자들의 연합 또는 단독
사업 32
거래 고객과 개별 소비자에게 특화된 훈
련 서비스를 제공하는 판매자 34
기업을 대상으로 사내(in-house) 정보를 전
달하는 회사들(또는, 기업 내부의 부서들)
34
정부(government)의 기관 35
컨설턴트, 교습자(tutors), 정보 디자이너,
교사(teachers), 기타 사업자 36
후원 프로젝트와 후원사 35
원격학습 강좌를 수강하는 학습자들 36
교육 센터로부터 멀리 떨어진 곳에 거주
하는 사람들 38
성인학습자 37
수업이나 프로그램에 정기적으로 참석할
수 없는 사람들 39
어린이와 청소년 37
원격학습 강좌를 위한 기금의 마련 79
강좌에 소요되는 비용의 절감 83
기금의 조성 86
단기 또는 장기 협력자의 확보 84
수업료 부과 81
학습자 수의 증가 82
원격학습 강좌에 있어서 오디오테이프 64
원격학습 강좌의 유형 61
방송교육 65
원격회의와 데스크탑 화상회의 67
인터넷과 월드와이드웹 71
컴퓨터를 사용하는 교육 및 훈련 68
통신학습 61
효과적인 원격학습 프로그램의 디자인 73
원격학습 네트워크 238, 239
원격학습에 적절한 정도의 감독 28

원격학습에 적합한 강좌 131
강의 평가를 위한 확인목록 150
교육자/훈련자 140
강의 전달 능력 141
새로운 교재 및 교수법 개발에 소요되
는 시간 146
신기술 습득 능력 140
융통성(유연성) 145
효과적인 원격학습 강좌의 기준 132
교육자와 학습자 간의 적절한 상호작용
137
기술적으로 적합한 정보 및 도구의 선
택 138
높은 수준의 보장 139
대규모의 학습자들에게 적합한 강좌의
내용 133
보여주기에 적합한 강좌의 내용 135
원격학습의 진가를 인정하는 학습자
132
학습자들로부터의 질문 147
예산 79, 80
원격학습을 통한 교육/훈련의 재고 273
원격학습 강좌를 통해 학습자들의 욕구
충족 280
최신 정보의 유지 및 원격학습의 심화
289
테크놀로지가 당신의 기관 혹은 회사의
비전에 얼마나 잘 부합하는가? 276
학습자들은 더 이상 교육/훈련의 도구
를 소유할 필요가 없다 288
효과적인 원격학습을 위한 원칙 282
교육의 본질을 재고해야 한다 284
교육자/훈련자는 변화를 이끌어내야
한다 283
교육자/훈련자는 테크놀로지의 지원
을 받아야 한다 283
원격학습은 교육/훈련을 출판과 프리
젠테이션으로 변경한다 285
원격학습은 교육을 선형적인 것으로
부터 비선형적인 것으로 변화시킨다
287
원격학습의 도구로 사용되는 전자우편 157

강좌에서의 전자우편 통신 160
　외부 자원과의 커뮤니케이션 164
　학생 그룹과의 커뮤니케이션 163
　학생들과의 개별적인 커뮤니케이션 163
　강좌를 제공하는 단체나 기관과의 커뮤니케이션 164
네트워크와 전자우편 158
부재중임을 알린다 168
　강좌 초기에 기술적 테스트를 실시한다 168
　전자우편에 적합한 자료를 개발한다 168
　전자우편을 읽고 응답하는 시간을 정해 둔다 167
작성과 에티켓에 대한 기본 원칙 169, 170
　전자우편 사용의 예 171
　전자우편 강좌의 구축 166
　통신강좌에서의 전자우편의 사용 62
　확인목록 184
원격학습의 미래 45
　기존 교육기관들의 역할 변화 48
　교육 도구의 변화 46
　교육과 훈련에 대한 인식의 변화 47
　기존 교육기관의 스스로에 대한 시각의 변화 50
원격학습의 이점 39
　개인별 진도에 기준을 두고 학습한다 40
　다양한 기술들을 접해봄으로써 경험을 확대할 수 있다 44
　가까운 지역에서는 제공되지 않는 주제를 학습할 수 있다 42
　지역적으로 이동할 필요없이 원하는 프로그램을 수강한다 42
　편리한 장소에서 학습할 수 있다 41
　학습자가 선호하는 방식으로 학습할 수 있다 43
　학습자 스스로가 관리할 수 있다 44
원격학습 프로그램들간의 구조적인 차이 27
원격학습 프로그램의 광고 251
　광고의 유형 252
　　방송 광고 252

온라인 광고 256
인쇄 광고 253
다른 형태의 판촉 253
마케팅과 광고에 대한 확인목록 270
　학회, 무역 박람회, 취업 박람회 및 오픈 하우스 270
　인터뷰, 보도 자료, 기획 기사 263268
　전문적인 출판 262
　구전 261
원격학습 프로그램의 마케팅 플랜 264
원격학습 프로그램의 광고기획 268
원격학습 프로그램의 마케팅 플랜 268
마케팅과 광고에 대한 확인목록 270
목표 설정 266
목표 시청자 분석267
인원 및 장비 선정267
적절한 매체의 선택268
틈새 시장 찾기 267
프로그램 평가 265
원격학습 프로그램의 설계 74
국제적인 시청자를 위한 강좌의 설계 30
웹을 이용한 강좌의 설계에 필요한 질문들 202
원격회의와 테스크탑 화상회의 67
　기본 장비 235
　원격학습 강좌에서의 데스크탑 화상회의 236
　　데스크탑 화상회의의 이점 246
　원격회의와 화상회의의 추가적인 이점 247
　원격학습 강좌에서의 원격회의 236
　　대표적인 원격회의 시나리오 241
　　원격학습 서비스와 프로그램의 예 238
　유익한 도구로서의 원격회의 243, 244
　전문용어 231
웹 사이트 71
　정보 분배 방법으로서의 웹 사이트 72
웹에 기반을 둔 멀티미디어 136
음성우편 158, 183, 184
　원격학습 강좌에서의 활용 183
　확인목록 184
이더넷 232, 234, 358

인터넷(Internet) 71, 83
인터넷 화이트 페이지 (Internet White Pages) 166
인터뷰, 보도 자료, 기획 기사 263
인트라넷 (Intranet) 158, 204
기본 비율 인터페이스(PRI; Primary Rate Interface) 233

ㅈ

자율학습 61
저작권 보호를 받는 작품의 정당한 사용 (Fair Use) 299
저작권 보호를 받는 정보의 인용 301
저작권과 정당한 사용 297
저작권의 표시 298
작품의 등록 299
전문성의 개발 282, 290
전자우편 교환교실 171
제안서 제출 요청(RFPs; Request for proposals) 102

ㅊ

청킹, 정보의 분할 191
층별(layered) 화면의 정보 215

ㅋ

컴팩트디스크, 원격학습 강좌에 있어서의 사용 64
컴퓨터기반훈련(CBT; Computer-Based Training) 70
컴퓨터보조교육(CAI; Computer-aided instruction) 70
케이블 텔레비전, 교육을 전달하는 수단으로서의 75
코덱 장비(codec; compression-decompression) 234, 235

ㅌ

테크놀로지가 교육과 훈련에 어떻게 관련되는가? 277
교육자/훈련자를 위한 자료 291
학습자를 위한 자료 291
당신의 기관에서는 어떻게 원격학습 프로그램을 지원할 것인가? 281
가상 교실에서의 교육 및 훈련 275
테크놀로지를 이용하여 어떻게 더 효과적으로 가르칠 수 있는가? 279
테크놀로지가 당신의 기관 혹은 회사의 비전에 얼마나 잘 부합하는가? 276
통신 강좌 61
오디오테이프, 비디오테이프, 컴팩트디스크 및 기타 64
시청각적인 보조장치의 사용 64
통신 강좌에서 사용되는 비디오테이프 64

ㅍ

판촉: 무역 박람회 261
판촉: 보도 자료 263
판촉: 오픈 하우스 261
판촉: 전문인 회의 및 컨퍼런스 261
판촉: 전문적인 출판 262
판촉: 취업 박람회 261
판촉활동, 다른 형태의 260
구전(口傳) 264
인터뷰, 보도 자료, 기획 기사 263
전문적인 출판 262
학회, 무역 박람회, 취업 박람회 및 오픈 하우스 261
팩스우편 182
원격학습 강좌에서의 활용 182
확인목록 184
패킷교환(Packet-switched) 통신채널 232, 234,

359
폐쇄회로 텔레비전, 교육을 전달하는 수단
의로서의 38, 66, 241

ㅎ

하이퍼텍스트 링크 72, 159, 202
　전자우편으로의 링크 159
학습 방식 43
홈페이지의 밀도 214
화상회의 229~231, 245
회로교환(circuit-switched) 방식의 통신채널
　232
후원신청 공고 98~101
후원에 의한 기금 조성 86
　후원자의 모색 86
　후원자에 대한 온라인 정보 90
　후원자에 관한 인쇄 정보 87
　　게시판과 안내책자 89
　　성명주소록(Directories) 88
　　정부간행물과 사무소 89
　　사보(社報) 88
후원을 받기 위한 제안서의 준비 97
　후원서 제출에 대한 후속 처리 126
　후원자의 요구에 부합되는 방법의 모색
　122
　일반적인 제안서의 내용 113
　　예산 118
　　평가 1117

시설 및 장비 116
추가적인 기금의 마련 122
방법·물자·일정 (작업 계획) 115
프로젝트의 목표 114
자격증명 116
문제점이나 필요성에 대한 언급 및 개
요 114
신청공고와 수혜자 선택 기준 99
제안서 제출 123
　온라인 제안서 제출 절차 123
후원을 받기 위한 제안서의 준비 97
흔히 하는 질문들(FAQ) 89, 191
FAQ(Frequently asked questions)89, 91
Funding Sourcebook 91
GED program(General equivalency diploma) 32,
63
GrantsNet 90
HTML(Hypertext markup language) 36, 200,
225
ISDN(Integrated services digital network)
232~234
Java applets 136
LAN(Local area networks) 70, 158
mailto: 링크 58, 91, 167
MUD(Multiple users domain/dimension 58, 83,
181
T캐리어 서비스 233
VRML(Virtual Reality Modeling Language) 135
WWW(World Wide Web) 189

• 지은이 리넷 R. 포터(Lynnette R. Porter)
오하이오의 Findlay대학의 조교수
Bowling Green 주립대학에서 영문학 석사학위 취득
Bowling Green 주립대학에서 영문학 박사학위 취득
Society for Technical Communication의 멤버
Distance Learning Committee의 위원장

• 옮긴이 이성은(李誠恩)
서울대학교 서양화과 학사 및 석사학위 취득
프랫 인스티튜트 석사학위 취득
삼성전자 멀티미디어사업부 근무
한국예술종합학교 영상원에 재직중

가상교실 만들기
―인터넷을 이용한 원격학습

ⓒ 이성은, 2000

지은이 | 리넷 R. 포터
옮긴이 | 이성은
펴낸이 | 김종수
펴낸곳 | 도서출판 한울

편집 | 곽종구

초판 1쇄 인쇄 | 2000년 7월 15일
초판 1쇄 발행 | 2000년 7월 25일

주소 | 120-180 서울시 서대문구 창천동 503-24 휴암빌딩 3층
전화 | 영업 326-0095(대표), 편집 336-6183(대표)
팩스 | 333-7543
전자우편 | newhanul@nuri.net
등록 | 1980년 3월 13일, 제14-19호

Printed in Korea.
ISBN 89-460-2772-X 03370

* 책값은 겉표지에 적혀 있습니다.